幼兒教育

RIGHT FROM THE START

TEACHING CHILDREN AGES THREE TO EIGHT

U0066880

著者◎ Bernard Spodek &

Olivia N. Saracho

譯者◎ 郭靜晃

陳正乾

RIGHT FROM THE START
TEACHING CHILDREN AGES THREE TO EIGHT

Bernard Spodek
Olivia N. Saracho

Copyright © 1994 by Allyn and Bacon

A Division of Paramount Publishing

160 Gould Street

Needham Heights, Massachusetts 02194

ISBN : 957-8446-55-1

Printed in Taiwan, Republic of China

Chinese edition copyright © 1998
by Yang-Chih Book Co., Ltd
for sales in worldwide.

序

　　當我們開始著手《幼兒教育》這本書時，我們希望製做一本與眾不同的書。我們之前編寫過的教科書有：Bernard Spodek所著的《幼兒教學》；我們與Michael D. Davis合著的《幼兒教育的基礎》以及和Richard C. Lee合著的《兒童是國家的主人翁》。我們還編寫了不少學術書，但希望這本書有別於上述各著作。

　　一開始，我們先瀏覽過《幼兒教學》這本書，雖然它的精華部分不少，但我們認爲它已過時。此外，我們不滿意其設計，它太沈悶、太過於平舖直述。我們希望這本新書能夠成爲權威——內容皆從研究報告、理論及實務中擷取最佳的專業知識。我們完成了這點，且全書引文部分皆清楚地標示了出處。我們努力使這本書深入淺出，而我們自認做到了。

　　我們希望突顯這本書的重要資料、解釋專有名詞並針對教學實務予以舉例和建議。因此，我們設計了一本可以做爲實用學習工具的教科書。我們嘗試以多種方式來完成它：

- 針對複雜的觀念提供具體實例
- 全書以專欄方式解說實例
- 包含課堂實際教學的照片及小故事
- 提供幼兒教育先鋒人物及兒童發展理論家的肖像，以加深讀者對這些貢獻於幼教界的人士之印象
- 解釋讀者可能初次遇見的名詞。在這些名詞首次出現時，我們將它解釋於隨文邊界處。

　　但一本書的特色不足以說明其價值。內容也必須精要。像這樣的一本書，內容必須符合一個想成爲優良幼教老師的人之需要。本書前幾章所囊括的題材乃在陳述幼教實務的基礎：

- 介紹說明幼教老師的工作以及必要的職前訓練。目的是讓新進老師更了解教學過程並產生更高的自我期許。
- 回顧幼兒教育史及理論。讀者能更了解現行教學實務的起

源以及兒童發展領域與幼兒教育之間的關連性。

· 檢視幼教課程的相關概念。讀者應明白教育在這個階段是相當必要的，切勿僅以活動填滿時間。學習經驗必須以目標為取向，且必須有教育價值。

· 有一章專門討論幼兒的個別差異，它之所以重要是因為現今幼兒入學的人數相當多。

· 全書中不斷提及多元文化教育。今天兒童是生長在一個全球性的社會中，他們必須多加留意與自己不同的文化。

本書中間的章節是論述幼兒教學的活動。有些不是在教室中進行的活動需要老師特別的關照。這些章節包括：

· 計畫及組織教室

· 評估整體教育計畫

· 與家長合作

討論幼教內容的章節著重於提供學前學校、幼稚園及低年級兒童適性教育的經驗。以下是相關名詞的闡釋。

幼兒教育計畫的名稱相當繁多。在美國，為六歲以上兒童設計的教育計畫是典型的小學低年級課程。五歲兒童就讀的學校稱為幼稚園，不過在其他國家，幼稚園可能指三至六歲兒童所上的學校。

托育中心提供的是延長的幼兒日間教育計畫。本來，這些教育計畫被稱為日間托兒。約1920年代開始，「托兒所」取代這個名稱。而托育中心這個詞現在則以區別上述教育計畫和其他群體例如老年人或無行為能力人士的日間教育課程。在美國，於幼稚園之前所上的幼兒半天班教育計畫是由托兒所提供。近來，已用學前學校這個詞取代它。但學前學校也用來指涉任何就讀幼稚園前的兒童所上的學校，包括托育教育計畫、托兒所教育計畫以及教育補助計畫。

「幼稚園先修學校」這個詞最近常被公立學校引用。自從為未達就讀幼稚園年齡的幼兒所設計之教育計畫被納入公立學校教育計畫後，這個詞愈來愈流行。

在討論教學內容的章節中，每一章都從基礎部分導入，它指出關於每一科目領域的重要論題並提供教學實務活動的實況和理論基礎。我們以各別的章節討論數學、科學、社會科以及表現藝術，且以兩章討論語文和讀寫能力，因為我們覺得這對幼兒是非常有價值的科目領域。另有一章專門討論教育性遊戲，因為遊戲是幼兒學習中最重要的方式之一。

在幼兒教育中，老師必須採取一種較進步的教育方式，通常是透過主題使用統合科目領域的單元或教學計畫。把科目分成各個章節來討論對老師有意義，對兒童則否。在這些章節中皆有提及整合各科目之方法的建議。

教學做為一門專業學問需要不斷地專業發展。最後一章提供在職進修的資源。老師們必須持續地追求此領域中的知識。

雖然編寫一本教科書在許多方面是單槍匹馬的行動，但像這樣的一本書絕不可能獨力完成。我們想要感謝許多人，他們直接和間接地對此書有所貢獻。我們也對許多一起合作的老師、大學生和研究生以及兒童懷抱十二萬分的感激，因為此書所表達的觀念皆源自於許多年來我們之間的互動結果。I-Hui Lee, Mary Ellen O'Ferrall, Juanita Garcia以及Elida De La Rosa協助確認一些我們所使用的資料來源。北德州大學的Michael J. Bell；南卡羅萊納州，查爾斯頓學院的Linda C. Edwards；薛爾登州立社區大學的Sherry L. Kirksey；威斯康辛大學麥迪遜校區的Jospeh T. Lawton；傑克森維爾州立大學的Patricia K. Lowry；東部華盛頓大學的Judith H. Reitsch；愛荷華大學的Mary Snyder；以及達拉威爾州立大學的Paul B. Woods，他們審查我們早先的草稿並給予我們有價值的建議。我們也要感謝Allyn and Bacon出版社的編輯Sean Wakely和Nancy Forsyth，由於他們的鼓勵、支持、幫助以及不時的督促才使得本書得以付梓出版。

我們也要感謝位於伊利諾州厄巴拿的喬治·華盛頓學校以及馬丁路德·金小學的教職員、學童及家庭，尤其是在Joyce Bezdezek, Linda Campbell, Phyllis Erikson和Gloria Rainier班上的

成員。本書大部分兒童在學校的照片都是Bernard Spodek在這些班上拍攝的。

　　最重要的，我們想要感謝在寫書的這段期間，家人給予我們的支持和鼓勵——Prudence Spodek以及Francesca S., Pablo J., Saul Villareal和Lydia Gonzales，謝謝你們。

Bernard Spodek
Olivia N. Saracho

譯序

寫教科書不是一件容易的工作；尤其寫一本好的教科書，更不容易。我認為作者必須至少做到兩項要求，才可能寫出一本好的教科書。首先，教科書必須要涵蓋該領域所涉及到的範疇與觀念，如此才能夠將該領域全方位地介紹給讀者。第二，教科書通常是針對入門者所寫的。所以，除了涵蓋廣泛的範圍之外，一本好教科書的文章還必須要能夠深入淺出，淺顯易懂，如此才能夠使得原本沒有太多知識背景的入門讀者能夠很快地捕捉到進入該領域的竅門。在我的感覺上，想要達到這兩件要求是不容易的工作。關於第一項，在今天知識突飛猛進的時代裡，以一個人的智力和體力的限制而言，想要針對一個領域的知識脈絡做深入的了解，已經變成一項非常困難的事情。第二，想要將學術專門領域的知識寫得能夠讓入門者不但看得懂而且能抓住學術專業知識的脈絡，對作者而言，這就是一項高難度的挑戰。作者必須具備了廣博的學識和豐富的實務經驗，才能夠以淺顯的文筆將複雜艱難的專業知識和概念表達出來。

國內目前已經出版了許多幼兒教育的教科書。雖然其中有不少的好教科書，但是，當今幼兒教育領域所涵蓋的範疇已經不像十幾年前一樣，只限於傳統的幾種教育概念以及由其所組成的教學實務體系。尤其，影響幼兒教育相當深遠的發展心理學正從皮亞傑理論轉向以維高斯基理論為主體的後皮亞理論，相信幼兒教育也將會受到相當的衝擊。

三年前，揚智文化公司的葉先生和我們兩人一起在陳正乾教授的研究室，談論國內需要出版一本適合於大專相關科系學生的幼兒教育教科書。當時陳正乾教授正好收到美國幼兒教育權威，他的老師Bernard Spodek教授，寄來一本剛出版的幼兒教育的教科書，*"Right from the Start: Teaching Children Ages Three to Eight"*。我們仔細地研究之後，一致認為這是一本很好的教科書，

因為它涵蓋了教育幼童的所有範疇；並且文辭除了淺顯易懂之外，書中所談論的知識清楚地是根據研究，理論，和實務的結果所整合出來的專業知識。另外，選擇這本書的另一個重要理由是，該書根據兒童發展階段的概念，將三歲到八歲的兒童視為是同在一個發展的階段上，所以適合於相同的教學方法。這是一個非常正確的觀念，也是一般幼兒教育教科書所缺乏的。這樣的書應該可以對國內幼小銜接的教育改革提供專業知識上的實質幫助。

在我們決定著手進行翻譯這本書到出版，總共歷經了三年的時間。有許多人參與；劉秀娟，羅淑華，蔡慧姿以及陳奕璇完成了第一次的初譯工作；再經過本人和陳正乾教授三次的校正、修改。為了使譯文能以更接近中文但忠於原文，揚智文化公司的張明玲小姐投入翻譯的工作，以一般讀者的身分閱讀譯文，修改不像中文的英文翻譯。感謝諸位的投入。唯譯者才疏學淺，恐有疏誤之處，尚祈諸學者先進不吝指正。最後，應該感謝葉忠賢先生。若不是他的「全場緊迫盯人」的精神，我們相信這本書仍在翻譯當中。

郭靜晃　　陳正乾

目　錄

教　學

本章綱要：

◇當一名幼教老師所需具備的特質
◇成爲一位幼教老師的方法
◇確保幼教老師資格的方法
◇幼教老師所扮演的角色
◇幼教老師之特質

導論

　　無論是站在教室前搏得孩子的注意力，或是靜靜地坐在教室角落裡觀察孩子的活動，老師一直扮演著教室中核心人物的角色。在學校裡，老師直接或間接地控制著教室活動的進行並負責所有的事務，包括時時注意有關孩子的各種需求，及依此設計各種活動來幫助孩子的學習成長。

　　老師時常扮演著多種角色，像是演講者、說故事者、團體討論的指導者、交通指揮者、衝突協調者、心理診斷專家、監護人、功課指派者及檔案管理員。除此之外、老師也必須是課程設計、編製教案、學習管理專家、諮商輔導員及幼兒教育的決策者。更重要的是，他們直接和孩子們產生互動，無論是透過團體討論的語言表達抑或將手放在孩子肩上的身體接觸，老師與幼兒之間的互動是明顯且微妙的，例如：指引孩子從教室某一角落到另一角落，或給予孩子一種了解與贊許的眼神。

　　影響教師教學的因素有很多，老師必須依照特定組別，特定情境設計適合的教學活動。即使幼教的年齡層有限，也要針對不同年齡的孩子之需要給予不同的回應。（在本書中所定義之幼兒乃指從出生至八歲）。比起上半天班托兒所 (half-day pre-school)，上全天班托育中心 (day-care center) 的孩子更需要注意生理健康。此外，與孩子的學習活動無直接相關的事務，例如：

老師們贊同可產生教育利益的活動。

注意孩子的一舉一動或收點心費等，老師也必須兼顧。由此可知，教師的職責依據教育機構的本質和及其教育計畫而有所差異。

教學準備

要成為一名幼教老師所具備的條件是什麼呢？幾乎沒有人是與天即具有當幼教老師的意願及所需要的專業能力；然而，要成為一名優良的幼教老師，意願及能力這二項皆不可或缺。當然還有其他重要的必備條件。

教師的特質

長久以來，幼教專家便不斷強調幼教老師所應具備的各項資格。Millie Almy 及 Agnes Snyder (1947) 指出，幼教老師應有良好的耐力、世界觀、了解人的成長與發展、尊重人權，以及具備

科學精神。最近，Millie Almy（1974）更指出幼教老師應具有耐心、體力、愛心、成熟及智巧這些特質。Lilian Katz（1969）則認為靈活度及能夠欣賞、鼓勵孩子也很重要。然而，即使這些特質能用於挑選老師或挑選師範院校生，但卻無法在師資培訓課程中習得。

教師的能力

教師能力
是種可習得的技巧

最近，教育專家嘗試將幼教人員所需具備的特殊能力詳細列出。**教師能力（teacher competencies）** 所指的是身為幼教老師應學習的一些技能而非指個人本身特質。下頁所示乃是兒童發展協會（Child Development Associate, CDA）認證課程中列出的六大領域及十三項教師所應具備的能力（參見**專欄 1-1**）。決定一個人是否擁有這些能力是一複雜的過程。這些能力乃經由一群專家透過直接觀察教學實況並以專業素養評估之。

而其他判斷一名優秀的幼教老師的方法包括確認他所應了解的知識及他應能做的事。以下幾點是我們認為身為幼教老師應擁有的基本知識：

1. **基本保健及安全措施的知識**。身為教師最基本的職責即保護孩子的健康及安全。如果這一方面無法做到，花費再多的心思設計課程也是枉然。托兒所時常是傳染病的大本營。處理不當及不清潔的食物，可能造成兒童罹患嚴重的疾病；孩子彼此之間也會相互傳染。同時，托兒所也潛藏著造成身體傷害的危險，像不小心碰觸電源（插座）、誤用設備及打破物品等意外的發生。老師必須保護兒童，除了了解疾病的傳染途徑、更要適當的管理食物和教具並注重衛生（特別是洗手間的清潔工作），對於教室中所有可能發生意外的原因都必須留意。

2. **引導孩子活動的技巧**。老師必須具備設計及引導孩子學習活動的技巧，某些技巧是相當簡單的，像適當地將畫畫與黏土結合以及使用剪刀的方法；某些是較複雜的，像學習

兒童發展協會所列之教師能力及相關功能領域

能力領域 I：佈置並維持一個安全健康的學習環境

功能領域：

1. 在安全方面：準幼教老師應採取預防意外的必要措施以提供一個安全的環境。
2. 在健康方面：準幼教老師應提供一個無疾病污染的環境。
3. 在環境方面：準幼教老師必須配合孩子的發展程度選擇適當的教材、設備並依此佈置教室。

能力領域 II：增進兒童的生理發展及智能

功能領域：

1. 在身體發展上：準幼教老師提供各種適合孩子學習能力的設備、活動及機會來促進孩子身體上的發展。
2. 在認知發展上：準幼教老師設計不同的活動及經驗，它們能鼓勵孩子發問、探索、解決問題並符合孩子的認知發展程度。
3. 在語言方面：準幼教老師幫助孩子學習語言並藉由語言表達他們的想法、感覺及理解程度。
4. 在創作方面：準幼教老師提供各種經驗及媒材以發掘並激發孩子的創造力。

能力領域 III：建立孩子正向的自我觀念及個人優點

功能領域：

1. 在自我觀念上：準幼教老師幫助孩子去了解、接受並欣賞自己是一獨立存在的個體。
2. 在個人優點上：準幼教老師幫助孩子發展獨立觀念且能適時表達、了解及控制自己的感覺。

能力領域 IV：在學習環境中，統合及維持兒童與成人在團體中的正面功能

功能領域：

1. 在社會方面：準幼教老師幫助孩子學習和別人相處及培養孩子在團體中相互尊重的態度。
2. 團體管理方面：準幼教老師提供正向的常規並建立兒童及成人皆能理解和接受的規則。

能力領域 V：適當協調家庭與托育中心撫育兒童的理念

功能領域：

1. 家庭／托育中心：準幼教老師應和家長建立良好正面的關係，並鼓勵他們參與托育中心的活動，以達親師合作。

能力領域 VI：執行有關兒童教育計畫的輔助責任

功能領域：

1. 準幼教老師和其他教職員合作研討有關托育中心的計畫、活動、政策及規則。

資料來源：Child Development Associate Consortium, Competency Standards (Washington, DC: Author, 1977.)

中心的佈置及統合兒童一整天的活動。

3. **教室管理技巧**。教室管理相當重要，但對初為人師者卻是相當困難。一般而言適當地變換活動可以減少課堂不當行為。老師必須知道如何建立教室規則、如何處理不當行為且不用處罰方式來影響孩子。不當的懲罰除了造成孩子的傷害外，也無法有效幫助孩子學習適當的行為。

4. **了解幼教課程的內容**。除了保護孩子的安全及安排有趣的活動外，身為優良教師的必要條件還包括了解孩子在生活上應具備的能力並為他們往後的學習做準備。老師必須採取適宜的教學法並確保這些孩子能達教育計畫之目標。兒童學習範圍包括語文、讀寫能力、社會、科學知識，及以不同媒材表達自己的想法。評量在教學上是必要的，老師須知如何判斷孩子的學習能力且是否已成功地達到教育計畫之目標。

以上所陳述的知識是發展更多知識和技能的基礎。

幼教人員專業化

　　從事有關幼教工作的人相當多。有些曾接受短期的專業訓練；有些在學經歷上都有相當的背景；有些甚至是幼教領域的專家。美國幼兒教育協會（NAEYC）已明確指出從事幼教工作者所扮演的角色，並把他們和非專業或準專業的幼教工作者（如助教或助手）區分開來。不同的專業化角色需要不同的職前準備及專業知識，這些**專業角色**包括助教師、老師、校長、安親班老師。除此之外，NAEYC指出其他像特教專家、科任老師（例如：美術、音樂、體育或外語）、親職教育協調員、社會服務協調員、教育協調員、課務人員、單位行政人員等，這些專業角色通常比幼教老師需要更多的職前訓練及準備。

專業角色
在幼教領域中的專業角色包括助教師、教師、校長及安親班老師。

專業幼教師資的分類

第一階段　幼教老師助理：指剛踏入幼教行列並在專業人員的督導下進行教育計畫活動的教師。這通常需要具有高中畢業證書或同等學歷始可擔任。一旦受聘，他們應參加專業發展教育課程。

第二階段　準教師：指能單獨進行課程活動且能負責照顧及教育一羣孩子的教師。老師必須能勝任美國兒童發展協會認證課程中的六大能力領域。

第三階段　幼教老師：指不僅能照顧及教導一羣孩子，且須展現第一、二階段的能力及擁有較多理論知識和實務技能的老師。他們必須是大學幼教系或兒童發展的相關科系畢業。

第四階段　幼教專家：指監督、訓練教職員，設計課程並或執行教育計畫者。其條件是大學幼教系或有關兒童發展之相關科系畢業且具三年以上教導幼兒和／或更高年級的全職教學經驗。

專欄1－2乃美國幼兒教育協會（1984）對從業人員所明確界定出不同階段所該具有的準備及責任，除了描述各個階段所應具備的知識、技能，也建議獲取這些知識、技能的方法。

幼教人員專業化的發展一直不斷被關心，最近美國幼教協會成立一美國幼教專業發展學會，此學會舉辦了多次有關幼教專業化的會議。主要議題之一是區分專業及非專業人員。很多在幼教界的從業人員完全沒有或只受過一些專業訓練，而這些人是否可以繼續擔任幼教工作或者從業人員是否需要更多的職前訓練是當前急待解決的問題。在一方面，要求較多的職前訓練，可以增加幼

教從業人員專業化的程度和與幼兒相處較佳的經驗；但在另一方面，這也將使許多欲貢獻於幼教工作的人不得其門而入。

成為一名幼教老師該有的準備

幼教師資的培育通常是在大學及學院的幼兒教育系或與兒童發展相關的科系中養成。有些原受小學培訓計畫的學生則必須再額外加修有關幼兒教育或幼稚園認可的課程。一些專科學校（junior colleges）也提供有關幼兒發展、幼教的準學位或修習一年的教育課程。

即使幼教師資培訓計畫不斷改變，大多數的人還是要接受一般的養成教育。主修幼教的學生其目的便是成為合格的幼教老師。因為童年時期是指從出生到八歲，所以教授上課的範圍可能要涵蓋全部或一部分的年齡層。多數培訓課程要求學生在普通教育上也擁有廣博的認識或專精某一領域。除此之外，學生所須完成的專業科目包括教育概論、課程設計，適合幼兒教育的各科教學法以及在各種情境、各種年齡層裡觀察、參與及試教。

幼教老師屬於普通教育的師資。他們應該具備廣泛的知識背景，因為普通教育也是一種專業知識。普通教育的領域包括語文和讀寫能力、數學、科學、社會科、美術和音樂、健康教育以及體育。在大學課程中普通教育便占了2/3～3/4的比重並配合專業職前訓練一同授課。不過漸漸地師資訓練都在學士後才開始，且甚至延伸到碩士學位。

目前的師資培育計畫是以教育概論為起點，它包含了教育史、教育哲學以及兒童的成長與發展。準幼教老師修習幼教課程和教室組織是為了學習如何計畫、統合、執行及評估適合孩子的活動。像學習如何教導語言藝術、閱讀、數學、社會、美術及音樂等課程，不管是採用單科教學或統合教學都是必修科目。所有培訓計畫也強調在常態班上指導失能兒童的方法。

在師資培訓的過程中，實習是相當重要的一部分。這些經驗

是讓學生到托兒所、幼稚園及小學低年級中觀察和參與，參觀的環境包括公立小學、安親班、實施教育補助的學校及其他學前教育機構。實習的經驗包括學生實際教學及慢慢從中學會能夠負起教導全班小朋友的責任。從教學的活動中，學生在不同專業科目中所學得的技能知識及在教育情境中與孩子直接接觸所獲得實務知識將獲得統整。這統合的結果是學生要成為好老師的基礎。師資培訓課程要求學生針對數個不同年齡層進行實際教學 (College Board, 1992)。

雖然許多社區大學及二年制學院也提供了類似於大學階段的幼教老師培訓計畫，但它們所提供的訓練時數較少，在普通教育的內容上也較不足。社區大學的幼教計畫常是職訓計畫，這些課程較強調實務經驗而較不重視理論和基礎層面。它主要是提供給一些希望到學前教育機構、托兒所及幼兒發展中心服務的人來修習，然而却無法獲得教師資格。這些計畫通常是遵循兒童發展協會所定的方針並在結業時頒發協會證書。

美國幼教協會於1982年發展了一系列四年制和五年制的幼教師資教育計畫方針而一度被美國師資教育檢覈評議會 (National Council for the Accrediation of Teacher Education) 所採用。順利完成四年或五年制的師資教育課程後，將成為一合格的幼教老師。雖然在二年制學院及社區大學也有類似指導方針，但都不是合格的師訓計畫形式。

檢定及資格證明

幼教界相當關心的重點之一是如何去確保幼兒課程的品質。確保品質的方法之一即設立幼教從業人員的標準，這些教師資格標準是經由州政府的教師檢定認可，此標準適用於各州的公立學校教師，甚至在某些州的私立學校也通用。然而，托兒所及某些學前教育機構的老師是不需要檢定的，它們的課程是由社會服務機構來管理而非由教育機關約束。然而從**表1-1**中，我們可以發現由

州　　名	適用範圍	能力測試	
		筆試	在職表現
29. 新罕布拉斯加	出生～三年級	×	×
30. 紐澤西	（托兒所～維稚園）	×	
31. 新墨西哥	無	×	
32. 紐約	無	×	×
33. 北卡羅萊納	幼稚園～四年級	×	×
34. 北達科塔	無（幼稚園認可）	×	
35. 俄亥俄	（托兒所～幼稚園 （幼稚園～三年級）		
36. 奧克拉荷馬	托兒所～二年級	×	×
37. 俄勒岡	無	×	×
38. 賓夕凡尼亞	托兒所～三年級	×	×
39. 羅德島	托兒所～二年級	×	
40. 南卡羅萊納	幼稚園～四年級	×	×
41. 南達科塔	托兒所認可	×	×
42. 田納西	（幼稚園～三年級）	×	
43. 德克薩斯	（托兒所～三年級）	×	×
44. 猶他	托兒所～三年級		
45. 佛蒙特	出生～八歲	×	×
46. 維吉尼亞	托兒所～幼稚園～四年級	×	×
47. 華盛頓	托兒所～三年級		×
48. 華盛頓特區	托兒所～幼稚園		
49. 西維吉尼亞	托兒所～幼稚園	×	
50. 威斯康辛	（幼稚園認可）		
51. 懷俄明	幼稚園～三年級	×	

資料來源：Cooper, J.M., & Eisenhart, C.E.(1990).The influence of recent educational reforms on early childhood teacher education programs. In B. Spodek & O.N. Saracho(Eds.),*Early childhood teacher preparation: Yearbook in early childhood education,* Vol. l. New York: Teachers College Press, pp. 186-187).

表1-1 幼兒教師資格檢定：全國縱覽

州　　名	適用範圍	能力測試	
		筆試	在職表現
1. 阿拉巴馬	托兒所～三年級	×	
2. 阿拉斯加	無		
3. 亞利桑那	無	×	
4. 阿肯色	無（幼稚園認可）	×	
5. 加利福尼亞	無（幼稚園認可）	×	
6. 科羅拉多	3～8歲	×	
7. 康乃狄克	無	×	
8. 德拉威	托兒所～幼稚園 幼稚園～三年級	×	
9. 佛羅里達	無（幼稚園認可）	×	×
10. 喬治亞	幼稚園～四年級	×	×
11. 夏威夷	無	×	
12. 愛達荷	無	×	
13. 伊利諾	出生～三年級	×	
14. 印地安那	0～4歲（幼稚園～三年級）	×	×
15. 愛荷華	托兒所～幼稚園		
16. 堪薩斯	0～4歲	×	
17. 肯塔基	無（幼稚園～四年級）	×	×
18. 路易西安那	托兒所～幼稚園	×	
19. 緬因	無	×	×
20. 馬里蘭	托兒所～幼稚園	×	
21. 麻薩諸塞	幼稚園～三年級	×	
22. 密西根	無		
23. 明尼蘇達	托兒所～幼稚園	×	
24. 密西西比	無	×	
25. 密蘇里	托兒所～三年級	×	
26. 蒙大拿	無	×	
27. 內布拉斯加	出生～幼稚園	×	
28. 內華達	無	×	

各州所訂的檢定標準及幼兒教育的定義並不一致。事實上，有些州以小學教師資格做爲幼稚園或幼敎老師的檢定標準，有些州連幼敎檢定都沒提供。由於檢定的要求在這幾年變化太快，一些對現行幼教師資鑑定標準有興趣者可以請敎各大學或學院的資格檢定人員，或者可到圖書館去查閱最新版的Tryneski's *Requirements for Certification of Teachers, Librarians, and Administrators for Elementary and Secondary Schools* (Chicago: University of Chicago Press)

有關幼教從業人員資格的檢定標準皆包含在各州的証照標準中。它需要高中畢業的文憑並在高中畢業後修過一些有關幼教的科目。從1970年代開始，實施教育補助課程的學校或頒發托兒所証照的機構都要求須有兒童發展協會所發給的檢定。目前此種檢定是由專業發展評議會 (the Council for Professional Development，美國幼敎協會的分會) 所管理。目前，美國已有二十六州加上哥倫比亞特區要求托兒所教職員中至少某部分的人必須具有兒童發展協會 (CDA) 的檢定証明。

確保幼教老師資格的另一方法是先確定爲培訓這些幼教老師所設計的教育計畫。現今已有二種方式可以做到：一是由州政府教育部門核准的教師檢定教育計畫。二是由美國師資教育檢覈評議會提供四年制的學院或大學師訓教育計畫檢定，這項檢定除了核准合格的學校外也審查這些學校所提供的個人課程。如同其他專業機構在其專業領域中檢視他們的計畫一樣，美國幼敎協會也不時地考量、修正幼敎計畫。

由於教師的某些專業性明顯不足，有些州已採取選擇性的檢定程序來核定那些未受過正統師訓的人。Lutz和Hutton (1989) 指出，這樣的檢定對教師短缺的問題是有助益的。然而，很難想像在不會降低師資專業標準的情況下，這些程序仍對一般教師短缺的現象有所補救。

除了選擇性的檢定方式外，有些州及地方性學區允許三歲及四歲幼童的老師不須幼教檢定。雖然這樣的程序可以緩和幼兒教

師短缺的問題，但是對教育品質並沒有幫助。這些人可能有學位或甚至其他領域的證書，但是他們可能不了解兒童的發展並應用適當的教學策略來教導幼兒。

檢定測驗

傳統上，對能順利修習完師資培育課程者即由該州發給資格証明。但今天，美國檢定教師能力的測驗之需求與日俱增。考試通常以筆試為主，但老師的在職表現也已列為評估項目之一。

檢定測驗是為了控制教師的素質，大部分的州會經由測驗服務機構來代理，有18個州已有適合的測驗形式，10個州正在跟進，有些州已決定採用測試方式檢定教師能力但尚未執行。資格檢定測驗可能包括個人擅長的教育知識或基本學理技巧的測驗，有些則兼採二者。

初任助教的課程

一些教育專家質疑一個受過師資教育課程的畢業生是否真的能擔負起教導一個班級孩子的責任。McNergney, Medley及Caldwell (1988) 簡短的描述了有關初為助教的教育計畫 (Beginning Teacher Assistance Program, BTAP)，此計畫目標為：(1)幫助初為教師者擁有教學上的必要能力；(2)幫助他們發展這些能力。

另一個有關初為人師者的問題是要任命一位資深老師和新加入的教師合作，這些有經驗的老師將為新手做示範，帶領新老師學會教學的必備能力。在某些地區，資深教師是被正式任命這項工作，有額外的津貼及減少任課的時間。

教學行為

幼教老師身兼許多功能，而且教師和孩子的互動也可達成許多目的。然而，在教室中老師並非一直處於「教」的狀態，事實上，許多教學活動與兒童較不相關。這些活動包括決定教學內容，該

選擇蒐集何種教材及設備來輔助教學的進行，評量學習成果、記錄及報告孩子的進步程度。Philip Jackson (1966) 將二種教學行為模式加以區別：**活動前教學 (preactive teaching) 及互動教學 (interactive teaching)** ：

> 活動前的教學行為通常較嚴謹。當老師在改考卷、設計課程內容或面對問題學生時，會經謹慎的考量評估、假設某一行為可能造成的結果，通常老師所利用的解決方式是偏傳統的、較不自然的，可能是一成不變的固定模式。…而在互動情境中教師的行為則是較自發性的。當學生在老師面前闖禍時，老師會傾向於做他「覺得」或「知道」對的事，而不是他所「認為」是對的行為。(p.13)

互動教學的直觀本質有助於解釋為何透過許多的師資培訓課程此種教學形式仍難以改變。無論如何，老師的行為應該要有一理性的基礎。人的行為是他覺得應為而為，而他覺得是對的事也不會完全和他所認為對的事毫不相關。老師的行為和理念是一體的兩面。

教師的思考過程

Philip Jackson (1968) 在他的《教書生涯》(*Life in Classrooms*) 這本書中記錄了以教師行為為基礎的心智建構與歷程。他指出老師的工作充滿複雜性，他除了區別老師的概念架構（如區分活動前教學和互動教學的階段）外也讓研究者能留意教師思考及教學計畫的重要性，以便更完整地了解整個教室的流程。

Clark和Peterson (1986) 建議採用一種模式來了解教師教學過程，此模式分為兩個部分：教師思考過程及教師行為在教學過程中所產生的顯著影響，前者產生於教師的內心而無法觀察，後者則是能被觀察及測量的。

教師的思考過程主要包括三大類：教師教學計畫（活動前與

活動前教學

和兒童較無關。它包括教學計畫、評估、及做決策。它比互動教學更為慎重。

互動教學

是讓孩子共同參與，它比活動前教學更為直觀。

活動後的思考）、教師互動思考與決策以及教師的理論與信念。前二類的差別在於教師的思考過程是產生於教室內的活動進行中（互動思考與決策）抑或教室外的活動進行中（活動前與活動後的思考）。這些類別衍生自Jackson對活動前教學和互動教學階段的區別，因為這種區別代表老師在教室互動前、中、後的思考模式，所以可以用來將老師的思考過程加以分類。

課堂教學是可觀察的，Clark 及 Peterson（1986）所提出的模式即假設教師行為、學生行為及學生成就彼此間會產生交互作用。這些關係也曾被其他研究者在教學效能方面加以研究。（例如，Brophy & Good, 1986; Wittrock, 1986）

教師特質

研究發現，幼教人員的特質，包括年齡、教育水準、有關兒童發展及幼兒教育的訓練以及年資等，皆可能影響教學的品質（Vondra, 1984; Feeney & Chun, 1985; Whitebook, Howes, Phillips, & Pemberton, 1989）。在兒童保育方面，老師的教學被視為是影響教師與兒童互動最主要的因素，並或多或少影響兒童的成就（Berk, 1985; Whitebook et al., 1989）。也有一些研究指出，老師的年齡及資歷也會影響兒童的表現（Feeney & Chun, 1985）；但也有人不支持這種說法（Jambor, 1975）。除了年齡、經驗、教育水準這些特質外，其他可能的影響因素如工作動力（Peters, 1993）、組織承諾（Krueger, Lauerman, Graham, & Powell, 1986）、工作滿意度（Jorde-Bloom, 1986; McClelland, 1986; Stremmel & Powell, 1990）、專業取向（Jorde-Bloom, 1989）、人事變動率（Whitebook & Granger, 1989）及轉業（Whitebook et al., 1989）皆是重要的因素。Russell, Clifford及Warlick（1991）提出一實用模式來檢驗這些特質與個人行為之內在關聯性，尤其當個人行為受到社區及工作環境的鼓勵及限制時。

美國兒童照顧編制人員研究（The National Child Care

Staffing Study）發現影響老師表現的重要因素有：(1)正式教育、專業幼兒教育訓練及工作經驗；(2)工作環境（包括薪資、福利、贊助者、檢覈制度）；及(3)教室環境（師生比例、群體大小）。而由這些影響產生的結果有(a)工作滿意度及離職率；(b)幼教課程品質（例如：適性發展的活動以及適當的照料）；(c)教師及兒童互動的本質（如敏感度、嚴屬或疏離）；這些因素也會直接影響對兒童表現的評量（依附行為、安全、社會能力、溝通技巧、Peabody圖形字彙測驗成績，與同儕在一起的時間、及漫無目的遊盪）。

美國幼教協會在一幼兒照顧之薪資及工作狀況的調查中（1984）訪問3818位的會員有關他們所處的工作環境的問題，報告中特別提及有數十萬的人員從事幼教這個行列。(p.10)

雖然有許多幼教老師，特別是非公立學校的幼教老師，對他們的薪資低、福利差及工作環境不佳感到沮喪，但他們卻有很高的組織承諾（Jorde-Bloom, 1989; Powell & Stremmel, 1989; Stremmel, 1990）。

教師角色

幼教老師在學校、專業、以及自我期望下扮演許多的角色。他們要參與所有重大的決定，例如關於孩子們學什麼、老師應該怎麼做等等。有些學校會特別強調兒童看護，有些則僅強調教學，教學型態的範疇隨學校而異。

不管學校的定位如何，在各種情況下老師都扮演著教養的角色，是教育人員也是親人。每個角色各有其應做的行動及決定。分析教師的角色為評估教師的專業知識奠立了另一基準。Saracho（1984）分析老師扮演的角色如下：

1. **診斷師**：老師必須評量兒童的能力及需求，以計畫成功的學習經驗。
2. **課程設計師**：教師依據幼教的理論與實務以及社區認為重要的學習，而在兒童的能力範圍內設計合宜的課程。
3. **教學統合者**：為達教育目標，老師設計長期及短期的計畫

來安排教室活動,且從多方面探索蒐集適當的可利用資源並使之發揮最大效用。

4. **學習管理者**:老師設計一個孩子有興趣且與孩子發展有關的學習環境及學習經驗以促進其學習。

5. **輔導者╱顧問**:老師在與孩子不斷的互動中給予孩子照顧、情緒方面的支持及引導孩子學習,也幫助孩子發展人際關係及社會技能。

6. **決策者**:關於孩子、教材活動及學習目標,老師皆不斷的進行各種決定,有些是即興的決定,不過大多是有計畫的,老師們深思熟慮後才進行他們的決定。

這些角色與活動前教學和互動教學有直接關聯,假如教師角色擴及到課堂責任之外,其他的角色扮演(例如:孩子的擁護者、監護人、成人教育家)可能增加。成功的扮演好每個角色需要為師者學得一連串的知識、技能和態度,而當老師在習得這些知識並理解後,他們便能將幼教的原理原則應用於實際情況中。

教育即養育

兒童在健康、照顧、安全方面較依賴成人,所以教導幼兒的老師也必須養育他們。當孩子處於飢餓、生病、害怕或不舒服的情況下便無法學習。因此,托兒所在一開始便提供這種養護照顧,幼稚園及小學也接受擔負「照顧」的責任,包括提供早餐、午餐及藉由各種篩檢測驗來確認兒童發展上的問題。這些有關「照顧養育」的責任就落在班級導師身上。

幼教老師除了提供兒童基本照顧外,也要如同孩子的雙親一樣,隨時給予愛和慰藉,甚至也給予孩子一些衛生訓練,這些皆是重要且合理的教育必要條件。然而,當養護變成老師唯一著重的部分,某些問題就產生了。孩子在養育方面的需要是相當容易察覺的,例如在某些情況下孩子們會發洩情緒式的哭鬧。雖然這些需要不應被忽略,但孩子在其他教育上的需要會顯得較不明顯,因而容易被忽略。當老師的角色侷限於養護時,教育課程易變成照顧兒童的工作而非教育貢獻,且孩子會產生喜歡欺騙的傾向。

教學即教導

　　當我們談及教學時，我們通常會想到老師所扮演之教導的角色，傳統上老師被視為傳授知識的人，實地的講授、示範是最直接的教學形式，其他間接式的教學也能誘導學習。間接教學方式包括創造一學習情境，配合教育資源設計活動，問一些問題讓兒童思考或試著去了解真實世界。這樣的技巧有助於孩子對感官世界產生互動而創造他們自己的知識。

　　每一種教學觀點通常都未獲檢驗，它們是以一套關於知識和學校的假設為基礎，有一個假設是個體吸收知識時對於其中的真象和訊息會加以類化。所以老師必須決定何種知識對孩子是重要的，然後藉由講解、說故事、示範，或利用電腦、幻燈片、錄音帶或電視來傳達。兒童在學期間，他們累積學會了許多真象及訊息而成為知識豐富的人。

　　其他在教育及知識發展上的觀點則要求不同的教學形式。知識不只是真象及訊息累積的結果，更要進一步去建構整合訊息的

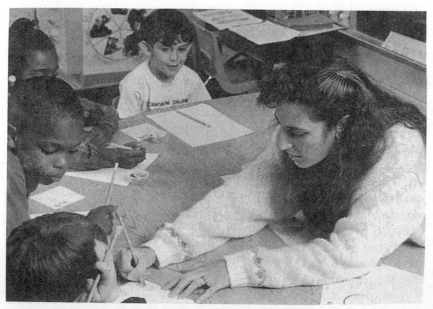

老師的角色之一，即指導學生。

意義。眞象是粗略的資料，知識是由此發展而來。創造知識必須經由不斷的主動探索眞象，被動的接受訊息無法創造知識。

各種已經被發展出來的幼教課程模式均以學校教育、知識及幼兒爲基礎。老師可以挑選這些課程模式並適時修正以符合特殊情境。在選擇或修定旣有課程時，老師可在仔細考量各種模式所適用的範疇、順序以及均衡之後，再針對某一群孩子設計課程。

一旦老師設計出教案，首先必須評估孩子的學習能力。老師必須了解每個孩子，以便設計適合兒童學習能力及學習方式的教學法和教材。在設計的過程中，老師須具備兒童學習與發展的知識以及幼教實務與過程的經驗。

做爲診斷師，老師必須蒐集關於每個孩子的相關資料以訂定課程計畫。這些資料來自不同的人：包括孩子的父母、心理學家、學習專家及之前的老師。除此之外，老師藉由平時觀察孩子行爲的紀錄、分析孩子的作品、利用標準的和教師自編的一些測驗則可做成第一手的資料。老師應該有系統的整理這些蒐集到的資料，用以作爲學年一開始時設計課程的依據標準，而到學期中時，則利用更新的資料來修正課程。

從事這些工作時，老師必須蒐集並運用適當的物質及人力資源，針對孩子的個別差異編製出適合全班發展的活動。老師必須考慮到空間規畫，蒐集及配置教材，設計日程表並選擇實施學習活動的策略。特別是學期剛開始時，老師應該讓孩子知道有哪些資源可利用，並採用直接和間接的教學法。老師做爲一位指導者的角色幾乎可代表其所有的職責所在。

教學與互動關係

有些教育學家認爲老師的指導者角色很重要，有些則認爲教學的互動層面才是最重要的。孩子在校的學習過程中，老師不斷地與他們產生互動，這些互動的品質比特定的課堂練習更重要。

Arthur Combs（1965）指出一個有效能的老師應該要全力發揮自我以達到個人及社會對教育的要求。在教育的過程中，教師投注全部的自我，才能超越專業能力以達成教育目的。發展與人

接觸並產生互動的方法是成為老師的過程中很重要的一部分。老師除了扮演教導者之外，他也是一位領導者及幫助者，他創造一個孩子可信賴的課堂氣氛，並幫助孩子在學習時以及平時獲得安全感，引導孩子做決定並提供一個資源豐富的學習環境。

每個老師都有自己的一套價值觀，這些價值觀有助於決定老師認為重要的事以及如何處理個別情況。它們甚至影響教材的選擇、使用以及教室佈置，而且，這些價值觀也會影響孩子的價值觀。價值觀常常是感染而來而不是學習得來，因為它們是以個人方式表達出來的。最重要的是，老師給予兒童愛心與鼓勵，他們接受孩子是個完整的個體，有優點也有缺點。經由和孩子之間的個人關係，老師可以幫助他們成長。

教學的互動層面並非被指定的行為，而是希望老師以真實的方式表露他們的個人特質。師資培育計畫必須在教學方法和基礎上超越傳統同時必須幫助學生探索教育對他們的意義以及如何與人產生良性的互動關係。

教學即思考和行動

教學的互動層面是很重要的。

老師大部分的行為可在教室活動進行中被觀察，因為老師的表現是可觀察的，所以向來就是研究和眾所矚目的焦點。事實上，直到最近，大部分教學上的研究都著重於教師的行為表現（例如，參閱Rosenshine, 1976）。然而，最近研究者把重點放在教師的思考上。老師的思考過程比行為更不易被觀察，且只能透過他們對自己思考過程的記錄加以研究。分析此類研究比分析教師行為更需要高深的推理，但這並不是說老師的思考過程是不切實際和不重要的。事實上，老師的思想反映在他的行為上。關於這方面的研究主要著重在老師的計畫、判斷、決定和內在堅持的理論上。(Clark & Yinger, 1979)。

Clark和Yinger在研究中摘要指出：老師在設計課程時會先考慮內容及教學情境，然後老師會把焦點集中於孩子的需要上。比起活動目的，活動本身才是整個計畫的焦點所在。在思考教學時，老師通常會判斷學生、可獲得資源及他們自己本身的情況。證據顯示，老師的判斷會隨著訓練而愈顯敏感。

在有關老師的思考歷程的研究中，有一些研究是關於老師所抱持的理論。個人所採取的不同課程架構（Bussis, Chittendon, & Amarel, 1976）或應用理論（Argyris & Schon, 1975）將影響他們的行為表現。老師可從大學修習的課程、實習訓練時期及閱讀過的專業書籍中所得的知識去篩選其蒐集的資料。老師所抱持的理論有助於他們將所蒐集的資料創造出新的意義。這些理論讓老師在不同課程及面對不同孩子時，皆表現出一致的行為。然而在這種一致性下，老師對於特殊情境必須隨機應變。

在成為老師的過程中，每個老師都會建立自己的一套教育理論。內在堅持理論是建立在師資訓練計畫中所獲得的知識上：即包含教法及教材知識的學習與發展理論。而課堂中的實務經驗可測試教師職前訓練中所獲之理論知識，並提供另一資源以建立及修正個人的教育理論。最後，老師要使專業知識和社會的價值觀相符合（關於童年、個人、學校的重要性及老師所有耕耘的成效）。(Spodek, 1989)

學習如何成為老師的課程可能自大學才開始，但並非隨著大學畢業即結束，而是應該不斷的發展、修正有關教育的理論、及改進教學的技巧。整合這些思想與行動才能達到最高的專業化階段。

教學即道德行為

在專業的領域中，通常有一套**道德律**（code of ethics）來保障客戶的最大權益，並減少在執業時的偏頗行為。大部分專業化的協會皆制定一套系統來規範違反專業道德律的會員 (Katz, 1984, 1988)。因此，當律師或醫生發生不道德的專業行為時，即會被取消其專業資格。

雖然美國幼教協會目前並無法規範不道德的教師執業，但它的確發展了自己的道德律，此規範言明關於對兒童、家庭、同事、社區及社會有專業責任的概念。希望它能引導從業人員的行為並協助解決兩難困境。

美國幼教協會無法強迫會員遵守此道德律，所以將它列為「給孩子的承諾」（Commitment to Children）印在每張會員卡的背後，希望每個會員皆能遵守它。

專欄 1—3

給孩子的承諾

- 我了解並願意遵守和支持法律及規則，盡力提昇孩子的生活品質。
- 我將盡力維持讓孩子能在配合他們發展需要的環境下學習及生活的權利。
- 我將儘可能地增進自己提供孩子需求的能力。
- 我將欣賞每個孩子的獨特性並增進他們的自尊心。

結語

　　教學是一門要求道德行為的複雜工作。身為一幼教老師必須
在師資教育計畫中發展出適當的知識與技能。而各州也訂定教師
檢定的標準以確保教學品質。

　　並非所有的幼教從業人員都是檢定合格的老師，一些可能是
經由兒童發展協會的檢定，一些則可能並未有職前訓練。然而，對
於幼教領域專業化的推動正逐漸進行著。

　　教學的準備並非隨師資訓練課程的完成或檢定通過而結束，
老師仍需要不斷的專業發展。

參考書目

Almy, M. (1974). *The early childhood educator at work.* New York: McGraw-Hill.

Almy, M., & Snyder, A. (1947). The staff and its preparation. In *Early childhood education*. 46th Yearbook of the National Society for the Study of Education, Part II. Chicago: University of Chicago Press.

Argyris, C., & Schon, D. A. (1975). *Theory in practice: Increasing professional effectiveness.* San Francisco: Jossey-Bass.

Berk, L. E. (1985). Relationship of caregiver education to child-oriented attitudes, job satisfaction, and behaviors toward children. *Child Care Quarterly, 14*(2), 103–109.

Brophy, J. E., & Good, T. L. (1986). Teacher behavior and student achievement. In M. C. Wittrock (Ed.), *Handbook of research on teaching* (3rd ed.) (pp. 328–375). New York: Macmillan.

Bussis, A. M., Chittendon, E. A., & Amarel, M. (1976). *Beyond surface curriculum.* Boulder, CO: Westview Press.

Child Development Associate Consortium. (1977). *Competency standards.* Washington, DC: The Consortium.

Clark, C. M., & Peterson, P. L. (1986). Teachers' thought processes. In M. C. Wittrock (Ed.), *Handbook of research on teaching* (3rd ed.) (pp. 255–296). New York: Macmillan.

Clark, C. M., & Yinger, R. J. (1979). Teachers' thinking. In P. L. Peterson & H. J. Walberg (Eds.), *Research on teaching: Concepts, findings and implications.* Berkeley, CA: McCutcheon.

College Board (1992). *Guide to 150 popular college majors.* New York: College Entrance Examination Board.

Combs, A. W. (1965). *The professional education of teachers.* Boston: Allyn and Bacon.

Cooper, J. M., & Eisenhart, C. E. (1990). The influence of recent educational reforms on early childhood teacher education programs. In B. Spodek & O. N. Saracho (Eds.), *Early childhood teacher preparation: Yearbook in early childhood education* (Vol. 1). (pp. 176–191). New York: Teachers College Press.

Feeney, S., & Chun, R. (1985). Research in review: Effective teachers of young children. *Young Children, 41*(1), 47–55.

Feeney, S., & Sysko, L. (1986). Professional ethics in early childhood education. *Young Children, 42*(1), 15–20.

Jackson, P. W. (1966). *The way teaching is.* Washington, DC: Association for Supervision and Curriculum Development.

Jackson, P. (1968). *Life in classrooms.* New York: Holt, Rinehart & Winston.

Jambor, T. W. (1975). Teacher role behavior: Day care versus nursery school. *Child Care Quarterly, 4*(2), 93–100.

Jorde-Bloom, P. (1986). Teacher job satisfaction: A framework for analysis. *Early Childhood Research Quarterly, 1*(2), 167–184.

Jorde-Bloom, P. (1989). Professional orientation: Individual and organizational perspectives. *Child and Youth Care Quarterly, 18*(4), 227–242.

Katz, L. G. (1969). *Teaching in preschools: Roles and goals.* Urbana, IL: ERIC Clearinghouse on Early Childhood Education.

Katz, L. G. (1984). The education of preprimary teachers. In L. G. Katz, P. J. Wagemaker, & K. Steiner (Eds.), *Current topics in early childhood education* (Vol. 5). (pp. 1–26). Norwood, NJ: Ablex.

Katz, L. G. (1988). Where is early childhood education as a profession? In B. Spodek, O. N. Saracho, & D. L. Peters (Eds.) *Professionalism and the early childhood practitioner* (pp. 75–83). New York: Teachers College Press.

Krueger, M., Lauerman, R., Graham, M., & Powell, N. (1986). Characteristics and organizational commitment of child and youth care workers. *Child Care Quarterly, 15*(1), 60–72.

Lutz, F. W., & Hutton, J. B. (1989). Alternative teacher certification: Its policy implications for classroom personnel practice. *Educational Evaluation and Policy Analysis, 11*(3), 237–254.

McClelland, J. (1986). Job satisfaction of child care workers: A review. *Child Care Quarterly, 15*(2), 82–89.

McNergney, R. F., Medley, D. M., & Caldwell, M. S.

(1988). Making and implementing policy on teacher licensure. *Journal of Teacher Education, 39*(3), 38–44.

National Association for the Education of Young Children (1982). *Early childhood teacher education guidelines for four- and five-year programs.* Washington, DC: NAEYC.

National Association for the Education of Young Children (1984, November). Results of the NAEYC survey of child care salaries and working conditions. *Young Children*, pp. 9–14.

Peters, D. L. (1993). Studying teachers and teaching in early childhood settings. In B. Spodek (Ed.), *Handbook of research in early childhood education* (pp. 493–505). New York: Macmillan.

Powell, D. R., & Stremmel, A. J. (1989). The relation of early childhood training and experience to the professional development of child care workers. *Early Childhood Research Quarterly, 4,* 339–355.

Powell, D. R., & Stremmel, A. J. (1988). Managing relations with parents: Research notes on the teacher's role. In D. L. Peters & S. Kontos (Eds.), *Continuity and discontinuity of experiences in child care* (pp. 129–146). Norwood, NJ: Ablex.

Rosenshine, B. (1976). Recent research on teacher behaviors and student achievement. *Journal of Teacher Education, 27,* 61–64.

Russell, S., Clifford R., & Warlick, M. (1991). *Working in child care in North Carolina.* Carrboro, NC: Daycare Services Association.

Saracho, O. N. (1984). Perception of the teaching process in early childhood education through role analysis. *Journal of the Association for the Study of Perception International, 19*(1), 26–29.

Spodek, B. (1989). Implicit theories of early childhood teachers: Foundations for professionalism. In B. Spodek, O. N. Saracho, & D. L. Peters (Eds.), *Professionalism and the early childhood practitioner* (pp. 161–172). New York: Teachers College Press.

Stremmel, A. J. (1990, April). Predictors of intention to leave child care work. Paper presented at the annual meeting of the American Educational Research Association, Boston, Massachusetts.

Vondra, J. I. (1984). A consideration of caregiver age variables in day care settings. *Child Care Quarterly, 13*(2), 102–113.

Whitebook, M., Howes, C., Phillips, D., & Pemberton, C. (1989, November). Who cares? Child care teachers and the quality of care in America. *Young Children*, pp. 41–45.

Whitebook, M., & Granger, R. C. (1989). Assessing teacher turnover. *Young Children, 44*(4), 11–14.

Wittrock, M. C. (Ed). (1986). *Handbook of research on teaching.* New York: Macmillan.

幼兒教育的起點

本章綱要

◇小學
◇幼稚園
◇幼兒學校
◇托兒所
◇蒙特梭利學校
◇托育中心
◇教育補助方案
◇幼兒特殊教育計畫
◇爲臨界兒童設計的教育計畫

導論

　　美國自其殖民地時代開始就已經有一、二種形式的幼兒教育計畫，然而直到第二次世界大戰以後，小學的入學人數才穩定，學前教育學校（托兒所和幼稚園）的入學人數比例也才呈現上升趨勢，根據1991年的一項調查資料顯示：有28.2％的三歲兒童，53％的四歲兒童，以及86％的五歲兒童進入學前教育機構；約有12.6％的幼稚園孩童以及同此比例的小學、中學學生進入私立學校就讀；接受全天班教育的學齡前兒童人數，在最近幾年來亦呈現顯著的增加，如1969年只有16％的三至四歲兒童就讀於全天班，而1991年時則提昇至38％；非裔兒童之入學比例高於白人，西班牙裔則低於白人，其中又以非裔女童所占比例最高。使得學齡前兒童入學人數增加的現象顯得特別地有意義的是在同一個時期，中、小學註冊人數竟呈現衰退的現象（Snyder ＆ Hoffman, 1992）。

　　自1970年以來，育有幼兒的職業婦女人數激增，她們爲子女做了許多不同的照顧安排。在1987年，約有22％的職業婦女將幼兒送

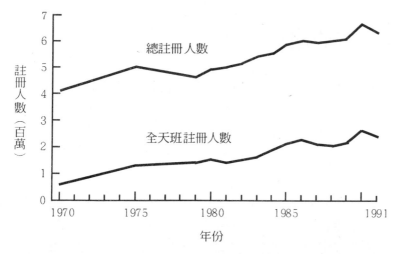

資料來源：T.D.Snyder and C.M.Hoffman, Digest of Educational Statistics
(1991).(Washington, D.C.:National Center for Educational Statistics,
1992), p.45.

圖2-1　3至5歲幼兒入學人數：1970年10月至1991年10月的出席狀況

往家庭式托育之家，約25％送至托育中心或學前教育機構。甚至有
愈來愈多的專職職業婦女將孩子註冊入學。(Children's　Defense
Fund, 1991)。由於私立的幼兒教育機構並不須呈報註冊之兒童
人數，因此，就讀於私立教育機構之幼兒的確切人數無法統計出
來。然而，人口調查局提供了合理的推估數據。這些調查指出在美
國學齡前兒童上學已經成爲慣例而不是一種期望。

在美國，有各種不同的機構提供幼兒教育，包括了學前學校、
托兒所、托育中心、教育補助計畫、幼稚園先修學校、幼稚園、初
等教育等。這些機構具有許多共同的特性，但是在機構的情境設
計、兒童的就讀年齡、課程發展的傳統特色、課程之目標以及機構
所採用的心理學理論依據則有差異，而上述的異同點對整個教育
計畫都會產生影響。因此，探討幼兒教育與當今學校機構之淵源，
將有助於我們瞭解此一領域之架構。

幼兒教育的起源

　　幼兒教育是何時開始的呢？雖然並無確切答案，但至少從有歷史記載以來，兒童就已接受照顧與教育，不過直到近代才成立了專門為教育與照顧幼兒而設計的學校。起初幼兒教育與兒童教育並無差異，直到十九世紀初，幼兒教育才獨立出來，並發展出較適當的教育方法以符合幼兒之需求。

　　欲確定幼兒教育的起源，我們可追溯到人類種族之源頭。唯這種教育是非正式的；教育與照顧幼兒乃是家庭的責任。我們可以很容易地確定早在古希臘時代，就有教育哲學家關心幼兒的教育，例如：柏拉圖（Plato）廣泛地寫了許多有關教育的著作。不過，當今的學校教育是現代教育學家和哲學家的產物，與古希臘哲人較無關。換言之，當專門為幼兒所設立的學校以及家庭外之幼兒照顧機構成立之時才正式開啟了現代幼兒教育的大門。

早期的教育哲學家

　　1628年，John Amos Comenius發表《嬰兒學校》（*School of Infancy*）一書，其中便涵蓋了「母親膝下學校」(school of the mother's lap) 的理念；在這個學校裡，由出生至六歲的幼兒，將學習所有基本的知識 (Osborn, 1991)。Comenius主張之科目包括「簡單的實物教學，像是學習認識石頭、植物、動物；身體各部位的名稱及功能；辨別光線、黑暗與色彩；搖籃、房間、農場、街道、田園的地理位置；訓練兒童節制、純潔、服從；並教導兒童唸祈禱文」。在1658年，Comenius出版了第一本兒童圖畫書《世界圖解》（ *Orbis Pictus*, 1887），其中使用了插圖而且被譯成各主要歐語。

　　一世紀之後，Jean Jacques Rousseau於1762年寫了一本探討幼兒教育價值的經典之作《愛彌兒》（*Emile*），Rousseau認為教育應始自人出生之時，並持續至25歲。他特別強調兒童自然的發展，

而不贊成利用教導來使得幼兒社會化以及為了其未來的人生而做準備。「…自由，而並非權力，才是最重要的。人能渴望做其有能力做的事，做其想做的事，這就是真正的自由，也是我的基本原則。將此原則應用至兒童，則所有的教育準則由此應運而生。」（Rousseau, 1976, p.48）。Rousseau視個體之感官知覺能力為人類知識的基礎，此一理念亦成為Robert Owen的幼兒學校、Maria Montessori的兒童之家及當今之幼兒教育課程之基礎。

有關各個幼兒教育機構致力於幼兒發展之教育和照顧的歷史，我們將在下段自美國殖民時代開始探討，其他部分則溯及歐洲幼教之起源。

為幼兒所設立的學校

在美國，幼兒最早是進入小學或是**普通學校**（common school）就讀。這類學校在社區中為幼兒提供了基礎教育，大部分的兒童在普通學校中完成教育。普通學校並不提供兒童未來進入中學或是學院的入學準備。在當時，能進入學院求學的人並不多，而學院中的學生，有許多人在年幼時並未進入普通學校就讀，而是在家接受家教的指導。

普通學校
在殖民地時代提供所有兒童基本的教育。

小學教育

當前小學教育的目標乃直接沿自於殖民地時代的小學教育。尤其是新英格蘭殖民地宗教信仰要求人們能以英文閱讀聖經，因而設立了由社區教會管理的小學，以教導信徒閱讀、拼字和文法，後來也教算術。

清教徒在1647年制定清教徒校規，其前言呈現出殖民地小學教育的宗教緣起：

那位古老的欺騙者，撒旦，他的主要目的就是不讓人們知道聖經的知識，起先使人們言之無物，爾後，再以誘惑的說詞來

矇蔽、說服人們，最後，真理便極可能被這些貌似聖者的騙徒
所曲解而隱匿不彰。然而，在教堂以及上帝的國度中，學習並
不會被埋在我們先祖的墳墓之中，主，幫助了我們的努力
——因此，祂下了一道命令，當一個地區之住戶達到五十戶
時，將會指派一位祂的使者在自己所居住的城鎮裡教導所有
向他求教寫字與閱讀的孩子（Nohle, 1924, pp.24-25）。

　　當美國革命建國之後，學校失去了宗教上的意味，美國憲法
將國家與教會分離，明令禁止政府支持宗教。由於憲法上並未明
文規定教育為聯邦政府之職責，因此，辦校就成了州政府的責任
了。在當時，美國正逢愛國精神高漲的時期。十八世紀末所使用的
閱讀指導初級讀本，其內容也由聖經、簡單的祈禱文的摘錄轉換
為有關愛國精神及道德的故事。到了十九世紀，小學教育的內容
已呈現非教會性質，同時，普及教育的觀念也開始盛行，而且各種
背景的兒童皆能進入公立學校系統就讀。
　　這些小學旨在提供基本技能的教導。閱讀、寫字和算術是此

年代	事件
1965	創立啟蒙補助方案
1941	成立Lanham Act托兒所
1933	成立WPA托兒所
1914	Margaret Macmillan創設托兒所
1913	幼稚園的革新運動（國際幼稚園聯盟報告）
1907	Maria Montessori成立「兒童之家」
1856	美國第一所幼稚園成立
1854	美國第一所日間托兒所在紐約成立
1837	Friedrich Froebel創設幼稚園
1816	Robert Owen 創建幼兒學校
約 1767	Frederick Oberlin創設編織學校
1647	制定1647年清教徒校規

圖2-2 幼兒教育發展史時序圖（1647～1965）

階段教育的重心，直至今日亦是如此。雖然小學教育也包含了其他領域的學習，然而卻沒有如這些基本技能一般受到重視。

在這個時代，非常年幼的幼兒常常進入小學就讀。人們相信幼兒能夠在高層次智能上有所發展。幼兒通常在三或四歲開始閱讀，而在五或六歲開始學習拉丁文。

例如，十九世紀初麻州的大多數市鎮皆設置了公、私立學校以便幼兒就學。在1826年時，所有在公立學校就讀的兒童就有5%的年齡層在四歲以下，其中包括了20%的三歲幼兒，幼兒入學之比例相當高。在1830年代末期，幼兒入學比例開始衰退，其原因包括了：(1)日益強調母親角色對家庭的重要性，例如母親教育幼兒的責任；(2)對於幼兒之平衡發展予以更高之關注，例如擔心過度的智力活動會引起幼兒精神異常（錯亂）；(3)公立學校官僚體系的擴張。在1840年代和1850年代，因為考慮到兒童與學校之福利，而設法不使四歲，甚或四至五歲幼童入學。改革者期盼藉由排除這些兒童入學能帶動更高的出席率，課堂上更有紀律以及有效節省經費 (May & Vinovskis, 1977)。

當十九世紀初小學教育著重於「3Rs」的技能教導之際，新的教學方式也漸漸納入課程之中：美術與工藝、自然科（爾後以科學所取代）、地理（後與社會科合併）、音樂、以及體育。這些新科目多已成為小學課程的一部分。小學教育內容之改變，至少部分是受到幼稚園教育的影響所致，因為幼稚園後來被納入小學系統之中。

在殖民地時代，小學老師的聘用上甚少考慮到其專業資格或檢定，一般都是訂有契約的服務人員或寡婦來擔任教職，只是因為他們較有空，而非考慮其資格。教學方法偏重背誦與強記，鮮少有教科書做為其教授課程之依據。

歐洲在十九世紀中所發展出的新教育方法學深深地影響了美國的小學教育。Pestalozzi式教育系統的詮釋，其著重於透過實物的教育方式引致德國小學教育的新發展。Johann Heinrich Pestalozzi（1746-1827）是瑞士一位教育學家及改革者，他發展了一

套與兒童的身體器官發展有關的教育系統，他將他的教育取向建立在人本原則以及第一手經驗上，視二者為幼兒學習的基礎（Silber, 1965）。有關德國學校教育變遷的相關報告，影響了美國教育學家在其教學方法與課程上加以修正及充實，同時，由於對教學方法日益關注，促成了培育師資的師範學校之設立。

在十九世紀的後半期，德國教育學家Johann Friedrich Herbart的哲學思想深深影響美國的小學教育。Herbart的系統將課程分為五個步驟：(1)準備；(2)呈現；(3)關聯；(4)概化；(5)應用。所有的課程在開始之前都有一段介紹以作為上課的預備，並在兒童展現出能應用新的能力時而告一段落。至今，我們仍可在教師們設計、規畫之課程中發現Herbart教學法的影響，亦即始於激發兒童之動機，而在活動臻於圓滿時結束。

教育改革的運動在二十世紀前半期對美國的小學教育影響頗鉅，在許多情況下Herbart的課程被更有系統的計畫教學法（project method）所取代。這種轉變將課程導向了單元取向的課程設計（請參閱第六章）。

在十九世紀，都市化人口集中以及大型學校和學校系統之發展，也導致小學教育之組織模式的改變。在普通學校不分年級、同在一間教室上課的結構型態，已被多間教室且分年級上課之學校型態所取代，而且教學目標取決於各年級學童的程度，並將年齡層相近的兒童編在同一班級中。

編織學校

最早的一所專為幼兒所設計的學校是由Jean Frederick Oberlin約在1767年所創立。Oberlin是一位住在法國東部阿爾薩斯省的基督教傳教士，他雖然創設了學校，卻未參與教學，教學工作一直由他的妻子Madeleine Oberlin所負責，一直到1784年她去世為止。同時，共同參與教學與管理的還有Sarah Banzet和Louise Scheppler兩位女士。Oberlin學校的學生年齡為2至3歲的幼兒，學校的課程包括了手工藝、體育活動以及遊戲。幼兒們圍繞在Scheppler的四周，Scheppler一邊編織一邊和孩子們說話，有時，年齡較大的孩子還可以負起一些教學責任呢。

這所學校的課程包括了讓幼兒觀看一些取材自大自然與歷史的圖片，並與他們討論。開始時，老師只讓幼兒看圖片，當幼兒熟悉這些圖片之後，老師會用幼兒的方言（或母語）告訴他們圖片中物體的名稱，隨後，再給孩子們看圖片時，則以法文說出物體名稱，以此方式，幼兒同時用方言（母語）及法文來瞭解這個世界（Deasey, 1978）。

編織學校十分受到重視與歡迎，在Oberlin逝世之前，它已推廣至鄰近五個村落，然而，在法國其他地區的接受程度却不如預期。隨著法國大革命的到來，傳教士以及其工作受到懷疑，由於Oberlin曾為傳教士，所以法國人民質疑他的教學或許具有傳教性質以及反革命的色彩；雖然在革命期間及之後他都受到推崇，然而編織學校在法國依然是一種被孤立的現象，且其理念也未被推展至歐洲其他地區，或許，就當時的情況而言，致力於幼兒教育的主要影響力時機尚未臻成熟吧。

幼兒學校

幼兒學校（infant school）是發展於英國的一種初等教育形式。其由社會改革家Robert Owen於1816年在蘇格蘭的新蘭納克所創立。幼兒學校教育的最初原理原則為：

> 希望兒童儘可能地到戶外去以及「在他們的好奇心驅使他們發問的時候」學習，儘可能的跳舞、歌唱並且不受「書本的困擾」。期盼他們能夠在沒有體罰以及免於體罰恐懼的學習氣氛中接受教育與訓練，不可以將不必要的限制加諸在他們的身上，而且只教「他們能夠瞭解的事物」。老師要謹記這些原則，應用於養成兒童良好習慣並協助他們彼此友愛時（Gardner, n.d., p.6）。

幼兒學校

在十九世紀初期的幼兒教育中，提供了一具人性且創新取向的教學型態。

Robert Owen受到Pestalozzi和Rousseau的影響，在新蘭納克他為自己工廠員工的孩童設立了一所學校及托育中心。他禁止年幼的兒童在他的工廠工作，對於所僱用的年長兒童亦規定了工作時數，12歲以下的兒童，每天最多只能工作六小時，12歲以上的兒童，則可工作十二到十四小時。在當時，工廠的一般慣例是六歲的童工每日要工作十二小時且沒有午休，同時也不提供教育的機會（Osborn, 1991）。因此，Owen的學校被視為廣義的社會改革計畫中的一部分，而Owen對幼兒學校的概念，則已預示了許多當代教育學家所關切的問題。

藉幼兒學校來滿足貧窮人家與勞工階級民眾的需求，此一作法自Owen工廠所在地推展開來，到了1825年，在英格蘭、蘇格蘭及愛爾蘭等地至少已有五十五所幼兒學校，以及許多幼兒學校社團。Owen的著作在歐洲大陸與美國也廣為流傳。到了1827年時，幼兒學校已經在康乃狄克州的哈特福特、紐約市、費城、波士頓和其他美國城市設立，Owen並於這一時期前往美國做大規模的演講，論述他對於社會與教育議題的新觀念。他從一個宗教團體Rappites處購得了新哈默尼、印第安那的殖民地，並且於當地成立一社區性團體及一所幼兒學校，然而，短短幾年之後，學校與社區

Robert Owen，幼兒學校的發起人。

出現了嚴重的問題而宣告解散。不過，在新英格蘭和大西洋沿岸中部社區所成立的幼兒學校仍繼續活躍了約十年，直到1830年代中期左右，美國的幼兒學校才逐漸銷聲匿跡 (Strickland, 1982)。

　　結合了人類創新精神與教育原則所成立的幼兒學校，對於公立小學是十分有貢獻的。更重要的是，幼兒學校是由社會改革者所推動的，而這些改革者皆視此爲與都市生活之邪惡面奮戰的方法。幼兒學校給人們的感覺是藉著教化貧窮人家的幼兒來永久性地排除貧窮，並將道德與文學施教於貧窮人家的子弟，同時使其母親得以利用閒暇工作 (May & Vinovskis, 1977)。當幼兒學校消失不到25年，Froebel式的幼稚園便被引進美國幼敎界。

　　當Froebel幼稚園反映出一種迥異於幼兒學校的教育哲學觀以及提供不同的教育目的的同時，我們可以發現其實二者具有某種密切的關係。美國最早提倡幼稚園的人士之一，Elizabeth Peabody，曾經在波士頓Bronson Alcott所開設幼兒學校裡任教過。她曾寫了一本有關幼兒學校教育取向的書，此書在1874年前仍不斷校訂出版，雖然當時幼兒學校已告終多年 (Peabody, 1874)。Bronson Alcott乃是小說家兼社會改革家Louisa May Alcott的

Friedrick Froebel，幼稚園的創始者。

父親，他也是幼兒學校的一位教育人員。

幼稚園

Froebel幼稚園
提供建立於人、
神、自然三位一
體的哲學觀之上
的象徵性教育。

幼稚園 (kindergarten) 是一獨特的教育實體。在十九世紀中期時發源自德國。幼稚園的課程是奠基於一種神秘的宗教哲學上，它結合自然、神（上帝）及人三者爲一個整體。Froebel針對三至六歲幼兒設計了一系列的活動以象徵此關係。Froebel幼稚園運用恩物 (gifts)、手工 (occupations) 以及童謠和遊戲 (mother'

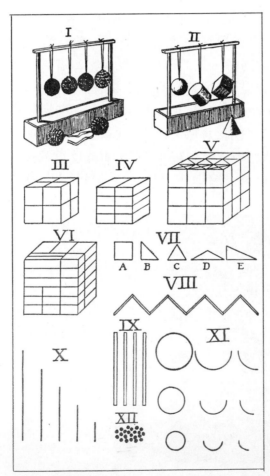

Froebl幼稚園的恩物。

s songs and plays) 來教育幼兒，同時協助他們學習去照料植物及動物。

恩物乃是指一組組可以讓兒童依事先規定好的步驟動手操作的小教具。第一組是六粒不同顏色的毛線球，每一粒毛線球的表面就象徵著宇宙的單一性和整體性；第二組是一個木球、一個圓柱體及一正方體，表徵著統一、分歧以及這兩種對立的中間變型，以圓球和方體代表著對立，以圓柱體表示這二者的中間過渡型。其他的恩物，包括了分解爲許多小塊狀的立方體，然後是方形和三角形板，這些恩物是依照規定的次序呈現給幼兒。在每一個階段中，幼兒被認爲應該用這些恩物去建造特有的形式，每一個建造的形體皆代表某種較深層的涵意。在這些操作中，甚少關切物體的物理特性，因爲Froebel認爲眞實世界的感覺與知覺是不重要的。

Froebel的恩物
即指操作性的教材。

手工乃是由紙的編織、摺紙、剪紙、縫紉、繪畫以及捏黏土等活動所組成的，其反映出原始人類的活動，同時也提供幼兒展現藝術天賦的機會。**童謠與遊戲**，乃是爲幼兒特別設計的兒歌與遊戲，其設計取材自農村中婦女與其幼兒之遊戲和來自於社會與自然世界中的活動。

Froebel的手工
指的是手工藝活動。

Froebel的童謠與遊戲
指兒歌與兒童的遊戲活動

有一段時期，Frobel幼稚園開始擴大成一種教育運動，隨著幼稚園的增加，師資訓練尤見迫切需要，於是，很快地，幼稚園師資訓練機構開始招收許多年輕的德國女性加入這個行列。

在十九世紀中葉德國的移民浪潮中，許多受過Frobel幼稚園師資訓練的婦女來到美國，她們急欲將所學應用在自己幼兒的教育上，致使許多人在自己家中設立了幼稚園；其中，在德國受過此專業訓練的Margarethe Schurz，原爲一名幼稚園教師，她邀集了一些親友的孩子們到自己家中與自己的孩子共同受教，遂在1856年，於威斯康辛州的水城成立了美國第一所幼稚園（Swart, 1967）。此外，在1860年代到1870年代之間，其他的德語幼稚園亦紛紛在美國各社區中成立。

Elizabeth Peabody閱讀了幼教相關的書籍以及和Margar-

美國第一所幼稚園，於1856年在威斯康辛州的水城設立。

ethe Schurz的交往之中，開始對幼稚園教育產生了濃厚的興趣，於是在1860年於波士頓成立了第一所英語幼稚園。Froebel的哲學觀與新英格蘭的先驗哲學（transcendentalism）符合一致，此哲學運動對於美國幼稚園課程的設立提供了知性上的支持（Snyder, 1972）。美國的先驗哲學是一種主張直覺思想（intuitive thought）較知覺思想（sensory thought）優越的哲學。雖然早在1873年，聖路易的公立學校已納入幼稚園，然而，幼稚園全面被包含進公立學校卻花了一世紀之久的時間。但在此過渡期間，私立的幼稚園在許多城市中成立，它們由各種不同的協會、媽媽俱樂部以及慈善機構贊助。

在這個早期的階段中，幼稚園被認為對貧窮家庭的兒童特別有幫助，為了因應快速崛起的都市化、歐洲人移民潮及大型都市中貧民區的增加，許多慈善性質的幼稚園便紛紛在美各地設立。當時，用以支持為窮人設置幼稚園的論據和今日支持教育補助方

案的理由並無二致：

> 如此關注貧窮兒童並以提高其家庭地位為目標的做法，很自
> 然的，將幼稚園定位於慈善性質的福利服務獲得了極大的迴
> 響。貧民區的兒童遠離街頭遊蕩的生活，由具有慈祥母愛的
> 年輕婦女來照顧其生活常規並帶來歡樂，當這些兒童有人照
> 顧，他們的母親則可出外投入就業市場以改善生活水準。這
> 一切皆訴諸於美國的精神，而且美國也給予幼稚園的設立充
> 分的自由。因此，幾乎在每一個大城市中皆可見到由教會成
> 立的幼稚園、個人捐助的幼稚園和為擴展與支持幼稚園而設
> 立運作的協會（Fisher, 1908, pp. 19-20）。

二十世紀初，美國的幼稚園教育出現了重大的爭議。傳統的
幼稚教育工作者認為Froebel已經發現了幼兒教育的重要原理，在
任何的時機中都可以適用於所有的兒童。然而，傾向自由派的學
者則主張，Froebel的教育哲學比起從其中所衍生的特定教學活動
和方法，具有更重要的意義。這群自由派的學者覺得，雖然原本的
幼稚園教育計畫是朝正確的方向向前邁進一大步，但是，當發現
某些特定的活動不適合時便應捨棄。兒童研究運動以及教育改革
運動的出現都支持了自由派幼稚園人士的論點。兒童研究運動在
當時建立了有關於兒童期方面實證知識的基礎，而教改則強調兒
童在教室中的自由和活力。

在幼稚園教育改革運動中所顯現的哲學理念，也許最好的詮
釋是Patty Smith Hill在1913年的第二份研究報告。題目為〈幼稚
園：十九人委員會論幼稚園理論與實務之報告〉(The Kindergar-
ten: Roports of the Committee of Nineteen on the Theory
and Practice of the Kindergarten)。根據Hill的說法，幼稚園課
程的內容應該與兒童當前的生活相關，而不是涉及另一文化或另
一世代兒童的生活。兒童應藉由個人經驗來學習屬於自己文化的
內涵與知識，並以之做為學習洞察力的方法。Hill建議依據童年的

自然活動，探取具體、以兒童為中心的經驗以及課堂遊戲來做為幼兒教育的方法。兒童可以無拘無束地重新建構他們的眞實世界。

這個改革運動排除了幼稚園教法中不必要的僵化教法，同時也努力要維持Froebel的哲學精神。以下將就改革學派所認同的Froebel哲學觀，分別說明：

1. **兒童期的發展概念**。發展被視為是個體展現（unfolding）的一個過程，而教育即發生於人類展露想法之際；兒童的教育活動亦包含在此一展現的過程中。雖則Froebel對兒童發展之概念與目前知識是無法相容，然其所主張之教育應為發展取向的假定依然受到肯定。

2. **教育乃是自我的活動**。Froebel主張幼兒教育的形式與內容應有別於較大年齡兒童的教育。幼童被視為是藉由動手操作恩物與手工活動來達到自我教育的效果。現在兒童發展已不再被認為是一種展現的過程，但是教育應為一自我活動的概念，依然持續至日後的教育中。

3. **遊戲的教育價值**。Froebel認為遊戲是幫助兒童成熟與學習的重要活動。在他的觀察中發現，兒童從遊戲中，將成人的活動予以象徵性地複製，他企圖擷取這些顯著的因素並賦予其一有意義的次序而納入其教育方案中。迄今，在幼兒教育中運用遊戲的觀念，仍受到幼兒教育學者的推崇。

幼稚園的改革認為許多Froebel的手工活動過於沈悶，並且其要求兒童做細部的手部運動，亦不適於幼兒之發展。同時，他們覺得其他的美術和工藝活動亦可納入幼稚園課程中，那是十分有益處的課程內容。此外，因為德國兒童的遊戲有別於美國的兒童遊戲，改革者則也希望鼓勵不同種類的遊戲活動；另外，他們也強調兒童目前的生活應該成為一學習的來源。由於改革人士的努力，學校的遊戲變得十分自由化，同時更能反映出兒童的生活。大積木取代了恩物，洋娃娃以及縮小比例的扮家家酒教具亦被納入了幼稚園的課程之中。

此改革運動持續在1920年代與1930年代進行，結果引發幼稚園的創設，它們已極近似於今天的幼稚園。自1920年以來，有許多因素影響著幼稚園教育的發展。在1930年代和1940年代中，經濟的變動使得建校經費和場地短缺，因而，公立幼稚園的數目也減少了。另外，由於心理衛生運動（the mental health movement）的影響，導致了對社會情緒學習（social－emotional learnings）的關注而不再強調始自1920年代的「習慣訓練」（habit traning）。直到1950年代後期和1960年代，幼稚教育才開始引起了正面的注意。由於當時對兒童智力發展的關注故導致了對幼稚教育課程的重新檢視。此外，心理學理論不斷強調幼兒教育的重要性也使得大眾對於幼稚園的支持增加，並促使更多州設立幼稚園來實施幼兒教育。

托兒所

托兒所運動，發展自一個不同於幼稚園的文化內涵。Rachel Macmillan和Margaret Macmillan從他們在英國衛生診所為貧窮兒童經驗中，構思了成立托兒所的計畫，藉以做為貧民區兒童流

Margaret Macmillan，托兒所之鼻祖。

行性身心疾病的防治機構。托兒所教育的基本原理即為一種教養（nurturance）。

　　教養意指我們所面對的是一個完整的兒童（the whole child），包括人類的社會、生理、情緒以及智力的層面。最初的托兒所其責任包括了為兒童沐浴、穿戴整潔、讓他們休息、用餐並讓他們呼吸新鮮的空氣。最早的托兒所是一幢平房的建築物，設有很大的門廊或落地窗通往花園並有大型戶外遊戲場，兒童可以在戶內、戶外自由地穿梭、遊戲。

　　起初，Macmillan氏所發展的托兒所教育計畫是傾向於社會性而非基於宗教性的因素，她所重視的是協助兒童學習其所觀察到的現象，而不是學習象徵性的現象。Macmillan氏受到Edward Seguin的影響更甚於受Froebel的影響。法國教育學家Edward Seguin致力於研發許多活動以改善智障兒童的感官教育。我們可以在現今失能兒童的課程中以及蒙特梭利教學法中看到Seguin的影響。

　　對於三至四歲的兒童而言，托兒所的課程包括了學習如何自理生活的技能（如清洗、繫鞋帶等），而照顧花草植物、飼養動物以及打掃校園等也是十分重要的項目。除此之外，還包括了用以發展感官的特殊活動，像是音樂和韻律節奏活動、語言活動及教

早期的托兒所。

導形狀與顏色的活動。Margaret Macmillan也贊成有關於閱讀、寫字以及算術與科學的活動。然而，另一位推動托兒所教育的先驅Grace Owen則反對將「3Rs」和課程目標帶入課程中。他將自由遊戲活動納入課程中並提供兒童從事建構性的藝術活動以及玩水、玩沙和玩其他非結構性教材的機會。

Macmillan氏的托兒所教育所做的努力是十分成功的，以致於促使了1918年英國漁人法案（Fisher Act, 1918）的通過，此法案中准許在英國各地方學校體系中建立托兒所，可惜由於設立托兒所需要的經費並無著落，而使托兒所的推動過程變得很緩慢。

約1920年，許多曾與Margaret Macmillan和Grace Owen共事過的教師到美國示範英國的托兒所教育。托兒所便在美國的教師學院（Teachers College）、哥倫比亞大學（Columbia U.）、默利兒帕爾馬母職及家事訓練學校（the Merrill Palmer School of Motherhood and Home Training）和其他機構中設立。

之後的十年，托兒所慢慢地在美國各地推廣開來。一項調查指出在1931年有203所托兒所，其中半數是與大專院校合作；三分之一為私立性質，五分之一屬於兒童福利機關。此種贊助單位的多樣性就如同托兒所本身特有的多樣化服務功能一樣。所有的托兒所皆以教育兒童為重點，其餘的目的則依贊助單位而異：

> 大多數的大專院校將托兒所做為培育師資的實驗單位或研究所需的實驗室。大專院校中家政系設立的托兒所則成為準父母教育和家庭管理教學的實驗室和示範中心。而減輕父母白天照顧幼兒負擔所成立的托兒所，主要是指日間托兒所並由家庭福利與慈善機構加以指導推行（Davis, 1993, p.31）。

1930年代的經濟大恐慌，影響了托兒所教育的發展。隨著所得下降及稅收減少，許多學校體系削減了教育的服務並且因為它們再也付不出薪資所以解聘許多教師。1933年，聯邦政府率先在聯邦緊急救濟法案（the Federal Emergency Relief Act, FERA）及

之後的工作復甦管理方案（Works Projects Administration, WPA）中撥款設立托兒所，以提供失業教師工作機會。這些托兒所隸屬於公立學校，並設立應急式的教師訓練課程以提供那些原本專教較大兒童的教師有關教育幼兒的必要技能。

WPA托兒所
為提供失業教師工作機會和提供兒童教育所設置的幼兒教育機構。

　　許多社區都設立了**WPA托兒所**。這些托兒所不但提供失業教師工作機會，同時也帶給兒童可貴的教育經驗。由聯邦政府贊助的托兒所在美國大部分的州內運作著，而且數目達上千所之多，遠超過以往托兒所的數目。

　　經濟大恐慌的結束以及第二次世界大戰的爆發，終止了政府提供工作機會給失業教師的措施，WPA托兒所也告一段落。而萌芽中的經濟、軍隊和國防工業則迫切需要有額外的人力投入。婦女投入戰爭相關行業的同時，亦需要某些機構來照顧她們的子女。於是，在蘭哈姆法案（the Lanham Act）下，聯邦政府在大部分的戰爭工業中心設立托育中心（child care centers），為從事與戰爭相關行業的婦女們提供照顧與教育其兒童的服務。在第二次世界大戰結束後不久，政府更撤銷了這項方案，然而，在許多情況下，由於托育的需要不減，因此這些托育中心逐由州政府或慈善機關接手管理運作。

　　在1950年代，由家長合辦的保育學校（parent-cooperative nursery schools）不斷地擴展。許多此類家長合辦的保育學校至今仍然存在。促成此一發展的原因在於追求高品質的幼兒教育、合理的托兒所收費並提升父母的教育水準。父母擁有此類保育學校的經營權並且也能夠參與課程教學。有關於兒童發展、兒童養育實務或其他相關主題的成人課程及家長會議皆常常被納入教育計畫中（Taylor, 1968）。

　　1960年代之前，在不同的贊助機構之下，托兒所教育繼續緩慢地發展著，直到通過了「經濟機會法案」（the Economic Opportunity Act）及「中小學教育法案」（the Elementary and Secondery Education Act）後，聯邦政府才開始投入為低收入戶兒童提供學前教育。迎頭趕上方案（Project Head Start）乃為美國幼兒教育

重大改變的指標。

托兒所教育雖已經歷一連串的變遷，然而它的發展並沒有像幼稚園改革那樣引發理論上深層的衝突，其中的一個原因是因為托兒所運動是發生在兒童發展領域被建立之後。此外，托兒所教育自始就抱持著折衷的取向，這使得托兒所教育對於修正與多元化等具有極大的包容性而不見重大的衝擊。

以下是關於托兒所思想的重要變遷：

1. **托兒所教育從一個為貧窮家庭兒童設計的教育計畫轉變成一個提供給富足家庭兒童的教育計畫。**

   托兒所原始的創立者，將他們的教育計畫視為是解決貧窮所帶來的問題之對策。在美國，托兒所成為提供有關兒童資訊的一個來源、一個能夠讓年輕婦女學習母職與家庭管理的場所、一個幫忙看顧兒童的地方，以及一個教育中產階級兒童的場所。這種改變，乃是美國政府支持托兒所的結果。若沒有政府的補助，除了慈善機構設立的托兒所之外，其他的托兒所則須仰賴學費的收入來維持營運，此一限制導致只有富裕家庭的兒童才有機會接受托兒所教育。

2. **不強調托兒所教育中的衛生層面。**

   由於美國的托兒所教育並不像英國般提供全面性的照顧，教學課程縮短為半天或以上課時數來計算，所以有關營養、健康教育和衛生的責任都被省略掉了，只有在托育中心以及教育補助方案中，我們才可見到教養的原始概念。

3. **由偏重「感覺訓練」轉變為基礎更寬廣的教育。**

   導致幼稚園改革運動的同樣情況也發生在托兒所教育重點的轉變中。與幼稚園相較，托兒所教育較不偏重於認知學習，而較重視情緒性與社會性的學習。由於目前對幼兒在智能上的學習投以關注，托兒所教育學者逐漸支持廣義的認知技能和策略的發展而不支持早先托兒所採用太過於特定的學習任務。

蒙特梭利教學法

Montessori教學法
是一種自我教育
的形式，其著重
於感官的訓練。

可與英國托兒所發展相提並論的是義大利「兒童之家」（casa dei bambini）的發展。這個新教育機構的創始人，蒙特梭利博士（Dr. Maria Montessori）試圖突破義大利傳統的教育，就如同Macmillan打破英國小學的形式主義一樣。雖然蒙特梭利教育一直是獨立於托兒所與幼稚園之外而發展出來的，但三者之間存在著有趣的相似性，且其理念亦彼此互通、相互呼應。

Montessori起初是一位醫師，專門醫治心智障礙的兒童。在她探索了智障兒童的教育家，如Seguin的研究之後，留下了深刻的印象，她開始使用並修正他們的某些方法與教材。她也從教育智障兒童的工作轉到一個專為羅馬貧民區正常兒童設計教育課程的工作上（Kramer, 1988）。

Montessori學校和托兒所服務的對象及根本方法是一樣的；兩者都是以貧窮家庭的兒童為教育的對象，且都受Seguin的影

Maria Montessori正和一名兒童研究形狀。

響，以及都強調感官的教育。然而，英國的托兒所構思較週全，除了負責兒童發展的各個層面也與家長共同合作，但是這些在Montessori體系的本質中則被忽略掉了。在免於特定教條的情況下，托兒所的教育學家可以彈性地發展教育計畫，利用現有的新知識並符合新的社會狀況。然而，Montessori教學法強烈地影響了托兒所的教學內容與教學方法。

　　Montessori的哲學同時也顯示了與Froebel的教育有某些有趣的相似之處。如同Froebel所持的理念一樣，Montessori視幼兒發展為一種展現的過程，並且認為教育是一種自我的活動。自律、自立與自我指導的理念亦可在二位教育家的著作中被發現。較明顯的差異在於Montessori強調感官的教育而Froebel對感官教育的重視則遠不如其對象徵性教育以及她所確認之兒童發展過程中教學的**敏感期**（sensitive periods）的強調。敏感期乃是指在兒童的發展過程中，他們最能接受某一種特定學習的時期。

　　Montessori運動首先在義大利推展開來，而後擴及至全球。1920年代Montessori學校便在美國的許多社區中成立了。然而，在1930年代和1940年代，當Montessori學校在歐洲仍屹立不搖的時候，在美國的Montessori學校則消失了，不是關閉便是變成隨處可

敏感期

乃指在兒童一生中，最易學習某些特定事物的時期。

在Montessori學校中的感官教育。

見的托兒所了。

Montessori教育重現於美國是在1960年代。Montessori學校一一被重建起來，師資培訓計畫亦同。某些重建的學校完全秉持Montessori在她原著作中所訂定的教學活動方法，某些則修改活動或是納入一些非Montessori教學的托兒所之活動，如玩積木和戲劇表演。

折衷的本質一直是美國幼兒教育的精神。在美國的教育學者以及一般社會大眾不會拒絕排斥新的或是國外的教學方法，反而願意接受嘗試，至少在某些有限的形式之中確是如此。然而，很少有幼兒教育的形式是完全不受其影響的。由於許多教育學者的意識型態及實用取向互動的結果，一種美國式的幼兒教育便應運而生。它是一種具有一致性但却相當有彈性的教育形式，擷取了Froebel，Montessori，Macmillan及其他的歐洲學者理論之精華，並且與美國學者的理論和技術結合在一起。如同上述的許多歐洲教育家一樣，在美國也有多位學者深深地影響了美國幼兒教育的發展，如John Deway，Patty Smith Hill，Caroline Pratt及其他許多教育家。

目前，許多教育學者視幼稚園與托兒所爲小學教育的往下延伸。幼稚園與托兒所的目標就如同學校教育的目標一樣。然而，在這兩種早期教育中所發現到的課程活動差異應是產生於兒童發展上的差異而不是從原理或目標的差異上得來。幼兒教育的形式與內容必須與我們如何界定學校目標以及如何認定學校教育相關聯。

托育中心

托育中心，又可稱爲日間托育中心 (day care centers) 或是日間保育所 (day nurseries)，其初始成立的目標並不像其他機構，它主要是爲了提供看護的需求而不是教育的需求。美國的日間托兒是在法國「嬰兒床小屋」(créche) 設立之後才出現的。créche在字義上就是嬰兒床的意思。1844年，法國巴黎成立了第一間

嬰兒床小屋，以協助職業婦女對抗嬰兒死亡率，並教授衛生保健的知識。而美國的第一所托育中心是於1854年由紐約護理暨兒童醫院（New York Nursery and Child's Hospital）在紐約市所設立（Forest, 1927）。

　　托育中心乃是工業革命下的產物。在此時期之前，婦女即使為了賺錢而工作，亦是在自己家中或他人家中，在這些場所，她們可以將自己的子女帶在身旁，以便就近照顧。當建立了工廠體系之後，工廠僱用了許多婦女與兒童，而在工作時間和母親分開的幼兒便需要受到照顧；日間托兒中心便滿足了勞工階級的這種需求。然而中上階層的人們則僱有佣人來照顧他們的子女。

　　十九世紀後半葉，許多日間托兒中心相繼在美國設立，大部分是殖民之家或慈善團體所成立的，主要是希望能幫助移民家庭及貧戶之職業婦女的孩童。有些時候，托育中心會提供給兒童Froebel式的活動。多半的時間，中心裡的保姆只負起餵養兒童，保持其清潔和維護其安全的責任。保母除了要照顧幼兒之外，還要清理房子與準備餐點。日間托兒中心招收的兒童，其年齡層極為廣泛，包括了嬰兒、學步期幼兒以及學齡前兒童。

　　一直到了1920年代，托兒所引進美國後，托育所中心才開始實

1920年代的一所托育中心。

表2-1 兒童照顧的定義

中心式照顧：這是以非居住環境，全天候或在某個時段內專門照顧一群兒童的設施。中心組織可依其法定狀態或贊助單位的型態，加以分類：(1)非營利性的照顧中心，即兼具有獨立性與接受贊助雙重身分者以及(2)營利性的照顧中心，即兼具有獨立性和連鎖性質者，後者更可進一步依其贊助單位而分類，包括了教育補助方案、公立學校、宗教組織或其他如職業公會或社區機構等。

家庭式日間照顧：這種照顧方式是由保母在其家中照顧一小群兒童……它可能是正規的，亦有可能是不正規的。

居家式照顧：由非親戚關係的人到兒童家裡照顧兒童。有時保母會帶著自己的子女一同前往。

親戚照顧：由親戚在兒童的家中或是自己家中照顧兒童。

沒有外在協助的照顧：由父母親自己照顧兒童，只有在偶爾不時之需的情況下，才將兒童托給他人暫時照顧。

資料來源：B. Willer, S. L. Hofferth, E. E. Kisker, P. Divine-Hawkins, E. Farquhar, and F. B. Glantz. *The Demand and Supply of Child Care in 1990.*(Washington, DC; National Association for the Education of Young Children, 1991), p.3.)

施教育的課程；如同托兒所所做的一樣，托育中心也開始規劃將其招收的兒童依年齡層來分班，將入學年齡的下限定爲已經受過如廁訓練的幼兒；同時，受過類似於托兒所教師培訓的教職員也開始與較不具正式訓練的保母合作。

在第二次世界大戰期間，托育中心的數目在美國急遽增加。1941年的蘭哈姆法案配合社區受戰爭影響的程度來提供發放聯邦政府補助經費以做爲兒童照顧之用，藉以提升婦女投入戰爭相關生產工作的人數。即使這些托育中心是爲了因應緊急狀況才創立的，許多依蘭哈姆法案所成立的托育中心都具有高品質的課程。它們提供了教職員的訓練並有足夠的經費添購教材及設備。有些中心是二十四小時服務以配合職業婦女三班制的工作（Hymes, 1972）。

1946年，第二次世界大戰結束後不久，蘭哈姆法案宣告終止，

而聯邦政府對托育服務的支持亦停止了。即使尚有些托育服務仍持續進行，但卻十分有限，並且將其歸為兒童福利的服務範圍，亦即針對那些無法擔負起傳統養育兒女責任之家庭所提供的暫時性協助。

在過去的三十年內，把托育當做是對家庭一般性服務的需求與日俱增。當社會中各階層的婦女致力於尋求平等待遇的同時，她們發現兒童照顧服務的不足與欠缺將會影響她們的就職狀況以及升遷機會。

托育中心的發展歷史包含了數個概念重新整合及成長的階段。Margaret O'Brien Steinfels（1973）就托育中心之演變將其分為三個時期。第一個時期，指1920年代以前，托育中心被視為是給予貧窮職業婦女一項重要的服務，此一服務使得雙親都能投入職業市場，因此也帶給他們往上發展的機會。第二時期，約從1920年代至1940年代，托育服務減少了，變成僅為某些特定需求而設立的服務，此一特質一直持續到1960年代。第三個演變時期是自1960年代中期以來，托育中心的服務又再度受到職業婦女青睞，不論是貧窮或是富裕家庭。人們日益感受到此項服務之重要性——不論是針對想要工作之婦女或必須工作之婦女而言。

對於托育中心所持態度的改變，乃因許多不同因素所造成。當然婦女社會地位的提升有助於人們對托育中心看法之改變，其他的助因還有增加的都市化趨勢以及以核心家庭為主的家庭型態之轉變。另一個同等重要的促成因素是發展中的知識顯示高品質托育中心所實施的課程並不會帶給幼兒負面的影響，並且兒童和母親因白天工作所經歷的短暫分離，絕不同於因家庭破碎或母親亡故所遭遇的分離情況。鼓吹及擴大托育中心服務的人士，必須更關心到他們所提供的托育服務是否充足適切且不時提昇相關設備、課程及教職員的素質。

在全美各地，有許多人或機關團體成立各種型態的托育中心，雖然家庭式日托也具有專業性質，然而，專業的兒童照顧基本上仍存在於托育中心內。

如果托育中心的成立目標是爲了服務低收入戶家庭，且這些家庭在社會安全法案的某個名目（類別）下，符合現金補助之資格，那麼，此托育中心或許可以得到聯邦政府的經費補助；各州所收到的補助款額乃是依據符合某法案補助資格的人口比例而定，其可分爲下列四類：

1. **維持生計的生活津貼**。家長可領取公共援助金的支票，如：失依兒童扶養家庭補助。
2. **安全補助金（SSI）**。家長可領取社會安全補助金，如：家有幼兒的寡婦或是鰥夫，可以收到SSI。
3. **家庭收入符合補助條件**。如果家庭總收入低於州政府訂定之貧窮標準便有資格領取此補助金。
4. **符合補助條件的團體**。某些團體的成員會自動被列爲補助對象，如：外籍勞工和兒童，不論其收入如何，皆受到州政府的保護。

與十幾年前相比，今日的托育計畫不僅在數量上增加，同時其贊助單位也更多樣化。昔日多數的托育中心是針對貧窮家庭而設，且多由社區和慈善機構贊助，少數則爲私人所有，通常即運作管理者。今日大部分的托育中心多爲營利單位，常屬於財團法人的關係機構或連鎖經營的托育中心，且社會各階層的兒童皆可進入這些中心就讀。

啟蒙方案計畫

啓蒙方案計畫

爲一綜合性的兒童發展計畫，其針對低收入家庭兒童提供有關教育、健康、營養與社會性的服務。

托兒所與Montessori學校之創設皆是以服務貧窮兒童爲目的。雖然這二種幼兒教育機構在美設立時，主要是以富裕家庭的兒童爲服務對象，但有些以貧窮兒童爲服務對象的慈善機構亦贊助此類之學校。多數的計畫並未獲得公共補助金，部分原因是多數美國人民覺得幼兒在家接受父母教導是最理想的，此種情況隨著聯邦政府創設啓蒙方案的教育補助方案（Project Head Start）而產生戲劇性的變化。

1965年，Johnson總統「向貧窮宣戰」（War on Poverty），開

始設立社區行動計畫（Community Action Program）來為窮困的社區提供服務，迎頭趕上等教育補助計畫即為其中一項：它是專為幼兒進入公立學校之前所設計的一項綜合性兒童發展計畫。初始，計畫的服務對象為四至五歲幼兒，在其未就學前先給予為期八週的學習經驗（當大部分五歲幼兒並未上幼稚園時），當教育學者瞭解到此計畫的目標無法在短短二個月內達成時，他們便將計畫延長為學年來實施。目前，迎頭趕上的教育補助方案隸屬於健康暨人類服務部（Department of Health and Human Services）之兒童、青少年與家庭行政單位（the Administration for Children, Youth and Families, ACYF）管轄。目前，接受此方案服務的兒童與家庭已超過一千九百萬人次。雖然此方案是由聯邦政府提供經費，然而每個社區也會提供資金來支持其當地的課程，在這種情況下，教育補助方案，很可能由當地社區所組成之行動機構或公立學校體系來指導運作。

在1975年，為了要確保教育補助方案能維持其基本的服務以達到下列每一項服務之目標，因此建立了執行標準。這些服務項目包括：

1. **教育**。教育補助的課程必須符合每一位兒童的個別需求，同時要兼顧社區所保有的民族與文化特色。

2. **健康**。教育補助著重健康問題的及早發現。因為許多低收入家庭之學齡前兒童從未看過醫師或牙醫，於是它提供每一位兒童一個綜合性的衛生保健計畫，包括了醫療、牙齒保健、心理衛生與營養方面之服務。

   A. 醫療與牙齒保健。每一位兒童都接受完整的健康檢查，包括視力及聽力測驗、失能兒童之確認、免疫系統與牙科檢查並對於確定有問題的兒童予以追蹤照顧。

   B. 營養。許多接受教育補助方案的兒童在家裡可能吃不到營養的餐點，因此，每天至少提供兒童一頓熱食與一份點心，這樣的份量才符合兒童每日營養需求的三分之一。

C.心理衛生。此計畫十分重視低收入家庭的兒童心理衛生及心理方面的服務。

3. **家人參與**。父母被視為兒童發展中最具影響力的因素。此方案要求父母參與親職教育、課程規畫與設施操作，許多家長都出席政策會議及委員會，共同參與行政管理與政策決定。

4. **社會服務**。教育補助計畫協助家庭評估本身的需求而後提供服務，內容包括了社區的擴展與介紹，家庭需求評估，現有資源的資料，新生兒名冊與兒童入學情況以及緊急救助或危機處理等。

5. **對失能兒童的服務**。依據1972年的國會決議，每年各州的教育補助方案至少要提供百分之十的入學名額給失能兒童。

教育補助方案在兒童發展與兒童照顧服務方面造成顯著的影響，它同時影響州政府和地方政府所提供給幼兒及其家庭的服務，以及從事幼兒教育工作者的培訓課程。在1990年此方案所協助的兒童超過54,800位，約占符合方案資格兒童的百分之二十七；約有36％的工作人員，他們的孩子目前正接受此方案的協助或者自己以前也是受惠的兒童。可惜，雖然此方案的經費自設立以來便不斷增加，但是有限的聯邦政府經費預算，却無法讓大多數有資格接受資助的幼兒入學。

超過九成接受此方案的家庭其收入低於貧窮底線。此方案最顯著的貢獻在於協助兒童與其家庭獲得一系列的服務與照顧。例如，在1985-1986年之間，有95％接受教育補助的家庭從此方案中或透過其他機構之薦舉而獲得了社會服務。此外，入學九十天或以上的兒童有98％接受醫療檢查及基本治療，且98％的兒童完成免疫系統的全面篩檢。在1989年，全國接受教育補助的兒童約只有14％具有生理上、情緒上或心理上的缺陷。（Children's Defense Fund, 1991）。

在1980年代的社會情境中運作的教育補助方案，其所要滿足貧窮兒童的需求變得更為複雜，由於貧窮家庭、無家可歸兒童以

及藥物濫用的比率上揚，加上年輕單親媽媽家庭數亦增加——在1989至1990年，超過75％接受此方案的家庭年收入都在9000元美金以下，其中便有半數以上的家庭由母親單獨持家（Children's Defense Fund, 1991）。

幼兒特殊教育

專爲失能幼兒所設計的教育早在十八世紀即已展開。特殊教育的鼻祖可能是Jacob-Rodrigues Periere，他與Rousseau是同時代的人，他發展了一種教導聾啞人士說話的方法（Boyd, 1914）。在1800年代早期，Jean－Marc－Gaspard Itard爲嘗試教育Victor（Aveyron的野男孩）而根據Periere的研究設計了一套教學方法。後來Edouard Seguin採取了Itard的方法，建立一套有系統的感官教育法（Talbot, 1964）。Montessori乃根據Seguin和Froebel在教育上的研究成果，發展了她教育心智缺陷兒童之教學法（Spodek, 1991）。雖然具有如此長遠的歷史發展，但失能幼兒的教育顯然仍微不足道，受教的幼兒人數極爲稀少，一直到最近才有增加的現象。特殊教育最快速的發展是在1970年代，主要是因爲制定了人民法第94-142號條款（Public Law 94-142），即殘障兒童教育法案（Education for All Handicapped Children Act），它提供了聯邦基金給各州及地方教育機關，以教育3至21歲的殘障兒童與青年。第94-142號條款及各州所通過的其他相關法條構成了一個教學計畫網絡，爲學齡前的失能兒童提供服務。之後，第99-457號條款通過，以修正、改善第94-142號條款不完善之處。

第99-457號條款於1986年10月8日立法，重新批准在第94-142號條款中之課程，適用年齡則爲5至18歲的失能學生。這條法律同時要求給予三至五歲學齡前兒童，以及出生到兩歲的嬰兒和學步兒提供早期介入的服務。第99-457號條款爲顧及學齡期的失能兒童，遂做了四項大規模的立法改變：

1. 在1990-1991學年之前，擴大第94-142號條款（EHA，B部分）中所有的權利與保護措施至學齡前三至五歲的失能兒童。

2. 顯著地增加聯邦政府經費補助，以提供學齡前特殊教育的服務，並獎勵州政府針對失能的嬰兒與學步兒以及其父母來發展早期介入的計畫。（H部分）

3. 建立了聯邦政府針對嬰兒與學步兒（出生到兩歲）的早期介入計畫的政策，他們是確定失能或者有失能之虞的幼兒，同時它也擬定了一個新的州政府捐助方案（EHA，H部分）以資助提供早期介入的教育服務給予那些符合州政府訂定之資格標準的幼兒及父母。

4. 要求各州成立一個各機構間的協調會議（Interagency Coordinating Council），由提供服務的機構所派出的代表聯合組成，這些機構服務的對象為殘障幼兒、家庭及個人（包括衛生、福利、社會服務及教育等機關）。這個各機構間的協調會議負責規畫各州的幼教課程以及督導專為出生至五歲殘障兒童所規畫之全州性系統性服務之發展，同時也負責安排各機構間的協議、合宜的州政府政策及聯合相關機構所合作的活動及服務等。

第94-142號條款與第99-457號條款皆透過1990年的殘障人士教育法修正案而擴大實施（PL101-476）。目前已更名為「**無行為能力人士教育法案**」（Individuals with Disabilities Education Act）。1992年，第102-119號條款又擴展了原來的第99-457號條款。

專為瀕臨危險兒童所設計的課程

教育學者愈來愈注意一些幼兒，他們表現出未來將會遭受學業挫敗或其他發展上問題的可能性。在這些兒童中，有某些兒童在失能篩選的過程中被確認出來，但是他們往往不具有任何殘障。這些兒童被認定將來在學業上可能徘徊在失敗的邊緣，目前有愈來愈多這類的孩子接受幼稚園預備課程，它們通常是設在公立學校中。

因生理因素而處於危險之虞的兒童，可由出生前後的生理史中發現潛在的問題。母系有糖尿病、懷孕期感染德國麻疹、分娩時的併發症、早產兒、出生時體重過輕或兒童意外吸入有毒物質，這

無行為能力人士教育法案（IDEA） 此法案與其修正案為所有失能兒童提供教育的依據，此一方案的較早版本乃是殘障者教育法案（PL94-142）。

些都會使兒童處於顯現失能的危險情況之下。因環境因素影響的瀕臨危險兒童，在生理上或遺傳上的發展皆正常，然而在生命的早期卻有不利發展的經驗。造成危險之虞的因素往往並非單獨存在，而是混合發生，並在交互作用下增加了發展遲緩或不正常發展的機率。

對於瀕臨危險兒童最有效的處遇方式就是提供他們一個高品質的早期介入計畫。這種教學計畫應該強調個別化的教育、語言與認知的刺激，並提供與成人及同儕產生社會互動之機會。在美國，估計約有二百五十萬名六歲以下的兒童處於瀕臨危險狀態。

當前的現況

假如我們審視現今的幼兒教育的話，我們會發現它是一個朝氣蓬勃的領域。幼稚園儼然已成為多數兒童就讀正規學校經驗的一部分了。而低於幼稚園年齡層的幼兒接受幼兒教育課程的比例亦增加了，最明顯的成長在於托育部分，基於需要，許多幼兒都接受全天性的托育服務。

幼兒教育計畫所服務的對象也趨向於多元化，例如現在有專為失能兒童所設計的課程，這樣的課程在幾年前是不存在的，同時，失能兒童受到照顧的年齡層也愈來愈下降。我們亦提供教育給其他不同需求的兒童，包括：不被認為是殘障但是在未來的教育上可能會遭受失敗的瀕臨危險兒童，以及來自不同語系與文化背景的兒童等。可惜的是，雖然在這一代幼教計畫及服務皆有明顯的增加，但並非所有需要幼兒教育課程的兒童皆能受惠。然而，此領域的成長，除了基於社會的需求外，同時也是鑑於幼兒教育計畫的實施對於極貧困的兒童而言，具有深刻且持久的影響。

幼兒教育的持續效果

多年來，幼兒教育學者一直抱持著一個信念，深信他們為幼

兒所做的努力將會對兒童現在與未來生活產生改變，在過去的二十年中，已經有愈來愈多的證據可以支持此一信念。

　　較有趣的研究之一乃是探究一年級教師對學生日後成年的地位、身分之影響。這個研究以60位來自於非優勢都市周圍的兒童為調查對象，收集其特質和成就的縱向資料並加以獨立測量評估。研究結果支持了其假設：一位好的一年級教師，能提供兒童在課業的自我概念發展及成就發展上一個好的開始，並且這種效果將會持續到日後 (Pederson, Faucher, & Eaton, 1978)。

　　目前已經證實學齡前的教學計畫具有正向且持久的效果。在1960年代早期，許多大學所贊助的幼教計畫都是專為貧窮與少數民族兒童所設計的。接受這些課程的許多學生在學業與智力測驗方面展現了快速的進步情況。最近國際縱向研究協會 (the Consortium for Longitudinal Studies) 對於受過這些課程的兒童做了追蹤研究，根據Irving Lazar和Richard Darlington (1982) 針對協會所做的六個相關研究指出：早期教育對兒童產生持續性影響的範圍包括兒童的學業能力、已開發的能力、態度以及家庭的演變。接受過這些課程的兒童皆能順利升級並且比那些未接受過早期介入課程的兒童較少被編到特殊班級中。這些兒童在成就測驗與智力測驗中都表現得比較好，即使在日後其IQ分數未必一直維持高分。同時，接受這些課程的兒童在他們畢業後對學校之態度也較傾向正面評價，在訪談時也反應出較多的成就取向。此外，他們的母親也較滿意他們的學校表現，同時似乎也給予他們較多的壓力以達學業上的要求。

　　這些報告中的成效與在控制情境中施行的特定課程有關。在教育補助方案中亦可發現到類似的結果。Raymond C. Collins (1983) 曾在教育補助之評估、綜合與使用方案中指出：

　　　資料清楚地顯示教育補助計畫在這些年來效果日益卓著。自從1970年代以來，接受此計畫之兒童的認知成長估計二倍於計畫開始的1965至1969年之間接受此計畫的兒童，其他有關

認知發展方面的特別發現為：

· 兒童在基本認知能力、入學準備度與成就方面呈現快速的
增長。

· 在進入小學之後，接受教育補助方案的兒童其表現通常都
超越其他低收入戶兒童（但成績仍低於中產階級兒童的測
驗標準）。

· 接受教育補助方案的兒童在課業成就的實際效能指標上通
常表現得比沒有接受此計畫的兒童好（較不會被留級；減
少被不適當地編到特殊教育的班級中；降低輟學率）。

· 接受教育補助方案的兒童有時會將成就測驗中所表現之優
越成績延續至日後的學年中。

· 教育補助方案改善了語言發展，尤其是雙語教育以及殘障
兒童的語言學習。

· 自教育補助方案中受益最多的兒童似乎是出身於最需要接
受幫助的家庭（如母親的教育程度在10年級或以下；單親
家庭以及剛進入計畫時所測IQ偏低的兒童）。

· 班級中混合少數民族比例為26％～89％的兒童，其平均進步
的情況約兩倍於班級中混合少數民族之比例為90％～
100％的兒童。

由教育補助綜合方案的研究結果，我們可確認此方案的內涵
在相當程度上與其他當代的兒童照顧研究有類似的發現*。

早期有關兒童照顧的研究多與家庭照顧相較，以確定這些計
畫的實施是否對兒童造成負面影響。之後的研究多致力於探究在
兒童照顧計畫中造成正面影響的要素。Bettye　M.　Caldwell和
Marjorie Freyer（1982）重新審查這項研究後證實了無論是大規
模的研究或是小規模的研究都發現好的幼兒照顧會產生正面影
響。根據他們審查的結果，這些教育家有下列幾項主張：兒童托

*Source: Raymond C. Collins, "Headstart: An Update on Program Effects." *Newsletter of the Society for Research in Child Development*, Summer, 1983, p. 2. Reprinted with permission.

育的課程宜採用小班制，兒童對父母的依附不會因早期托育而有所減損，工作人員的流動率對教育品質的影響可能比我們所擔憂的要小；幼兒的健康得以在托育服育中被加以維持；中心教師對兒童所做禁令或控制所造成的影響必須要予以考慮；研究中並未提供許多關於兒童托育課程指導的原理原則；父母參與的方式有很多種，但在許多日間托育的課程中成效都不彰。

最近有一篇針對托育研究所做的評論（Howes & Hamilton, 1993）提出了這樣的結論：在預測兒童的發展上，托育的品質比托育的形式或入學年齡來得更重要。這篇評論還指出托育的品質是與提供托育服務的成人相關。若照顧者能發揮良好的教學與教養功能，則兒童在此情境中將會發展出更多的社會能力與認知能力；教師的效能與其教育程度、專業訓練以及環境特質，如薪水、師生比例等皆相關。這些研究顯示，良好的兒童照顧可以促進兒童發展。但除了這些知識之外，美國的幼兒教育其實不盡理想。目前，或許該是我們將由研究所得的知識轉化爲行動力的時候了。

目前的隱憂

教育學者並不能視日漸爲大衆所接受的幼兒教育爲理所當然的事情。雖然高品質課程已經顯示出具有正面影響，但這種高品質課程普遍缺乏的情況依然是一個我們要面對的問題。好的幼兒教育是很昂貴的。欲留住一位能力強的教師須有適當的薪資與福利。課程應採小班制，師生比宜低，同樣地，物理環境、課桌椅、設備及教具等亦不便宜，如果學前教育計畫的運作只靠學費收入或以低收費來供應廉價的教育服務的話，那麼，顯而易見地，課程的品質勢必是難以提昇。

各州都設有證照標準以規範兒童托育之最低標準，通常托兒所的標準亦包含於其中。類似的州標準也適用於公立學校中。但幼兒教育品質的標準依然偏低，部分原因可能是因爲州政府的管理權限，部分則因爲須維持低標準或者要使某些托育中心免於規

定限制的壓力所致。附帶一提的是，公立學校之外的幼兒教育教職員之要求標準仍十分低。

在1985年，美國幼教協會成立了全國幼兒教學計畫學會（the National Academy of Early Childhood Programs）以檢覈幼教課程。學會所採用的檢定標準比州政府訂定之證照標準來得嚴謹。其檢定的程序包括了課務人員對課程的自行研究，利用自行研究的報告資料，我們可以確定課程優點及應該改進的部分。自行研究的結果，亦即課程描述，將呈送至學會以供審核。如果描述指出此課程是值得肯定與施行，那麼學會將會派人前往調查以確認研究結果。之後，此確認報告連同先前的自行研究報告將一併交付學會之委員會，如經認可，則此課程將獲得爲期三年的核准，爾後尚須呈交追蹤報告，以做爲再度核准之標準。（National Association for the Education of Young Children, 1991）如此的大費周章，是爲了提供一個比規定的最低標準更嚴謹的準則以提昇課程水準。同時也確保家長爲子女選擇的是高品質且已通過檢定的課程。

然而，高品質教育課程所需之經費來源仍舊懸宕未決。唯有當幼兒服務獲得充足的資助以及幼教老師得到較高的社會地位、較理想的薪資與較優良的工作環境之際，缺乏高品質課程的情況才會有所修正。

隨著對高品質幼教課程正面影響的證明增多而給予此領域中的成員極大的肯定之際，然而，事實上，我們並未全面完善地照顧所有兒童，這點帶給我們該關注與大費周章的目標。這些未受適切照顧的兒童包括了受虐待與受忽視的兒童、流浪的兒童、愛滋病兒童以及受到藥物濫用影響之兒童等。

受虐兒童

兒童虐待已成爲國際性的問題，社會機構、醫院、托育中心及學校皆盡其所能去發現、處遇以及預防兒童虐待的事件。兒童虐待包括了身體虐待、心理虐待、性虐待以及忽視。在我們的社會

中，受虐待兒童的數目是難以統計的，但專家指出，眞實數字遠超過許多人的想像。統計數目指出，每年約有一百萬件受虐案件，但是每四件受虐案中只有一件會被舉發出來。

人民法第93-247號條款，亦即預防兒童虐待及處遇法案（the Child Abuse Prevention and Treatment Act）將虐待與疏忽兒童之行爲定義爲「十八歲以下之兒童，受到監護人施加之身心傷害、性虐待、疏忽的待遇或凌虐」（United States Statutes at Large, 1976, p.5）。

教育學者對兒童的身體虐待和性虐待投注更高度的關切。面對我們無法永遠防止其發生的困境，大部分的州會要求教師與其他專業人員對可疑之受虐案例提出報告。同時，兒童和家庭服務機關有責任來調查，必要時則介入以保護兒童。

情緒虐待的傷害亦同身體虐待及忽視般嚴重。情緒虐待是指成人（包括父母、教師與照顧者）剝奪兒童的自尊及自我形象。當成人持續地挑剔、輕視、嘲笑、大叫、責罵和威脅兒童，以及故意地、嚴格地限制兒童各種機會時，他們便損及了兒童的自尊。情緒虐待很難留下記錄，因此受到情緒虐待的兒童最典型的遭遇，便是被遺留在受虐的環境中。

流浪兒童

全國流浪人口聯盟（the National Coalition for the Homeless）估計約500,000至750,000的兒童與青少年住在流浪者之家或露宿街頭等地。流浪兒童往往是受到忽略與疏忽的。大約有40％的流浪兒童未入學，即使上學，也會碰到許多在他們原先就學時就有的相同問題或困難，如留級或曉課等，以及到校出席對他們而言彷彿是一段遙遠又艱辛的路途（Solarz, 1988）。當他們進入托育中心時，便會表現出一些問題行爲，包括注意力時間太短，自制力弱，退縮，攻擊性強，說話遲緩及退化行爲等，同時他們也疑有健康上的問題。流浪兒童在心理上、生理上及教育上都有極爲嚴重的問題，如發展遲緩、高度的壓力等。

愛滋病兒童

後天性免疫不全症候群（Acquired Immune Deficiency Syndrom, AIDS）是近年發現的疾病，簡稱為AIDS。首例出現在1981年並於1982年命名。AIDS是由人體免疫缺乏病毒（HIV）感染所致，它會破壞人體免疫系統，使得患者容易感染疾病與傳染病。感染HIV的成人或兒童可能染患AIDS或得到其他非AIDS的直接症候群，稱為AIDS的相關併發症（ARC）。

愛滋病兒童感染其他傳染病時，如肺炎、中樞神經系統異常等，會感到非常痛苦，而生下來便感染HIV的兒童，易罹患顏面或頭蓋骨的畸型。美國疾病控制中心（The Centers for Disease Control）估計在1989年11月底之前有1,908名13歲以下的兒童感染AIDS，其中71％是母親垂直傳染的。雖然感染到AIDS的懷孕母親會將HIV的抗體傳給胎兒，但是在生產時只有40％的機率會因血液混合或因為在子宮頸上出現HIV病毒而感染到真正的病毒。而嬰幼兒要到15個月大時才會自己產生HIV抗體，因此，只有在那個年齡才得以確定嬰兒是否受到HIV的感染。

美國對抗兒童愛滋病學會之小兒科特別委員會（the American Academy of Pediatrics Task Force on Pediatric AIDS, 1988）提出下列的指導方針給幼兒教育的教學計畫做參考，以控制兒童感染HIV的機會：

1. 如果感染HIV兒童的健康情形、神經系統發展、行為以及免疫系統許可的話，應讓他們參加團體性的課程活動。愛滋病專家，包括病童的內科醫師，應獨自做決定，考量課程參與的效能以及是否可能殃及他人危險等問題。根據特別委員會的說法：「大部分的病童，尤其是還不會走路的幼兒，對他人並不會造成威脅與危害，然而持續地咬人或有分泌物傷口的HIV病童，在理論上則可能會將病毒傳染給他人，但是此論點並未被證實。」（p.806）。顯然地，除非此病童在口中有流血的情況下咬人，否則是不會傳染的，因

為HIV病毒之傳染是靠血液來輸送感染，而咬人卻很少會出血的。

2. 在幼兒未進入幼兒教育課程之前，實在不須篩檢是否有HIV抗體的存在。

3. 幼兒家長並沒有權利知道班上哪位學童感染HIV，但老師必須知道。任何一位兒童缺乏免疫能力，並且無論原因為何，都要盡可能採取保護措施，使其不受到疾病的感染。

4. 雖然與正常課程隔離的課程，並非控制感染的必要措施，且不可以當作隔離兒童之用，但是由提供HIV兒童服務的計畫所做的適當安排是可行的。

5. 由於辨識兒童是否感染HIV與其他傳染疾病並不是一件容易的事，故應採取下列措施，以減低感染之機會：

   • 立即以一大匙的漂白劑加四分之一比例的水製成消毒劑，用來清潔沾泥巴之傷口表面。應每日準備好此一消毒劑。

   • 流血傷口須用稀釋成十分之一的漂白劑清潔。

   • 使用免洗紙巾或面紙，並在使用過後做適當的處理。

   • 使用免洗手套，以避免分泌粘液的薄膜或其他皮膚傷口暴露在血液或受血液污染的體液中。

   • 良好的衛生習慣是預防所有傳染病擴大的最佳方法，包括HIV。教職員與幼兒一定要以流動的水、洗手乳正確地洗手，並以免洗毛巾或紙巾擦拭後將其丟棄處理。

受藥物濫用之害的兒童

　　幼兒教育機構開始面臨一些因父母在懷孕前後使用藥物如古柯鹼等之受害兒童的問題，目前，我們並不清楚母親濫用古柯鹼對幼兒長期的影響為何。最近，針對兒童發展研究的社會政策報告 (Social Policy Report of the Society for Research on Child Development) 已經將目前我們已知道的影響做出整理，並且針對社會政策提出建議。

懷孕時接觸古柯鹼，與日漸增加的早產兒、新生兒體重不足、頭圍小等有關，同時，也具有一些危險如：身體畸型、戒藥症候群以及適應欠佳；也可能對智力、社會性、心理上有長期的不利影響；語言、社會情緒、智力發展也有可能長期受到影響，不過我們仍須更多的研究來佐證。兒童的母親若有毒癮，也可能會面臨一些環境的不利因素，如貧窮、母親憂鬱以及身體上與心理上的疏忽（Hawley & Disney, 1992）。

地方、州及聯邦方案中有許多部分都重視預防及處遇母親的嗑藥問題，同時也已針對這些問題而發展各種方案。可惜的是，甚少有方案會處理兒童在發展上與教育上的需求問題。教師與社會服務工作人員發現這些兒童有嚴重的學習及行為上的問題。但他們受到長期影響的範圍仍是個未知數，此類兒童應與失能兒童一樣接受評量與處遇。教師應在教室中處理有關之行為及教育上的症候群，並與任何可配合的社會福利方案工作人員共同協助這些兒童的父母。

結語

幼兒教育領域以許多不同的機構型態為兒童提供服務：學前學校、托育中心、托兒所、幼稚園以及低年級課程等。這些機構的發展歷史跨越了好幾個世紀，對此領域歷史演變的瞭解，有助於我們知道現今之進展為何。

今日，幼兒教育以各式各樣的教學計畫為數目不斷增加的幼兒提供服務，而且這些兒童的成長背景也日益複雜而多元化。當幼兒教學計畫被證明是成功的，且高品質的教育課程對兒童發展與教育都具有長期影響之際，在我們的社會中，尚有一些兒童並未獲得適當地照顧，這些兒童正代表著此一領域目前與未來之挑戰。

參考書目

American Academy of Pediatrics Task Force on Pediatric AIDS (1988, November). Pediatric guidelines for infection control of human immunodeficiency virus (acquired immunodeficiency virus) in hospitals, medical offices, schools, and other settings. *Pediatrics, 82,* 801–807.

Boyd, W. (1914). *From Locke to Montessori.* London: Harrup & Co.

Caldwell, B. M., & Freyer, M. (1982) Day care and early education. In B. Spodek (Ed.), *Handbook of research in early childhood education.* New York: Free Press.

Children's Defense Fund (1991). *The state of America's children,* 1991. Washington, DC: Author.

Collins, R. C. (Summer, 1983). Headstart: An update on program effects. *Newsletter of the Society for Research in Child Development.*

Comenius, J. A. (1657). *The great didactic.* Amsterdam: de Greer Family.

Comenius, J. A. (1887). *Orbis Pictus.* Syracuse, NY: C. W. Bardeen. (Originally published in 1658.)

Davis, M. D. (1933). *Nursery schools: Their development and current practices in the United States.* Washington, DC: U.S. Government Printing Office.

Deasey, D. (1978). *Education under eight.* New York: St. Martin's Press.

Finkelstein, B., & Vandell, K. (1984). The schooling of American childhood: The emergence of learning communities. In M. L. S. Heininger, K. Calvert, B. Finkelstein, K. Vandell, A. S. MacLeod, & H. Green (Eds.), *A century of childhood 1820–1920.* Rochester, NY: The Margaret Woodbury Strong Museum.

Fisher, L. (1908). Report of the Commissioner of Education, as quoted in N. Vanderwalker, *The kindergarten in American education.* New York: Macmillan.

Forest, I. (1927). *Preschool education: A historical and critical study.* New York: Macmillan.

Gardner, D. E. M. (n.d.). *Education under eight.* London: Longmans, Green & Co.

Hawley, T. L., & Disney, E. R. (1992). *Crack's children: The consequences of maternal cocaine abuse.* Social Policy Report, Society for Research in Child Development, 6(4), 1–22.

Hill, P. S. (1913). Second report. In International Kindergarten Union. *The Kindergarten: Reports of the Committee of Nineteen on the Theory and Practice of the Kindergarten.* Boston: Houghton Mifflin.

Howes, C. & Hamilton, C. E. (1993). Child care for young children. In B. Spodek (Ed.), *Handbook of research on the eduction of young children* (pp. 322–336). New York: Macmillan.

Hymes, J. L., Jr. (1972). The Kaiser answer: Child services centers. In S. J. Braun & E. P. Edwards (Eds.), *History and theory of early childhood education* (pp. 169-179). Worthington, OH: Charles A. Jones.

Kramer, R. (1988). *Maria Montessori: A biography.* Reading, MA: Addison-Wesley.

Lane, H. (1976). *The wild boy of Aveyron.* Cambridge: Harvard University Press.

Lazar, I., & Darlington, R. (1982). Lasting effects of early education: A report from the Consortium for Longitudinal Studies. *Monographs of the Society for Research in Child Development,* Serial No. 195, 47, Nos. 2–3.

May, D., & Vinovskis, M. A. (1977). A ray of millennial light: Early education and social reform in the infant school movement in Massachusetts, 1826–1840. In T. Harevan (Ed.), *Family and kin in urban communities, 1700–1930* (pp. 62–99). New York: New Viewpoints.

Monroe, W. S. (Ed.) (1908). *Comenius' school of infancy.* Boston: Heath.

National Association for the Education of Young Children (1991). *Accreditation criteria and procedures of the National Academy of Early Childhood Programs* (rev. ed.). Washington, DC: NAEYC.

Nohle, E. (1924). *Report on the United States Commission of Education (1897–1898),* I, 24–25. As reported in C. S. Parker & A. Temple, *Unified kindergarten and first-grade teaching.* Chicago: Department of Education, University of Chicago.

Osborn, D. K. (1991). *Early childhood education in historical perspective* (3rd ed.). Athens, GA: Education Associates.

Peabody, E. (1874). *Record of Mr. Alcott's school exemplifying the principles and methods of moral culture* (3rd ed., revised). Boston: Roberts Brothers.

Pederson, E., Faucher, T. A., & Eaton, W. W. (1978). A new perspective on the effects of first-grade teachers on children's subsequent adult status. *Harvard Educational Review, 48,* 1–31.

Rousseau, J. J. (1911). (B. Foxley, trans.). *Emile*. London: J. M. Dent. (Original work published in 1762).

Silber, K. (1965). *Pestalozzi: The man and his work*. New York: Schocken.

Solarz, A. L. (1988). Homelessness: Implications for children and youth. *Social Policy Report*. Washington, DC: Society for Research in Child Development..

Snyder, A. (1972). *Dauntless women in childhood education*. Washington, DC: Association for Childhood Education International.

Snyder, T. D., & Hoffman, C. M. (1992). *Digest of educational statistics* (1991). Washington, DC: National Center for Educational Statistics.

Spodek, B. (1991). Early childhood education and cultural definitions of knowledge. In B. Spodek & O. N. Saracho (Eds.), *Issues in early childhood curriculum: Yearbook in early childhood education* (Vol. 2). New York: Teachers College Press.

Steinfels, M. O. (1973). *Who's minding the children? The history and politics of day care in America*. New York: Simon and Schuster.

Strickland, C. E. (1982). Paths not taken: Seminal models of early childhood education in Jacksonian America. In B. Spodek (Ed.), *Handbook of research in early childhood education* (pp. 321–340). New York: Free Press.

Swart, H. W. (1967). *Margarethe Meyer Schurz: A biography*. Watertown, WI: Watertown Historical Society.

Talbot, M. E. (1964). *Edouard Sequin: A study of an educational approach to the treatment of mentally defective children*. New York: Teachers College Press.

Taylor, C. W. (1968). *Parents and children learn together*. New York: Teachers College Press.

United States Department of Health and Human Services (1990). *Head Start: A child development program*. Washington, DC: Administration of Children, Youth, and Families.

United States Statutes at Large. (1976). Vol. P. 88 part 1. Washington, DC: U.S. Government Printing Office.

Willer, B., Hofferth, S. L., Kisker, E. E., Divine-Hawkins, P., Farquhar, E., & Glantz, F. B. (1991). *The demand and supply of child care in 1990*. Washington DC: National Association for the Education of Young Children.

3

發展理論與幼兒教育

本章綱要

◇對幼兒教育有貢獻的發展理論。

◇幼兒的一般特質（出生至八歲），包括了價值觀以及生理的、認知的、語言的、情緒的和社會的發展。

◇兒童間的個別差異以及各種不同的兒童團體之間的差異。

導論

　　兒童發展領域，自始就與幼兒教育關係密切。有關於兒童發展的概念與理論已經深深地影響了幼教的實務以及人們討論幼教的方式。本章將陳述對幼兒教育具重大影響的概念和理論，同時闡明其含意。

　　理論乃是指針對觀察到的種種現象以及其彼此之間的關係所建構出之一套有系統的原理原則。理論是整合與詮釋資料的一種架構。兒童發展的理論即用於探究兒童的成長與行為，並加以詮釋，它指出了在兒童遺傳的結構上和環境的條件下，哪些要素影響兒童的發展和行為，以及這些要素如何產生關聯。

　　本章論及之發展理論，包括了由G. Stanley Hall與Arnold Gesell等理論家發展出來的成熟理論；由Edward L. Thorndike與B. F. Skinner所發展出的行為理論；由Sigmund Freud與Erik Erikson發展出的心理動力理論；由Jean Piaget, Lev S. Vygotsky與Jerome Bruner等人分別發展出的建構理論以及Urie Bronfenbrenner的生態理論等等。每一個理論都在詮釋兒童發展與行為所具有的意義，我們可將某些理論歸成一類而形成一種思想學派，但是同一學派的理論之間仍有變異存在。

成熟理論

成熟理論 (maturationist theory) 主張人類之發展過程主要由遺傳所決定。當人類內在的機制以有系統的方式,而且大部分不受環境影響的情況下指導著發展的進行時,個體組織就發生改變。雖然環境條件會阻礙自然的發展模式,但此派學者認為它們不可能改變這些模式。

在遺傳上兒童自然成熟的時間是一種逐漸外露的過程。成熟理論學派認為當一些行為尚未自然出現時即予以刻意誘導是不必要的,甚至可能是有害的,被強迫性地要求達到超過其成熟現狀的發展之兒童,他們的發展不僅效率低且須經歷自信與價值的貶抑,但是兒童的發展情況若不符期望中的成熟程度,則需要予以協助。Murray Thomas (1992) 以為在下列的情況下來介入、修正兒童特質是可以被接受的:(1)發展之特質被認為未能令人滿意時;(2)兒童成熟的情況容許進一步的改良、促進時;(3)環境因素無法自然地修正不適當的特質時。

成熟理論
主張人類之發展過程主要為遺傳所決定。

G. Stanley Hall,兒童研究運動之父。

被視爲兒童研究運動之父的G. Stanley Hall，其觀點影響了
心理學與教育領域，成熟理論的另一位學者Arnold Gesell則延續
Hall的努力，並且將現代的研究技術應用於其演變上。

G. Stanley Hall（1844-1924）

G. Stanley Hall在哈佛大學跟隨心理學家William James並
取得博士學位後，又轉往德國跟隨實驗心理學派先鋒Wilhelm
Wundt研究。當他回到美國時，便將實驗心理學的知識應用於兒
童發展的研究上，並且推展至教育發展的原理原則上。

Hall在兒童發展上的研究工作，反映出發展是奠基於遺傳的
這一個觀點。一個兒童會變成什麼樣子，取決於其自身的基因組
合。Hall並發展出兒童研究的基本方法：觀察法。由於當時美國並
沒有受過訓練的兒童心理學家，所以，Hall便召募了一群對兒童有
興趣的人來爲他做觀察。這些人多半爲教師與父母，他們在自然
情境中觀察兒童，而並非在實驗室中。

Hall的研究工作反映出達爾文進化論的觀念。Hall深信人類
每一個體所經歷的發展過程都類似於物種發展的順序。此一發展
的原則常以一句話來表達：「**個人重複種族演化的過程**」（ontol-
ogy recapitulates phylogeny）。Hall認爲兒童必須從他們進化順
序的原始層面脫離出來，獲得自由與解放，以發展爲成熟的現代
人類，並視兒童自然的活動爲幫助兒童達到這種自由的機轉。

**個人重複種族演
化的過程**
意謂每一個體皆
會經歷與同類族
群相平行的發展
順序。

Hall最大的貢獻在於其將科學化的研究帶入兒童研究的領
域。他蒐集了大量有關兒童的資料，企圖顯示不同階段的兒童之
發展特質。Hall的研究法，透過未受過觀察法訓練的教師來蒐集有
關兒童調查的資料，以現今的觀點來看，這種方式並不符合科學
研究的嚴謹要求。然而，由於他的研究工作，不僅爲兒童研究開啓
了一個新的境界，並且爲更科學化的兒童研究以及將兒童發展的
原理應用到教育領域上奠立了根基。就許多方面來看，Hall可以被
視爲是建立以兒童爲中心取向的教育理念之先驅，以兒童爲中心
的觀念是認爲教育應順應兒童天性本質，並非令兒童去遵循既定
的教育形式與體制（Strickland & Burgess, 1965）。

Arnold Gesell詳述了成熟理論。

Arnold Gesell （1890～1961）

　　Arnold Gesell是G. Stanley Hall的學生，他以更有系統的方法延續了Hall的研究。大約四十年的歲月，他在耶魯大學的兒童發展臨床中心（Yale University Clinic for Child Development）研究兒童的發展。他藉由各種不同的領域來觀察、測量爲數衆多的兒童：生理發展、運動發展、語言發展、智力發展、人格及社會發展等等。Gesell詳細的描述從出生嬰兒至十歲兒童發展的情況，他以確認特定年齡層兒童的典型特徵來描述兒童的發展。藉由這些特徵，他依照年齡設立了標準，他視這些標準爲兒童正常發展的指標。

　　Gesell的發展理論是強調成熟在兒童發展上之重要性的一個簡明理論。雖然他不像Hall般支持發展的進化觀點，但是他相信兒童的發展是取決於遺傳的論點。雖然他承認人類的人格發展速率以及能力是因人而異的，卻甚少在其描述各發展階段時論及個別差異。然而，他確實強調須尊重每個孩子與生俱來基本的個人特質。

　　Gesell與他的同事們，Frances L. Ilg與Louise B. Ames發展

了一套測驗、評量策略與觀察方法來研究兒童的發展。他們從耶魯大學的兒童臨床中心以及與父母們的訪談中蒐集了有關兒童在學校與家庭中行為的資料。這些資料促使他們以十個主要範圍來清楚地描述兒童的發展步驟及成熟特質，他們稱其為**成長升降表** (growth gradients)：

Gesell 的 成 長 升降表

呈現出可區辨的成熟特質與發展步驟。

1. 運動的特徵（身體的活動力、眼與手的運動）
2. 個人的衛生情形（進食、睡眠、上廁所、洗澡、穿衣、健康、身體的不適，緊張的抒解）
3. 情緒的表達（情感態度、固執、生氣、哭泣與相關行為）
4. 恐懼與作夢
5. 自我與性
6. 人際關係（母—子，父—子，兒童—兒童，手足、家庭、祖父母、遊戲團體、態度舉止）
7. 遊戲與娛樂消遣（一般性的興趣、閱讀、音樂、收音機、電視、電影）。
8. 學校生活（對學校、教室中的行為舉止、閱讀、寫字、算數等的適應）。
9. 倫理觀念（指責與辯解，對指導、處罰與讚美的回應，對理性的反應，對好、壞、真理及窮困的觀感）。
10. 哲學觀念（時間、空間、語言與思想、死亡、神）。

　　Gesell主張當環境在改變行為上扮演次要的角色時，發展乃取決於人類內在具有的本質，他認為教育應配合兒童的發展模式。因為教育不能夠影響發展，教育應該在兒童被要求做什麼與兒童能做什麼之間取得一平衡點。Gesell鼓吹讓兒童依自己的發展步調來發展，無論是在家中或是在學校裡。他指出壓迫或限制兒童，只會造成負面的結果並降低其推斷能力 (Thomas, 1992)。

成熟理論的影響

　　成熟學派論點多年來在兒童發展領域中已經深深地影響著幼兒教育，尤其是托兒所與幼稚園。成熟學派的論點支持「以兒童為

中心」的教育觀念。因為後天環境對於個體的發展影響很小，所以，企圖擴展、超越兒童的天賦能力，只會增加兒童的挫折與傷害。配合兒童目前的能力提供學習經驗，這種觀念可以被視為是符合人性的教育理念，同時也是「適性發展教育實務」的一種解釋。可惜的是，此一理念同時也創造了對兒童自我實現的期望。如果兒童的天賦能力在水準之下，則基於一慈愛心態，將不會給予他們具有挑戰性的教育經驗，那麼，他們永遠學不到超過他們已知的事情。

遵循Gesell與同事們所倡導的對幼兒成熟發展觀點之幼稚園與托兒所均贊成兒童在不施加不當壓力的情況下獲得發展。教師們被要求基於兒童的「需求與興趣」來設計教學計畫，課程皆配合兒童的發展情況，所以上起課來往往愉快且無後顧之憂，而非處處充滿挑戰性。

成熟學派的論點同時也導引出了學習準備度的概念。假使兒童被評定為尚無能力學習某些事，則教師必須等待兒童進一步成熟。這種準備度的觀念在閱讀教學的領域中更加明顯。多年來，傳統的看法是當兒童的心智年齡未及六歲六個月時，則表示其尚未達到閱讀的準備度。教師可以測量其準備度，但是不會做任何事情去幫助兒童做學習準備。

成熟學派對於幼兒早年學習所持有的取向，是不同於近來的教育學家所採用之介入論者（interventionist）的取向。後者針對失能幼兒或是被判定未來處於教育失敗邊緣的臨界兒童所設計，他們認為雖然某些幼兒不須特殊的介入來協助即能達到符合學習期望的階段，但是某些兒童的確需要更多的幫助。許多兒童一如慣例般都接受了正式或是非正式的經驗傳授，這使得他們得以成功地學習；而其他兒童或許就沒有經歷這些經驗，也可能因失能或發展遲緩，而限制他們從經驗中獲益的能力。發展特殊教育計畫能協助這些兒童在學校中獲得學習的成功，如果沒有這些課程介入，他們的學習與發展則會受到限制。

有些幼稚園在新生入學時會施以測驗以確定其發展階段，此

正是表示成熟理論的觀點迄今仍影響幼兒教育。如果學校使用
Gesell Test這類的方式，則可以判斷出兒童「尚未準備好」要上
幼稚園並建議家長再等一年才申請入學，以便讓孩子能更成熟。
此種政策與測驗受到十分嚴苛的批評（見Meisels, 1989），因為就
此程序而言，它與先前所提及的針對特定需求人口之介入方案取
向完全相違背。

行為理論

　　行為理論影響心理學的理論發展約有一世紀之久。行為理論
基本上是一種學習理論，但是它同時也一直被當做是一種發展理
論來使用。它與成熟學派持有不同的看法，此學派認為除了生理
上的成熟之外，個體的發展絕大部分是受到了環境的影響。就行
為學派的觀點來看，個體將其所學融入思想中並日益複雜化以致
於最終影響了發展。四位偉大的先驅者對於發展行為學派理論貢
獻匪淺：Ivan Pavlov, John B. Watson, Edward L. Thorndi-
ke，以及B. F. Skinner。

Ivan Pavlov (1849-1936)

　　Ivan Pavlov在俄國研究動物時，發現了制約的原理。他發現
狗見到食物會有流口水的反應，如果鈴聲伴隨著食物一起出現，
則只要當鈴聲響起時，狗也會有流口水的情形出現。這表示狗將
食物與鈴聲聯結在一起，當其分別出現時，亦以同樣的反應來回
應；將一新的刺激與另一引發自然反應的刺激予以聯結，此即所
謂反應式（respondent）或古典制約（classical conditioning）的
基礎模式。此一原則乃指動物或人類將新的刺激與原先的刺激聯
結在一起時，對新刺激所產生的反應方式將相類似於其對原先刺
激所做出的反應。

John B. Watson (1878-1959)

　　美國行為學派學者John B. Watson將反應式制約的原理應
用於兒童的發展及學習上。他想要發展出一種科學的方法來研究

人們在不同環境條件下是如何行動的。他創造了「行為主義」（behaviorism）此一專有名詞，它是指一種透過行為觀察而非透過推測心智的內在結構以研究學習的一種方法。Watson相信，藉由對環境的控制與操作，我們便可以對個體的學習與發展有所影響。他根據反應式制約的理論發展出應用的技術。此技術是設計成讓發展心理學家能夠控制環境條件並因而控制了制約。

Edward L. Thorndike（1874-1949）

　　Edward L. Thorndike也十分重視用科學的方法來研究學習。他嘗試藉由聯結刺激與反應的過程來解釋學習。他發展出一組定律來說明這種歷程。其中最主要的即**效果律（law of effect）**。此定律說明了假如一個刺激所引起的反應會帶來愉快、滿足的結果，這個反應將會被強化，反之，假如一個反應隨之而來的是一個不愉快的效果，這個反應將會被削弱。另一定律為**練習律（law of exercise）**，其主張個體經歷刺激—反應鍵結的次數如果愈頻繁，則聯結將愈持久。**準備律（law of readiness）**則說明了當個體的神經系統對於行動容易產生反應的話，則學習將更有效果。

　　Thorndike的效果律實為增強概念的先驅，亦為Skinner行為主義取向的基礎。Thorndike強調讓兒童依自然傾向而養成習慣的主張也影響了幼稚教育學者。Thorndike以為好的習慣應在幼兒時期即應予以鼓勵，不好的習慣則應防患於未然，省得日後再來斷絕、改變。所以，有關於幼兒的習慣訓練，在二十世紀的前二十五年儼然已成為幼稚教育課程的重要部分。

Burrhus Frederic （B. F.）Skinner（1904-1990）

　　B. F. Skinner對學習心理學與發展理論的貢獻在於其巧妙地將學習理論應用到教育、個人適應以及社會問題上，然而他的實務應用方法頗受爭議。Skinner相信欲瞭解學習必須直接觀察兒童在環境改變的因素下，其行為的改變（Bower, 1988）。他的貢獻包括創立及改進學習策略，諸如在1950年代中期時的教學機器和編序式的教科書，並於1960年代後期衍生了Skinner學說，行為修正

Thorndike 的效果律
說明了一個反應會因為行為結果而增強或削弱。

Thorndike 的練習律
說明了刺激—反應間的聯結出現次數愈頻繁，則其愈能持久。

Thorndike 的準備律
說明當個體之神經系統對行動容易產生反應時，則學習更具效果。

B. F. Skinner以操作制約爲基礎而研究學習行爲。

理論便以此爲依據。此外在1970年代，他還提出要透過操作制約的
方式來擬定社會控制的計畫。教學機器與編序式教科書將學習者
要學習的資料分成許多小步驟進行，如此一來，錯誤將會儘可能
的減少。所謂的教學機器乃是將教材採用機械性的裝置呈現給學
習者，同時增強其學習。編序式教科書則是採用相同的原則來呈
現書面的教材。今日的電腦可以提供如同教學機器般協助學習的
功能，只是更爲精巧。

操作制約
當反應受到增強
時，個體會被鼓
勵重複相同的反
應。

　　Skinner極力主張大部分的行爲乃是**操作制約**（operant con-
ditioning）的結果，即個體碰到類似於先前帶來獎賞的情況時，獎
賞或增強物會激勵個體採取重複的動作反應。相反的，如果個體
先前的經驗是痛苦的或者只是帶來不確定的結果，則個體較不會
採取重複的行動來回應。獎賞增強了行動，反之一個缺乏獎賞的
行動將會完全地被終止或是消失。行爲學派視獎賞爲一增強物。
一個正增強物（positive reinforcer）將刺激個體在每一次相似的
情況下重複相同的行爲。正增強會帶給學習者某種程度的愉悅。
負增強（regative reinforcement）並非處罰，而是自環境中除去
令人不悅的刺激物。行爲學派指出處罰乃是創造一令人不快的情

境，對於促進學習而言，並不是十分有效的。

　　Skinner針對行為而測試各種不同的增強時間表之效果。持續增強（continuous reinforcement）是指每當個體表現了一個期望行為或反應時，便給予獎賞。相對的，間斷增強（intermittent reinforcement）則不一定每一次預期行為出現時便予以獎賞，不同的間斷增強時間表會導致不同的結果。

　　Skinner的理論對於兒童發展領域具有明確的意涵。Skinner行為學派的觀點主張兒童的發展不僅僅是生理上的成熟作用所致，同時也是逐漸增加的學習複雜程度所造成的。成長中的個體在學習上的改變是由於他或她想要做的行為中所帶來的後果所產生的。Skinner建議家長與教師可藉由下列兩點來鼓勵與促進兒童的學習：(1)讓兒童嘗試做出那些被期望的行為；(2)將行為結果組織化，透過正增強來鼓勵被期望的行為，而藉由處罰來抑制不被期望的行為。Skinner相信我們可以從研究環境條件以及個體可以被觀察的反應中來瞭解個體之遺傳與後天環境的影響。

　　個體的發展乃是生命中所有學習整合之結果。Skinner主張人類行為的發展是受環境影響而不是個體的遺傳。物種適應特質的選擇是自然天成的，個體的行為是依其行為後果而修正或增強，同時每一個體的行為是取決於促進文化慣例的外在環境（Bower, 1988）。我們可以提供兒童那些會引起被期望的及適當行為的環境，並且這些行為會因為刻意的增強而顯現出來或持續地呈現。雖然特定的行為不見得與特定的發展階段有關，但是兒童在整個發展過程中，仍會擴大其行為的範圍。

行為主義的影響

　　行為主義在1920至1930年代之間開始對幼兒教育產生影響，Thorndike所發展出來的「習慣訓練」的概念，被視為幼稚園教育的目標。然而，從此行為學派的影響便開始減弱了，不過強調兒童行為的觀察仍然保持著重要的地位。行為主義在特殊教育以及幼兒特殊教育領域的影響力是十分顯著的，尤其是對於心智嚴重障

礙的兒童，特殊教育學者採用此理論為這些兒童發展訓練的課程。不過，現在愈來愈多的人採用建構理論的取向，將其應用於幼兒的特殊教育計畫中。

心理動力理論

心理動力理論對兒童發展理論以及幼兒教育領域有廣大的影響。心理動力理論著重於人格的探討，它是由臨床實務發展而來，而不是實驗室中的研究結果。精神分析學專門處理成人的人格問題，它協助患者瞭解兒童期的經驗對其人格發展的影響。在理論發展過程中，精神分析提供我們一些洞悉兒童期經驗的觀點，並在後來將這些觀點應用於兒童發展研究中。

Sigmund Freud (1856-1939)

Sigmund Freud，是一位奧地利的臨床神經科醫師。他治療過幾位患有各種神秘疾病的患者，例如手部或身體弓形部位麻痺、視線模糊等，這是傳統的生理醫療未曾遇過的病例。從患者的病狀來看，其神經系統應該受過損傷，但是診療結果卻發現其神經系統良好無損。

Sigmund Freud，精神分析學派之父。

Sigmund Freud發展出一種治療的模式，他稱之為**精神分析**（psychoanalysis）。精神分析，就是讓患者主述其過去的歷史以及目前的狀況。Freud利用夢的解析以及自由聯想等技術來協助患者面對其無意識狀態中的害怕與矛盾。從病人的個案研究中，Freud發展了精神分析論，其廣泛地影響了心理學家、精神病醫師與精神分析師的思想。基本上Freud的研究是以成人為主，但是他非常專注於童年經驗的記憶。他的理論強調了幼兒期的經驗在個體人格發展上的基本角色。

在精神分析中，個體會論及他們過去的歷史以及現況。

Freud對兒童發展的瞭解啟發了數個當代重要的兒童心理學領域，包括兒童精神病學、兒童與青少年的諮商、托兒所的教學方法，以及兒童發展的研究。許多心理學家、教育家與社會工作者，甚至包括了那些拒絕大部分精神分析理論的人，他們都接受了Freud理論中的一些理念。

Freud發展出一個發展理論，說明了個體的發展是經歷了一連串的性心理階段的過程。如果個體能順利地經歷這些發展階段，他便會發展出一個健全的人格。倘若有衝突產生，個體可能會固著在某一個特別的階段，在此情況下，成人便會在無意識中尋求這些早期發展中需求的滿足，而在平時表現出不恰當或不合理的行為舉止。Freud認為這些性心理發展階段放諸四海皆準，因為其反映出了人類的需求，並且是潛藏於所有文化的發展中。

表3-1 Freud 性心理發展階段

年齡	階段	發展特徵
0-1歲	口腔期	口腔與上消化道為感官刺激和愉悅的主要來源。
1-3歲	肛門期	肛門與下消化道是重點，愉悅來自於抑制或是排泄。
3-6歲	性器期	愉悅的獲得源於生殖器部位，產生戀母情結或戀父情結且能辨認父母親。
6-12歲	潛伏期	著重於性趣的追求與抑制。
12歲以上	兩性期	成熟的性趣之發展。

Freud的研究工作所產生的影響力普及了歐洲與美國。當精神分析學者研究Freud的理論時，多數的人修改了他原來的理論，並且尋求在文化與個體中影響發展的力量。這些精神分析學家中最具影響力的即是Erik Erikson。

Erik Erikson (b. 1902)

　　Erik Erikson擴展了Freud的人格發展概念，同時強調兒童發展的重要性。他將Freud性心理階段的發展理論轉變為心理社會發展階段，主張個體在其一生中的發展乃透過與社會環境互動所致。成長是經由一連串的階段而進化完成的（Erikson, 1968）。Erikson提出的每一個階段皆有一明確的發展危機（參閱表3-2）。在個體進入下一個發展階段之前他們會努力嘗試去解決現階段的發展危機；除非個體已經先為之前的危機尋找到解決之道，否則他們無法在新的階段中解決發展危機。每一個發展階段都涉及自我的效能。發展階段始於出生而延續至個體的一生（Erikson, 1963）。

　　在Freud與Erikson的發展階段中有一有趣的差異，那就是Freud認為發展完成於青少年階段，而Erikson則認為發展是持續

Erik Erikson認為發展實際上就是心理社會學。

表3-2 Erikson 社會心理階段論的發展

年　　齡	階　　　　段	發　展　特　徵
0-1$\frac{1}{2}$歲	信任VS.不信任	依賴照顧者：對環境的可預測性能引致信賴感，或是缺乏照顧導致對環境的不信任。
1$\frac{1}{2}$～3歲	獨立自主VS.羞愧懷疑	環境可鼓勵獨立、尊嚴與自我價值感；或是由於過度抑制導致懷疑、缺乏自尊。
3～6歲	自動自發VS.退縮內疚	能夠學習並享受勝利的喜悅；或因害怕失敗以及處罰導致內疚與罪惡感。
6歲到青春期	勤奮進取VS.自卑自貶	重視工作、技巧與能力；或是感覺能力不足及自卑等。
青少年期	自我認同VS.角色混淆	發展自我認同，或是認同混淆。
成年初期	親密VS.孤立	致力於人際關係的建立，或是離群索居、自我陶醉。
中年期	精力充沛VS.頹廢遲滯	關心下一代並擴展興趣，或是自我放逐。
老年期	完美無憾VS.悲觀絕望	瞭解個人存在的意義，或是對生命失望和害怕死亡。

至個體的一生。Erikson的發展是著眼於社會衝突而非性的衝突，個體必須能掌控一連串的社會衝突方能趨於成熟 (Erikson, 1982)。衝突則是由於個體在文化上以及經歷中的處境所致。

動力心理論的影響

　　Freud與Erikson的研究工作對於幼兒教育實務有著十分重要的應用。兩位理論家均認為兒童期的發展十分重要，同時也體察到如果冀望幼兒成為心智健全的成人，則在其幼年階段便須去面對、解決發展上的衝突。他們並建議幼兒教育者應該扮演著積極主動的角色。在Freud理論中，教師可以創造一個心智健全的環境以促使兒童表達他們內心最深層的情感，而無須畏懼會遭受批評

與指責。在Erikson的理論中，教師可以指導兒童發展強化自我的能力。即使教師的角色在這兩種理論中有些差異，但是兩者皆一致認為教師在兒童的生活中佔有非常重要的地位。

建構理論

建構理論
主張個體是藉由處理其從經驗中所得到資訊，而創造出自己的知識。

建構理論乃是針對理性主義與經驗主義兩者間對立之處而提出的一種辯證式的解決之道。這兩種理論的觀點都是探索個體是如何知悉世界萬物的方法。理性主義者視理性（即心智）為知識的來源，而經驗主義則視經驗為知識的來源。建構理論者認為，個體是根據他們從經驗中獲得的資訊行事（或思考）而創造出知識。即使是最年幼的兒童，對於世界的樣子也有一個起碼的瞭解；這些領會有助於個體解釋他們所獲得的訊息，然而新的資訊也可能會修正他們所領悟的事。這是一個終其一生主動追求的過程。

雖則建構學派的研究以及有關於智力發展的建構理論已經進行一段時日，然而這些理念直到1960年代才開始影響美國的兒童發展與教育領域。其中以Jean Piaget, Lev. S. Vygotsky和Jerome S. Bruner，尤為此派主要的理論學者，他們皆致力於有關兒童智力發展的建構論觀點。目前，建構理論在美國心理學界與教育界十分受重視，且研究持續地進行而理論亦不斷地受到修正。

Jean Piaget (1896-1980)

Jean Piaget乃是認知發展建構理論的先驅者之一。他蒐集了一些不同年齡層的兒童解決理則問題、傳達夢境、做道德判斷及建構其他心智活動等等方法的資訊。Piaget主張，兒童的思考系統是透過一連串的階段發展而成，這些發展階段在各種文化中適用於所有的兒童。在Piaget的模式中，幼兒是非常自我中心的，他們只會由自己的觀點來解釋事物；然而，正常的成人知道不同的人可能用不同的觀點來解釋事物。

Piaget有關於智力的研究，證明了他可以整合他個人對於生物學以及認識論上的興趣，用來研究人類對於瞭解真實世界所做

的努力。研究兒童如何創造與確認知識，可以增進我們對人類智識之瞭解，而Piaget認為邏輯與哲學在這方面能有所助益。很明顯地，皮亞傑確認了問題，並且投注了三十年的歲月致力於此 (Gray, 1981)。

依Piaget的觀點，兒童是經由發展基模來了解世間萬物的意義。**基模** (schema，英文的複數為schemata) 乃是思考世間萬物之要素的整合方式。對嬰兒來說，基模即行動的模式，在相似的情境當中會重複出現。例如，當嬰兒看到一個瓶子、一個搖鈴或嬰兒床沿，可能會去抓住它，這種因對一個知覺的反應而產生抓住的衝動，即為基模的表現。當兒童成熟些並且發展了語言，則基模將會變得較抽象。

創造與修正基模的過程包含了**同化** (assimilation) 與**調適** (accommodation) 這兩種典型的作用。在同化中，當兒童在尋求需求滿足時若碰到問題，他們會搜尋他們可運用的基模來解決問題。欲將環境刺激與兒童既有的知識相結合，則兒童須重新再審視此一事件如何與他們現有的基模模式相符。Piaget相信「將一物體化至一個基模中，意謂著賦予此物體一個或數個意義」 (Piaget, Jonckheere, & Mandelbrot, 1958, p.59)。

而當一個新的刺激或情況無法符合兒童既有之基模時，便會產生調適，這種相對關係的缺乏將會導致下列兩個結果：(1)事件全然無法被同化；或(2)由於不滿或不平而促使兒童修正現有的基模，亦即去調適它。根據Piaget的論點 (1963)，「一個呈現於意識中的新物體沒有屬於它自己的獨立特性時……，它們是模糊、混沌的，因為無法被同化，所以他們使得個體產生不安的感覺，而這種感覺遲早會萌生一個新的，已被分同化的同化基模。」 (p.141)

當兒童的認知模式展現並且與環境發生互動時，便會在同化與調適的過程中產生一個自發的平衡。這種平衡狀態或稱為**均衡** (equilibrium)，會一直持續直到新的資訊導致同化調適過程重新開始時。兒童藉由同化與調適的作用來適應環境；所以，在兒童本身的生理—心智自我組織化 (biological-mental self organiza-

基模
乃是表現出領悟力的一種心理建構。

同化
乃個體內化與其既有的知識一致的資訊。

調適
乃個體修正既有概念以符合新的資訊。

均衡
乃介於類化與調適間的平衡點。

tion）過程中，會整合所有能適切地相互適應的基模。Piaget
（1963）主張：

> 眾所皆知，智力的運作一直都是與其他所有的運作相關聯，
> 而且智力運作本身的要素也受到相同法則所操控。因此每一
> 基模是與其他所有的基模相互協調，但此基模本身亦構成一
> 整體，而在整體中又有分化的部分。每一個智力的活動必須
> 先有一個相互牽連並且有內在連結意義的系統。（p.7）。

　　Piaget的理論受到了極大的歡迎，因為它被視為是對盛行之
行為主義的回應。Piaget研究在學兒童，並且從生物學、理念淵源
及普通科學的角度來陳述他的研究結果（Mehler & Bertoncini,
1988）。
　　幼兒的遊戲行為反映了Piaget的平衡（equilibration）概念。
在遊戲中，兒童將新的訊息同化，並將其調節到自己的智力結構
當中。當兒童以愈漸趨近於成人的方式建構自己的知識系統，並
且變得有效率有能力以及思想成熟時，心智活動以及與心智活動

Jean Piaget，建構理論的首倡者。

平行的身體活動是爲其發展基礎。

Piaget將認知發展歷程分爲四個主要階段：(1)感覺動作期 (sensorimotor stage)（出生至兩歲）；(2)運思前期 (preoperational stage)（兩歲至七歲）；(3)具體運思期 (concrete operational stage)（七歲至十一歲）；(4)形式運思期 (formal operational stage)（自十一或十二歲到成人期）。兒童會以一個正常的順序從一個階段進展到下一個階段，然而是以自己的發展速度來進行，發展的速度乃取決於個體自身的經驗以及本身成熟的能力。

Piaget的理論說明了幼教所扮演的乃是一主動積極的角色。教師應避免直接或間接地告訴兒童他們必須知道什麼，反倒應該設計一些活動，藉由活動促使兒童思考關於他們在活動中操作的具體教材，同時形成概念化的技能。教師也必須對兒童提出問題，造成某種程度的認知衝突，同時提出一些爭論點以引發兒童以更成熟的方式來思考。

這種取向代表了關於學校能爲幼兒做些什麼的理論之一大轉

表3-3 Piaget 智力發展階段

年　　　齡	階　　　段	發　展　特　徵
出生到$1\frac{1}{2}$歲或2歲	感覺動作期	兒童根據感官刺激與身體動作發展基模。
2至7歲	運思前期	兒童發展語言及其他符號性的表達能力，直覺式的思考無系統或不持久。
7至11歲	具體運思期	兒童能處理邏輯過程，但是一次只能處理一種分類的形式；邏輯思考須藉助實際的物體或事件。
11歲以上	形式運思期	兒童具邏輯性的推理，並能以公式表示假設並驗證之，可以做抽象式思考。

變。同時也證明了Piaget理論廣受幼兒教育學者的肯定，部分原因在於其視兒童在某程度限制下是具有智力與能力的個體。雖然兒童有能力處理訊息並發展概念，但Piaget的理論建議應該採取間接的方式來鼓勵兒童發展，而不是告訴兒童我們要他們知道的知識，我們必須提供他們建構知識的經驗。在幼兒時期，這些經驗不能是抽象的，應該是包括具體教材的操作以及兒童可以在之後反思的直接經驗，遊戲與藝術在兒童的知識建構上具有極重要的功能。

　　Piaget的理論對於運用操作性教材來教導幼兒數學這方面一直有特別的幫助。Constance Kamii針對兒童如何建構數學的知識做了十分廣泛的研究，其他的數學教育者也同樣地採用此一理論。

Lev Semenovich Vygotsky (1896-1934)

　　Lev Semenovich Vygotsky是另一位建構心理學的理論家。他本來是一位文學教師，當他還是一位年輕的學者時（1915～1922），十分重視藝術的創造，爾後，他轉而致力於發展心理學、教育以及精神病理學的研究。

Lev S. Vygotsky，他的研究日漸發揮影響力。

Vygotsky針對兩種不同類型的發展加以區別：自然發展與文化發展。**自然發展**（natural development）是成熟的結果；**文化發展**（cultural development）則與語言及推理能力有關。所以，個體之思考模式乃是個體在其成長的文化中他所從事活動後所獲得的結果。此外，進階的思考模式（概念化思考）必須透過口頭的方式傳達給兒童，所以，語言是決定個體學習思考的能力中一個基本的工具。透過語言媒介，兒童所接受的正式或非正式的教育，決定了其概念化思考的層次。如果兒童所經歷的語言環境，無論是直接面對面的說話或是透過大眾傳播媒體，主要是受過分簡化或原始的語言所支配，那麼他們的思考也是過度簡單或原始的。然而，假使兒童所處的語言環境是包括了多樣與複雜的概念，則他們的思考便會呈現多元化與複雜化，假若兒童的原始生理機能（如感官、中樞神經系統等）正常的話。

Vygotsky提出了關於文化發展的三階段論，每一個階段又可以再細分為一些次階段（Thomas, 1992）。Vygotsky認為兒童的

Vygotsky將自然發展與文化發展加以區別。自然發展來自成熟的結果；文化發展則與語言和推理能力有關。

表3-4 Vygotsky的文化發展階段

第一階段　思考只是無組織的堆積。在此階段，兒童是根據隨機的感覺將事物分類（且可能給予某類別一個名稱）。

第二階段　用複合的方式來思考。個別的物體在兒童的心中產生連結，不單是根據主觀印象，同時也是依據這些物體之間確實存在的聯結力。因此，這是兒童跨越出自我中心思考的一大步而且轉而朝向客觀性的思考邁進。在此複合的思考中，各組成分子之間的聯結力是具有某種程度的具體性與真實性，而非僅屬於抽象和邏輯上的性質。

第三階段　用概念來思考。在此最後的主要階段，綜合與分析能力匯合促成了概念思考。（Thomas, 1992, pp.335-336）

Jerome Bruner的理論影響教育界超過三十個年頭。

發展是透過他們的「**近約發展區間**」（zone of proximal development）或他們可以獨立運作的時刻。在這個區間中，兒童由比他們更成熟的思考者提供協助。這些協助猶如建築中的鷹架一樣，支持並促使兒童發揮功能及學習新的能力。這些能力之後便整合到兒童的行為表現中。因此，在此概念下，學習乃引導著發展，而非跟隨在發展的腳步之後。

　　Vygotsky的理論在近年來引起廣大的注意，特別是那些接受認知發展的建構論觀點而對Piaget的理論有所質疑的兒童發展與教育專家。Vygotsky的模型已經專門應用於語言及讀寫能力之教育上（參閱，如Mason & Sinha, 1993）。

Jerome Bruner (b. 1915)

　　Jerome Bruner也同樣是研究思考與語言之間的關係。他提出三個表意系統：

1. **行動模式**（enactive mode）

   個體透過動作與操作（如：綁鞋帶）來表達訊息。

2. **圖像模式**（iconic mode）

   個體使用知覺的組織系統與想像力來表達訊息（如：想著

某人的臉／表情）。

3. **符號模式**（symbolic mode）

個體使用語言或是符號來傳達訊息。

Bruner認為認知的過程是開始於行動期，經過了圖像期最後到達符號期。嬰兒即透過行動來表達他的世界。兒童以肢體的動作來表達他們所想的。嬰兒表達他想要手搖鈴的唯一方法便是用手去抓取。同樣地，嬰兒用吸吮物體的動作來表示饑餓的想法。

2至3歲的兒童是屬於典型的圖像層次之發展。兒童藉由一些知覺意像來表達一個行動。這種意像可以多種型態呈現出來：視覺的、聽覺的、觸覺的或是動態美學的（Pylyshun, 1973）。在這個表達方式的階段中，兒童的腦中可以呈現出一位不在身邊的人的影像、先前出現的動作、或是他們剛剛目睹的事件。

5至6歲的兒童是處於典型的符號層次。語言不斷地擴大了兒童能夠表達可能經驗的範圍並協助他們操作及轉化這些經驗。兒童了解語言溝通本質的同時也學習了使用語言做為思考與行動的工具（Bruner, 1983）。就如同智力發展中的表意階段一樣，理解力也是經過相同階段發展出來的：一開始是透過動手作而達到瞭解，進而藉由視覺而獲得瞭解，最後是透過符號性的方式來表達意念。

近年來，Bruner對於兒童發展的認知儼然已轉為傾向於Vygotsky的主張。他發覺幼兒藉助思想更成熟的人來理解他所生活的世界。他接受學習影響發展的看法，同時相信兒童智力的發展是發生於他們所身處之文化情境當中（Bruner, 1990）。

建構理論的影響

建構理論對幼兒教育有深遠的影響。Piaget的理論已被廣泛地運用於幼兒的科學與數學教育的領域之中。近年來，Vygotsky的研究已經影響幼兒閱讀與語言的教育，尤其在啟蒙讀寫課程方面。而Bruner的研究亦對幼兒教育產生持續的影響。

生態環境理論

生態環境理論
視兒童整個人為
受環境影響的統
合有機體。

生態環境理論（ecological theory）在兒童發展研究上著重於環境對於兒童生活與發展的影響。此理論假設無論是明顯的或是難以捉摸的環境因素皆會對兒童的成長與發展產生直接的影響。兒童所生長的環境本具有極大的變異性，由於這類變異所帶來的影響與兒童的正常發展形式交織在一起，致使我們很難去瞭解其真正的效力。生態環境理論則運用有關於兒童環境的資料來描述、組織以及闡明環境變項所產生的影響。

兒童發展的生態環境理論認為兒童整個人是受到後天環境因素影響的一個統合有機體。發展進程是以小步驟透過兒童的經驗逐漸建構出人格。根據場地理論，一個新的刺激或經驗可增加兒童知識的新內涵。因此，每一個有意義的新經驗將改變許多或所有促成人格的既存要素並影響兒童個人特質的形成（Thomas, 1992）。最早在兒童發展領域中提倡生態環境理論的學者為Urie Bronfenbrenner。

Urie Bronfenbrenner (b.1917)

Urie Bronfenbrenner認為人類發展的生態環境論，是瞭解一名活生生的、成長中的人類如何與環境發生關係的一種方法。他努力地去瞭解兒童在其發展過程中目前所處的情境與包含這些情境的較大情境脈絡兩者之間的關係。Bronfenbrenner著重於兒童對於周圍環境的詮釋，以及這些詮釋是如何改變的，例如：在一指定的情境中（像學校、家庭或是同儕團體），依其物理及物質特性兒童便經歷了一種活動、角色與人際關係的模式。活動指的是人類的行動；角色是基於個體立場（如父母、嬰兒、手足、教師、朋友、教練等）依社會要求所做出來的行動；人際關係則包括了人們之間口語或非口語的互動回應。兒童的發展是受到了他們對於活動、角色及人際關係等的察覺或詮釋之影響。Bronfenbrenner的理論（1979）認為：

1. 現象的（內在的詮釋或經歷）環境在指導行為上，支配了真實的環境。

2. 單單根據環境中一項外物特性就嘗試要瞭解兒童的行為，而不去探究這些特性在兒童所處的情境中所具有的意義，這是相當不明智的。

3. 發現物體、人與事件是如何影響兒童的動機是十分重要的。

4. 去認識有關於兒童想像、幻想與特異的詮釋中「非真實性」因素對兒童行為之影響，亦為十分基本且重要的。

教師在解釋兒童行為之時，必須先瞭解兒童在身處情境中對於呈現出之活動、角色與人際關係的體認。因此，當兒童建構一個新的意義時，環境中的某一個環節會對整體結構產生衝擊。很顯然的，教師可以設計教育情境來影響兒童對於他們自己與環境之間的觀感。

生態理論之影響

Bronfenbrenner的研究尚未對幼兒教育課程的發展產生直接影響，然而他的研究工作已經對此領域相關之社會政策產生影響。許多教育學者相信，教室對於幼兒的影響，是無法自家庭中、或同時存在於家庭與教室的關聯中獨立出來。家庭、學校、社區與文化皆息息相關；唯一能夠正面地影響兒童發展的方法乃是尋求社區及社會的改善並利用各種社會機構所提供的支持與協助。

兒童發展中的先天與後天因素

本章提及的這些發展理論學者所提出的概念，在許多方面都互有差異存在。其中的一項差異是關於每個理論所想要探求的範圍。某些理論討論所有的發展領域，某些理論則僅探索一或兩種發展的類型，如智力發展或是社會情緒發展。

另一項差異是在於這些理論學者視個體的遺傳（先天）或者

成長經驗（後天）兩者在兒童發展中重要程度的差異性。有些理論學者如Gesell主張個體的發展主要是取決於先天因素；雖然一個貧乏的環境將會限制了兒童最終的發展，但是環境不是影響發展的主要因素。其他的學者，如Bruner和Vygotsky則指出，兒童的經驗在相當大的程度上決定了兒童最終會變成什麼樣的人，特別是有關於文化發展方面。大多數的兒童發展專家相信，環境與先天兩者的影響都十分重要，且環境的影響不應該被忽略。雖然，家庭是對幼兒產生主要影響的環境，但是幼兒教育也同等重要，兒童被教養的社會情境亦同。

發展理論與研究為兒童發展提供了一常態的、平均的發展趨勢。大多數兒童都與平均數有所差異。雖然標準有助於教師預期兒童的發展為何，然而，這些早期的判斷必須根據兒童在課堂中的表現而加以修正。

發展領域

本章所介紹的兒童發展理論一直是著重於討論那些從過去到現在就影響著幼兒教育的理論。雖然本章廣泛地描述這些發展的理論，但是並不試圖提供幼兒教師們所需要的兒童發展知識詳細總覽，若讀者需要詳盡的資料，可以參考下列書籍：

Spodek, B. (Ed.) (1993). *Handbook of research on the education of young children.* New York: Macmillan. (See especially Section 1: Early Childhood Education and Child Development.)

Berk, L. E. (1994). *Child development* (3rd ed.). Boston: Allyn and Bacon.

Schickedanz, J. A., et al. (1993). *Understanding children* (2nd ed.). Mountain View, CA: Mayfield.

Seifert, K. & Hoffung, R. (1991). *Child and adolescent development* (2nd ed.). New York: Houghton Mifflin.

認知發展

　　幼兒在學習語言時即發展了思考與推理的能力及技巧。語言使得兒童能夠將所獲得的訊息轉換成為抽象的形式，以致於他們能夠將訊息組織成為概念或基模並儲存起來，以供往後各種不同情況來使用。認知發展影響了兒童的思考、感情以及行為 (Seifert & Hoffnung, 1991)。兒童應該藉實際操作物體來學習 (Kamii, 1985; Piaget, 1963)，同時將這些經驗整合到現實生活的經驗中。

語言發展

　　語言發展，在幼兒時期是以驚人的速度來進展的。一歲半左右的兒童大約瞭解25個字；直至六歲，多數的兒童已累積超過1800個字。幼兒每年增加約600個字彙，並且在語意及文法上有出色的進步 (Corrigan, 1983; Helms & Turner, 1986)。兒童自幼學習基本的口語語言，並運用他們發展中的說話技巧來進行交談、不斷地發問、對談、歌唱或是吟唱詩詞。大多數的兒童皆喜歡參與語言的經驗，如有韻律、有節奏感的語言活動 (Helms & Turner, 1986; Schwartz, 1981)。

生理發展

　　生理發展改變了幼兒肌肉與大體構造並改變身體比例以及生理技能。例如學步期兒童，原來圓滾滾的外型會因身高劇增而顯得修長苗條，致使學步期兒童身體尺寸及能力的增長。在學齡前階段，兒童的身體在許多方面都發生改變。在上幼幼班期間，幼兒通常會長齊二十顆乳牙，然後開始陸續換牙。恆齒大約在六歲時開始出現 (Spock & Rothenberg, 1985)。兒童的肌肉與骨骼隨年齡增長而持續發展，頭圍與腦容量會發展至成人的比例，神經系統的聯結與傳導亦不斷發展，這些都是複雜的腦部活動與動作調節所須具備的條件 (Helms & Turner, 1986; Malina, 1982; Schmidt, 1982)。此類生理上的進化，促使兒童參與各種不同的身

體活動。除了生理發展之外，其他因素亦決定了發展的整體過程以及最後的所展現的生理變化。

情緒發展

兒童的情緒發展對其他領域的發展也有影響。兒童的情緒階段是經由兒童的外顯行為、生理反應和感情而呈現出來。情緒往往是難以解釋的。通常兒童表現出憤怒、恐懼、敵意、怨恨、嫉妒與挫折的理由能夠自引發其行為的情境而加以推斷。

幼兒的情緒發展是受到他們所處環境的影響。兒童之所以為兒童是因為他們所做所為、所知所感、所想像、所感受、以及所抉擇都是直觀的 (Whitesell & Harter, 1989)。情緒發展的理論體認到兒童情緒之表達是隨著年齡增長而經歷了發展上的改變，例如嬰兒的情緒表達是全球共通的，情緒發展在出生一年後才會變得較具層次、敏銳與複雜化 (Demos, 1986)。臉部表情的控制在學齡前階段發展 (Cole, 1985)，每一個臉部表情其實代表著一個不同的內在經驗。然而，即使是同樣的微笑表情，對於兒童和成人而言則分別具有截然不同的意義。在生命初始的兩年，社會學習的過程變得十分重要的。

社會發展

社會發展是兒童學習如何表現符合社會期望行為的機制。始自初出，兒童便被期望著去依循家庭中或社會上的價值標準。父母會傳遞他們的文化、宗教、性別、教育以及種族背景給孩子。兒童因而重複成人的行為模式並且使其人格符合社會期望 (Gordon & Browne, 1989)。

社會化

個體學習在各種情況中表現適當行為的過程。

這種過程被稱為**社會化** (socialization)，其要求兒童在各種不同的情況中學習表現適當的行為。較年幼的兒童要學習區辨不同環境的社會期望 (Gordon & Browne, 1989)。兒童在其非常年幼的時期，便會依據與他人互動的特質與互動的時間而對他人產生認同；合作與對話等互動在兒童領會同儕間友誼的概念時就發

展出來了。但競爭會使得友誼變得複雜化 (Hartup, Laursen, Stewart, & Eastenson, 1988)。

　　幼兒在社交中較脆弱而且在生理需求上需仰賴他人，特別是在多重情境中 (如家庭、學校與同儕團體) 對自我產生不同的觀感時 (Reid, Landesman, Treder, & Jaccard, 1989)。在嬰兒時期，兒童的依附及人際關係在其日漸擴大的世界裡十分重要 (Bretherton & Waters, 1985; Cauce, 1986)。他們需要良好的社會支持網絡來促進其情緒上的調適、人生的滿足感以及身心健康 (Cohen & Wills, 1985)，這種需要會延續至整個幼兒期。

幼兒發展中的規律性與不規律性

　　教師傾向於以平均的發展程度來面對所有兒童的發展。儘管在多數時間，這是合理的方式，但在某些情況下並不適切。有些兒童會明顯且大大地異於平均發展。幼兒教育計畫的設計須著重於回應兒童在課堂上的個別差異，而非僅關注平均表現。在發展幼教課程時，個別差異與團體差異皆應列入考慮。團體差異大致包括了語言、文化與社會階級的差異；個別差異則指在發展上導致特殊的能力表現，包括了天賦異秉等。

文化差異

　　文化包括了一群人已學會或共同擁有的一套態度與行為。每個社會都會發展出對此群體有意義的特殊價值觀、語言以及文化規範。美國社會的特性即多元文化，它包含許多的次級團體，每一個次級團體皆具有自己的文化，同時也和美國文化融合。美國的**文化多元論 (cultural pluralism)** 特色乃意味著兒童自幼與最親近的人產生互動時，所習得的價值觀、態度與行為或許會與其他在生活中相遇的人們所持之價值觀、態度、行為有所差異。我們的社會要求我們幫助兒童學習發展出瞭解及接受文化差異的胸襟。

　　Banks (1993) 指出，有關於文化意識的探討已經發展出一系

文化多元論
反映出構成美國社會的次級團體，其文化的多樣性。

列的研究，且Kenneth和Mamie Clark也已經發展了一個研究的範例。他們研究三至七歲非裔美國兒童。他們的研究證實幼兒的確會察覺到種族差異的存在，並且非裔美國兒童常常由於種族的關係而無法確切地認同自己。自Clark的研究後，許多重要的研究相繼出現，而且，並非Clark所有的發現都獲得證實，仍然有許多論點受到了爭議與質疑。

幼兒成長的環境與文化促進了他們在認知上的發展。某些研究指出一些特定的技能是依不同的情境與文化發展而來。這種說法主張兒童在某一文化下或許會發展出較穩固的社會技能，然而在另一文化下則可能發展出較強的智力技能。文化與認知的研究有助於我們瞭解兒童的認知發展。

幼兒教育計畫透過兒童接觸的文化中主要的價值觀、習俗與習慣來協助兒童的社會化。如此的接觸產生了參考的文化架構，其將會成為兒童的一部分，並且成為決定兒童行為的一個重要的影響力量。教育學者對於文化在教育上與兒童發展中所扮演的角色必須有一全盤透徹的觀念與看法。在美國的學校中，有許多兒童是來自與主要文化不同的家庭中。教師必須要十分敏銳地察覺班級中兒童所具有各個不同的文化根源，以及我們社會中的其他文化。教師更須謹記於心的是，儘管有些文化價值觀是我們所接受的，但是對於個人不接受，但其他人十分重視的文化，亦須予以尊重。教師們亦須借助於各種不同的資源，包括父母、兒童及文化專家，來協助兒童於課堂上分享他們不同的文化。此一做法，不但為文化差異帶來尊重，更肯定了每一文化的可貴。以下的參考資料與書籍，對於我們協助兒童瞭解文化差異與不同文化團體時，是相當有助益的：

Derman-Sparks, L. (1991). *The anti-bias curriculum: Tools for empowering young children*. Washington, DC: National Association for the Education of Young Children.

Ramsey, P. (1987). *Teaching and learning in a diverse world: Multicultural education for young children*. New York: Teachers College Press.

Saracho, O. N., & Spodek, B. (Eds.) (1983). *Understanding the multicultural experience in early childhood education*. Washington, DC: National

Association for the Education of Young Children.

語言差異

　　猶如文化差異般，兒童的母語也可能會有差異存在。事實上，語言與文化是息息相關的。有些語言差異指的是方言上的不同，在美國的某些地區如新英格蘭鄉村、阿帕拉契山區與南方來的兒童（例如，說法語方言和黑人英語的地區），他們所使用的文法很明顯地異於標準正式的美式英語。雖然這些兒童無法以標準英語來表達，但是他們在自己的方言中可能已達到應有的發展層次。

　　對於來自非英語系國家的兒童，他們很可能會將其第一語言的規則與標準英語合併使用，如美國原住民部落或移民家庭等。對這些兒童來說，法語、華語、西班牙語可能是他們的第一語言。尤其是移民的兒童，即使種族相同，因遷移之故，置身於多種不同的語言模式與意義中，所以語言上亦可能具有差異性。教師在設計教案時，便應當該將這些語言上的差異列入考量之中。此外，教師須注意勿使那些不會說標準英語的兒童感到自卑或難堪。同時，教師亦可在課堂上提供機會，讓兒童分享不同的語言及所承繼的文化，並可提供有意義的學習經驗而促使兒童學習說標準英語。

社會階層差異

　　數十年來，研究者致力於探究低收入與小康家庭的兒童是否因社會階層差異而在智力及學業成就上有所出入。有些心理學家，包括Hunt（1961），曾主張這些智力等方面的差異並非遺傳所致，且環境上的改變可以提升兒童智力的發展。由於發展在幼兒早期是最容易受到影響的，所以Hunt主張最好在幼兒二歲時開始，幼幼班即可做為有效的「矯正」或補償機構，藉以促進低收入家庭的兒童獲得認知上的成長。

　　在1960年代，許多實驗性的幼兒教育計畫引致教育補助方案的創立，它是為低收入家庭之兒童所設計的教育計畫（參閱第二

章）。教育補助方案被視爲一全面性的兒童發展計畫，除了教育之外，並提供健康、營養與社會服務。在此計畫中，家長的參與是十分重要的，除了可擴展兒童在課堂以外的學習並可確保此計畫能回應兒童、家長以及社區的需求。

特殊兒童

　　隨著人民法第94-142號以及99-457號條款的通過，多數的幼兒教育計畫皆擔負起在常態班中教育失能兒童的責任。這些兒童在某一方面或多方面不同於一般兒童，他們可能有行爲異常、學習或發展障礙、智能障礙、視障或聽障、溝通失調，或者是生理健康上的損傷。這些兒童常常是一種以上的失能，這使得在診斷上與治療上變得更加複雜。教育者在爲兒童設計或修改教育計畫時，應將兒童能力不足的方面以及其能力的長處納入考慮，他們必須瞭解每一個兒童整體的發展狀況。

　　教導失能兒童的老師常常需要特殊的協助。雖然重度失能兒童可能必須在獨立的情境中接受教育，然而，這些兒童應逐漸被納入常態班中，如此他們才能夠儘可能地在較不受限制的教育環境中學習。認同失能兒童並提供合適的學校教育乃是社會大眾的責任。雖然有些兒童，尤其是低於幼稚園年齡的幼兒可能會進入非公立的教育機構中就讀。級任老師乃是爲這些兒童設計合適教案的主角。然而，特教老師、心理學家、家長以及其他人士應成立一提供支援的小組來協助這些老師。

　　所有的兒童，不論是否被確認爲失能，都需要個別化教育計畫的特殊教育。然而，對某些兒童而言，他們的特殊教育需求是教學技術的修正。《處理課堂中幼兒的個別差異》（*Dealing with Individual Differences in the Early Childhood Classroom*，Spodek & Saracho, 1994）一書提供給幼兒教師一個豐富的資料來源。

結語

　　自從兒童研究運動開始以來，兒童發展的領域與幼兒教育便密不可分。兒童發展的理論提供了幼兒教育實務在實行上的資訊與知識。同時，兒童發展的相關研究也為我們清楚地描繪不同年齡層兒童的情況。這些知識有助於老師對於兒童在某個年齡層中將會如何運用其能力以及他們將達成何種成就定出期望值。

　　發展的標準乃是關於所有兒童發展狀況的概括性陳述。這些標準通常是有用的，但亦可能是有害的。因為標準代表的是每個人特質的平均數，它無法精確地個別描繪每一個兒童。雖然兒童在許多方面都十分相似，但任何年齡層的每一位兒童會在某些重要的發展層面上與其他的兒童有所不同。教師應視每一兒童為獨立的個體，同時在設計教育課程以及賦予兒童期望之際，應了解每個兒童不同於平均標準的狀況。

參考書目

Bower, B. (1988). Skinner boxing. *Science News, 129*(8), 92–94.

Banks, J. A. (1993). Multicultural education for young children: Racial and ethnic attitudes and their modification. In B. Spodek (Ed.), *Handbook of research on the education of young children* (pp. 236–250). New York: Macmillan.

Bretherton, I., & Waters, E. (1985). Growing points of attachment: Theory and research. *Monographs of the Society for Research in Child Development, 50* (1–2, Serial No. 209).

Bronfenbrenner, U. (1979). *The ecology of human development*. Cambridge: Harvard University Press.

Bruner, J. S. (1966). *Toward a theory of instruction*. Cambridge: Harvard University Press.

Bruner, J. S. (1983). Play, thought, and language. *Peabody Journal of Education, 60*(3), 60–69.

Bruner, J. S. (1990). *Acts of meaning*. Cambridge: Harvard University Press.

Cauce, A. M. (1986). Social networks and social competence: Exploring the effects of early adolescent friendships. *American Journal of Community Psychology, 14*, 607–628.

Cohen, S., & Wills, T. A. (1985). Stress, social support, and the buffering hypotheses. *Psychological Bulletin, 98*, 310–357.

Cole, P. M. (1985). Display rules and the socialization of affective displays. In G. Zivin (Ed.), *The development of expressive behaviors: Biology-environment interactions* (pp. 269–290). Orlando: Academic Press.

Corrigan, R. (1983). The development of representational skills. In *Levels and transactions in children's development*. New directions for child development, no. 21. San Francisco: Jossey-Bass.

Demos, V. (1986). Crying in early infancy: An illustration of the motivation function of affect. In T. B. Brazelton & M. Yogman (Eds.), *Affect and early infancy* (pp. 39–73). New York: Ablex.

Erikson, E. H. (1963). *Childhood and society*. New York: Norton.

Erikson, E. H. (1968). *Identity: Youth and crisis*. New York: Norton.

Erikson, E. (1982). *The life cycle completed: A review*. New York: Norton.

Gordon, A. M., & Browne, K. W. (1989). *Beginnings and beyond: Foundations of early childhood education*. Albany, NY: Delmar.

Gray, E. M. (1981). Jean Piaget et sa recherche: Search and research. *New Universities Quarterly, 36*(1), 13–26.

Hartup, W. W., Laursen, B., Stewart, M. I., & Eastenson, A. (1988). Conflict and the friendship relations of young children. *Child Development, 59*(6), 1590–1600.

Helms, D. B., & Turner, J. S. (1986). *Exploring child behavior*. Monterey, CA: Brooks/Cole.

Hunt, J. McV. (1961). *Intelligence and experience*. New York: Ronald.

Kamii, C. (1985). *Young children reinvent arithmetic: Implications of Piagetian theory*. New York: Teachers College Press.

Malina, R. M. (1982). Motor development in the early years. In S. G. Moore & C. R. Cooper (Eds.), *The young child: Reviews of research*. Vol 3. Washington, DC: National Association for the Education of Young Children.

Mason, J., & Sinha, S. (1993). Emergent literacy in the early childhood years. In B. Spodek (Ed.), *Handbook of research on the education of young children*. New York: Macmillan.

Mehler, J., & Bertoncini, J. (1988). Development—A question of properties, no change? *International Social Science Journal, 40*(1), 121–135.

Meisels, S. J. (1989) *Developmental screening in early childhood: A guide* (3rd ed.). Washington, DC: National Association for the Education of Young Children.

Piaget, J. (1962). *Play, dreams, and imitation in children*. New York: Norton.

Piaget, J. (1963). *The origins of intelligence in children*. New York: Norton.

Piaget, J., Jonckheere, A., & Mandelbrot, B. (1958). *La lecture de l'experience*. Etudes d'Epistemologie Genetique V. Paris: Presses Universitaires de France.

Pylyshun, Z. W. (1973). What the mind's eye tells the mind's brain: A critique of mental imagery. *Psychological Bulletin, 80*, 1–24.

Pylyshun, Z. W. (1981). The imagery debate: Analogue media versus tacit knowledge. *Psychological Review, 88*, 16–45.

Reid, M., Landesman, S., Treder, R., & Jaccard, J. (1989). "My family and friends": Six- to twelve-year-old children's perceptions of social support. *Child Development, 60*(4), 896–910.

Schmidt, R. (1982). *Motor control and learning: A behavioral emphasis*. Champaign, IL: Human Kinetics.

Schwartz, J. I. (1981). Children's experiments with language. *Young Children, 36*(5), 16–26.

Seifert, K. L., & Hoffnung, R. J. (1991). *Child and adolescent development*. (2nd ed.). Boston: Houghton Mifflin.

Skinner, B. F. (1984). The shame of American education. *American Psychologists, 39*(9), 947–954.

Spock, B. J., & Rothenberg, M. B. (1985). *Baby and child care*. New York: Pocket Books.

Spodek, B. & Saracho, O. N. (1994). *Dealing with individual differences in the early childhood classroom*. White Plains, NY: Longman.

Strickland, C. E., & Burgess, C. (1965). *Health, growth and heredity: G. Stanley Hall on natural education*. New York: Teachers College Press.

Thomas, R. M. (1992). *Comparing theories of development* (3rd ed.). Belmont, CA: Wadsworth.

Vygotsky, L. S. (1962). *Thought and language*. Cambridge: MIT Press.

Vygotsky, L. S. (1971). *Psychology of art*. Cambridge: MIT Press.

Whitesell, N. R., & Harter, S. (1989). Children's reports of conflict between simultaneous opposite-valence emotions. *Child Development, 60*(3), 673–682.

4

幼教課程

本章綱要

◇不同的課程概念
◇有關幼兒課程的議題
◇適性教育的幼教實務
◇發展出一種反歧見、呈現多元文化的幼兒課程之方法

導論

　　幼兒所上的學校是為達到特定目標而專門設計的。成人期望接受過幼兒教育經驗的孩子跟沒有此經驗的幼兒比起來，會有些許不同。在學校的教職員為達成這個目標而設計豐富化的活動。**課程**（curriculum）為一種經過組織化的經驗，它為在學兒童提供正式或非正式的學習機會。課程是如何發展的呢？本章主要是探討關於幼兒課程的各種概念；課程的起源及其適切的目標、課程上的爭論；奠基於知識及發展上的幼兒課程模式；適性教育的幼教實務，以及反歧見、呈現多元文化的課程。

課程
是提供給在校幼兒一種有組織的學習經驗。

課程的概念

　　教育理論與兒童發展理論兩者已成為幼兒教育課程的法則。如同第二章所述，在1890年代G. Stanley Hall所領導的兒童研究運動中，幼兒教育和兒童發展之間開始了密切的聯繫。贊同兒童發展為一門科學的學問及教育改革運動（其致力於兒童的知識重建），這種認知促進了這兩個領域間的相互影響（Weber, 1984）。和較早的觀念比較，幼教課程發展對理論的依賴成為新的發展趨勢。雖然Froebel在其所創設的幼稚園課程中，將幼兒想像成一個生長中、變化中的個體，但在他幼稚園課程的觀念中，並沒有發展理論做基礎（Spodek, 1988）。

發展理論與幼兒課程

Kohlberg和Mayer（1792）認為教育課程與人類發展中特殊的觀點有關。他們將這些觀點分成三類論說：浪漫主義（romantic）、文化傳承（cultural transmission）以及進步主義（progressive）。浪漫主義的思想，乃依據Rousseau、Froebel、Gesell與Freud等人的研究，他們視成熟與教育為內在美德及能力的展露。關於上幼稚園前及開始閱讀教學的準備通常都反映了這個思想。因此，持此論點者通常建議老師及家長們等到幼兒「準備」好了，再開始教他們。

文化傳承的思想認為：教育跟代代相傳的知識、技能、價值觀及社會和道德規範有關聯。在這波思想潮流中，行為主義為教育提供了心理學的原理原則。因為小學、中學教育的課程的主要目的是將知識傳遞給下一代，所以許多研究這些課程的方法都反映出這種文化傳承的思想。

進步主義的思想主張：如果兒童已經與物質和社會環境產生有結構且自然的互動經驗，那麼教育應協助幼兒達到較高的發展階段。這個主張說明人類發展和教育之間的密切關係，亦開創了老師即幼兒發展專家的觀念。

在這個分析中有趣的是，雖然教育理論和發展理論是各自獨立的，但它們也相輔相成。幼教理論和兒童發展理論，雖然當被討論時好像可相互替換，但它們仍代表著兩種不同的理論形式。發展理論具有普遍性，它們適用身處於各種背景的所有兒童，同時也是最低限度主義者，此派理論主張發展只需要極少的需求。相反地，教育理論具特殊性，它們探討特定背景中的特定學習，它們也是最大化主義者，其理論提出將發展和學習發揮到極致的方法。發展理論也將改變個體的多重影響列入考量，然而教育理論只著重於對個人的唯一影響─學校（Fein & Schwartz, 1982）。兩種理論的型態可以互通，但不能相互衍生。

雖然課程被認為是源自於一個特別的發展理論，但事實並非

如此。一些課程的設計者標榜他們的課程是「Piaget式」；然而假使我們分析每一個課程並與其它課程比較，我們會發現每個標示相同名稱的課程都跟其它的有出入（參考Forman & Fosnot, 1982, for an analysis of Piagetian curricula）。這些差異是由於每一個課程設計者從發展理論中選取一些原理以作為課程的中心主旨，此外，設計者也為課程增加了一些超出發展理論可衍生的東西。事實上，發展理論對於幼兒課程而言，應該是一項資源而非它的起源（Spodek, 1973b）。一個教育課程的起點「應該是兒童應如何被塑造的重要聲明」（Biber, 1984, p.303）。

了解兒童的發展對老師們來說是很重要的。這些知識指引老師們去了解：兒童有能力學什麼；在他們發展的關鍵時刻他們要如何去學習；以及老師們如何去測試和修正他們的知識。然而，兒童發展的知識並沒有提供具體內容亦即它並未明確指出：我們希望兒童學什麼（Spodek & Saracho, 1990）。關於幼兒課程內容的決定必須取材自其它的因素，包括社區文化、技術水準以及符號系統。

幼教課程內容的決定

我們可以確認傳統的美國幼兒課程中，所教導的知識種類。然而，這些內容大部份是被默許的；它確實存在，但它通常不被討論或不被研究。幼兒課程中所包含的每日課程經驗都跟美國式的生活有關。孩子透過我們讀給他們聽的書、我們說的故事、我們唱的歌、我們提供的經驗，以及我們在孩子之間和孩子與大人之間所培養的真實情感中，學到知識。

在所有幼兒課程中最重要的一環是語言及讀寫能力。然而，讀寫技能只是幼兒所需的語言學習中的一部分。說雙語和只說單一語言的兒童都必須學習美語。老師可以介紹在兒童文學、童詩、民族故事和神話寓言中豐富的口語及文字傳統。

節日是我們對民族性下定義的一種方式。美國的歷史與傳統可以從大多數我們和幼兒一起在學校慶祝的節日中（例如：哥倫

布紀念日、感恩節、總統就職日、馬丁路德紀念日）充分的表現出來以激發幼兒認同民族的感覺。這樣的慶祝活動有助於所有幼兒，無論他們的文化背景與傳統為何，都能體驗一種屬於美國文化的感覺，而無須否決自己的文化。幼兒可以知道他們自己的祖先，也仍可以慶祝新英格蘭第一個感恩節，就好像他們是清教徒的後裔一樣，無論他們自己或他們的祖先來到這片土地的確切時間為何 (Spodek, 1982)。雖然這樣的內容尚未被清楚地加以定義，但它已納入幼兒課程的活動中 (Spodek, 1982)。

雖然幼教課程的內容應適性發展，但也必須反映出我們文化的價值觀以及兒童所需知識之本質，以便達到適性教育的目的 (Spodek, 1986)。許多幼兒教育者倡言課程內容應被定義地更明確些。例如：Elkind (1988) 建議幼教老師們要介紹給幼兒不同學科領域的內容、觀念和種類，像是科學、社會科及歷史。幼兒也必須學習不同的顏色、形狀，和大小，以及依照物體的相似與差異來配對、分類、區別以及排列。

Elkind建議老師們運用教育計畫來教導幼兒。Elkind的建議和1901至1925年間，改革派的幼稚園所持的論點一樣 (Weber, 1984)。在這些早期幼稚園裏的幼兒，他們探究現有的世界，即「這裡和現在」，在他們的遊戲、積木建築、藝術作品，以及在他們所分享的故事及對話中，描繪出那樣一個世界。幼兒所體驗到的世界是自然的；因此，為了教導幼兒，學科知識應圍繞著主題、單元或教育計畫組織起來，而不是以科目或類別獨自進行。

當幼兒教育學者繼續為兒童將來的學校教育做準備時，他們可以介紹內容豐富的課程，同時使孩子在學校及文化中皆表現合宜。當強調文化知識和設定課業成就時，所設計的課程也要能夠配合兒童正在發展中的理解力與能力。

幼兒課程的起源

在過去的三十年間，許多針對幼兒教育的改革課程一一被提出。雖然，一些被認為是「新」的課程，只不過是修正既有的實務，但是在幼稚園和托兒所中，改革的課程和傳統的實務間，依然有差異存在著。這些差異在新課程的起源中更為顯著。

以兒童做為課程的起源

根據一些理論，幼兒課程應該源自於幼兒本身，如此教育才能以幼兒的需要及興趣為依歸。Froebel和Montessori，這兩位幼兒教育的先驅，依據他們的觀察，都認為幼兒是他們課程最主要的來源。

Froebel的幼稚園是由有順序地應用操作的活動、手工，以及歌曲和手指遊戲的運用，即他獨創的童謠與遊戲所組合成的。Froebel施行這些活動時就如同兒童本身展現在他面前一樣。（Lilley，1967）。同樣地，Montessori觀察幼兒組合那些提供給他們的教材，然後，她自那些組合中擷取出一些學習的基本原理，而且整理成為Montessori教學法。這些觀察成為Montessori科學教學法的基礎（Montessori, 1964）。但Froebel分析兒童的行為則是神祕多過於科學。

以「自然的」兒童活動做為課程來源是一種浪漫主義的理想，這種思想可追溯到Rousseau。他認為那些未開化純真的人，其最佳的本能已被週遭文化所摧殘，他的理想也引起一些當代評論家的共鳴，他們哀嘆：「童年時光消逝無蹤矣。」可惜，在任何學校都沒有自然的東西——即使是學前學校——並且他們的活動無法直接取自於幼兒自然的活動。在教育情境中，提供給幼兒的遊戲活動是老師們修正過的，老師們接受某些遊戲的進行也排拒某些活動，而且他們為使遊戲更富教育性都會直接或間接的介入。選擇室內的傢俱、教材和設備是介入的一種方式；建議活動則是另

外一種。所有的學校都是文化的產物，目的是爲兒童做一些事
——改變他們。

從觀察兒童設計的課程中，我們將了解觀察及其用途的選擇
性。當一個人觀察一件物體時，他會針對物體的重要屬性定義，以
便提供觀察與描述的焦點。其它的屬性被忽略掉是因爲它們被認
爲較不重要，觀察的目的即決定什麼才是我們要看的。

在分析這些關於以幼兒自然的活動做爲課程來源的論證時，
我們明白觀察者的目的決定了他要觀察的內容。一個教育者可能
看到被觀察者極具潛力，而另一個卻只看到其缺點；一個教育者
可能只看到孩子表現出的智力行爲，另一個則只看到情緒和社會
行爲；一個教育者可能視一個與衆不同的孩子爲一問題之解決
者；而另一個可能將孩子看成是對外在獎賞的反應。兒童自然表
現之定義成爲理論架構的產物；此理論架構決定了對於複雜人類
之觀察，哪些值得注意，哪些應被揚棄。

多數當代的教育者都可看出Froebel幼稚園和Montessori學
校所俱備的那種設計巧妙的自然特質。假如我們眞的要去了解
Montessoni、Froebel或其它任何教育發展者的課程，我們必須超
越簡單自然的觀察，並確認選擇此觀察和概念架構的依據，如此
才能在發展兒童的教育經驗上賦予這些觀察具體的意義。

以發展理論做爲課程的起源

幼兒發展理論已成爲幼兒教育學者採用的第二個課程來源。
這樣的理論之一是出自於Gesell的研究，它把兒童發展視爲是基
本地成熟。Gesell和他的同事根據對許多不同年齡層的兒童所做
的觀察提出了發展的標準值。基於這些標準值，兒童可依年齡歸
類，並提供那些被認爲適合他們年齡階段的經驗。

有人根據Gesell理論所衍生的論點來排除那些被認爲不適當
的活動，並確保在幼兒的學校生活中包含的是合適經驗。然而，年
齡標準值不足以描述孩子的身高、體重、技巧、能力或其它任何年
齡層會出現的特徵，這些特徵也並非適用於任何時間，或任何文

化中的任何人。近五十年來，幼兒平均身高和體重一直在增加，並且隨著地理區域而變化，歸納出的原因是：環境差異大於自然差異。兒童的其它特徵則是隨著文化和物質環境變化的結果。兒童在任一階段的發展在某種程度上是文化期望幼兒未來走向的結果。

著重人格探討的精神分析理論，也已經用來為幼兒規劃課程了。針對Sigmund Freud,Carl Jung和Erik Erikson研究的詮釋導致對表達活動、戲劇表演，和團體互動的重視。但是當強調太過時，以這些理論為基礎的教育實務就和兒童治療沒兩樣。然而，隨著往後幾年對自我發展的日益重視，精神分析思想家變得較不重視強烈情緒的抒發，而較關心個人建立一個統合自我的能力，因此，許多過度強調的行為終於煙消雲散。

Piaget理論也已成為幼兒課程的基礎。George E. Forman和Catherine T. Fosnot（1982）即以Piaget的建構理論為基礎，表明下列四項主張：(1)知識是我們本身所推理的解釋；(2)相信個體內在「自我調整」的機制；(3)知識是源自於個體的行動，包括活動與反應兩者；以及(4)知識源自於衝突的解決等觀點。然後，兩人分析了Piaget理論中六個跟這些主張有關的幼兒活動。每一個活動均著重於不同的主張，並以各種活動的規則去詮釋他們。如此，每一個課程都可以擷取理論的要素，並加以自由地詮釋。

這種分析引發了一個疑問：是否任何的幼兒課程都可以完全以發展理論為根基？在將理論轉化為實務的過程中，課程的設計者捨棄一些理論的要素而增加其它的元素。如此，即使當課程是根源於相同的發展架構，它們在本質上及重要的層面上也可能有所不同。兒童發展理論，如Piaget或其他人的理論是幼兒教育課程合理的來源嗎？兒童發展理論已經在幼教領域中流行好幾年了，然而，它可能不適合做為課程的基本來源。兒童發展是一門敍述性的科學，它可以告訴我們「此物為何物」。而教育處理的是「此物應為何物」。創造教育經驗需要的是不必依賴兒童發展理論即能產生合理化的選擇及取向。

在Greta Fein和Pamela Schwartz（1982）對發展理論和幼兒教育的討論中，他們認為：發展理論為人類成長的複雜性提供了一個豐富的資料來源。雖然這些資料是必須的，但卻不足以衍生成實務，我們所需要的是實務的理論（Bronfenbrenner, 1979）。這樣的一個理論應該包括如何獲得和分配可控制的資源以及考慮建立教育環境的觀念。

以學習理論做為課程的起源

如同課程設計者認同兒童發展理論為課程的來源一樣，學習理論亦已成為課程的來源。發展理論討論的是人類長時間內的變化，而學習理論則嘗試說明人們短時期的改變。依賴學習理論做為課程的來源，已經以許多不同的方式呈現出來。

Patty Smith Hill（1923）所領導的師範學院，在幼兒課程中所發展的「操行課程」，顯示了Edward L. Thorndike's行為主義學派的影響。幼稚園是一個訓練習慣的場所。此刻，已經有為幼稚園老師設計針對五歲兒童養成良好習慣及給予適切的刺激所擬定的方針。

今天，行為主義學者B. F. Skinner的理論有著類似的影響，Skinner的學習理論包含了六項主要觀念：

1. **操作制約**：正常發生的動作或反應是可以被增強的。
2. **增強**：當動作發生時，增加其發生比率的刺激，像是食物、玩具、金錢、紀念品、或讚美等，稱之為增強物。
3. **立即增強**：在操作行為和其增強作用之間延遲時間應盡可能縮短。
4. **區辨刺激**：應發生在特定情況下的行為只有在這些情況下才被增強。
5. **削弱**：一個反應不再被增強時，會減少其發生率。
6. **塑化**：複雜的行為可以被分析成簡單的成分，而這些簡單的成份也可以被嵌入複雜的行為中。（Bugelski, 1971）

行為主義的學習理論已成為幼兒教育中發展教學方法的基

礎。它已經被當成是一種技術——一種教學法——特別針對有獨立學習困難的個體。有些人認為，行為主義可適用於任何題材內容中（Bijou, 1977）。然而，這種方式會產生許多問題。孩子似乎對於將他們在學校裏所學的東西轉換到其它情境上運用，會有一些困難。此外，在教導較高層次的學習過程，像是問題的解決或創造力時，使用這種方式確有困難。

「第三勢力」，或是現象學、心理學家認為行為論過於機械化且簡單化而無法提供一個適當的架構以了解複雜的人類發展過程。因此，他們建議另一研究人類學習的方法。例如：Donald Snygg和Arthur Combs（1965）認為教育和學習的過程是個體在現象學上變化的過程。至於個體如何表現行為，他們認為是個體了解某種情況的作用，所以行為和情況的意義變成了學習的主要論點，但意義會因人而異，且常常無法用言語來表達。學習的目標也是個別化的，個體依照自己的目標和需要來學習，這些目標和需要不能一直被外在因素所操控。

在現象心理學中「自我」扮演了一個重要的角色。每個人對自己的看法會影響他們的行為與學習方向。就孩童而言，認為自己是有能力者比認為自己是無能力者更容易做好學習的準備且學得更多。現象學家認為學校應該重視發展學生適當的自我觀感。

與行為心理學相較，現象心理學引導出更不同的課堂教學策略。複雜的學習情境是為了幫助孩童發展他們自己的想法，且他們的行為是不被定型也沒有預定特別的行為目標。換言之，老師須重視的是在一個可接受的行為之大範疇內推動兒童邁向適當的行為。這樣的方式讓孩子有更大的自由空間做不同的選擇，並發展對自己的學習與成長負責的觀念。

著重於行為及行為修正的心理學理論決定了許多幼教課程的結構。雖然這些課程在短期內所造成的變化較易被觀察和評估，但其長期的影響就不容易去調查。在總分析中，這樣的課程可能和較傳統的課程一樣都以學理為基礎。長期下來，用心理學的術語來描述的課程計畫和不分析最終目標只強調課程評估的有效

性，都可能難以將這些課程的最後結果作明確的解釋。

現象心理學不能幫助我們決定教育兒童的內容，但學習理論可以幫助教育學家發展新的教學方法論並分析、評估已建立的方法論，這就其本身而言並非只是個無足輕重的角色。

時常被用於訂定課程的心理學另一層面即為心理學的測驗與評估，例如：許多幼兒教育的教學計畫已被評定為增加智力的方法，而判斷兒童智力的方法之一即透過智力測驗。智力測驗的相關工作很容易就成為學習計畫的內容。這種課程發展方法所持的理由乃聲稱既然測驗項目是智力行為的樣本，那麼，讓兒童練習這些行為，可以使他們以理智的態度來表現其行為。

以測驗項目來當做課程來源會產生一些問題。大部份的標準測驗都是**常模參照**（norm referenced），即抽取某一範圍的測驗結果，然後判斷每個應試者和其他應試者相較下對這些項目的理解力。但是當測驗項目用來當作是課程來源時，這些項目就不再代表較大範圍理解力的抽樣，這時測驗就變成了**效標參照**（criterion referenced）而非常模參照了。於是，每一項目即本身的目標，即使它所測試的理解力其價值尚未被證實。這樣的結果便曲解了測驗過程和課程發展過程。（參考Shepard, 1991，對於以此方式運用測驗的影響有完整討論）

對於心理學上的測驗和課程發展的曲解並不只限於智力測驗的範圍。在語言發展、學業成就，或任何其它範圍都有這種情形發生，它們會將行為的抽樣誤當作是全部的行為表現。造成少數用來決定各年齡層或各年級差異的測驗項目在決定幼兒的短期介入技術上太過依賴這種鑑定形式。

以有組織的知識做為課程的起源

三十多年前，Jerome Bruner（1960）提出組識化的知識領域應該是孩童在各階段的教育課程基礎。Bruner的論點是「學科的結構」可提供一種工具以確保學校教育學習在智力上具有重大意義。事實上，當孩童在他們的學業生涯中往前邁進時，他們會以更

練達的方式來回憶每個領域中的關鍵概念。這些關鍵概念可能在每一個發展階段中以全然智育的方式來教導。《幼稚園新導向》（New Directions in the Kindergarten, Robison & Spodek, 1965）一書中有舉例說明這樣的計畫如何運用到幼兒教案中的科學、社會科學和數學的方法。

以知識架構為基礎而發展學校教育課程的計畫相當引人注目，且許多課程發展計畫都循此路線組織而成。隨著這些計畫的持續進行，許多的問題便浮上枱面。學者們提出許多不同的知識架構以及一些學科訓練例如：社會科學，但似乎各執一詞，眾說紛紜。另一個問題是確認智力架構對於哪些學校經驗可協助兒童獲得某一領域的重要理解力並無幫助，就像對科學的了解，似乎在幫助孩子對藝術和人類學的了解上無所助益。因此有少數處理這些學校教育問題的計畫已經著手進行了。

成熟學科的概念架構和兒童較不成熟的理解力之間的關係比原先所想得更為複雜。討論有關兒童、個別的學習速度和型態以及個人興趣的議題使得原先簡單的任務複雜化了。雖然學科的內容即知識的領域，有助於決定學校教育內容的重要性，但其內容本身並不足以決定學校任何階段的課程，尤其是幼兒階段。

以學校教育內容做為課程的起源

另一個發展幼兒教學計畫的來源是往後學校教育的內容。例如：「準備度」之所以重要，是因為它讓兒童準備好接受教導。準備技巧本身並不重要，但是它和某些其它的學習種類為孩子達到往後學校教育的期望做了準備。

在Bereiter-Engelmann教學計畫中（1966）便持這樣的觀點。它的教學內容——閱讀、語言和數學是依照低年級學童的需要而決定的。這計畫也為孩童在往後學校教育的生活中舉止合宜做了準備。但是這樣的準備是否對學童往後有所助益却備受爭議。預知將來臨的事物有時會累積孩童在未來生活和學校教育上的壓力。

有一個長期探討學校教育影響的研究——改良式中學的八年研究（Aiken, 1942），它闡述當孩童進入大學時，在開放式教學的學校畢業的學生比出自較嚴格的學校的學生學得更好。雖然這是針對較大學童所做的研究，但它引發了一些問題——提供學童嚴格的早期學校教育是否可做為往後嚴格的學校教育之準備。此外，往後學校教育學習本身並不是個目標，而是達到目標的方法。用往後學校教育課程來訂定幼兒教學計畫的內容只會誤導課程內容的決定，如此一來，就無法給予適當的課程來源較多的關注。

課程起源的評估

不論是測驗項目或學校教育內容都不可被視為合適的課程來源，採用其中任何一種都代表循環思考，亦即它支持既有實務是因為它存在。學校教育內容的設計是為達成社會性的目標。所以贊同學校教育內容為其本身的終點，等於否定學校教育的目的並使完全以傳統為基礎的活動合理化。同樣地，測驗項目的設計是為了要協助判斷教育成果，所以，如果用來訂定課程內容，便會曲解教育過程和評估過程。更確切地說，測驗項目應依據教育實務來訂定。

利用兒童本身來訂定教育計畫可能也是個問題。因我們在兒童身上所見到的取決於先前的概念，所以我們應闡明當我們觀察兒童行為時所堅守的發展理論和學習理論使得這些假設更明確化。其實學習理論、發展理論、組織化知識之觀念和學校教育內容都是課程來源，但它們只有在人類價值觀體系中才能適當地發揮作用。

各階段的學校都幫助學童學習社會上要求應有的行為，並幫助孩童過個人滿足的生活，學校在協助界定「良好的生活」和「良好的社會」之範圍時，它們是屬於道德事業，從這個事業中所萌生的價值觀決定了我們如何運用人類發展和人類學習的知識或知識架構來為幼兒設定教育經驗。

除了兒童發展理論或學習理論之外，學校計畫也源自於有關

社會目標和各種知識形式的理念。所有的學校，包括為幼兒而設立的學校，其設計都是為符合社會的目的。這些目的可藉由研究文化的價值觀、技術的層次、各種社會組織的形式和學校社區的象徵系統而加以定義。

文化價值觀是告訴我們哪些知識是個體須知道的，因而可幫助我們判斷教育內容的價值。我們的社會基本的價值觀不外乎自由、公正、公平和個人尊嚴。重視個人尊嚴使我們會考量學童在學校被對待的方式以及我們所用的教材之本質。個人或團體都不應被貶抑。有一種說法是：基於平等的考量，使我們把每一位孩子看成是一樣的，且他們需要同一語言的學習；另一種說法是：我們贊成為不同的學生，設計多元化的學習計畫包括雙語——雙文化的教育。重視互相合作、競爭力或獨立性也會直接影響我們提供幼兒的教材種類並影響我們獎勵或限制的行為表現。

一個社會的技術層次大大決定了個體必須學習的知識之形式與程度以便應付個體生活並具備生產力。二十世紀期間，由「自然科」的教學改變到「自然科學」的教學，即為學校教育內容配合技術層次改變的例子。

各種社會組織的形式也會對學校教育計畫有影響。例如：在低年級階段我們研讀家庭、社區和社區工作者，這使得孩童對於社區中的角色和結構有所認識。另外藉由不同的文化象徵共同分享想法和感覺，更可達成課程的發展。如此一來，語言教學就成為所有學校教育計畫的基本部分。其他的文化象徵如音樂、美術和運動也應為教學的一部份，因它們提供有系統的象徵形式。我們的國旗也是另一種象徵的形式，甚至我們所穿的衣服也具有文化象徵意義。

這些只是少數的例子說明我們的文化如何為學校教育內容提供必要的知識。這些文化的潛移默化已變成我們思想的一部分以致於我們很少明確地定義它，且文化的選擇性（有時指「風格差異」）也確實存在。

知識的類型

　　人類發展理論告訴我們孩童可學習什麼，而學校教育的文化情境則告訴我們孩童應該學什麼。然而學校的教學計畫必須擷取自既有的人類知識的既有形式。多年來曾做了許多努力來區分各種可做為學校課程基礎的知識類型。

　　在殖民地時代，小學最重視的是讀寫教育。讀寫能力是教育的基礎，因為閱讀能力可讓一個人直接進入聖經世界裏。各級學校都是由牧師來教導或監督。像Thomas　Jefferson進入William and Mary學院就讀時，只有一個教員不是任命的牧師。從中古世紀以來，西方社會均視聖經為知識來源。但理論或觀察與聖經內容不一致時，它們就會被認為是錯的。以致於Galileo開始圖示天空並闡述太陽才是宇宙的中心時，眾人認為他是錯的，因為他的理論與聖經中所載的宇宙觀點相違背。

　　在啟蒙時代，更多的人能夠接受除了聖經記載之外其他關於世界的觀念以及證實依賴聖經之外的知識。在理性時代，理性主義和經驗主義發展開來，隨著這些發展，幼兒課程也發生了改變。

　　理性主義為Froebel幼稚園提供認識論的基礎。理性主義認為真理是由不證自明的前提所組成，亦即並非依靠經驗，而是合乎邏輯、不可否認的真理。Froebel的世界觀是以人、神和自然三位一體為主要前提。這個觀念和有關的想法，可經由一套象徵性的教材和活動呈現給幼兒：恩物、手工以及童謠和遊戲。這所幼稚園的課程便透過不斷地接觸這種象徵性的表達而傳達觀念給兒童。這些觀念本身從未被測試，同時也不重視幫助孩童了解客觀的事實，除非事實反應出這些觀念。

　　經驗主義認為感官知覺是獲得知識主要的方法。一個人對世界的認識是其經驗的累積，而經驗是透過感覺來提供訊息。如一個人要變得更有知識的話，必須有各種且更多的經驗並擁有對外界較敏銳的觀察力。

Montessori教學法的發展反映出人類的知識源自於經驗的理念。Montessori教育即感官教育。孩童經由教材的操作而被訓練——她把經驗的特質獨立出來，幫助孩童注意影響結果的感官經驗並學習去整理它們。例如：孩童會根據物體的顏色、大小、重量和形狀加以分辨和排列。

然而感覺並不足以說明從資料中產生意義的過程，亦即知識創造的過程。雖然一個物體的顏色或形狀是固有的，但我們分類物體的方法與物體本身以及我們對它的感覺經驗無關，我們應用在經驗中的架構才賦予物體意義。

近幾年來，幼兒教育以Jean Piaget的研究和理論為基礎。Piaget認為知識不只是經驗累積的結果，孩童或成人知識的建立也是心智過程運作的結果。而心智結構的建立是藉由個體對感官訊息的相互作用而創造知識。知識不是簡單的感官經驗之累積，也不是與生俱來的思想之表達；它是人類運用感官資料（從經驗得來的資料）而創造觀念的產物，它可接受新增經驗的測試、也可被揚棄、推敲、修正或肯定。

Constance Kamii（1973）根據皮亞杰理論的架構定義五種認知知識的類型以做為幼兒教育的目標：

1. **物理知識**：關於可觀察的特性及事物的物理作用；
2. **邏輯—數學知識**：關於事物間的關係，例如分類、排序以及數字；
3. **時間與空間的建立**：雖然時間和空間在外在現實世界中可被觀察，但必須借助理則學來建立這個觀念。
4. **社會知識**：約定俗成的觀念，由人們的反饋形成。
5. **概念作用**：發展能夠代表事物的符號和記號。

Kamii和Rheta DeVries用此基模設計活動，教兒童邏輯數學知識（1982）及物理知識（1993）。

在上述的架構中，舉例而言，一個人可能會懂得關於桌子的許多事情。孩子可以決定桌面是硬的或軟的，平滑的或粗糙的，桌子是高或矮，以及桌面是圓是方。這些物理知識的要素可透過孩

子的感官直接獲得。然後這個孩子可把這張桌子納入之前所建立所謂「桌子」的物體種類中，它包含了相似的物體，雖然實際上在許多方面看起來都不同。孩子也能夠分辨出這張桌子和其它不是桌子的物體。孩子也可以數教室中的桌子並依大小、高矮或其它屬性予以排列，這些即屬於邏輯—數學的知識形式。兒童能認出教室中某張桌子與其它物體的相關位置，並回憶昨晚這張桌子是否有舖桌布，因此也牽涉到時間與空間的架構。

兒童了解桌子可用來放置物品、在上面寫字並吃東西，但不能坐在上面或把銳利的刀子戳入。這些學習並非透過感官經驗直接獲得，它們也不是邏輯思考的結果。這些是社會知識的相關範疇，它們看似平常，但卻必須直接或間接傳達給兒童知道。最後，兒童可以畫一幅桌子的圖，做桌子的模型或學寫「桌子」這個字。

這些不同的知識都在討論同一物體，但每一種知識都以特殊方法導出和證實。然而，這種Piaget式的架構卻不適宜用在認知知識上；幼兒課程若只涉及智力範圍則會顯得太過狹隘。知識的概念必須超越認知知識。其他由教育哲學家所發展出的知識概念也證明對幼兒教育家有幫助，（例如，Phenix, 1964；Hirst & Peters, 1970）有些已在他處有詳盡敘述（Spodek, 1977）。

我們對學校角色、個人與其發展間的關係、社會需求以及知識來源的看法可用來確認教育的目標。例如，R. F. Dearden（1968）曾提出教育的目標是達到「以理性爲基礎的個人自主性」，它似乎是幼兒教育中相當合適的目標之一。下述爲他所描述的「自主性」：

這種自主性有兩個層面，其一是負面的，亦即脫離權威而獨立，也就是那些命令或指定自己要相信什麼的人以及那些獨斷獨行的人。能互補的另一正向層面又分爲二：一是爲自己測試事物的真相，無論是靠經驗或他人的評估證明，二是依據自己所能認同的價值觀審慎形成概念並選擇自己將做的事。因而理解與選擇，或思想和行動都與權威無關而以理性

為基礎。這才是理想狀態。(p.46)

　　這個自主的觀念和幼兒教育有關。Erikson（1950）的人類發展架構中自主的發展恰在信任的發展之後。隨著兒童的智能持續發展，個人自主的基礎會變得更為理性化。

　　如果我們接受「以理性為基礎的個人自主性」做為幼兒教育的目標，那麼心理學的理論可以幫助我們測試某一教學計畫達到此理想的成效。此外，發展過程的知識有助於我們在特殊的兒童發展階段上配合教育目的以安排活動。我們可以判斷兒童是否能充分應付我們所給予的自主程度。發展理論變成了分析課程的工具。這種知識型態亦有助於決定教學法是否和實際教學一致以及兒童是否能成為獨立的學習者，同時在學習新知之時也是獨立的鑑定人，學校教育計畫的內容必須被視為教育家們想像的產物，它是經由心理學方法所分析，而非兒童行為、成人思想或機構組織的自然結果。

建立幼兒教育的目標

　　和其他的領域一樣，幼兒教育的首要目標之一即兒童知識的發展。但是，知識必須被廣泛地定義並隨著社會文化情境的改變而不斷地重新修正定義。我們應該提供給兒童不只是正式的學術訓練，還應包括自我認識，亦即知道自己能做什麼、能感覺什麼以及與別人的溝通。價值觀、美術欣賞、態度及傾向都和孩子必須學習的知識形式息息相關，它們不能從學科領域中被區隔開來。文化象徵系統的知識，無論是語文或其他，也必須在兒童身上獲得發展。

　　追求知識是終身的任務。雖然這項任務可以在早期獲得發展，但教育目標絕不會在這幾年便完全達成。因此，老師們必須確認工具性目標和終極目標。工具性目標是指那些欲完成終極目標而必須先達到的階段性目標。例如，兒童在幼稚園裡被教導分辨

不同顏色和形狀及唸出其名稱。顏色和形狀的名稱並不重要，除非有貼標籤加以分別。但是，區別、分類及貼標籤是重要的認知過程。一旦學會，這些過程可被應用於許多類似的活動中。既然透過學習顏色和形狀可達到認知的過程，那麼分類及說出名稱便有其教育上的價值。

有時候我們教給幼兒的東西可能之後不會再學到，但有些早期的學習是邁向成熟知識的必要步驟，雖然它們對發展成熟的學生而言是不夠的。開始閱讀教學便是一個例子。一個發展成熟的讀者不會去連結書本中的音和字或使用許多記憶中一見即知的字彙去了解書中意義，這種方式會阻礙成熟的讀者有效地獲取意義的過程。但對幼兒而言，除了學習一見即知的字彙及一套字母與語音連結的系統之外。我們找不出其它方法讓他們變成成熟的讀者。這些學習構成了一個轉換階段，我們必須協助孩子們在之後把它們給拋開。雖然工具性目標看起來和終極目標無關，但它們必須在心理學上或邏輯學上和終極目標直接產生關聯。

幼兒課程的範例

在過去三十年間，教學計畫的範圍已擴展至幼兒教育。這許多的計畫都包含在教育補助方案之計畫性變動課程及貫徹執行方案中。這種種的課程模式在其它處皆有敍述（見Evans, 1975；Day & Parker, 1977；Spodek, 1973b；Roopnarine & Johnson, 1993）。以下的討論將只著眼於分析及比較範例的方法。

Lawrence Kohlberg及Rochelle Mayer（1972）提出教育計畫應依其意識型態的基礎而有所差異——關於什麼是道德上好的或有價值的價值觀假設和理論上關於兒童如何學習或發展的假設，本章先前已陳述過。在浪漫思想之下，發展的概念即展露的過程，教育在本質上是輔助發展的。文化傳承的思想則著重於上一代對下一代所傳遞的文化要素，而較少考慮成熟度。在進步主義思想中，個人藉由與環境的互動而創造自我的發展。

教育計畫的構想若以意識型態為基礎，這暗示了計畫可以有許多不同的目標，然而要根植於相同的發展或學習理論上。例如，由堪薩斯大學贊助的貫徹執行方案中的行為分析課程，它適合一套較褊狹的目標；它主要著眼於社會和課堂技巧以及閱讀、數學和寫字的核心科目上（Bushel, 1973）。相反地，Sidney Bijou（1977）也從行為分析架構中著手，提出能力和知識發展的目標，包括身體的支配與控制、生理衛生與安全、自我照顧、休閒和遊戲、社會行為、美感知識和能力，日常機械的實用知識，社區中的事務如何運作的常識，學校及學前預備科目，以及科學方法和內容。在Bijou的觀點中，擴大動機意味著生態環境中增強物的保留與擴增、人們態度和興趣的發展以及對學校的正面態度。在自我管理的技巧範圍中，Bijou提供了個人的自我管理術以及解決問題和做決定的技巧。

　　因此，在評估幼兒教育計畫的範例時，我們必須知道的不只是跟範例有關的發展理論，我們還必須了解做為此範例基礎的基本假設，包括關於學生、教育程序、學校和老師的假設。我們必須確認計畫的長程和短程目標還有此範例如何掌控時間和空間的組織以及物質和人力資源。如果我們擔心某一範例的實行結果，我們應該知道範例在過去是否曾被執行以及成效如何。關於成本、師資、教材的要求以及輔助性服務的獲得都會影響一個課程價值的判定。

　　不同的幼兒教育計畫會導致不同的學習結果並不令人意外，因為它們的目標是如此的分歧。當只針對學業成就的項目做評估時，有些計畫似乎比其他計畫效果顯著。然而，不僅跟教學計畫教多教少有關，也和計畫強調不同的目標有關。

　　不同的學習計畫對兒童也會有不同的影響。我們也須選擇一種計畫，不只因為它有用，也因為它的目的是有價值的。幼兒教育計畫象徵道德原則。我們所選擇的目標及達成目標的方法應注意選擇的可行性和我們認為對幼兒合適的目標之判斷，然後我們可以採用課程教學法達到目標。

老師們常選擇教育性的活動。本書後幾章會深入不同的科目領域，將關於每個領域可獲得的知識做一概要介紹並把衍生自基本概要的教學策略做一範例呈現之。這項討論是以科目領域分類，因為教育學家傳統上都使用這種討論課程內容的便利方式。雖然架構便於使用，但讀者應不斷地留心將科目交錯運用的方法及透過活動達到內容整合的方法，並找出兒童的興趣與經驗之間的關係。

專欄 4-1

課程範例：認知取向的課程

認知取向的課程是由High／Scope教育研究基金會（位於Ypsilanti, Michigan）所推廣的。它是以Piaget的理論為基礎，目的是讓兒童發展出有意義的描述能力以及了解物體和事件間的關係。在這項課程中曾建立了四個內容領域：分類、順序、時間關係和空間關係，每一個內容領域都有特定目標。兒童在表達他們所接觸的觀念以及在表達程度的進展上都會獲得協助。

老師們被期望要謹慎規劃兒童的活動，並熟記課程的目標。教室分成數個學習中心，在每個中心依不同活動提供相關教材。兒童到校後便開始計畫他們的一天。他們在活動時間內要完成他們的計畫。在這段時間最後，兒童可談談在活動時間內他們做了什麼。因此，言語表達和兒童所參與的活動及心智過程息息相關。老師可對分成小組的兒童施行特殊的言語刺激術。戲劇表演和戶外教學是此計畫重要的部分。

High／Scope提供一套精心設計的師資發展方法，以訓練老師使用此範例。此範例已擴展至低年級。

資料來源：D.P.Weikart, L.Rogers, C.Adcock & D.McClelland, The Cognitive Oriented Curriculum (Washington, DC:National Association for the Education of Young Children, 1971).

專欄 4-2

課程範例：銀行街方法(源於銀行街教育學院)

　　銀行街方法以下列三大理論爲基礎：(1)Sigmund　Freud、Anna Freud以及Erik　Erikson的心理動力學理論；(2)屬於Jean Piaget和Heinz Werner這派認知發展學家的理論；(3)屬於John Dewey、Susan Isaacs及 Lucy Sprague Mitchell等教育家的哲學。此方法認爲發展是人類在組織、 經歷及面對世界時一連串的改變；它假設了一個發展階段論，藉由教育幫 助兒童往上晉階。它把教師視爲幫助兒童的角色，以促進成長的方式引起他 們興趣的同時亦強化其理解力。它認爲自我感覺的發展對兒童是很重要的 且認爲這種自我感覺出自於和他人的互動。此方法假設，成長是與內在自我 和外在他人發生衝突的結果。

　　在銀行街方法中，教育的第一目標即發展；而能力是發展的重心。第二 目標是自主和個性的發展。社會關係和關連性是課程的第三目標。創造力構 成第四目標。最後，第五目標是幫助兒童把自己和世界銜接在一起的經驗整 合。這個課程乃基於兒童發展的原則及兒童的需要和興趣，且它提供兒童用 以建立概念的第一手經驗；遊戲也是學習過程中一個必要的部分。內容範 圍，像語言和文學、科學、數學、藝術、音樂和體育都透過這些第一手、已 整合的經驗提供給學童。

資料來源：A.Mitchell & J.Davis, Explorations with Young Children: A Curriculum Guide from the Bank Street College of Education. (Mt. Ranier, MD: Gryphon House, 1992)。

適性發展的練習

　　由於愈來愈多的公立學校參與幼兒教育，於是美國幼兒教育 協會 (NAEYC) 注意到有許多沒有幼兒教育背景的個人也爲幼兒 設計教學計畫。1984年，此協會成立一個委員會，確定合宜的幼兒 教育練習之方針。委員會的報告於1985年被提出後，NAEYC出版

了一份指導宣言，論述「給四至五歲兒童優良的教學練習」。之後，它經由協會精心修改而成「續NAEYC指導宣言論述適用於零至八歲兒童的幼兒教育之適性發展練習」(Bredekamp, 1987)。

適性發展包括年齡和個體的合適性。幼兒教育中合適的活動是以兒童為出發點、為導向，老師只是輔助的角色。

許多的教育學家曾擔心這種適性發展練習的概念不足以鑑定幼兒教育計畫。年齡合適性太常和教育的成熟方法產生關聯。雖然個體合適性的觀念可能應用於特殊兒童的身上，包括失能、資賦優異兒童以及語言和文化的少數民族兒童，但這仍是不夠的。幼兒練習合適性的審定，如之前所提，也必須包括了解與兒童相關的文化和知識領域。因此，在評估幼兒練習時，適性教育比適性發展來得有價值。

適性教育的練習

許多的幼兒教育計畫都朝向配合愈來愈多童年時期家庭以外的照顧和教育需求。此外，教育計畫的特色也轉向配合不同年齡層的需求。例如，任何年紀的兒童，包括嬰兒，都納入幼兒教育計畫中。每個年齡層的孩子所上的課程時數都配合上班家庭的需要而延長。相同地，計畫的贊助變得更多元化。公立學校在提供托兒所教育計畫或入學前及已入學兒童的照顧上扮演一個較重要的角色。公司團體也變成兒童照顧計畫中日益重要的贊助者。(Spodek & Saracho, 1990)

當教育學家似乎仍憂心針對幼兒教育而發展的新方法時，在這些新方法的設計上有一個改變。比起從前，幼兒教育學家較不注重擬定新的課程範例，這些範例很難在腦中形成概念，難以完整實行和傳播。現在，取而代之的是教育學家們強調為幼兒確認合適的教育練習然後使這些練習適用於教育情境中。(Spodek & Brown, 1993)

教育計畫已變得要配合社會、經濟和政治的影響力；但是，這些改變並非總是把兒童的基本發展需求列入考慮，此情況仍持

續不變。更糟的是，幼兒教育計畫中的正式教學重視課業技巧的傾向不斷增加，這種傾向是因為對早期學習的錯誤觀念所致。（Elkind, 1986）

專欄 4-3

NAEYC課程方針

A.適性發展課程為兒童發展的所有領域做準備：整合生理、情緒、社會及認知各層面。

B.合適的課程計畫有賴於老師觀察和記錄每個孩子特殊的興趣及發展進程。

C.課程計畫強調學習是互動的過程。老師為兒童準備—學習環境，讓他們能主動地探索並與成人、其他兒童和教材產生互動。

D.學習活動和教材應具體、實際並和幼兒的生活相關。

E.教育計畫應提供更寬廣的領域以發展兒童的興趣及能力而非僅依照年齡順序訂定學習範圍。成人應對於在正規的發展領域之外展露不凡興趣和技能的孩子隨時準備符合其需要。

F.老師提供多樣的活動和教材；當兒童參與其中且理解力和技能進步時，老師可提升活動的難度、複雜度和挑戰性。

G.成人要給予兒童從多種活動、教材和設備中選擇的機會；並給予時間透過活動的參與去探索。成人可促進兒童對教材和活動的參與並藉由刺激兒童思考的問題或建議以擴展兒童的學習。

H.多元文化以及無性別歧視的經驗、教材和設備應提供給各年齡層的兒童。

I.在計畫中成人應提供給孩子均衡的休息及運動。

J.每個年齡層的孩子都應擁有戶外經驗。（Bredekamp, 1987, pp. 6-11）

早期課業的傾向與教學上適性發展的方針相矛盾。課程應量身定做以符合兒童的需求，而非期盼兒童去適應特定課程的要求。NAEYC（Bredekamp, 1987）曾提出為0～8歲兒童所設計的幼兒課程中適性發展練習的課程方針。這些方針列於前頁專欄中。

這些內容的重點和幼兒的成熟度密切相關。因此老師在選擇某些活動和教材時基本上應要知道幼兒的最初學習模式是語言和遊戲，它們分別是符號概念及兒童對所經歷的世界之重建。老師角色的重心是提供經驗和教材以擴展兒童對世界的知識以及教導他們這些知識如何以符號表示（Molnar, 1989）。

這些關於適性發展的方針有礙於尋求此一問題的答案：「幼教老師教些什麼？教得好不好？」它們暗示教什麼給幼兒是無關緊要的，除了後天發展的範圍之外。教育計畫評估也很少依據兒童的成就或學習結果，除非成就被認為對發展有影響。

然而，加強兒童的知識可能和加強其發展同等重要，而且對幼兒教育而言可能是較佳的目標。發展理論和教育理論顯著不同，它們可以相輔相成，却無法相互衍生（Fein and Schwartz, 1982）。發展理論可以做為幼教課程的資料來源，但不是起源（Spodek, 1973a）。事實上，當要肯定幼教對改善教育過程的價值時，幼教計畫長期影響的證據令人質疑幼兒教育在發展過程上的影響。在幼兒教育長期影響的研究中，智商的提升是發展影響的指標，但到三年級便不顯著，反而是課業成就的影響會持續到中學以後（Lazar & Darlington, 1982）。

當我們在審視幼兒教育時，我們必須把教育內容（教什麼）和教育過程（如何教）分開論述。教育幼兒的過程和他們的發展程度密切相關。認識兒童發展有助於我們了解幼兒能夠理解的內容、兒童在發展上的特殊階段如何理解他們所知道的事物，以及如何確認他們的知識。但我們希望這些孩子知道的內容不只來自於我們對某一特殊程度的孩子其理解能力的認識也來自於我們的文化體系中認為什麼是孩子必須要了解的內容。關心課程內容的例子

可在幼教多元文化計畫的發展中找到。

反偏見，多元文化課程

　　每個個體在許多方面都有差異。美國社會反映了多樣的文化、語言和價值觀，使得多元文化成為必要的觀念。這種多元化從美國開國以來就已存在，但最近幾年所呈現的文化數量日益增加。愈來愈多不同種族背景的學生入學；因此，多元文化教育在全國的學校中愈來愈顯著。多元文化主義要求人們學習其他文化就如同學習自己的文化一般。為達到此目標，多元文化教育必須成為學校要求的事務。

　　Louise Derman-Sparks和她的助理發展了一套「反偏見課程」(1989)。此課程提出幾種抗爭歧視的方法，包括對性別、種族、能力、年齡和文化等偏見。它例舉了欲達成此目標的教材和活動並探討一些方法讓老師能幫孩子以正面態度學習人類之間的差異。作者建議兒童在早期即可注意關於性別、年齡、種族、能力及文化的差異並開始發展對這些差異的態度。基於此，他們相信教育學家必須率先幫助兒童形成正面態度而非忽視偏見及刻板印象的課題。

　　「反偏見課程」的作者們強調他們的課程擬將所有的教學及學習層面整合之。此課程著重於教給幼兒的價值觀。Derman-Sparks及她的同事還提及課堂假日活動以及兒童可能從這些活動中學到什麼。他們也鼓勵老師幫助兒童以合作的方式設法改變他們認為不公平的事。

　　Tsai (1991) 提出下列方針期以多元文化觀發展幼兒課程：

　1.多元文化主義具體表現了一個全方位的觀點而非特定的課程。它應被整合在兒童的日常經驗中並注入課程的每一領域裡。物理環境的安排和活動設計應反映文化的多元性。總之，它應是日常學習中自然的部分 (Mock, 1986)。

　2.多元文化課程應反映每個孩子獨特的文化生活型態。這將讓所有的兒童和父母對自己的文化感到驕傲並充實其他孩

子的生活經驗。

3. 多元文化主義應反映出對維持及增加文化選擇性的及擴大學校文化根基的努力（Mock, 1986）。這種努力應歷久不斷而非三分鐘熱度。

欲實施多元文化課程，老師應該：

1. 營造有助於認識文化多元性的課堂氣氛。物理環境應包括圖畫書、海報、音樂、玩具、戲劇表演的道具以及其他反映多種文化的輔助教材。

2. 運用家長或其他不同種族團體的成人做為資源和專家。邀請他們參與討論最能描述他們生活的主題及活動，並把這些活動納入課程中。家長們亦可協助蒐集課程的資料和資源。

3. 瀏覽全學期或學年的教學計畫以尋找整合多元文化活動成為不同單元的方法。活動應均衡，如此，課程的每一領域才能具備一些反映其它文化的活動。這些活動應該被設計成為整個課程的補充教材並促進團體間的關係（New York Education Department, 1987）。

多元文化教育對於協助兒童學習了解、接受及衡量不同文化背景的人有實質意義。欲欣賞其他的文化則應設計一個學習計畫，鼓勵學生學習必要的態度和價值觀。多元文化課程幫助學生學習對於與自己不同文化也能產生正面價值觀和態度。

結語

在今日美國社會中，於發展幼兒教育計畫上，教育學家們必須重新檢視其假設；此領域的知識基礎應再更精確些且幼兒教育計畫必須適合現今的兒童。

家長和老師必須了解社會化學習計畫和學業學習計畫的二分法。社會化是一種連續的過程，發生在一般的社會及每一個社會機構和社會團體中。幼兒需要的社會化經驗包括：學習學生角

色、了解課業學習的重要性以及基本的讀寫和數學技能。社會化並不是要兒童安靜且服從地跟隨老師的引導學習，而是希望他們成為一個獨立的知識追求者和創造性的思考者 (Spodek & Saracho, 1990)。

若教育學家們使計畫更精確並確定內容合理，那麼幼兒教育計畫可獲得改善。幼兒課程必須幫助兒童社會化，授與他們對往後學校學習的素養，並教他們對他們而言重要的內容。幼兒教育計畫必須依其適性發展程度及其教育價值來評估，並注意兒童的需要及配合社區的需求。唯有公開教育內容才能評估其有效性、價值和實用性 (Spodek & Saracho, 1990)。

參考書目

Aiken, W. M. (1942). *The story of the eight-year study*. New York: McGraw-Hill.

Bereiter, C., & Engelmann, S. (1966) *Teaching disadvantaged children in the preschool*. Englewood Cliffs, NJ: Prentice Hall.

Biber, B. (1984). *Early education and psychological development*. New Haven: Yale University Press.

Bijou, S. W. (1977). Behavior analysis applied to early childhood education. In B. Spodek & H. J. Walberg (Eds.), *Early childhood education: Issues and insights* (pp. 138–156). Berkeley: McCutchan.

Bredekamp, S. (1987). *Developmentally appropriate practice in early childhood programs serving children from birth through age 8* (Expanded ed.). Washington, DC: National Association for the Education of Young Children.

Bronfenbrenner, U. (1979). *The ecology of human development*. Cambridge: Harvard University Press.

Bruner, J. S. (1960). *The process of education*. Cambridge: Harvard University Press.

Bugelski, B. R. (1971). *Psychology of learning applied to teaching* (2nd ed.). Indianapolis: Bobbs-Merrill.

Bushel, D., Jr. (1973). The behavior analysis classroom. In B. Spodek (Ed.), *Early childhood education* (pp. 163–175). Englewood Cliffs, NJ: Prentice Hall.

Day, M. C., and Parker, R. K. (Eds.) (1977). *The preschool in action: Exploring early childhood programs* (2nd ed.). Boston: Allyn and Bacon.

Dearden, R. F. (1968). *The philosophy of primary education*. Boston: Routledge & Kegan Paul.

Derman-Sparks, L., & the A.B.C. Task Force (1989). *The anti-bias curriculum*. Washington, DC: National Association for the Education of Young Children.

Elkind, D. (1986, May). Formal education and early childhood education: An essential difference. *Phi Delta Kappan*, pp. 631–636.

Elkind, D. (1988). Early childhood education on its own terms. In S. L. Kagan & E. Zigler (Eds.), *Early schooling: The national debate* (pp. 98–115). New Haven: Yale University Press.

Erikson, E. H. (1963). *Childhood and society* (2nd ed.). New York: W. W. Norton.

Evans, E. D. (1975). *Contemporary influences in early childhood education* (2nd ed.). New York: Holt, Rinehart & Winston.

Fein, G., & Schwartz, P. M. (1982). Developmental theories in early education. In B. Spodek (Ed.), *Handbook of research in early childhood education* (pp. 82–104). New York: Free Press.

Forman, G., & Fosnot, C. (1982). The uses of Piaget's constructivism in early childhood education programs. In B. Spodek (Ed.), *Handbook of research in early childhood education* (pp.185–211). New York: Free Press.

Hill, P. S., et al. (1923). *A conduct curriculum for kindergarten and first grade*. New York: Scribners.

Hirst, P. H., & Peters, R. S. (1970). *The logic of education*. Boston: Routledge & Kegan Paul.

Kamii, C. (1973). A sketch of a Piaget-derived preschool curriculum developed by the Ypsilanti early education program. In B. Spodek (Ed.), *Early childhood education*. (pp. 209–229). Englewood Cliffs, NJ: Prentice Hall.

Kamii, C., & DeVries, R. (1982). *Numbers in preschool and kindergarten*. Washington, DC: National Association for the Education of Young Children.

Kamii, C., & DeVries, R. (1993). *Physical knowledge in preschool education*. New York: Teachers College Press.

Kohlberg, L., & Mayer, R. (1972). Development as the aim of education. *Harvard Educational Review, 42*, 449–496.

Lazar, I., & Darlington, R. (1982). Lasting effects of early education. *Monographs of the Society for Research in Child Development, 47* (2-3, Serial No. 195).

Lilley, I. M. (1967). *Friedrich Froebel: A selection from his writings*. Cambridge: Cambridge University Press.

Mitchell, A., & Davis, J. (1992). *Explorations with young children: A curriculum guide from the Bank Street College of Education*. Mt. Ranier, MD: Gryphon House.

Mitchell, A., Seligson, M., & Marx, F. (1989). *Early childhood programs and the public schools: Between promise and practice*. Dover, MA: Auburn House.

Mock, K. (1986). Integrating multiculturalism in

early childhood education from theory to practice. In R. J. Samuda & S. L. Kong (Eds.). *Multicultural education programmes and methods*. Toronto: University of Toronto Press.

Montessori, M. (1964). *The Montessori method*. Cambridge, MA: Robert Bentley.

New York Education Department (1987). *A multicultural early childhood resource guide*. ERIC Document Reproduction Service No. ED 280924.

Phenix, P. (1964). *Realms of meaning*. New York: McGraw-Hill.

Robison, H. F., & Spodek, B. (1965). *New directions in the kindergarten*. New York: Teachers College Press.

Roopnarine, J. L., & Johnson, J. E. (1993). *Approaches to early childhood education* (2nd ed.). Columbus, OH: Merrill.

Sarason, S. (1982). *The culture of the school and the process of change*. Boston: Allyn and Bacon.

Shepard, L. (1991). The influence of standardized tests on the early childhood curriculum, teachers, and children. In B. Spodek & O. N. Saracho (Eds.), *Issues in early childhood curriculum: Yearbook in early childhood education*, Vol. 2 (pp. 166–189). New York: Teachers College Press.

Snygg, D., & Combs, A. (1965). *Individual behavior*. New York: Harper & Row.

Spodek, B. (1973a). What are the sources of early childhood curriculum? In B. Spodek (Ed.), *Early childhood education* (pp. 81–91). Englewood Cliffs, NJ: Prentice Hall.

Spodek, B. (Ed.) (1973b). *Early childhood education*. Englewood Cliffs, NJ: Prentice Hall.

Spodek, B. (Ed.) (1977). *Teaching practices: Re-examining assumptions*. Washington, DC: National Association for the Education of Young Children.

Spodek, B. (1982). Early childhood education: A synoptic view. In N. Nir-Janiv, B. Spodek, & D. Steg (Eds.), *Early childhood education: An international perspective* (pp. 1–13). New York: Plenum.

Spodek, B. (1986). Development, values and knowledge in the kindergarten curriculum. In B. Spodek (Ed.), *Today's kindergarten: Exploring its knowledge base, extending its curriculum* (pp. 32–47). New York: Teachers College Press.

Spodek, B. (1988). *Early childhood curriculum and the definition of knowledge*. Paper presented at the 1988 meeting of the American Educational Research Association, New Orleans, April.

Spodek, B., & Brown, P. C. (1993). Early childhood curriculum. In B. Spodek (Ed.), *Handbook of research on the education of young children* (pp. 91–104). New York: Macmillan.

Spodek, B., & Saracho, O. N. (1990). Early childhood curriculum construction and classroom practice. *Early Child Development and Care, 61*, 1–9.

Tsai, M. (1991). Integrating multicultural perspectives into early childhood education. In B. Spodek (Ed.). *Educationally appropriate kindergarten practices* (pp. 74–96). Washington, DC: National Education Association.

Weber, E. (1984). *Ideas influencing early childhood education*. New York: Teachers College Press.

Weikart, D. P., Rogers, L., Adcock, C., & McClelland, D. (1971). *The cognitive oriented curriculum*. Washington, DC: National Association for the Education of Young Children.

處理個別差異

本章綱要

◎幼兒間的差異來源（發展、環境、文化等因素）

◎特殊需求兒童群體的特徵（殘障、瀕臨危險、具多重語言或具多元文化背景的兒童）

◎在正常班級中，處理各種不同的兒童的方法

導論

近二十年來，教育機會已經明顯的普及至所有的幼兒。其中最引人注目的是對於有特殊需求兒童所提供的教育；例如，今日我們已經不再將許多失能兒童排拒在學校之外，甚至在他們嬰兒時期就能及早診斷並滿足其需求。此外，學校正努力地將失能兒童安置於各式各樣的情境中，以取代以往將這些兒童另外編班的情況。許多失能兒童現在都與正常的同齡兒童在正常班級中一起學習。

教育失能兒童的運動早在人民法第90-538號條款(PL90-538)通過前便已展開；此條款即1968年提出的殘障兒童幼教計畫。但是，在最近才開始投注較大的努力，例如在1975年通過的殘障人士教育法 (the Education of the Handicapped Act, PL94-142) 以及此法案的擴充——於1986年通過的殘障人士教育法修正案 (the Amendments to the Education of the Handicapped Act, PL99-457)。這些法案在人民法第101-476號和第102-119號條款中再一次地被認可，這兩個法案分別是失能人士教育法及其修正案。上述這些法案的通過意義非凡，因為它們擴大了社會對失能兒童受教育所應負起的責任，由昔日的小學階段往下延伸至出生的嬰兒。

人民法第99-457號和102-119號條款，特別要求給予嬰兒及學步期兒童提供不同的學齡前兒童（三至五歲）專業的服務。這些法

案的B部分是專門討論學齡前兒童，也是三至八歲幼兒教師最密切關心的部份，因為這部分要求這個年齡層的失能兒童皆必須在團體學習計畫中接受教育。此外，這些法律還要求這些兒童不論是在公立或私立的學校中，都必須儘可能地被納入於正常的幼兒教育計畫之中來接受教育。

目前，所有的幼教老師，都有可能要教某些失能的兒童。這種情況在公立學校和教育補助計畫以及許多其他的幼教計畫都確實存在。今天，大部分的老師都被要求去教育一個較大範圍的兒童，包括失能兒童、資賦優異兒童以及面臨未來教育失敗危機的瀕臨危險兒童。本章將針對這些兒童的相關議題提供一評論，並討論如何辨識這些兒童、為他們計畫在正規班級中接受教育，以及修正教育計畫和教學情境以提供更好的教育給他們。

差異的來源

老師們太常將所有的兒童一視同仁。如此的對待方式對大多數的兒童來說是不適當的，即使在某些方面所有的兒童都類似，然而，每一兒童仍有其獨特的地方。幼兒教育計畫必須被設計成能夠顧及兒童的個別需求。在任何班級中我們在兒童身上所發現的差異都會與兒童在發展上，環境上、社會階層上、文化上和（或）語言上的差異有關。

發展上的差異

兒童在他們的發展特性上呈現出不同的差異。他們成熟的快慢不同，具有不同的發展優勢與弱勢，以及不一樣的學習型態。某些差異似乎與兒童的內在機制有關聯；有些差異則起因於兒童與環境互動的結果。兒童從環境中學習到不同的事物，同時這學習也影響了兒童的發展模式。

環境上的差異

環境是影響兒童發展與學習的主要因素。而兒童早期的經驗，不論是否來自正向的刺激經驗或是早期的傷害與剝奪，皆具有持續性的影響 (Peterson, 1987)。對於有特殊需求的兒童來說，環境的品質尤為重要，因為它界定了失能兒童的需求程度。環境因素影響了兒童在發展中失能阻礙其發展的程度，以及在普通的學習活動中，失能兒童成功學習的程度 (peterson, 1987)。

社會階層差異

社會階層已經被確認是影響兒童的發展以及兒童在學校學習成敗的主要影響因素。一般而言，來自社經地位較低家庭的兒童，在許多方面是處於劣勢的。他們可能沒有受到基本的醫療、健康的服務，且他們生活的環境條件可能會造成他們發展上的問題。此外，他們可能缺乏那些學校認為所有兒童都應該具備的經驗，這些經驗可促進兒童語言發展和讀寫能力的學習。1960年代所創立的教育補助計畫正是一涵蓋面更為廣泛的兒童發展計畫，其有助於低收入家庭之兒童發展更健全，使得他們在學校及社會都能成功。除了教育機會之外，此計畫亦提供幼兒健康、營養及社會服務等。父母的參與是此計畫中重要的部分，因其不僅提昇了兒童課堂外的學習經驗，同時也確保此教育計畫能夠符合家長與社區的需求。

其他的各種教育計畫則由各州及地方性學校所發展，且由州政府或聯邦政府贊助經費或主持，例如，州政府所支持的瀕臨危險兒童教育計畫等。另外還有其他的教育計畫是專為貧困家庭兒童所設計的。但是，並非所有兒童間的差異都是社經地位差異的結果所造成的。

文化差異

個人的生活方式反映出其文化，包括了所使用的語言、所吃

的食物、所穿著的衣物，所呈現的社會型態和其他民族的特有象徵 (Saracho & Hancock, 1983)。舉凡有關於地理、歷史、建築、宗教、傳統醫學、飲食、藝術、音樂、舞蹈以及社會化的慣例等，皆屬於文化的要素。兒童受教養的文化脈絡促進了兒童發展上的差異。認知能力的差異也是受到個體的文化與情境的影響 (Greenfield & Lave, 1982; Scribner, 1984; Stigler, 1984)。

美國是屬於多元文化的社會。它包含了許多次文化，即使各次文化之間融合彼此文化的要素，但是每個次文化仍然有自己的特色。這種多元化也導致有人建議，我們的學校教育計畫應該要能夠反映這種多元文化的特性。生活在多元文化的社會裡，兒童必須在瞭解及接受文化差異上發展出適應能力。兒童不僅僅只是瞭解和吸收自己特有的文化，更要瞭解其他人的文化，以適應於社會生活。此外，由於交通運輸的便利和通訊方式的增加，亦使得我們與世界各種不同文化背景下成長的人們密切地聯繫與互動。

語言差異

呈現出文化差異的基本要素之一即語言表達。在我們的社會中，許多兒童所使用的主要語文並非標準英文。他們所使用的單字、文法或語法並非一般人所接受的標準模式，即使他們說的是英文，也可能是以方言的形式來表達。例如來自新英格蘭鄉村、阿帕拉契山脈以及美國南部的兒童（他們說法裔克里奧耳人的語言Creole或黑人英語）所說的英文文法亦有別於標準正式的美式英語。或許，來自這些地區的兒童並不會說標準正式的美式英語，然而他們對於自己的方言（母語）卻是十分在行。除此之外，許多使用不同語言以及來自不同文化背景的兒童，在他們入學的時候說的是他們的母語，而並非是英文。他們可能說法文、俄文、中文、西班牙文或是其他的語言；可能剛移民到美國，或者他們所居住的社區便使用自己的母語，並不需要講英文。對這些兒童而言，他們必須學習英文，使其成為他們的第二語言。

多重語言與多元文化教育

在世界所有的國家中，只要一個國家的人民和地區具有不同的語言與文化傳統，這個國家就有多重語言與多元文化的現象存在著。一個國家的人民若帶有多重語言及多元文化，這雖可被視為是對每個人的豐富資源但對某些人的語言或文化來說，却是一種危機，因此導致了衝突。自從歐洲人第一次移民風潮開始，在美國，使用不同語言及來自不同文化背景的人存在已久，因此，此一衝突現象並非目前才有。長久以來，人們對於多重語言與多元文化論點有著不同的回應，並且委派不同的職責給學校。我們已經揚棄了「大熔爐」(melting pot) 的思維，因為大熔爐的想法期望兒童只說一種語言，表現一種生活型態；同時，我們已接受了學童具有不同語言與文化的情況。

多元文化教育並非特殊現象，亦非當代革新的成果。多年來，多元文化教育的先驅——雙語教育，已納入了美國的公立學校之中。雙語教育亦表現出許多其他國家教育的特色 (Saracho & Spodek, 1983)。

對幼兒教育而言，幼兒在較大社會中經歷之社會化過程乃是最適切的教育目標。家庭是兒童社會化的主要推動力，但是學校有責任協助幼兒學習那些不同於他們在家庭中所學到且能反映出較大社會現象的觀念、行為和互動；在熟悉的家庭情況和非以特定的人為對象的學校情境中皆有差異存在（兒童在這些場合都被要求要成功地適應與發展）。然而，對許多兒童而言，從家庭轉換到學校是有困難的，因為在文化類型上呈現出重大的斷層。兒童或許會感覺學校的語言模式、社會互動、呈現的價值觀以及文化是不尋常的 (Saracho & Spodek, 1983)。

當兒童首次進入學校的時候，他們也許會遭遇到一個與他的家庭截然不同的語言及文化的環境。他們瞭解到學校教學時所使用的標準語言並不是他們自己的母語及文化，同時，他們亦有不

同的反應：

    1.變得困惑

    2.否定自己的語言和文化

    3.在新的語言和文化中適應新的或是不同的風俗習慣

    4.在二種不同的語言及文化中，形成徘徊不定的過渡時期

    老師可以利用語言及文化上的差異來做為兒童學習的基礎。雖然教師在課堂上所使用的語言可能比家庭中的語言來得正式些，但是兒童通常不會覺得老師所使用的語言是全然陌生的。學校的價值觀或許與家庭的價值觀有些許差異，然而學校的價值觀應該反映出家庭的價值觀。學校與家庭應該發展出一種合作式的相互支援關係，以協助幼兒在面臨由一社會環境轉換至另一環境時，能以較輕鬆以及較少產生錯覺的情況下來經歷此種移轉階段 (Saracho & Spodek, 1983)。

    大多數具有雙語／多元文化背景的兒童多多少少都知道一些他們班級的文化。然而，假使他們在這方面的知識不足，教師便面臨了挑戰。這些兒童可能在學習學校文化之際同時也瞭解到社區的文化，但假使他們不會講英文或是使用英文的能力有限，則遭遇的挑戰將會更大了。很少數的幼兒教師自己本身說雙語，即使他們使用第二語言，但是也不一定和班上某一特定兒童所使用的語言相同。因此，溝通上的問題便產生了，另外，教學的問題便隨之而生。這些兒童必須學習英文，同時他們也需要學習學校中的其他內容領域。對於許多學童不說英文的學校而言，通常會聘請使用非英語系語言的教師或精通此種語言的助理協助兒童學習。他們可以設計雙語的教育計畫，在兒童具備足夠的英語能力之前，採用兒童的母語來教導他們。那些不會說英文的兒童，當他們在學校學會了適當的英文能力之後，他們可能仍繼續一段很長的時間不說英文，教師必須具備高度的敏感性以回應這些兒童的需求，並在他們學習英語時給予鼓勵及協助他們成為學校文化中的一份子。

    教師們也應該在課堂上傳達他們重視兒童的文化，即使這些

文化不同於他們自身的文化。學校的午餐和點心，應該顧及所有兒童的口味。各式各樣的節慶可以是一個豐富每位兒童生命的機會，而不是強迫一個兒童不情願地接受另一種文化，因為每一個孩子皆需要察覺我們社會中所存在的多種文化。老師必須重視每一個兒童所帶入學校生活中的知識。

幼兒特殊教育

如同本書第二章所提及的，從整個幼兒教育的演變歷史來看，幼兒教育一直都是關心著所有兒童的教育，包括失能兒童和那些因為環境而瀕臨陷入學業失敗困境的瀕臨危險兒童。但是無論如何，幼兒特殊教育 (early childhood special education, ECSE) 成為一門獨立的領域則是最近的事情。

幼兒特殊教育乃是以下三個相關領域發展的結果：應用於失能學齡兒童之特殊教育、一般幼兒教育以及補助性的教育，例如教育補助方案 (McCollum & Maude, 1993)。有關於失能兒童的主要相關法律是福特總統於1975年所簽署的法案：人民法第94-142號條款，也就是大家所熟知的殘障人士教育法案 (Education for the Handicapped Act, EHA)，其修正案，即1986年通過的所有殘障兒童教育法 (人民法第99-457號條款)，亦於1991年再度認可。每一項法案都由聯邦政府資助州政府或地方機構為3至21歲的失能人士成立專責的教育機構 (Hanson & Lynch, 1989; Peterson, 1987; Shonkoff Meisels, 1990)。

人民法第94-142號條款明令公立學校有責任教育所有3至21歲的失能兒童。然而，如果該州政府原無提供3-5歲的兒童以及18-21歲的青少年之教育，則該州就沒有責任去教育這些年齡的失能兒童。人民法第99-457號條款則要求所有3-5歲的失能兒童接受學校教育。該法案同時也要求州政府發展教育計畫以提供出生至二歲的失能兒童所需要的服務，主要是透過以家庭為基礎的計畫。可惜，因為公立學校並未接受5歲以下的失能兒童，所以這些教育服

務主要仍設立於公立學校之外。幸而，教育補助計畫爲失能兒童保障了10％的名額，同時其他的教育計畫也接受失能兒童入學，使得那些需要特殊教育服務的兒童，也能在公立學校中接受教育。

整合失能兒童與正常兒童

　　不論兒童是否失能，將所有的兒童整合於一般正常的教育情境中，這是一個有健全理論基礎的做法，我們通常稱這種做法爲**回歸主流**（mainstreaming）或**接納**（inclusion）。立法機關已經支持這種做法，明定失能兒童具有接受免費公立學校教育的權利；他們有在最少限制的教育情境中接受教育的權利而失能兒童的父母也有權審視與他們孩子有關的教育決策。教育方面的研究結果也支持大部分失能兒童回歸到正常班級接受教育的做法，因爲，對失能兒童來說，他們可以在一般的常態教學中獲益。證據顯示將輕度和中度的失能兒童置於隔離的教育情境中，通常並不會使他們獲得學業成就上的優勢。此外，處於整合性教育情境中的失能兒童比處於隔離情境中的失能兒童，其社會行爲更趨近於同年齡正常兒童的發展。而正常的兒童也可以在此情境下發展對個別差異更多的瞭解與敏感度，不會因此而造成學業上的損失。

回歸主流或接納
指將失能兒童與其他兒童整合在同一間正常班級中。

最少限制的教育情境

　　並不是所有的失能兒童都可以在正常班級中接受最理想的教育，並且對於正常班級而言，可能需要一些非失能兒童教育服務之外的協助。安排失能兒童的標準即提供最少限制的教育情境以及提供符合他們所需要的學習型態及程度。對多數的兒童來說，此一標準乃是建議將他們共同安置於正常班級中。然而，對於某些兒童而言，或許需要安置在有別於一般教育情境的班級中。Evelyn Deno（1970）曾發展安置失能兒童的等級，由整合式教育到完全隔離式教育情境皆納入此一等級中：

1. 分配到正常班級中，若客觀環境許可，可調整教室情境及提供輔助性服務。

2. 分配到正常班級中,但必須備有額外的教學服務,例如資源教室或是巡堂教師服務。

3. 在一天中有部分的時間是在特殊教室中接受教育,其餘時段則在普通教室或資源教室中學習。

4. 在傳統學校中,使其全天在特殊教室中學習。

5. 就讀特殊日校。

6. 自宅教學。

7. 分配到機構或是住宿學校。

這些層級愈往下愈是提供較隔離、較非正式的教育環境。多數的失能兒童能夠在常態的情境中接受班上老師直接的協助以及經常性額外的協助。較少孩子需要限制較多的情境,即上述等級中的後幾項。

無論教育環境為何,我們都應致力於提供給兒童常態性的教育經驗。失能兒童教育的目的之一,乃使其能儘可能地具有應付日常生活的技能,儘可能地與各式各樣的人們接觸與互動並儘可能地過正常的生活。基於上述的目標,這類學校被期盼能針對提昇學生應付生活作息(自理生活)技巧而設計規劃教育經驗;接觸不同的兒童變得很重要,即使幼兒被安排到較為特殊的教育情境中,我們仍期望教育者儘量設計一個近似常態的教學環境。

幼兒特殊教育計畫

大部分的幼兒特殊教育計畫所提供的服務,並未特別針對失能兒童的需求加以分類。在此計畫中的兒童,通常有各種不同的特別需求,包括如語言發展的遲滯、動作損傷及發展遲滯等,教育計畫或以年齡來區分兒童,或是一個團體中包括了數種年齡層的兒童。

ECSE計畫可能以家庭為基礎,也可能以教育中心為基礎,或是二者兼俱的。這些教育計畫可能納入公立學校、醫院、大學院校、兒童看顧環境、社區學前教育學校、教會及私人機構中。主要的服務對象為三歲(含)以上的兒童,除此之外尚包括父母、兄弟

姊妹、大家庭的成員以及兒童看顧中心的人員皆爲服務的對象，而三歲以下的幼兒則通常由家庭取向的教育計畫來提供服務。

因爲教育計畫在結合幼教和特教上的原理時方法不同，故 ECSE計畫中的某些要點也會因根據的原理而有所差異。Peterson 在1987年將特殊教育中近年來的改變做了比較，此比較結果列成表5-1。

確認特殊需求兒童

所有的兒童其實皆有特殊教育的需求，同時應該以個別的方法來面對與解決。在正常班級中有些具有明確特徵的兒童，需要特別的修正教育，如在教育或發展上瀕臨危險的瀕臨危險兒童、資賦優異兒童、失能兒童等，下面我們將就這群兒童的特徵加以敍述，同時針對其教育需求提出一般課堂修正上的建議。

瀕臨危險兒童

所謂的瀕臨危險兒童乃是指那些未被認定爲失能兒童，但是卻面臨著不利的遺傳、生物學、環境因素等的發展問題的兒童。雖然許多具有危險因子的兒童證明了在發展上並無問題，然而，有些同樣具有危險因子的兒童卻成爲失能兒童。**瀕臨危險（at risk）**這個詞是指這些兒童在產前（胎兒期）、生產時（分娩期）以及產後（出生後）遭受到不同危險因子的侵襲而提高其在發展過程中發生問題的機率。

典型的瀕臨危險的兒童可以分爲三類：(1)已確定危險因子的兒童（established risk）；(2)具生理性危險因子的兒童（biological risk）；(3)具環境上危險因子的兒童（environmental risk）（Tjossem, 1976）。具有已確定危險因子的兒童是被診斷出患有醫療上或遺傳學上的疾病，此種潛在的病癥是衆所皆知且經過證明的，如遺傳異常所致的唐氏症兒童（Down's Syndrome），即被確定具有危險因子，因爲大家知道此種症狀會導致心智障礙、成長畸型，

被視爲**瀕臨危險**的兒童是因生理或環境因素所致，他們可能往後在學校中會遭遇失敗。

表5-1 幼兒特殊教育的概念變遷

舊 的 概 念	新的及正在形成的概念
1. 教育乃是某些可從中受益的人之特權。	1. 教育是所有兒童的權利,同時也是讓他們準備好去面對環境需求、學習及儘可能過充實、豐富生活的工具與方法。
2. 教育是由讀、寫、算的教學組成,主題範圍不外乎藝術及科學。	2. 教育包含了所有讓兒童在我們的社會與環境中,發揮良好功能的技巧。對某些兒童來說,這可能是指學習生活中最基本的走路、飲食、談話和注意力等技巧,或者指學習因失能而產生障礙的運動機能。
3. 如果兒童對於基本社交、自理技能、認知與語言技巧尚未熟練,則必須在開始接受正式教育前與等待入學前加以「準備」。	3. 兒童藉由學習、體驗和訓練來達到「準備」狀態。缺乏必要的技巧,只是更顯示出兒童對於教育與訓練的迫切需求,並且是刻不容緩的。
4. 如果兒童無法適應課程或是教室中的教學方法,則必須安置到其他地方(此概念的主旨是:系統的設計應符合學童需要。)	4. 教育專家應使課程的設計及教學的方法適合學生的需求,教師與專家應當考慮在將兒童自一般性的教室中,轉走之前採取必要的教導,並調整環境,以協助兒童的學習。
5. 失能兒童應安排在特別班級中,這樣才不會中斷正常兒童的學習且能與其情況相似的同伴一同學習。	5. 失能兒童應儘可能地與同儕一同接受主流教育,除非在他處他們能明顯地獲得最大的益處。假使要由一般性的教育環境中換到特殊的教育環境,也僅應在需要的時段給予特殊的待遇。這些失能的兒童不應該與一般同儕或社會主流隔離孤立。最終,我們仍希望他們能與我們一樣,成為有用的人。
6. 兒童在學習上的失敗,應歸因於兒童本身的失能、無能或是能力上的限制所致,換言之,學校不會失敗,只有學生才會失敗。	6. 所有的兒童都有能力學習,兒童在學習上的失敗,正反映出教師與專家的失敗。他們應該選擇一些合適的學習活動,將教學工作劃分為較小的連續性步驟以促進學習;同時,要由各方面來追蹤評估兒童學習的進度,以針對不成功的學習策略加以修正。(pp.104-105)

以及典型的病癥——紅斑，尤以臉部最為明顯。

　　具生理性危險因子的兒童在出生前後等生物學過程中顯示了潛在性的問題。如母親為糖尿病患者、母體在孕期感染德國麻疹、分娩時的併發症、早產兒、新生兒體重過輕、或是兒童因意外而攝入有毒物質等，這些情況皆是造成兒童可能失能的生理性因素。

　　至於具環境上危險因子的兒童，在生理或遺傳方面都是正常的，卻因為不利的早期生活經驗而被歸為瀕臨危險兒童。如無家可歸的兒童或是成長於貧困人家的兒童，皆被視為帶有環境上危險因子的兒童。這類的兒童通常並不會相互排斥，危險因子因而常常經由結合、互動產生，而使得發展遲緩或異常的機會增加。一個被判定為具有生理性危險因子的兒童，也有可能因不良環境因素而成為瀕臨危險兒童。

　　據估計美國六歲以下兒童約有250萬為瀕臨危險兒童，父母與老師應對那些導致兒童處於瀕臨危險的因素有所警覺，及早確認並且處理，方能控制情況，預防不良結果的發生，或是減少其嚴重性。最有效的處遇方法乃是及早運用高品質的介入計畫，此計畫著重於個別的教育設計、語言與認知的刺激以及與同儕、成人的社會互動機會。

資賦優異兒童

　　教育者對於辨識及滿足具有特殊天賦與才能的幼兒之需要有愈來愈濃厚的興趣，主因如下：(1)具有天賦與才能的人往往是在人群中最聰明突出的，因此，在競爭日益強烈的世界中，國家對於栽培其天賦才能相當積極；(2)具有天賦及才能的兒童，就如同其他的兒童一樣，擁有充分發展能力的權利，如果在早年加以教育，將能收最大之成效；(3)及早的確認與合適的教育計畫可協助兒童建立終身正向的學習態度與習慣；(4)及早確認可以協助父母給予子女接受最適當的教育方式。

　　教育者對於「資賦優異」一詞提出了各種定義，然而，並沒有一項定義能夠周延地包括天賦異秉的特性，最常被引用的定義，

資賦優異

當兒童在單一或多項領域中有高水準的表現時，則視為資賦優異

乃是1972年美國教育部長Sidney Marland所說的：

　　具有天賦及才能的兒童乃是由有專業資格的人士所鑑定；基於其本身的傑出能力，使得他們具有較高水準的表現。為了要使這些兒童瞭解體認他們對自己與社會的貢獻，他們需要有別於一般教育的特殊教學計畫。所謂有高水準表現能力的兒童包括了展露出下列幾項的成就或潛在能力：(1)一般的智力能力；(2)特殊的學術性向；(3)創造性或建設性的思考；(4)領導能力；(5)視覺與表演藝術；(6)精神運動能力（psychomotor ability）（p.10）。

　　縱使這項定義確認了資賦才能的多樣性，然而，大部分的學校仍然偏重於以智力測驗與學業成就來認定資賦優異兒童。這些測驗都是發展完善且用以測量學校表現能力標準之有效工具，但是，它們並非是確認資賦優異兒童的唯一方法。

　　鑑定學齡前兒童是否具有天賦與才能是很困難的，因為在這年齡層的兒童成長十分迅速，且每天的表現可能有極大的變化。然而許多研究仍能確認出具有天賦才能的幼兒。Karnes (1983) 指出，就一個團體來看，在智力上資賦優異的幼兒具有一些共同的特徵：

1. 他們具有在社交上及情緒上適應良好的傾向。
2. 與同儕比較，他們具有較長時間的注意力與發展較完備的字彙能力。
3. 與同儕比較，他們有較佳的問題解決能力與抽象思考能力。

　　為資賦優異及有才能兒童所設立的全國性教育計畫基金自1977年開始增加，然而多數的學校才剛開始關心低年級資優學童的需要。而為了教育學齡前資優兒童所做的努力，也往往受限於幼稚園的入學許可；偶爾，這些兒童才會得到特殊的教育服務。在低年級階段，一些基本的模式或可用來教育天賦才能的兒童（Gallagher, Weiss, Oglesby, & Thomas, 1983），如「豐富化的教室」（the enrichment classroom）乃是一特別的研究計畫，比一般的教室提供了更多的學習資源，並由專家引導這群資賦優異

兒童。「諮商教師模式」(the consultant teacher model) 則在普通教室中，由一位受過諮商訓練的顧問老師為資優兒童設計特殊的教育計畫；「轉移式的資源教室計畫」(the resource room pull-out program) 則將兒童暫時轉離一般教室，接受專業特殊教育專家的指導；「社區顧問計畫」(community mentor program) 則是提供資賦優異兒童與具有某方面特殊知識的成人互動之機會；「獨立學習」(Independent study) 則是讓資優學童在一位合格老師的督導下，發展自己特殊興趣的教育計畫；「特殊班級編班」(the special class placement) 則是將兒童在大部分的上課時間中集中於同一教室裡接受教育；「特殊學校」(special shool) 則為提供資賦優異學生一個獨立設備的特別教育計畫。所有這些可選擇的教育計畫皆是為了提供資賦優異兒童一個可與他人互動的機會，以及接受一符合他們程度的教學。在每一個教育計畫中的課程都著重知識的發展、創造力的提昇以及問題解決技巧。

失能兒童

面對失能兒童的首要工作之一乃在於找出他們是誰，以及他們在哪裡，並斷定其為何種失能情況。認定失能兒童的過程必須藉助於專業的心理學家、社會工作者或是相關特殊服務的協調員，而非一位課堂中教師所能勝任的。然而，教師們應該注意此一過程，並且盡可能的參與投入。

通常多數幼稚園年齡以下的兒童並不在公立學校接受教育，因此在鑑定這個年齡層的失能兒童的主要問題之一就是如何找到他們。一些具有明顯失能特質的兒童，往往是由小兒科醫師或專門處理兒童或家庭問題的社會福利機構所發現並建議接受學校教育。對於大部分的失能兒童而言，尤其是不具有明顯失能特質的兒童，可能需要透過自發性的學前學校篩檢計畫；一般而言，學校常常透過當地的媒體、由學生攜帶回家的通知單、社區性調查及挨家挨戶的訪查來宣傳這些教育計畫。這些計畫都是自願性

的，家長須自己帶孩子前往接受篩檢，因爲這並非是強迫性的。

　　學前學校篩檢的目的乃在於以一種快速、簡單並且經濟的方式來判斷可能爲失能的兒童。篩檢應該是包含了所有重要的發展領域，例如說話能力與語言發展、智力發展、社會發展、細微的動作和整體動作發展以及自理能力技巧的發展等。這方面篩檢所使用的工具應提出在特殊發展領域中可能面臨的問題，同時，在使用上應該是讓執行者覺得簡單好用、不需花費很多時間，也不會太過於學術化。如果有一項潛在性的失能特質被認定了，那麼便能夠進行範圍較大的診斷程序。

　　這樣的診斷可以鑑別出兒童特定的失能情況。失能情況種類繁多，傳統上可以分爲學習障礙、心智障礙、行爲異常、感官損傷、溝通失調和身體上或動作方面的問題等。

　　本文此一部分將針對失能幼兒在學習與行爲上的特徵加以描述，爲了便利起見，每種失能情況都分門別類闡述，但分類在爲兒童設計的計畫上卻有應用上的限制，因爲須顧及個別差異。以下七個針對失能情況所做的分類，與人民法第94-142號條款相仿：學習障礙、行爲異常、心智障礙、視覺損傷、聽力損傷、溝通失調以及生理與健康方面的損傷。

學習障礙兒童

學習障礙的兒童可能具有神經上或官能上的損傷。

　　學習障礙 (learning disabled) 的兒童包括了神經方面與官能上的損傷。兒童患有過動症 (hyperactivity)、知覺動作損傷、情緒化、衝動、在閱讀、拼字、算術或寫作方面特定的障礙、聽、講的失調、以及神經方面的問題等皆包括在此類別中。

　　一般來說，有一臨床學之方法可用於教育學習障礙的兒童，它先(1)診斷特定的學習問題，接著(2)確立目標以改善學習問題——通常以行爲學上的術語來陳述，(3)針對學習問題發展一特殊教育計畫，最後(4)對於計畫成效予以評鑑，以判定此計畫是否成功。這個課程策略可以使教育計畫單純化，同時也可以直接教導此弱勢領域的兒童。

有些教育者認為：我們不應著重於學習障礙兒童的困難，相反地，我們應善用他們的長處；例如兒童對於某一方面的成就感受往往可類推至其他領域的成就上。而有些教育者則提出一個理論基礎更廣泛的教育計畫，他們為了這些失能兒童的教育目標是否應與一般兒童相同而發生爭論，認為不論針對兒童的長處或弱點而給予不必要的課程限制是錯誤的。然而，唯一不同的是教學的步調，務必要讓學習障礙的兒童有較充裕的時間來學習，尤其當他們需要時。

心智障礙兒童

一個具有**心智障礙**（mentally retarded）缺陷的個體，缺乏正常兒童學習上應有的能力。相對的，學習障礙的兒童卻是在他們的學習能力與實際學習成就上產生矛盾。

心智障礙兒童無法以正常的步調學習。

雖然學習能力的評估對於具有嚴重深度智障的兒童可能是準確的，但是對於輕度和中度智障兒童鑑定的準確度便值得商榷。成就乃是藉由觀察一個人在實際生活上所做所為來加以評估，沒有任一學習能力的評量不是藉助於可觀察到的成就來評斷；智力測驗便是以成就來評量學習能力。他們假設樣本中每一兒童有相同的機會達到學習成就，因此，若有差異，必為學習能力上的差異。雖然我們可以判斷兒童曾學過哪些東西，但卻很難確定為何有些學習行為會發生，有些却不會。

有嚴重深度智障的兒童通常在早年便可以因為生理異常或無法正常發展而被判定，如同一般發展障礙的結果一樣，這些兒童可能不會說話或不會走路。至於輕度智障者，往往要到入學後，才會因為無法學習閱讀技能或是無法配合學習的要求而被發現，這些行為上的表現可做為心理學家及隨後診斷的指標。

有心智障礙的幼兒一般來說可以分為可教育、可訓練或是重度心智障礙等類別。這些兒童大部分的智商都在50-80之間，此研究結果說明了這些兒童的智力約為一般正常兒童的二分之一或四分之三左右，但仍會與心智年齡相同的正常兒童一樣具有相似的

興趣。一般人多認為輕度障礙者是可以改善的，特別是在幼年階段便展開介入教育計畫的話。

行為異常兒童

有許多情緒不穩定、行為異常以及社會情緒性有問題的兒童可以在幼兒期即被鑑定出來。**行為異常** (behavior disorders) 的兒童包括了完全自現實生活世界中退縮的兒童，例如那些精神分裂或自閉傾向，或較未過度退縮的兒童，例如做白日夢和沈緬於空想或幻想世界中的兒童。某些兒童以假裝或犯罪行為來表現其反社會的攻擊行為，在此所說的犯罪行為是指法律為而非心理學上或教育上的解釋。沒有人可以確切地知道各種情緒問題的源由。有些理論認為主要是神經系統或心理學上的原因所致，另一些理論則主張基本上與家庭關係或與幼兒的教養問題相關，還有一些學者認為應視情況而定。

這些問題的處遇方式相對的也具有變化：藥物治療、家庭諮商、兒童或（和）家族的心理治療、行為修正技術和其他發展方面與心理教育方面的處遇方式等。對於必須在課堂上對兒童的行為有所回應的教師而言，提供如下的建議：協助兒童適應學校環境或將環境修正為更符合兒童的需求。不同的理論背景會導致不同的教學策略。例如，一位老師堅守某一理論觀點或許可以讓兒童在教室中藉反向行為或允許兒童將衝突呈現出來，以做為治療學上情緒抒發的方式；而持不同觀點的老師可能會試著改變兒童的行為使過度表現的行為減少、並使較良好的社會行為出現在教室中。

為了減少負面行為的顯現，這些行為異常的兒童往往會被安排到一個輕易管理的特別教育環境中，如此做法，兒童可以慢慢回到普通班級中，而班級老師也可以學習行為管理技術以持續這種行為改變的效果。如果教師並無仔細修正早先引發負面行為的課堂因素，那麼，孩子便很可能再度回到原點，使先前的行為改變成效，功虧一簣。

兒童常常是待在課堂上，因此老師成了協助的重要角色。教師學著去瞭解兒童以及產生行爲的原因，以便能更成功地協助兒童行爲的改變。教師或許也可以分析與改變教室環境以鼓勵學童產生較正向的行爲層面。當需求昇高時，一位「危機介入」（crisis-intervention）教師或資源教室老師皆有助於提供長期且額外的協助。

感官問題兒童

　　有一部分的兒童由於感官傳輸功能上的障礙，而被視爲異常或失能兒童，症狀包括了：全聾、重聽、全盲、視障等。這些情況可能是出生時或童年時期因意外或生病所導致的結果。基於發病時間的不同，在教育上對此類失能兒童的影響也有所差異。例如，在兒童的語言發展階段，聽到自己和他人的聲音是很重要的，假使兒童是在已建立起基本的語言模式後才變聾，那麼耳聾並不會限制了他們的語言發展。雖然一出生便全盲的幼兒也許無法產生一些基本概念如：顏色，然而與耳聾比較，眼盲的失能影響較不如耳聾來得深遠。

視力受損兒童

　　視力受損（children who are visually impaired）的兒童一般可分爲全盲或部分視力障礙。全盲的兒童一般而言在出生時便可以鑑定出來，而具有部分視障的兒童往往要在出生後很久才會發現，若視障程度愈輕（即對視覺刺激反應愈大），就愈有可能要到入學後，才會發現具有視障。

　　對於全盲或部分視障的兒童，教師應協助他們藉由其他健全的感官傳輸方式從環境中獲取最多的資訊。感覺失能兒童可藉助其比正常兒童在既有感官上較好的敏銳性來彌補失能的缺憾。經由感覺經驗的獲得，這些兒童可以利用心智運作來加以組織、發展思考能力。一些托兒所或幼稚園會準備如積木、拼圖遊戲以及操作性教具等相當適合視障兒童的標準教材。老師應該幫助這些兒童儘量好好運用這些教具並且必要時學習開發其他合適的教材

視力受損兒童可分爲全盲或是部分視障。

教具。

視力受損的兒童應被協助發展出獨立自主的自理生活技能，並且可以在環境中移動自如。他們可以學習使用攀爬器材、騎三輪車或四輪車、在沙坑中玩沙並在教室內與戶外遊戲區中隨意活動。他們將會需要一些協助，尤其是在剛開始的時候。教師應十分小心地協助他們來熟悉生活中的物理環境，同時，教室中的設備與器材應有固定擺放的位置，並且在適當的地方安置欄杆或護繩，使他們能行動得更安全與更方便。儘可能在任何機會予以自助訓練。當然，在他們進入小學之後，便會碰到閱讀方面的困難，如果視力受損程度較輕微，可以利用放大鏡或大字版印刷的書來協助閱讀，如果視障程度較嚴重，就應該學習點字閱讀和書寫。對於全盲的兒童，一天中有部分時間可以待在普通教室中，但應有巡堂教師與資源教室老師教導他們點字讀寫；至於班級導師，則可以教這些孩子一些修改自常態教育計畫的算術教學，但是有關閱讀及書寫教學則仍需要仰賴特教老師。

聽力受損兒童

聽力受損 (children who are hearing impaired) 兒童的教育問題可說困難重重。若由社會與教育觀點來看，他們不僅在溝通上有問題，同時在許多以語言爲基礎的活動上也受到了限制，倘使這些孩子們在聽力上尚有一些能力，則應配戴助聽器。教師應該修正一些教室中的陳設或規則，以減少他們的困難，例如可以在室內與室外舖設地毯，以減少噪音的干擾，此外，教師也應該在與聽障兒童談話時，採取面對面的方式，或者在讀故事書給他們聽時坐近些，並且鼓勵他們發表演說，儘管對聽障兒童來說並不容易，但可以正面的態度鼓舞他們。

耳聾的兒童仍必須發展出溝通的技能。部分教育學者主張以唇讀術（唇語）來教育他們；也有學者主張用手語或是手語字母來協助全聾的兒童，其他學者則將上述兩種方式合併使用。無論學校使用哪一種教學法，除了班級導師之外，還需要學有專長的老師或顧問老師，因爲聾童必須發展出與正常的兒童及成人間溝

通的技巧，即使他們只是在部分的時間中被編排在普通教室中一同學習，此一技能仍被視爲他們得以過正常生活所不可或缺的必要技巧。

溝通失調兒童

不少兒童具有**溝通失調**(communication disorders)的情況，包括了發音方面的問題、聲音方面的問題、口吃結巴和語言失調等。幼兒在溝通失調上主要的問題在於發音方面，例如語音互代（sound substitution）、語音省略（sound omission）以及語音失眞（sound distortion，包括了咬字不清和兒語）。多數的情況在幼兒年齡稍長後，便不再那麼明顯地存在，這或許是由於遲早會消失的發展遲緩問題。無論如何，有一些失調需要額外的協助，且要區分眞正失調與發展遲滯兩種情況並非一件簡單的事。

較爲嚴重的語言問題之一是失語症（aphasia），它是指喪失了部分或者是全部的說話能力；有些語言失調則是其他發展問題所致，如裂顎（cleft palate）或是腦性麻痺（cerebral palsy）等。

班級導師可以做許多的事情來協助具有語言及說話問題的兒童，並且提升他們在語言上的發展。這些孩子們需要更充裕的時間來培養語言方面的溝通能力，而儘管他們的成就並非十分理想，也應該肯定他們的努力並給予獎勵。當他們企圖與別人溝通時，老師應儘可能避免讓他們有過於強烈的自我意識（self-conscious）或是過於害怕失敗。至於患有失語症的兒童，級任導師所能提供的協助可能十分有限，老師應建議這些孩子前往內科醫師與語言治療師那兒求助。

生理或運動神經失能的兒童

在面對學校方面的期望時，具有**生理或運動神經失能**（physical or motor disabilities）的幼兒，的確提高了適應上的困難，不過，對於可以行走的幼兒而言，只要能夠提供適當的協助，他們便能很快地調適，融入學校的生活及在正常班級中學習。這些失

溝通失調的兒童或許有發音問題、聲音問題、口吃或語言障礙。

生理或運動神經失能的兒童，或許是因爲生理和健康方面失調所致。

能的兒童包括腦性麻痺兒童；在產前或分娩時遭受複雜的神經肌肉狀況（a complex neuromuscular condition）的幼兒；患有癲癇症（epilepsy）的幼兒；患有風濕性熱（rheumation fever）、先天性心臟缺陷或纖維囊腫病變等慢性疾病的兒童以及先天性心臟、臀部、脊柱畸型的兒童等。

　　為了使這些兒童能夠盡可能地獨立行動，必要時教師應分析以及設計修正教室設施，並在兒童能力許可的範圍內設計學習經驗與體育活動。

　　本章中所討論的每一種異常都是個別探討，然而並不表示特別的需求只會單獨發生，許多時候，老師必須面對的是一位多重障礙的失能兒童。對於級任導師來說，在設計個別性的特殊教育計畫時，陳述說明兒童在教育上的優點和弱點，以及在其發展上可加強的部分，遠比將兒童歸類來得更為重要。

　　當失能兒童一旦被確認出來，便應該判斷其失能的程度以及教育計畫須修改的範圍。由心理學家、物理治療師、聽覺治療師、職能治療師、語言治療師、健康專家或是特殊教育學者的深入評估，應做為每一位失能兒童所需的特殊教育計畫設計時的基礎，此即為**個別化的教育計畫**（Individualized Educationl Program, IEP）。

個別化的教育計畫（IEP）
乃是專為失能兒童所設計的教育計畫。

委託 → 成立一個小組 → 診斷式的篩檢 → 設計一個評估計畫 → 撰寫IEP → 獲得父母的同意

圖5-1 IEP的發展階段

個別化教育計畫之發展

個別化教育計畫（IEP）乃是一關於兒童教育計畫的目標、內容、執行程序、及評估的書面聲明書。法律規定IEPs須提供失能兒童適當的教育。每一項IEP皆是由多門專門學科小組所設計發展而成，小組成員包括了專業人士、班級導師、協調員以及兒童的父母或是監護人。假使兒童的父母無法出席IEP的會議，則必須告知他們整個會議進行的過程，且所有對兒童的建議，須得到父母的同意，如果父母不同意小組的決議，那麼須有正當過程的訴願程序。如果對象是三歲以下的幼兒，典型的做法則為提供個別化的家庭服務計畫（Individual Family Service Plan, IFSP），原因是為這些兒童所設計的教育計畫乃以家庭為重心。

IEP的內容應包括兒童目前的行為表現、計畫的年度目標、短期標的的說明，此乃達成年度目標的必要條件。另外，IEP也應包括特殊教育以及提供給兒童相關服務的說明，它主要說明了提供服務的場所、頻率等，同時說明失能兒童在正常班級中參與的程度。邁向目標的過程評鑑標準尤應注意，最後，有關此教育計畫的理由亦應列出。

當失能兒童在整合式教室中學習時，有關其教育的重責大任便落在班級導師的身上了，在此情況下，通常是由學有專長的教師或諮商教師提供輔助。其他的人士，則定期提供特別服務，包括了特殊教育老師、語言專家、物理治療師等。這些協助將視服務性質而在室內或室外進行；而提供此服務的組織、服務的說明以及提供服務的人都應在兒童的IEP中特別提及。

組織整合式教室

當失能兒童被整合到一教室時，我們應特別注意到有關教室資源的組織化。教師應該分析研究教室的通道以確保每位兒童皆能活動自如並注意是否有不必要的障礙物存在。他們可能要調整教室中櫃子等設施的擺放位置並且將教室中會影響視覺、聽覺或身體活動的雜物清除到最少的程度；在某些情況下，他們也必須提供一些新設備，例如專為坐輪椅兒童設計的加高桌面，或是失能兒童依賴的錄音機等。總之，我們應該提供所有兒童安全且無障礙的環境。

環境或許必須單純化，同時也要建立安全規則並且確實執行。一些簡單卻細微的事項是值得注重的，如在桌上設置一猶如枴杖把柄的扶手，以防止他們因不慎而摔倒，或是確定在走道區沒有大物件擺放，如此可顯著改善教室的安全性；一旦教室已佈置妥當，最好儘可能地不再做任何改變，因為改變會導致行為失調的兒童感到煩亂或加重視障兒童移動上的困難。

如果教室能夠組織成一個可以廣納具有個別差異兒童的場所，那麼，教師要將一位失能兒童整合至教育計畫中並非一件難事。不同的兒童在教室中會有不同程度的活動能力，同時一位兒童的活動也較不可能打斷、妨礙其他兒童的活動。如同在本書第六章所提及的活動中心（activity centers）般，有助於促進個別化教學的實行，並且在同一教室中各式各樣的活動可同時進行。

除了調整教室中可利用的資源之外，教師應該添購額外的教材。教師們必須確定他們所選擇的教材能夠符合班級教育計畫目標以及適合兒童年齡、興趣與能力；至於教材的安全性、成本效益，與免於刻板化等皆應納入教材評量的考慮之中，關於特殊教育的教材也應相同慎重地加以考量。

修正教育計畫

許多以正常兒童為對象的教育策略對於失能兒童一樣奏效。例如以生理性失能兒童為例，這種失能情況並不會對兒童的學習能力造成影響，然而卻在體育以及使用許多學校資源時遭遇困難。其他情況的失能，如學習障礙和心智障礙，或許會直接對學習過程產生影響；至於行為失調的兒童，則會影響他們在課堂社會情境中常態條件下的能力表現。教師應該和特教專業人員聯合計畫每個孩子課堂內、外的學習經驗。

由最早的確認開始，班級導師就必須成為小組中的一員，並且與其他成員一樣投注自身的知識、技巧以共同尋求最適合為失能兒童的學習經驗之建立，這小組通常會囊括資源教室的教師。他們或許只針對有相同教學需求、單一型態的失能群體加以協助，如行為失調或是腦性麻痺兒童。在其他的學校中，任教於資源教室的老師或許要面對的是同一年齡層但卻不同類型的失能兒童，或許可以由地方學校、特殊教育及公共衛生等領域中借調他們類似的專家至學前學校，定期前往服務失能兒童，並做為教師的資源顧問，與課堂中的老師相互配合，他們可以設計出面面俱

到的教育經驗，且適合失能兒童的個別能力與需求。

在許多情況下，正常班級的教育計畫必須加以修正，以符合失能兒童的需要，一般來說，修改的方法是依照慣例來計畫（Laycock, 1980）。此方法一開始必須蒐集一些有關於失能兒童在每個學習領域中，熟悉或不熟悉的技巧與內容等資料。這些評估可能包括了本章之前所述最初的診斷程序，基於這些評估，在校學習的各個領域中一系列的教育目標將會明朗化。如果學習上的需求是複雜的，那麼教師可以採用任務分析的方式，將較複雜的目標細分成較易達成的標的來進行，最後再予以整合。一套針對達成這些目標的教學或課程計畫便如此被發展出來。

在這些教學技術中，能夠在課堂上使用的是口語教學（verbal instructions），儘量地以一簡單方式告訴孩子們應該做什麼，或是親身示範教導一項技能並予孩子模仿的機會。指導手冊也可派上用場，老師可從中學習如何實際幫助兒童順利完成學習工作。藉由一套激勵或提示來引發兒童局部特別的行動，也可達到教學目的，雖然這些刺激會隨著時間而逐漸不具作用。

不論教給兒童什麼樣的技術，這些孩子們應該擁有足夠的機會來練習，以增加他們的熟練程度。即使一些技巧是獨立練習的，仍然應及早給予他們機會，將所學的技巧實際應用到相似的情況中來練習。

由於失能兒童的需求十分特別，因此他們不能永遠在非正式的教育體制中學習。多數的時間，較正式與較系統化的教育方法是必要的。有關於正式化和系統化學習的程度，則應視其失能的本質和學習任務的本質而定。回歸主流的指導原則之一便是提供他們學習活動，且儘可能地與正常兒童相同，並應該將正常兒童與失能兒童做最大整合。

處理個別差異

教導特殊兒童是一相當專業的領域。為訓練特教老師而特別設計了教導耳聾、資賦優異、情緒失常以及其他特殊兒童的教育計畫，每一個計畫都提供這些教師特殊的技能與知識。雖然正常班級中的老師可能會面對許多不同種類的兒童，但不能期望他們對於所有特殊兒童教育的領域都有所瞭解。

那麼，教師應如何學習因應這許多他們所面臨的問題呢？或許要求老師和以往一樣去面對、解決各式各樣不同情況的特殊兒童是不公平的。當特殊兒童被整合到正常班級時，便應該給予班級導師特別的協助，如專業人士、危機介入教師和顧問等，使班級導師可以較瞭解特殊兒童及其教育需求，同時示範必要的專業技巧。當課程層面超越一般教師能力所及或超過正常班級活動範圍時，特殊兒童便會被帶離此教室一段時間，輔以額外的教學資源與設備。當特殊兒童被編入正常班級時，班上兒童的人數應考慮要減少。

除此之外，普通教師還必須學習不但了解正常兒童的成長與發展，對特殊兒童的本質也應有基本的認識。另外，普通教師也應當知道一些教育特殊兒童的基本教學技術，如此的要求應不會增加教師負擔，因為這些基本的教學技術和教導正常兒童的教學策略並無太大差異。下列二書是以一個較廣泛的範圍來處理個別差異的實用資源：

Safford, P. L. (1989). *Integrated teaching in early childhood*. White Plains, NY: Longman.

Spodek, B., & Saracho, O. N. (1994). *Dealing with individual differences in the early childhood classroom*. White Plains, NY: Longman.

然而，在特定的內容與方法上仍有差異，教師們必須學習藉助於一般師資以外的專業人員，如顧問、資源教室老師與臨床醫

師，他們將會共同參與為特殊兒童設計及執行特殊教育計畫。

再者，某些個人特質是很重要的，教師必須拋開不必要的同情與憐憫的心態來關懷照顧特殊兒童，在面對教育目標與方法時要具彈性，願意嘗試新的技術並持續支持試驗性及適用的技術，願意與別人溝通、討論問題及分享心得，能夠在合作關係中發揮作用，對教育的價值抱持著樂觀與信心，同時，能夠接受某種程度的成功與失敗。在教育特殊兒童時與教育一般兒童的要求是相同的，……甚至更多。

結語

幼兒教師們在任教班級中正面臨著愈來愈廣泛的個別差異，包括了來自不同文化及語文（母語）群體的兒童、資賦優異兒童，未來可能遭受教育失敗的瀕臨危險兒童，與失能兒童等。教師們應該瞭解每一位兒童的優點與問題，並修正教育計畫以提供最好的服務與教育，即使是在團體教學情境中，為幼兒設計的教育計畫仍應個別化，此一個別化的教育需求應該在教師所設計的教案中呈現出來。

參考書目

Deno, E. (1970). Special education as developmental capital. *Exceptional Children, 37*, 229–237.

Gallagher, J., Weiss, P., Oglesby, K., & Thomas, T. (1983). *The status of gifted/talented education: United States survey of needs, practices and policies.* Los Angeles: National/State Leadership Training Institute on the Gifted and Talented.

Greenfield, P. M., & Lave, J. (1982). Cognitive aspects of informal education. In D. A. Wagner & H. W. Stevenson (Eds.), *Cultural perspectives in child development* (pp. 181–207). San Francisco: W. H. Freeman.

Hanson, M. J., & Lynch, E. W. (1989). *Early intervention: Implementing child and family services for infants and toddlers who are at-risk or disabled.* Austin, TX: Pro-Ed.

Karnes, M. B. (1983). The challenge. In M. B. Karnes (Ed.), *The underserved: Our young gifted children.* Reston, VA: Council for Exceptional Children.

Laycock, V. K. (1980). Prescriptive programming in the mainstream. In J. W. Schifarie, R. M. Anderson, & S. J. Odle (Eds.), *Implementing learning in the least restrictive environment: Handicapped children in the mainstream* (pp. 285–319). Baltimore: University Park Press.

Marland, S. (1972). *Education of the gifted and talented.* A report to the Congress of the United States by the U.S. Commissioner of Education. Washington, DC: U.S. Government Printing Office.

McCollum, J. A., & Maude, S. P. (1993). Portrait of a changing field: Policy and practice in early childhood special education. In B. Spodek (Ed.), *Handbook of research in early childhood education* (pp. 352–371) New York: Macmillan.

Peterson, N. (1987). *Early intervention for handicapped and at-risk children: An introduction to early childhood special education.* Denver: Love.

Saracho, O. N. (1986). Teaching second language literacy with computers. In D. Hainline (Ed.), *New developments in language CAI* (pp. 53–68). Beckenham, Kent: Croom Helm.

Saracho, O. N., & Hancock, F. M. (1983). Mexican-American culture. In O. N. Saracho & B. Spodek (Eds.), *Understanding the multicultural experience in early childhood education* (pp. 3–15). Washington, DC: National Association for the Education of Young Children.

Saracho, O. N., & Spodek, B. (Eds.). (1983). Preface. *Understanding the multicultural experience in early childhood education.* Washington, DC: National Association for the Education of Young Children.

Scribner, S. (1984). Studying working intelligence. In B. Rogoff & J. Lave (Eds.), *Everyday cognition* (pp. 9–40). Cambridge: Harvard University Press.

Shonkoff, J. P., & Meisels, S. J. (1990). Early childhood intervention: The evolution of a concept. In S. J. Meisels & J. P. Shonkoff (Eds.), *Handbook of early childhood intervention* (pp. 3–32). Cambridge: Cambridge University Press.

Spodek, B., & Saracho, O. N. (1994). *Dealing with individual differences in the early childhood classroom.* White Plains, NY: Longman.

Stigler, J. W. (1984). "Mental abacus": The effect of abacus training on Chinese children's mental calculation. *Cognitive Psychology, 16*, 145–176.

Tjossem, T. M. (1976). *Intervention strategies for high risk infants and young children.* Baltimore: University Park Press.

U.S. Office of Education. (1977). *Education of handicapped children.* (Federal Register, August 23, 1977). Washington, DC: Department of Health, Education, and Welfare.

6

教學組織化

本章綱要

◇教學計畫
◇教學上的兒童分組
◇設計每日進度表
◇輔助學習的教室佈置
◇發明活動單元或方案
◇活動或場地之變換

導論

一旦教師決定好他們為學生所設計之教學計畫的目標、內容時，他們之後必須創造一個教學情境。教師可把學年分成幾個有目的的階段，設計每日活動進度表，將兒童安排在可管理的團體中，使教室有機化，以便讓兒童能充分利用空間、教材及設備。

在兒童初期階段，他們的自主性是教學的目標而非既有之事實。我們希望他們變得獨立，也要了解他們在過了低年級後亦將繼續依賴成人。自主性的發展是培養而成的，當我們這些有知識的成人給予孩子安全感及引導的同時，也要教他們學習承担責任。

教學計畫

教師必須著手擬定長程及短程計畫。長程計畫有助他們檢視整個學年的活動，使他們能以兒童先前的經驗而設計新活動。短程計畫是處理每日教學的許多細節。短期目標是特定活動的預期結果，而且應與長期目標相關連。

教學計畫在兒童入學前就要展開。教師須先思考這學年該做什麼，並蒐集教具、教材和設備，把想像轉變成實際。某些教具要

先訂購好。預設教材和教具的需要會讓老師們更靈活地運用它們。教師應找出有哪些特別的學習機會是每個孩子已準備好能接受的，並提供機會幫助他們使用學習資源。最後，必須幫助每個孩子成為班上有責任感的一員，學習成為團體的一分子，從身為成員中獲得滿足與安全感，並配合團體的要求而不沈涵於個人的想望當中。要做到這些，孩童必須發展自制力以及適當處理需求和情感的方法。

長程計畫

在發展長程的計畫中，教師們要理出頭緒以便把全年課程中多樣因素綁在一塊兒。活動可依特別主題分成單元或方案，或者也可以著重發展成套的特殊技巧。當老師設定自己班上的目標時，他們也必須判斷每個孩子被期望達到這些目標的程度，就我們所知的兒童個別差異告訴我們並非班上所有的孩童都能在相同範圍，相同時間內達成所有已設立的目標。

長程計畫有助於使課程彈性化。當兒童在課程中學習順利時，老師可以修正其計畫，即在不影響課程連貫性的情況下，提供未預設的學習機會。但若無事前的考量及準備，老師們便無法整合每日的學習活動。

太多的教育家將長程課程計畫視為線性過程。教師們先設定每個長程目標，再確認達成目標的先決條件後展開計畫。然後這些先決條件又變成一組更易達到的目標，且課程變成一連串有順序的步驟向目標邁進。這種計畫的假設是：如果孩童按部就班且無任何嚴重的偏離主題的話，最終目標將可達成。

這種形式的課程計畫有一例子，即在「科學——一過程取向」（見第13章）的課程設計中可發現。雖然此計畫有助於老師了解現行和未來活動之間以及立即和長程目標之間的關連性，但它也有缺點。以這種方式設計畫學計畫是過度嚴苛的；唯一說明兒童之間個別差異的只有學習的步調，學習形態的差異或興趣則被忽略掉了。

Rebecca Corwin，George Hein，及Diane Levin (1976) 曾提出課程網絡以做為非線性課程結構的形式。課程網絡的概念從過去幾年來愈來愈受重視（見Spodek, 1991; Workman & Anziano, 1993）。當此課程從最初的經驗中開展時，單一的興趣、經驗或活動可能將兒童的學習帶往許多不同的方向並衍生成科學、數學和藝術方面一連串的活動。在一個課程網絡中不同的課程領域——語言藝術、數學、科學、社會科以及藝術——透過為期數週兒童所參與的活動而組織成一項研究。

老師使用**課程網絡**(curriculum web) 便能整合不同的學習活動，若課程適當且不影響活動目的的話他們可以轉換不同的方向。網絡可協助教師為每組兒童以特殊方式來設計整合各個課程領域的學習方法。兒童在此形式中常能應付進階學習，而不需要先完成在較線性的方法中的必要先決條件。確定課程目標的老師

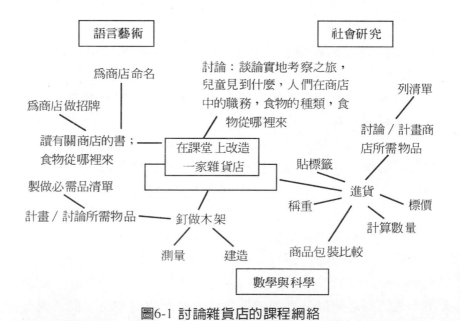

圖6-1 討論雜貨店的課程網絡

資料來源： *Educationally Appropriate Kindergarten Practices,* copyright 1991, National Association Professional Library. Reprinted with permission.

可以彈性地計畫並兼顧孩童的興趣與關注,「偏離正軌」有時是必要的。「出軌」可能導致一套新的目標產生或可能走了捷徑到達先前設定的目標。課程網絡使用的例子如**圖**6-1所示,其為討論雜貨店的單元。

　　無論整個課程如何設計,老師們都可以修改它以符合個別孩童的需要和興趣。沒有兩個兒童是相同的,也沒有兩堂課是相同的;沒有一個教科書的作者或課程發展專家對教室裡的兒童有私底下的認識。只有老師了解孩子能力的強弱、背景以及學校的環境,也唯有他們能夠修正課程以適合孩子。

　　設計一年長的計畫讓老師在事前便想清楚課程並蒐集必要的資源來實行它。照片、幻燈片、錄影帶、新書和教具可能必須事先訂購。戶外教學需要事先計畫。畢竟,要取消戶外教學、延遲訪問或決定不使用照片總比要實行一項活動卻發現進度表已滿或教材不足的情況要來得容易解決。

短程計畫

　　教師也必須將課堂工作以日、星期、或固定周期為基礎來分類。在短期計畫中,老師要考慮每日課程的均衡以及如何串連不同的科目領域。例如,兒童可以配合數字觀念寫造句故事或敘述測量經驗,如此,便結合了數學和語言活動;取自書中的故事也可以童話劇或木偶劇的方式演出;科學經驗則常需要將數值量化。總之結合兩種學習領域的可能方法是無限的。每一種都讓老師在無形中擴大了孩童的經驗。

　　有些教育家建議在事前將教學計畫的每一細節謹慎計畫好,然後老師因循不悖即可。可惜,這種呆板嚴苛的方式卻限制了活動的進行。如果活動變化多端且兒童在每個活動中可變換自己的角色,他們將發現課程領域與他們的需求相關且有助於其成長。在經過老師謹慎準備的選項中,兒童的「自我選擇」是幼兒教育中重要的一環。充分的計畫有助於確保學習活動的合理性,且每種選擇都提供了一個合理的方式來達到教育的目標。**專欄**6-1課程

課程指導核對清單

——情境 　　　　　　　　　　——音樂
——年齡／年級 　　　　　　　——運動
——原理（以理論和經歷爲基礎）　——語言藝術
——目標（長程及短程）　　　　——閱讀
——可行的計畫（流程圖、單元、科目領域等）　——科學
——管理的類別 　　　　　　　——數學
　　——遊戲 　　　　　　　　——社會科
　　——進度表 　　　　　　——和父母合作
　　——佈告欄 　　　　　　　——父母的參與
　　——平面圖 　　　　　　　——父母的教育
　　——學習中心 　　　　　　——父母的面談
　　——點心 　　　　　　　　——父母的簡訊
　　——多樣分組 　　　　　——評量
　　——引導孩童的方法 　　　　——兒童
　　——成人分組的方法 　　　　——情境
——均衡的課程 　　　　　　　——教師
　　——藝術

指導核對淸單可資參考。

活動發展

　　托兒所和幼稚園的教學單元以活動爲主，而在小學裡教學則被統合在課程中，每一種教學不外乎有正式的開頭、過程和結

尾；**活動** (activities) 則是開放式的，最後結果雖然未加預設，但却可能重複發生。活動不是由老師來主導，老師可以計畫活動、使教材充分、提供時間、甚至影響活動的方向，但終究是兒童完成了活動，決定了它的內容。每個活動之間可能無甚關連或者通常是一系列相關活動中的一部分。老師可將堆積木、音樂和說故事活動在同一天內連接到一個主題上，或讓一系列的活動連續進行幾天，精益求精。活動可以被分成單元或方案。在這種計畫中，基本概念和觀念可重現在不同的活動中，以提供學習的反覆持續性。

　　教師應設計一個教學計畫使孩童能涉獵許多不同的課程的領

活動是開放式的課程架構，它提供給兒童學習的機會。

專欄 6-2

教學計畫的步驟

1. **設定目標並發展教學的理論基礎**。目標是目的的一般說法，它要考慮：(a) 學習者的需要；(b) 學校教育功能的社會觀點；(c) 學習內容。老師們必須思考他們選擇的教學法之基本理由。

2. **界定標的**。目標對於計畫的過程是極重要的，但是它的範圍很廣。標的則意指在特定情況下可達到的目標，它會引致特定的教學決策。標的可用幾種方式來寫出。一些表示動作的字彙，像寫、選、觸、說、剪以及做記號等在寫標的時很有用。標的應該要夠清楚，才能幫老師發展教學及評量策略。

3. **建立一種評估學習的方法** (見第 9 章)。

4. **將教學內容分成活動、課程、單元以及／或方案**。

5. **設計活動或課程**。單元被分成課程或活動是計畫中合理的分割 (Gunter, Estes, & Schwab, 1990)。

域。教室必須有機化，如此每個活動在需要時都有必要的空間、教材和設備，即使數個活動同時進行也不會相互干擾。

教室佈置

　　幼兒所上的學校裡都放置了許多設備。有些設備的設計符合幼兒教室的功能，但有些卻不像是為幼兒設計的。有時候，原本是設計給較大孩童的教室卻被用做幼稚園或幼幼班的教室。此外，教堂建築、社區中心、家裡或商店都成了幼兒的學校。有時在教堂和社區中心會同時出現二種佈置，今天或本週的某一時段有幼稚園使用場地，另一時段又有另一活動也要在此舉行。每一種佈置都會讓老師遇到不同的問題。

　　然而，行政主管和教師可以調整他們授課的物理空間。如果天花板太高，可以合理的價格裝置懸吊式天花板，並改善燈光或音響設備，同時也可以建個閣樓，做為戲劇表演的場地或提供給兒童一些私人的空間；甚至以明亮的色調粉刷牆壁，在窗戶上掛上窗簾、畫上壁畫，或設計一面吸引人的展示牆，這些都能改變物理空間的性質。

　　教師們應深思熟慮如何藉由改變配置空間以提供較佳的學習計畫。如果希望所有的孩童在同一時間參與相同的活動，那麼比起教室內的個人或小組活動，教室佈置便顯得較不重要。在個人化的課程中，教室應重新佈置，如此孩子才能獨自操作而不須老師持續的監督，且他們也不會干擾相互間的活動。

組織物理空間

　　教室的基本空間要求通常由法律規定。許多州都要求在幼稚園裡每個孩子的教室空間至少要達35平方呎，相同的數字有時也適用於低年級的教室中。但是，許多專家建議每個孩童應擁有100平方呎大的空間，以及50至200平方呎的戶外空間。有一些證據顯示，太狹小的空間會影響兒童的社會互動（Ladd ＆ Coleman，

教師佈置教室的目是爲了充分運用資源

1993)。室內空間應該要光線充足、通風良好、必要時也要夠暖和，教室中的水也要便於取用。理論上，也應該要有便道從教室通往戶外遊戲場和洗手間。如果教室有一個門直接通往遊戲場或平臺，那麼課程便可自由地在室內外進行。

　　老師們必須檢查教室內的物品佈置，以確保它們的安全性。課桌椅及其它硬體設備都不能有會傷害兒童的銳角及突出物；走道的設計要避免互撞的可能；攀爬設備表面要覆蓋軟墊。如果班上兒童有肢體障礙的情況，那麼便必須對物理環境做額外的調整，例如，桌椅可能必須重新安排，或者在桌脚下放一支撐物以防滑動。此外，教師和學生都應該建立及加強課堂上的安全守則。

　　大多數低年級的教室裡都具有較不正式的座位安排，亦即把椅子和桌子以水平線併成一列或圍成半圓形。多餘的椅子便放置在角落，閱讀教學課時才拿出來用，或把繪畫課所用的畫架和講桌擺在教室後方。也可以準備架子和櫃子來儲放書本及教材，以及做爲一個科學和自然研究的展示區。不過這種形態的教室佈置只適用於口語傳達的基本教學模式，且把學童視爲是在老師監督下一個完整的班級或數個小團體來教導。社會科的架構以及兒童

的實驗都需要其它形式的空間及教材。希望個別化教學並允許兒童以自我步調學習的老師也會覺得這種安排太缺乏彈性。正如進度表反映教師所期望發展的教學計畫類型一樣，教室佈置亦同。

一間活動取向的教室可讓個人或小團體同時從事不同的活動，其構想源自與幼稚園相類似的教室佈置。圖書中心在低年級教室中是重要的資源，此外，也可以設計關於數學、科學、社會科、語言藝術以及其他領域的活動中心。

由於學校設備及學生團體富於多樣性，所以要建議一種理想的教室佈置並不容易。但是，仍有標準可供教師用來評斷教室中的均衡度以及物理設計支援教育設計的程度。最重要的是活動區域之間必須有充分區隔，惟有如此，兒童的操作過程才不受干擾，物理和視覺的界限也才能產生作用；而且，喧鬧與安靜、雜亂和整齊的活動才能被分隔開。

Elizabeth Jones (1979) 曾提出可用來分析物理環境的五項要素；它們可被用來計畫物理設施以及選擇課桌椅和設備。這些要素是：

軟──硬
開放──封閉
簡易──複雜
侵佔性──隔離性
高機動性──低機動性

軟性區域即兒童可以放鬆閱讀、聆聽、交談或安靜玩耍的場所。我們可以提供一小塊地毯、幾個枕頭、一個填充動物，一張沙發椅或搖椅或甚至加裝窗簾。房間的其它區域則以硬物為主。硬質的地板和桌面有助於方便清理雜亂的教材且可以經得起兒童操作過程中的磨損。在戶外，草地是軟的，而鋪石子的地面則是硬的。

大多數幼兒的教室是相當開放的。教室允許將教材置於方便取得的開放式書架上，不過老師也會將某些物品放在遠離兒童的封閉區。同時也要給兒童開放式教材和封閉式教材。封閉式教材，

像圖畫拼圖，在零星的圖片之間只有受限的目標和模式；而開放式教材，像黏土，則在目標和模式上提供無限的選擇。此外，簡單和複雜的學習材料也都應該提供給學童。簡易的教材有一個明確用途且無附屬部分；複雜教材則用於操作性和即興而作的活動中，它有許多附帶部分。

教室裡有些區域應被隔開，闢成舒適的場所以及做為有些必須和團體喧鬧活動隔離的場地。其他地區則應鼓勵教師和兒童的「侵佔」，像是老師短暫地參與戲劇表演的活動。當教室活動鼓勵大與小程度的運動時，教室佈置也應具備高和低的機動性。當空間被物理限制所圍時，（例如地毯或課桌椅的擺設），則安靜地坐著討論是適當的；同樣地，大又開放的空間則適合機動性大的活動。不同活動所要求的走道和機動性應依照目的加以研析。

理想中，室內場地設計應輔助彈性的教育課程。在可能的地方裝設音響器材；地板可舖上地毯或覆以有彈性的地磚；牆壁可塗以活潑但不突兀的顏色且應提供充分的展示區，包括佈告欄及黑板；在窗邊裝上窗簾或百葉窗可減低強光，並於必要時使房間全暗；擺放飲水機以及裝設活動用或清潔目的的水槽可減少兒童往返走廊的次數；洗手間應毗鄰或接近教室。

教室也應有足夠的儲物櫃和裝鎖的收藏櫃以保管孩童的外套、靴子、額外的衣物以及個人財物，或配合教師的需求使用。此外，應提供較大且不同的儲物空間來擺放教材和設備。另外，有大輪子的玩具、紙張以及繪畫教具都需要不同的儲藏設備。

活動角落

學習角落、興趣角落以及**活動角落** (activity center) 這些詞常互換著用。這些中心事實上就如名稱所示：擁有多樣教材以輔助兒童學習活動的地方。每個角落都應該被設計成以兒童興趣為基礎並提供有價值的學習活動。所提供的活動應該反映兒童的發展程度以及經驗背景，讓兒童藉由物體操作、建構、專心與他人對話、擔任不同角色等活動，以自己的步調學習週遭的事物。

一個**活動角落**是指教室中的一區，教材皆依據學科領域或主題來準備，以輔助兒童的學習。

許多幼兒用的教室都被分成好幾個角落，每一個角落都是輔助教學計畫的一部分。活動角落可依教學計畫需要加以擴大或減縮，不過在活動期間大部分都均一安排。活動角落讓教室變成以兒童為主，老師為輔。它們有助於課程的個人化，並且讓學生的課堂參與更積極、更自主（Blake, 1977; Patillo & Vaughan, 1992）。這些活動角落應被謹慎使用，因為太過依賴獨立的角落會導致課程支離破碎。

　　下列各項是為三到五歲兒童所設計的活動角落：

- **戲劇表演角落**　此角落包含關於不同主題的活動，包括家政、商店、餐廳或其他反映兒童社會生活的活動。當演出家庭劇時，活動應反映每個家庭成員的特色。戲劇表演角落可能包含傳統家務的主題或提供其他關於成人及社區生活不同層面的主題。Judith Bender（1971）建議在收集戲劇表演的材料置於「小道具箱」內，每一個箱子配合一個主題。用在汽車修理劇的小道具箱將包括被丟棄但已清洗過的汽車零件、工具以及其他材料。老師也可以設計一個露營道具箱，美容師道具箱或其它不同的道具箱。

- **積木角落**　積木角落提供給兒童建造房屋、商店、學校和運輸系統的機會。加入小道具可加強遊戲效果，如：紅綠燈控制汽車的行進，農場動物和人物的玩具有助於模擬農場實境，而玩具飛機亦可讓飛機場的建造更具真實性。

- **拼圖及遊戲角落**　拼圖及遊戲應該要分成不同的難度等級，如此兒童才能選擇其所能順利完成的項目。拼圖靠的是組合顏色及形狀。遊戲可包括坊間及老師所設計的遊戲項目，只要適合兒童的興趣及技能程度即可。

- **圖書角落**　此角落應設於教室的靜僻處，遠離人來人往的通行要道。書本應展示出來以便兒童可以容易選擇他們想看的書。展示書可與當天研讀的主題相關連。地毯或毛毯以及軟墊椅子或枕頭，加上圖畫和插花能使兒童覺得舒適又吸引人。

- **數學角落** 此角落應包括讓兒童專心解決數學問題的教材。計數器、幾何板、量杯以及比較用的圖形。假設問題讓兒童解答的「習作」也可以被納入。例如使用天平的習作題可以設計成「幾個核桃和一個蘋果一樣重？把數目字寫下來」。

- **科學角落** 此角落讓兒童從事簡單的實驗、觀察自然現象或照顧寵物。也可以提供將自然環境中的物體做分類的遊戲，例如種子、貝殼、葉子、昆蟲或食物。

- **玩沙和水角落** 這兩個角落適合在戶外，但如果放置桌子的地區其地板材質適宜的話，也可以設在室內。

- **視聽角落** 此角落應準備放音機及卡式錄音機。如果可準備耳機的話，聽錄音帶時便較不會受班上其他學童的干擾。市面上及老師自製的故事及音樂帶若配以書本，可鼓勵孩子聆聽並與所聽事物產生互動。

- **音樂角落** 本角落應包括簡單的樂器及其它可被用來製造聲音的教材。沙磚、鼓或鈴有助於學生發展對聲音和韻律的欣賞。

- **美術角落** 基本的材料包括畫架、大桌子、顏料、紙、漿糊、黏土等且應具備一個適當、寬廣的儲存空間。兒童要能方便取用材料且能獨自收好和清洗。

- **木工角落** 此角落應包含一張重木桌或工作檯 ，一些8到10盎司重的榔頭、小鑽子、斜接木片、弓鋸或短的橫式鋸、C型夾鉗、軟木以及普通釘子。此角落應設在隨時可察看的地方。

- **玩偶角落** 簡單的舞台以及數個坊間或老師以及兒童所製做的玩偶即可訓練兒童的創造力及語言發展。玩偶角落可依孩童的使用需要而定期設置。

- **體育角落** 平衡木、跳房子的厚墊、呼拉圈、跳繩、沙包遊戲以及球類都是可用的器材。如果教室沒有足夠的空間，則其它的室內場地，像多功能室，或內庭露台、操場都可以

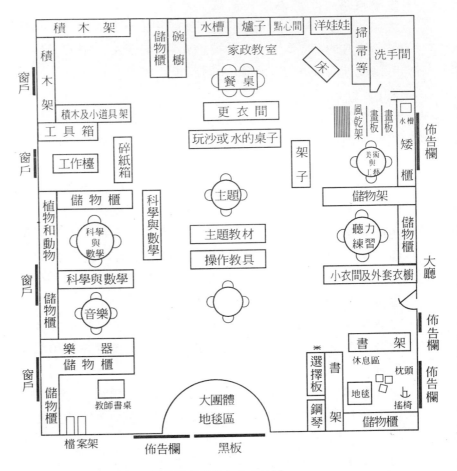

※選擇板：標示兒童所處之中心位置

圖6-2 幼兒教室平面圖

資料來源：B. Spodek, O. N. Saracho, and M. D. Davis (1991). *Foundations of Early Childhood Education* (2nd ed.), Boston: Allyn & Bacon.

加以挪用。

- **烹飪角落** 此角落也可以在需要時暫時設置。它讓孩童自己做點心並從事特殊的烹飪項目。本角落應準備一張矮

桌，在那裡兒童可準備營養的食物並放置需要的用具。

設計週詳並提供許多學習事物給兒童的活動中心防止了許多紀律問題並讓教師了解孩子是獨特的個體。兒童應要能夠從不同的活動中挑選且從事他們所希望從事的活動。兒童必須經由第一手經驗學習，因為對其而言是最自然的方式。日進度表應提供一大段時間（30分鐘至1小時）來做中心活動。設備和教具應分門別類，這樣孩子們不須大人幫忙就可取用，並在用完後物歸原位。

活動角落必須要均衡安排。在教室裡設置活動中心時，老師應將發出噪音的區域和安靜的區域分隔開。如果音樂中心設在圖書中心旁邊而孩童又在玩樂器的話，那麼在圖書中心的孩童便很難專心。此外，美術中心應該鄰近有水的區域，以避免從教室這頭滴水滴到另一頭。如果教室中取水不便，那麼美術中心應靠近門，因為教室這部分最靠近水源。**圖6-2**是活動中心的圖示。

下列建議將有助於老師計畫和組織活動中心：

1. 雖然在活動期間兒童可從事自我選擇的活動，但老師仍要設計將一些孩子導入學習活動的活動中心並教授觀念給兒童。

2. 教師的計畫以及教室佈置應考慮兒童的肌肉發展和協調、社會成熟度、語言技巧、興趣以及需要。

3. 應提供充足的空間、時間和設備在連續的遊戲上。透過遊戲活動的參與，兒童可體驗與其他同年齡的孩子產生社會關係。他們應該要有機會發展體能和智力、語言練習以及批判思考。計畫週詳的活動提供具體和感官上不同的學習經驗。

4. 每天在活動角落的時間都應獲得許多的學習經驗。兒童應能夠依照自己的興趣及專注力的長短而自由地變換活動。

5. 活動期間應均衡安排靜態與動態活動，以及個人與團體活動。老師應準備戲劇表演、積木遊戲、配合操作性教材的科學與數學學習以及從事創造性的藝術活動。通常，老師也會準備音樂和閱讀的活動。兒童不應只被限制在當天預設

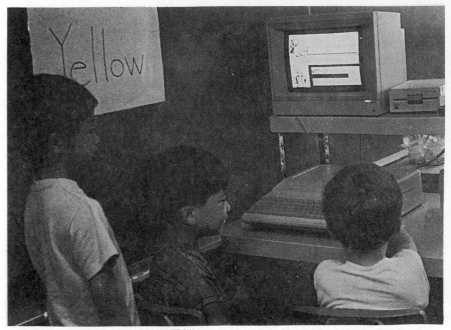

兒童可以小組合作的方式使用電腦。

　　的經驗中，那些經驗只有一開始時有意義，好比引導兒童
　　參與的誘因。老師們應掌握兒童自發性的學習機會予以回
　　應。

6.活動期間教師應陪伴在兒童旁邊。兒童的遊戲透露了興
　　趣、能力以及需要。有時老師的參與、提升遊戲潛力或促進
　　遊戲的進行是恰當的。有時老師會在遊戲中插上一腳；也
　　許老師引導的話有助於兒童向自我紀律發展，也或許老師
　　會了解兒童的需求而提供新的遊戲教材。許多活動（如木
　　工）基於安全考量需要大人在旁監督。

低年級的活動角落

　　低年級的活動角落通常以科目來區隔，例如：數學角落、語
言角落、社會科角落以及科學角落。設計易引起兒童興趣的主題

或計畫相關的活動角落是有用的，例如環境研究角落、運輸角落或著重於任何主題的角落都可以在教室中被建立。只要主題能掌握兒童的興趣，此類角落都可為兒童設立。

　　一個角落應包含個人及小團體可用的教材，清楚地界定這些教材的使用範圍。角落要易於監管，且內容應配合獨立的研究與活動。活動卡可指引兒童學習的方向，而不須老師持續地在旁指導。有時活動可藉由計畫會議而獲改善。

　　例如，科學活動角落應該要設於方便取水的地方。也應該要有一個展示區放置植物和動物以及儲放放大鏡、磁鐵、不同大小的容器和多種測量裝置的架子。為了保持有秩序的排放，也可以用淺盤把它們分類放置。科學角落的教材應隨著研究的領域不同而時時更換；此外，季節變換，教材也要更換。開放性的問題可做為展示的主題，例如「哪種質料在水中會下沈，哪種會浮起？」

　　閱讀角落要有書放在書架上，書名要清楚地顯現出來，並且有舒適的角落閱讀；一塊地毯、幾張椅子、一張軟墊椅以及圍在桌旁的長椅，加上圖書架即可佈置一處具體而微的小型圖書館。書本要有不同等級的難度和不同主題，包括小說和非小說。此類角落可以增設聽力室，準備有耳機的錄音機或留聲設備，以及一台幻燈機。

和兒童一起計畫使用活動角落

　　為了擁有一個可運作且組織完善的教室，老師必須提供一個有系統的管道讓兒童參與計畫。兒童和老師必須一同計畫以選擇自己的興趣和活動角落。老師可舉行一場大團體會議讓兒童知道可利用的東西有哪些，每個中心一次可容納多少學生。計畫板可放在教室中間的位置，讓孩童知道哪些中心是目前可使用的，它也能讓老師知道兒童的所在位置。例如，計畫板可以畫上每個區域的圖，並釘上掛勾，老師可在掛勾上掛上圖例或數字牌以標示每個區域可容納的人數，學生則將代表自己的名牌或符號掛在計畫板上，舉例來說，如果堆積木區只能容納4個人，那麼計畫板上

只能用4個掛勾顯示此區域。每個區域可以有自己的計畫板；而顯示所有區域的大計畫板須置於教室顯眼的地方以標示每個兒童身在何處。

戶外場所

戶外遊戲區域也必須像室內區域一樣謹慎規劃。戶外區域可能會遭遇幾個特殊問題：例如活動受氣候及天氣影響，以及額外維修的問題。戶外區域也傾向於從事伸展肌肉的活動，對一些身體殘障的兒童而言會是一項特殊挑戰。

如果可能的話，戶外遊戲場應舖上石子路面及草地。人行道可讓兒童騎三輪車或其它帶輪的玩具。此外，堆積木活動在平坦地面較適宜。

戶外的平臺或內庭露台最好搭上篷子，如此在下雨天兒童也可從事戶外活動，這種場地讓一些傳統的室內活動也能在戶外舉行。另外也要有一個挖掘的地方，一塊泥地應該就夠了，但是沙箱或沙坑要大到足夠讓一群兒童在裡面玩耍。沙坑可直接建在地面上，設置排水孔並覆以表蓋以維持沙子的清潔及可用性。花園可設在旁邊供兒童使用。

伸展肌肉的活動以及戲劇表演都須預先做準備。固定設置的木製、鋼鐵、水泥及玻璃纖維設備以及可攜提的竹簍、板子及樓梯等器材都是有用的。極小的孩童可供以簡單的設備；當他們變得較有能力、較懂事時才給予他們較具挑戰性的設備。室外場地也要有充足的儲物空間，例如在遊樂場中設一庫房或在遊樂區入口處放一上鎖的櫃子。

主要的氣候型態將主導戶外活動的類型以及戶外場地的設計。其他的考量還包括蓄意破壞的問題以及學校停課期間的使用問題。戶外場地應被視為教室的延伸，提供孩子喚起其興趣及好奇心的學習經驗。

Frost及Klein（1979）提出：兒童的遊戲場應謹慎規劃，甚至

在建校前便要計畫，以預留天然的地域。常設的設備，如籬笆、儲物設施、水管、飲水機、硬面地區以及遮陽結構均應設置。**遊戲場（playground）**應**劃分區域（zoned）**以便規劃設備的範圍及佈置，考量的因素包括：(1)複雜多功能結構的需要；(2)依遊戲的多樣形式準備不同的設備；(3)安排可供交叉結構遊戲進行的設備；(4)設計可整合的區域；(5)設計的區域可供兒童跨越遊玩。同時也應提供創作藝術及自然活動的空間，此外，還必須注意安全、保養以及監管的問題。

> 遊戲場分區乃以經過組織化的場地進行不同種類的活動。

設備與教具

　　雖然教育用品店可供應大部分活動中心所需的設備，但一些設備只要在當地五金行、超商以及廉價商店即可購得，這種選擇較划算，因無須負担包裝及運送的費用。就近購買的老師應注意學校有關採購的政策以及是否可免付當地營業稅的規定。但是，當地採購確實較費時，老師須判斷所花的時間是否抵得上省下的金錢。許多學校隨時準備一筆零用金，方便老師做小額採購，例如烹飪活動的蛋糕粉或做木工用的釘子。

　　幼兒教育的教具包含了整套教材以及教師手冊，裝成一袋供課堂使用。無論是教授數學、閱讀、語言技巧、認知技能、人際關係技巧以及許多其他的學習領域的教具均一應俱全。一個班級所有的課程都可透過教具而學習。

　　有些教具對教師而言是很有用的。它們匯集了難以取得的教材並藉由建構活動及指引老師方向而確保合宜的教學。通常，它們是容易理解且設計完善的；有些甚至實地測試過以確定其效能。但是，有些教具缺乏想像力，只能用於封閉性活動，或提供的教材索價過高，如音響；或提出很少的證據證明其教學成果。事實上，教具有好有壞，有封閉性與開放性，有培育兒童學習的教具也有那些剝削且只提供極少活動的教具。老師們應該像評估課堂上任何一套教材一樣去評量每一樣教具。

低年級班也可組織成活動角落的形式。

　　有些學校會有價格不貲的設備，像是畫架、鎖櫃、攀爬裝置或儲物設施，它們是由家長或社區成員所捐贈或建造的。願意建造設備的家長或社區成人可能是有辦法在當地租借到動力工具的人。當地的縫紉中心也常出借縫紉機，讓家長們幫忙做洋娃娃衣物、小床單或窗簾。把家長們聚集在一起從事這樣的工作有其它優點——當他們碰面並一起工作時，他們會組織成一個團體，同時他們也會投資在學校上。而且，重要的是藉著這種工作會，家長們不會覺得被剝削。

　　很多有用的學習材料不需要購買。老師可以挽救一些快被丟棄的教材，甚至可以和兒童及其父母一同參與這個過程。小豆子或小石子可用來做為數數的教材。舊衣物是戲劇表演中很棒的道具。廢棄收音機的天線底盤、壞掉的鬧鐘、修理店的丟棄物、鈕扣、紙板蛋盒以及許多其它的教材在幼兒教室中都很有用。

　　教學資源可幫助兒童具體摹想及了解觀念。它們可以包括下列各項：

　　1.**模型、收藏品及博物館**可用來幫助兒童了解具體事物。例

如，多利多博物館的每個發現盒裡都收集了關於某一主題的圖片、書籍及物品。

2. **照片、幻燈片以及錄影帶**可促進兒童的理解力。但是，老師應該在課堂使用前先預覽這些教材。他們也應該評估教材的價值及合適性，例如長度、難度以及所傳達的概念數量。幻燈片讓老師可以問問題或討論兒童有興趣的觀念。但是，老師必須注意這些討論不要過長以免老師和學生突然轉變話題或讓兒童覺得無趣。

3. **電腦及電腦程式**對幼兒而言已日益熟悉。愈來愈多探索取向的軟體，都有適合幼兒課程的模擬及遊戲。樂高和其他數學取向的軟體也出現了幼兒版。簡易的文字處理程式也漸漸用來教兒童書寫技巧。教室裡的電腦中心可讓幼兒使用這些程式。Clement（1991）提出下列有關電腦環境教學的建議：

- ・循序漸進介紹電腦操作，一次介紹一或二個程式。
- ・鼓勵兒童兩人一組一同操作電腦。
- ・一開始要給予許多鼓勵和指導，再逐漸增加自我導向及合作學習的機會，但仍繼續給予指導。
- ・教導兒童有效地合作。
- ・留意兒童的發展極限。
- ・觀察學生的互動情況，以確保所有人都積極參與。
- ・避免在兒童發問前即予小考或提供協助。
- ・在電腦活動中，提供充足的準備及後續流程，如同其它活動一般。規劃必須審慎。

4. **佈告欄及展示區**應反映出兒童當時的興趣。

5. **可邀請博識多聞的人**展示照片或其他適性發展的教材，此法適於教導兒童特定的主題。此類人士可以教唱歌、玩樂器，或分享旅遊經驗及一些相關資訊。

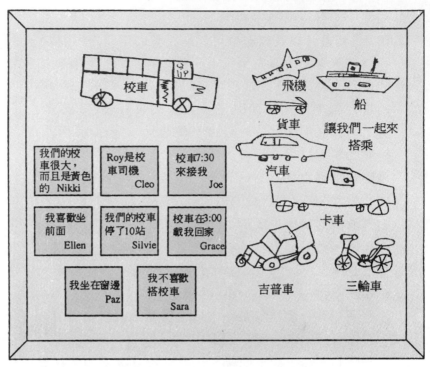

圖6-3 操作中心的佈告欄展示

選擇設備及教具的標準

在選擇設備及教具時,老師可採用多項標準。下列是應注意事項:

- **成本** 花在一件物品上的費用是很重要的考量。但是僅看價格,常會產生誤導。有些較便宜的產品之實用性不如較高價產品來得令人滿意。常常較貴的產品使用年限較長,總之是省得較多。無論如何,產品的價格必須和其效益相符。

- **和學校課程的關連性** 呈現於目錄中的教育設備通常是用來吸引成人的注意。產品可能很有趣但與課程無關,教師

們應選擇會引起兒童興趣的教材及設備，且能有助於推展課程的教育目標。

- **對兒童的合適性**　學習教材應符合兒童的興趣、年齡以及特殊分組的學習能力。在選擇教材時應考慮每個兒童的特定能力及需求。

- **品質與耐久性**　在評斷一件設備的品質時，有很多的因素要考慮。在家庭使用綽綽有餘的設備常不適用於學校。設計很重要，但使用的方式也同樣重要。留心使用教材的種類及品質——設備製做的謹慎度、零件組合的方式、最後應用的形式等，均有助於決定品質。

- **安全性**　因為幼兒易在意外中受傷，此項標準格外受重視。學校設備不應有銳角或突出物。成品應無毒而耐用。對幼兒而言，教材應大到讓他們無法吞食。如果是攀爬設備，則必須要能支撐孩童的重量而不會倒塌，階梯間隔要夠近才能讓兒童容易活動。當大多數的設備或教材都設計得符合幼兒的安全需求時，不見得就真的安全無虞，隨時留意仍是最重要的。

- **使用的彈性**　既然預算和場地常受到限制，老師們應考慮一些可用在不同方式和情況的設備。這種設備不必常常收藏且可用在更多地方。在戲戲表演區裡，細節少的設備常可做最彈性的利用，因為兒童的想像力可把一只簡單的箱子變成火箭船或敞篷馬車。當然，依特殊目的而設計的設備亦不容忽視。

遍布全美的許多家教育用品社均製造及／或販售幼兒教育的設備及道具。這些公司常設有分區辦事處，它們的目錄或展覽會有助於老師選擇課堂上適用的設備及教材。一些傳統的教科書出版商除了書籍之外也發明一些包含其他種類的教具。

許多老師很難挑選到合適的教材及設備並決定哪一家製造商可提供高品質但價格亦合理的產品。可惜，尚無關於此類設備的「消費者報導」，但不妨詢問一些對特定設備有採購經驗的老

師，他們的建議通常很有幫助。

許多爲幼兒教育選購設備的指南都便於取得。包括在課本裡的清單及小冊子。在下列資料中提供的一些有用但有點過時的明細表可供參考：

Association for Childhood Education International. (1976). *Selecting educational equipment for school and home*. Washington, DC: Association for Childhood Education International.

Evans, A. M.. How to equip and supply your prekindergarten classrooms. In J. L. Frost (Ed.), *Early childhood education rediscovered* (pp. 567–576). New York: Holt, Rinehart & Winston.

雖然每間教室有其特殊需求，但了解課堂上常用的教材及設備是有幫助的。

- **課桌椅** 幼兒教室的課桌椅應要方便移動及耐用，並按兒童體裁製做；桌椅應有不同高度，因爲每個年齡層的兒童體格均不同。爲了多種目的，也可訂製不同形狀的桌子。同一張桌子可用來上美術課及吃飯用；特別的桌子，如展示桌可置於洋娃娃區、家政區以及圖書區。梯形的桌子相當有彈性，它們可以組合及排列成許多不同的形狀。如果椅子和桌子是可堆放的，可以在不用時收到教室角落。

老師可能希望擁有一些個人使用的書桌、椅子以及檔案櫃。如果工作場所鄰近教室，便不必占用教室空間。或者，可在教室中規劃一處僻靜的地區讓老師能準備教材、錄音帶、個人教具及應急教材。

如果幼兒整天待在學校，他們便需要休息用的小床。可以購買方便儲藏的輕便小床。對上半天課的孩童而言，這些是不需要的。在幼稚園，挪出一段時間從事非正式的靜態活動是有益的。

安排時間表

　　時間表（schedule）是用來計畫一天活動的時間。孩童可透過每日規律的事件學習預測未來的活動。在托兒所及幼稚園裡，時間分配給不同的活動；低年級的學習則依科目分配時間。幼稚園老師把大部份時間花在活動上，在活動的時間內，兒童若能自行選擇活動項目，則可提升其個人化的程度，老師也能爲不同兒童設計不同的學習計畫。

時間表分配一天中不同學習活動的時間。

　　任何的時間表都須具有彈性。在某一天裡，即使時間表只排二十分鐘和兒童談話，若必要則可延長至四十五分鐘；但在其他日子裡，五分鐘可能便嫌太長。老師可能希望花一整天做工藝課程，例如建造運輸單元用的巴士而完全不包括聽故事及音樂活動。老師應考慮一段長時間內活動的均衡，但兒童也不須每天都參與學校課程的每一領域。

　　要將時間排成課程表必須運用完整一天的某些變化，它讓兒童以自己的步調順利完成活動。關心兒童個別教學及發展自主性的老師可計畫許多課程在同時間進行，這樣孩童可依自己的步調變換課程領域。因此，學校生活的組合看起來像是活動課的延長，這種組合減少了在課堂上等待其他兒童的時間，因爲他們藉由個別的學習機會將學校時間做最佳運用。這種組合也有助於整合學校科目，因爲人爲的時間區隔已相對地減少或完全廢除。下面的時間表範本可供老師參考。這些時間表提供了一天活動的架構。當老師覺得對課程得心應手時，便可彈性調整日程表的結構。

　　更開放的結構可讓兒童容易進入課程狀態並自動出席；可能的話，讓兒童在出席板上掛上名牌，然後他們便可以直接進入活動中。其實不見得要有點心時間，點心可放在旁邊的桌上，兒童覺得有需要才拿。老師或其助手也可在活動時間帶一小組兒童到圖書區的角落進行討論或說故事，不一定要全班一齊做。戶外遊戲及全班團聚的時間仍須保留，但這是爲特殊目的，而不是一種慣

時間表範本

低年級半天班（上午班）

時間	活動
8：30—9：00	到校
	（老師在門口迎接小朋友）
9：00—9：15	點名、收牛奶錢等。
9：15—9：30	分享時間
9：30—10：30	活動中心時間
10：30—10：45	點心時間
10：45—11：15	戶外遊戲
11：15—11：35	聽故事或音樂時間
11：35—11：45	準備回家
11：45—12：00	放學

低年級半天班（下午班）

時間	活動
12：45—1：00	到校
	（老師在門口迎接小朋友）
1：00—1：15	點名、收牛奶錢等。
1：15—1：30	分享時間
1：30—2：15	活動中心時間
2：15—2：30	點心時間
2：30—3：00	戶外遊戲
3：00—3：15	聽故事或音樂時間
3：15—3：30	準備回家
3：30	放學

低年級全天班

時間	活動
8：30—9：00	到校
	（老師在門口迎接小朋友）
9：00—9：15	點名、收牛奶錢等。
9：15—9：30	分享時間
9：30—10：30	活動中心時間
10：30—10：45	點心時間
10：45—11：15	戶外遊戲
11：15—11：35	故事或音樂時間
11：35—11：45	間隔時間
	（讓孩童洗手、拿外套及個人財物，準備吃午餐）
11：45—12：00	兒童到午餐室
12：00—1：00	午餐時間
1：00—1：30	靜態活動
1：30—2：15	大團體活動
	（音樂、運動）
2：15—2：30	點心時間
2：30—2：45	說故事時間
2：45—3：00	準備回家
3：00	放學

老師必須提供學習教材給兒童。

例。

　　開放式時間表的許多成效有賴於兒童自主性操作的準備。有些老師可能較喜歡在提供一些獨自活動的時間之外仍維持一天的結構化部分。獨自活動的時間可包括獨自閱讀、工藝活動以及個人研究的機會，並在不同興趣領域中完成選擇性的作業。老師應該在活動開始前和兒童一同合作計畫並在之後一同開會評估課程的優缺點。

間隔時間

　　通常老師都會仔細地安排活動時間的內容，而問題往往發生在這些活動的間隔時間上。要求兒童清理環境、排好隊；從這一區移動到另一區或是等候都會遇到困難。有些孩童比其他人先清理好，有些則天生較沒耐性。常常，一堂課的時間表必須配合另一堂課的進度，因而可能延誤。

　　Elizabeth Hirsch （n.d.）提出許多在間隔時間造成困擾的原因，包括：在兒童方面，他們會覺得無聊、對下一刻感到茫然及害怕失敗，而在老師方面，則有要求兒童堅持服從和無法明確定出

幼兒可協助擺設點心。

任務的問題。預期間隔時間的問題並事先做計畫可舒解潛在的問題。老師可以隨時注意哪些孩子在間隔時間內有問題並給予他們特別的協助。發明一個清理遊戲可使它顯得較無壓力；給兒童特別的指引並觀察間隔時間的要求是否超出他們的能力之外是有用的。準備一些簡短遊戲、故事、詩及手指戲也可填滿未預期的等待期間。最重要的是，老師的鎮靜及秩序感可協助兒童克服已發生的問題。

人的分組

　　每天把十五、二十個或更多個年齡相近的兒童放在同一間教室中數個小時難免會產生個體與團體中其他成員需要上的衝突。我們希望兒童入學後能放棄他們日常活動的自然律動；我們要求他們都能同時到校，在同一時間內坐在自己的座位上，在規定的時間內注意肢體的運作，在特定時間內一起吃飯、玩耍且幾乎以相同的步調學習。我們希望兒童「舉止合宜」而不管他們之前的行為模式如何或忽略他們對外在世界存有何特別的期望。為了讓孩子適應這個世界，某種程度的服從是必要的，而且也是培養其成

為文化人的形式，但真正需要的服從程度有多少，則尚無標準答案。

　　許多教育家曾尋找方式要減少在學校裡個體與團體間本質上的衝突。例如，有些孩童學習較快且在某些方面能力較強。不同類型和擁有不同興趣的兒童需不同的學習援助。許多技術都被用來處理這類衝突，其中一種是提供多樣的活動讓兒童從中選擇。一天的時間可分成室內或室外活動課，兒童可從中挑選結構性或非結構性的任務，也可改變之。一天中只有短暫的時間被要求和團體一起做「例行」活動，像是吃點心或休憩，或做大團體活動，如音樂課、說故事或討論。

兒童分組

　　雖然有些教育家呼籲混合年齡制的分組，但兒童在幼幼班、幼稚園和低年級班上大都是以年齡和年級來分組。在幼稚園及幼幼班中，班上兒童是依據活動來分組，包括了每天所進行的全班、小組及個人活動。但在低年級班上，兒童則是依照課業表現而分組。傳統上，分班及分組的標準是根據學業成就或技能等級來區分。雖然這種程序對帶領全班的老師而言較輕鬆，但對兒童而言卻呈現了某些問題。縮小某一行為領域的差異程度，像是課業成就，可能在其他行為領域的差異程度上派不上用場。此外，把孩童置於同性質分類的教室裡會使他們將預期表現變成自我實現的目標，例如被分在學習速度慢的班級中的兒童常常依照那個團體所被預期的目標而表現。

　　雖然一些老師和家長鼓吹能力分組，但並無證據顯示兒童的學習能力增強。隨著大部分有特殊需求的兒童都回歸到普通班級中，在每個班上學習能力常態分佈現象已經變成一種標準。

教學分組

　　處理低年級學生個別差異的方法之一就是將兒童做教學上的分組。典型的分組，例如將全班分成三個閱讀小組，每組代表表現水準的有限範圍。老師可以一次和一組合作，聆聽兒童閱讀、上語

音課或進行其他任務而讓其他孩童專心在座位上自行活動。利用組隊方法或個人化教學可以減少在座位上自行活動的需求，因為一次可應付的教學組別不只一個。

個別教學

個別教學常可維持教學目標同時也讓兒童以不同的步調順利完成相同的課業。學習活動被打散成小步驟且以兒童在特質測驗上的表現為基礎施予個別教學的課程。如果他們完成了指定作業、接受測驗且成績達到水準，他們便能順利進入課業的下一階段。所有的兒童都經歷相同的課業順序，但都是以他們自己的步調進行。兒童如果在某領域表現突出，他們也可以跳過某部分的課程。

在此種方法上，只有步調是個人化的。一堂活動取向的課程是將教學上其他方面個人化。例如，教室可變成一個工作室，讓兒童追尋不同的事業；每個孩子所用的方法和所定的目標都不同。老師可以給孩童機會表達他們的興趣並視情況修訂教學計畫。

多重年齡分組

另一個處理課堂上個別差異的方法即廢除學校年級的分組制。當任何一班的學童差異性增大時，老師便無法對每個兒童懷抱相同的期望。此外，較不正式的教學方法已被接受且個人化趨勢愈來愈明顯。把不同年齡的孩子編成一班，他們可相互幫助及教導，年齡分級的目標變得不重要且兒童自身的能力成為評斷教學計畫的基礎。

William Schrankler（1976）曾指出家庭分組的幾項優點，它是多重年齡分組的別稱。多重年齡的班級代表一個社會縮影，它提供幼兒一種豐富的智力溝通。它消除了年級的界限，因此構成交叉年齡的家教教學。它也拉長了老師—家長及老師—兒童間的互動時期，超過一個學期或一年。在研究兒童在多重年齡及單一年齡班級時，Schrankler發現多重年齡分組和兒童的情緒因素（如自尊心）之間存在正面關係，也使得家長、兒童對學校產生正向態

度。在這二種不同類型班級裡的兒童，其課業成就無甚差異。

多重年齡分組，像其他上述的分組架構一樣，顯示了個人化趨勢的可能性。老師如何處理這種可能性變成協助兒童學習的關鍵因素。可惜，在一些個案中，多重年齡分組指的是分組的標準（年齡）被另一個標準（可能是閱讀成就）所取代，在課堂練習上並無改變。在多重年齡分組的方法中，課堂上的個別差異可被視為是一項資產。如果把兒童視為學習資源，那麼擴大一個班級的年齡範圍便能增加可獲得的學習資源。

為改善教學技術，以配合學生程度處理個別差異的方法可結合數種方式進行。每一種安排都透過教室的組織而採取不同的思考方式，如物理設施的佈置可以加強或減少小團體活動。教材及設備的取得亦是考慮重點；老師在個人化課程中不需要整套的教材，相反地，須提供兒童大量可獨立使用的多樣教材和設備。

成人分組

成人在幼兒教育中扮演許多角色。學校校長及中心主任都要負起基本的行政責任，雖然他們可能也要負責某些教學。教務長、教學主任及上課教師都要負責基本的課堂規劃和教學。助教及義工可能也要參與教學及輔助性活動。義工有可能是博學多才的人，被暫時邀請到課堂上，也有可能是正式的教職員，如同在許多合作性質的托兒所的情況一樣。另外，在幼兒教育中也有新角色，像是幼稚教育家，Almy（1975）將它定義為擁有高等學位及相當有經驗和見解的高級幼兒教育專業人士。

其他在學校團體中的人員也對幼兒教育有所貢獻；包括廚師、警衛、校車司機以及其他人，他們都影響了兒童的教育。當老師無法負責或監督兒童與學校人員所有的接觸時，他們必須注意這些情況，並藉由他們從多方面整合學習資源。教師們必須協調義工的用途，訓練他們，並將學校的方針傳達給他們知道。

參與托兒所教學的家長必須先了解學校的體系、常規、教學技巧以及教室管理方法。教師們應定義家長的角色及責任並解釋

課堂分組的理由；為父母而設的訓練課可能有助於產生一致的表現。

　　有些教育家鼓吹分化教職員編制的型態，以做為善用及獎勵一些有特殊技巧和專長的教師之方式。幼幼班的課堂上都使用傳統的分化編制，老師們有助手或助教配合。最近，也有人建議將有些教師定義為主教師或導師，其角色包括協助其他老師以及和兒童合作。根據Clinton Boutwell, Dean Berry以及Robert Lungren (1973) 的說法，這種分化形式有五項特質：(1)共同做決策的正規系統，(2)自我更新的正式準備，(3)以實行為基礎的組織角色，(4)專業上自我規範的正式準備，以及(5)彈性運用人力及物理資源。以此方式結合的小組減少了教師的孤立並走向彈性教學的計畫。

　　聯合教學是一種困難且薄弱的妥協。在一間教室裡的一群孩童面前成功地融合兩種個性、教學形式及原理並不容易。聯合教學的成員每天在一起的時間比大部分的夫妻還長 (Thornton, 1990)；因此，老師們為了能夠達到課程的教學目標必須合作解決任何可能產生的差異。聯合教學確實也提供給幼兒模仿合作行為的機會。成功的聯合教學需要真誠的溝通、信任以及能力來協調教師間的差異。

　　在每個幼兒班級中設一位老師和一名助教可說是聯合教學的一種典型。在幼稚園或低年級設教學助理可讓兩個個體一起合作並促使班級以不同方式分頭進行活動，老師們可在同一時間內輔導數個個人或團體。

　　採用併班的方式即可組成一個較大的教學單位。有些活動，像是觀賞錄影帶，是不太需要老師監督的，所以老師在這些活動期間可以對更多的兒童負責。其他的學習情況則以小團體活動、個人活動或面談較適宜。聯合教學的成員有更多的機會跟個人和小團體合作且比單一教師更專業化。

　　相配合的老師在能力或責任上不一定要相等，資深老師和新進教師可以互相學習。兼職教師也可併入聯合教學中，增加額外的技術。聯合教學減少了教師孤立的問題，因為每位教師可不斷

地彼此互動。

在組成大型教學團體（由二班或更多班級組成）時，教育家必須注意此團體之所以擴大並非要忽略個別的兒童。不過在這種大團體型態下，成人與兒童以及兒童與兒童間強烈的關係連結被掩埋了。和小團體相比，大團體也傾向於更官僚的形式管理。雖然沒有明文規定團體最適宜的大小，但有些學校體系和授權機關都建立了政策方針。判斷團體的大小應考慮教育目標、設備資源、教師能力以及教育課程的基本原理，加上孩童確實的人數和年齡（Spodek, 1972）。

希望幫助學童獨立學習的教師必須提供一間教室讓兒童自由且合宜的活動。在一間有活動中心的教室裡，兒童可以進行特殊活動而無須一整天被限制在一張書桌前。要測試教室佈置的好壞便要看它幫助兒童完成課程目標的程度而定。老師應該實驗教室情境並定期修正它以使教室成為動態的學習環境。

結語

教學分組需要教師致力於長程及短程計畫。然而當老師和兒童合作時，計畫可能會改變，其實計畫是容許絕大彈性的。在計畫中，老師必須考慮不同資源的取得，包括場地、物理資源（課桌椅、設備及教具）、時間（行事曆及鐘點）以及人員，無論是成人或兒童。

參考書目

Almy, M. (1975). *The early childhood educator at work*. New York: McGraw-Hill.

Bender, J. (1971). Have you ever thought of a prop box? *Young Children, 26*, 164–169.

Blake, H. E. (1977). *Creating a learning-centered classroom*. New York: Hart.

Boutwell, C. E., Berry, D. R., & Lungren, R. E. (1973). Differentiated staffing: Problems and prospects. In M. Scoby & A. J. Fiorino (Eds.), *Differentiated staffing* (pp. 9–22).Washington, DC: Association for Supervision and Curriculum Development.

Clements, D. H. (1991). Current technology and the early childhood curriculum. In B. Spodek & O. N. Saracho (Eds.), *Issues in early childhood curriculum: Yearbook in early childhood education* (Vol. 2). (pp. 251–275). New York: Teachers College Press.

Corwin, R., Hein, G. E., & Levin, D. (1976). Weaving curriculum webs: The structure of nonlinear curriculum. *Childhood Education, 52*, 248–251.

Frost, J. L., & Klein, B. L. (1979). *Children's play and playgrounds*. Boston: Allyn & Bacon.

Gunter, M. A., Estes, T. H., & Schwab, H. H. (1990). *Instruction: A models approach*. Boston: Allyn & Bacon.

Hirsch, E. S. (n.d.). *Transition periods: Stumbling blocks of education*. New York: Early Childhood Education Council of New York City.

Jones, E. (1979). *Dimensions of teaching-learning environments*. Pasadena: Pacific Oaks College.

Ladd, G. W., & Coleman, C. C. (1993). Young children's peer relations: Forms, features and functions. In B. Spodek (Ed.), *Handbook of research on the education of young children* (pp. 57–76). New York: Macmillan.

Patillo, J., & Vaughan, E. (1992). *Learning centers for child-centered classrooms*. Washington, DC: National Education Association.

Schrankler, W. (1976). Family grouping and the affective domain. *Elementary School Journal, 76*, 432–439.

Spodek, B. (1972). Staffing patterns in early childhood education. In I. J. Gordon (Ed.), *Early childhood education. 71st yearbook of the National Society for the Study of Education*. (pp. 339–366). Chicago: University of Chicago Press.

Spodek, B. (Ed.). (1991). *Educationally appropriate kindergarten practices*. Washington, DC: National Education Association.

Thornton, J. R. (1990). Team teaching: A relationship based on trust and communication. *Young Children, 45*(5), 40–43.

Workman, S., & Anziano, M. C. (1993). Curriculum webs: Weaving connections from children to teachers. *Young Children, 48*(2), 4–9.

創造積極正向的社會環境

本章綱要

◇社會整合對兒童發展的重要性
◇提升班級中同儕關係和社會互動的策略
◇提出促進班級正向風氣的方法
◇管理教室中幼兒問題行為的技巧

導論

　　在幼兒教育之中，社會能力的發展是一個重要的目標，原因是愈來愈多的兒童就讀幼兒學校，這個目標的重要性亦日益顯著，且這些兒童每天在學校度過的時間也愈來愈長。

　　兒童最初的社會化是在家庭之中養成，他們和父母、兄弟姊妹之間發展人際關係：他們在家庭中學習如何扮演自己的角色及如何成為社會團體中的一份子。上學是幼兒生活中的一項重要改變，他們成為大團體之中的一員，也承擔了一組新的角色，並且必須學著去因應各種不同關係的需求。因此，兒童必須學習一套新的理解力及能力；他們必須去學習如何擔任學生的角色，以及在學校之中，怎樣的角色扮演才能最具效力；他們必須與同儕相處並學著如何建立及維持友誼；他們也需要學習對一些新的權威人物有所回應。本章將會陳述在學校中如何幫助兒童發展社會能力的觀念，它包含了和同儕之間建立正向關係和創造有效的班級管理系統，以上這兩者都是創造正向社會環境的重要因素。

社會能力

　　社會能力是人類的一種基本能力。社會能力包括能夠在不同的社會情境之中發揮功用、擁有與同儕建立友誼的技巧及認知，這些能力是幼兒生命中的要素。

雖然已經有許多關於訓練兒童社會技巧的研究，但是並沒有關於社會技巧或社會能力定義的共識存在。近來的定義乃強調社會技巧和社會能力兩者間的互動和差異。**社會能力**（social competence）是關於一個人的整體社會表現，它把焦點放在「言行舉止的社會重要性、效能及功能效用之上」（Kratochwill & French, 1984, p.332）。**社會技巧**（social skill）是指能讓同儕接受或歡迎的行為，或者和其相關一致的行為。**社會技巧訓練**（social skill training）是指目的為改進此種行為的介入活動（Hughes & Sullivan, 1988）。角色扮演或將較能幹和較不能幹的兒童配對、或者利用說故事的方式，都可以幫助兒童發展社會能力。

在幼兒早期，發展正向的社會互動對他們而言是相當重要的。這個時期所發展出來的人際關係型態會影響到他們日後的學業表現、對自己的感覺、對他人的態度及他們所採納的社會型態。教師們能在問題行為產生前即先預防，並且藉由辨識與幫助社會技巧不佳的兒童來維持最有利的社會成長。

許多學者已經引證了同儕關係對兒童認知發展的重要性。舉例來說，Piaget（1965）聲稱同儕間的互動可增進學齡前兒童的認知發展，而使兒童在解決問題的情境中產生多方面的觀點。Rubenstein和Howes（1979）發現當學步期的兒童和其他人在一起玩時，他們的遊戲顯得更加複雜。Guralnick（1981）也注意到與其他兒童之間的社會互動會改善兒童的溝通技巧，兒童會依聽話者的認知層級來調整他語言的複雜程度。Hartup（1983）證明同儕之間的意見交換可教導兒童如何分享、如何對於挑釁做出適當的回應，並且發展出適當的性別角色行為。Murray（1972）和Perret-Clements（1980）則指出認知技巧的獲得肇因於與更能幹的同儕間的社會互動。

Gary Ladd和Cynthia Coleman（1993）回顧了幼兒同儕關係的研究。他們的結論指出幼兒有能力去營造同儕關係或友誼，當他們與他們所喜愛的友伴在一起時，他們能以成熟的態度來調整其互動。Ladd和Coleman宣稱在一間幼稚園教室中，在受歡迎的

社會能力
個人的整體社會表現。

社會技巧
可獲得社會接受的行為。

社會技巧訓練
係指為改善社會行為所設計的介入活動。

兒童和對於發展、維持友誼有困難的兒童之間的差異性已經顯現
出來。Ladd和Coleman同時也注意到兒童之間的友誼支持著他們
的社會發展，亦即那些不常被選為玩伴的低社會地位兒童呈現出
較高程度的寂寞和不滿，同時也有證據指出幼兒的社會問題與其
日後童年時期及青少年時期的社會適應問題有關聯。

　　Ladd和Coleman建議教師可以幫助兒童發展其社會能力。教
師所能做的一件事是提供兒童與其他同儕互動的機會。教師可以
幫助兒童與同儕做更好的溝通，當減少如打架、爭吵等反社會行
為時，亦能發展正向的社會行為。

促進同儕互動的策略

　　社會技巧是幼兒課程的基本要項。成人應該不斷地協助幼兒
在各種情境之中發展他們的社會能力。

1. **社會互動是相互交流的**。社會互動包含了個體之間的意見
   交換，要訓練增進幼兒的互動必須提供一個社會能力模
   式，不管對象是大人或另一名兒童都可以適用。兒童應該
   去觀察並試著效法該模式，而教師則從旁加以鼓勵。兒童
   應該在不同情境之中練習他剛獲取的社會技巧，如此他的
   技巧才能逐漸成為通則。唯有繼續不斷的鼓勵才能使兒童
   持續利用此技巧 (Simpson, 1987)。

2. **幼兒不只是需要適當的社會模式**。即使沒有老師的督促，
   幼兒仍必須去學習如何與其它幼兒間的社會建構與反應產
   生適切互動，而不管提供了什麼樣的社會技巧訓練，都必
   須在自然的情境之中進行。

3. **幼兒必須學習同儕之間會自然增強的行為**。成人必須選擇
   可適時改變、合宜的目標行為來幫助幼兒發展社會能力並
   且促進增強同儕的反應 (McConnell, 1987)。

發展社會能力的活動範例

1. 介紹一個兒童喜歡的布偶，可能的話給男孩一個男布偶，給女孩一個女布偶。它可以是襪子做成的玩偶、木偶或其他易於操作的布偶。兒童也許會喜愛「小精靈家庭」（Smurfs family）的布偶（是一齣受到兒童喜愛的卡通）。鼓勵兒童和其他同學利用布偶來產生互動，兒童會放鬆心情，因為他們覺得是布偶在講話，而不是他們自己在講話，當兒童們開始具有信心時，不需要布偶即能產生互動。

2. 剪下一個夠大的紙板，並在中間剪一個足夠兒童的頭穿過去的圓洞。鼓勵兒童將頭放入圓洞之中並和其他人交談，兒童參與這個活動愈多，他們愈變得不會退縮，很快地他們就不需要這個道具即能和其他兒童互動。

3. 佈置角色扮演的情境。建議佈置一個與兒童有關的情境，像是玩家家酒。讓他們在該情境中扮演角色以解決問題，引導兒童討論該問題的不同解決方法並且寫下經驗談。

4. 誦讀或講一些關於兒童需要朋友的故事，特別是那些異於常人的兒童，引導兒童討論此故事並且由他們自己進行相似經驗的分享。

　　社會技巧的教學必須在自然的情境中進行，但必須小心地計畫教學策略來增進社會技巧。教師必須了解在社會接受度上必定會產生的問題，並要在問題變得無法克服之前，設法改善及挽救（Sabornie, 1985）。

　　社會技巧訓練的教學策略可以是成人主導，也可以是同儕主導。教師們必須在教室中努力運用這些策略的組合。

成人主導的策略

　　成人主導的策略包含增強、示範、口語教學、教導、發展性的

有些學習策略可促進同儕互動。

遊戲、機會教育及採用一位班級管理者。

增強
是一種引導行爲
重現的行爲結
果。

增強

　　教師可以提供口頭上的讚美或者是利用社會交換以引起兒童注意，每一種都是促進正向社會互動的有效方法，同時也可以鼓勵兒童與同儕分享、對同儕微笑、展開一個互動、回應他人的互動或者擴展、維持一個既存的互動。

專欄 7-2

「增強」的例子：

　　Albent來到操作區並且拿走所有的顏色方塊，接著教師觀察Albent和Willie共同分享的情況。教師可以說：「我爲Albent會把顏色方塊與Willie分享而感到驕傲。Albent將會發現分享使得遊戲更有趣，因爲兩個人玩比獨自一個人玩還要有趣。」藉由這種正向評論來增強Albent的行爲。

教師應該小心別讓讚美或是關注打斷或影響到正在進行的社會互動。除此之外,「增強」應被間斷性的給予並以不同的方式出現來維持它的效果,教師們也該警覺到持續的關注或讚美可能就不是增強。

示範

示範係即為某個人說明如何去做某件事。示範可以增進兒童的社會能力。通常,教師只需要示範在社會情境中的舉止,例如引發社會互動(讓我們到娃娃區玩)或者維持一個正在進行的互動(讓我們蓋一棟積木房子,這一次要蓋兩間廚房)。兒童之間也可以擔任示範的角色,也許效果會更好。

示範

說明某種行為的一種方式。

專欄 7-3

示範的例子:

Ms. Owen注意到Richard在打掃時間時不願將積木放到一旁。有時候他會從正在幫他整理積木的兒童手中搶走積木。Ms. Owen在Richard旁邊蹲下來並且開始在他旁邊撿起積木,將積木放到架子上適當的位置。當她這麼做的時候,她告訴Richard:「看!每個人在打掃時間都有工作做,但也許一起做會更好。我會把積木拿給你,而你再把它們放在架子上,這樣的話我們可以一起做就能更快把這裡整理好。」他們繼續一起清理。

教師可以示範合宜的行為,然而有時候教師也會不小心地示範不合宜的行為。舉例來說,一個教師在急著出去的時候,可能將玩具一腳踢開。兒童觀察到這個行為並會加以模仿。因此,教師為了提供兒童一個好的榜樣應該花一點時間將玩具放到適當的位置。

言教

告訴一個人該做些什麼。

言教

　　言教包含了提供建議、說明或者向兒童解釋在不同的社會情境下，他們應該有何種表現。口語上的教學最常與其它方法合用，例如正向的增強或示範。

教導

包含教一個人一項技巧，然後讓這個人練習，之後在實際情況中運用此項技巧。

教導

　　社會性的教導可以傳授兒童們互動的技巧並且減少像侵略這種破壞行為。教導被用在具侵略性的兒童及正常的兒童身上，包含了三個組成要素：(1)利用口語討論和角色扮演教導兒童與其他人遊戲的方式；(2)給予機會和同儕練習這些技巧；(3)然後，他們在自然的社會情境之中運用這些策略並且檢驗這些策略的效果 (Ladd, 1981)。Spodek 和 Saracho (1994) 提供了以下的建議：

專欄 7-4

教導的例子

　　Ellen不易與他人共同做事。Mr. Vargas指定Ellen和Joanna一起佈置餐桌。當他們在一起做事時，Mr. Vargas告訴Ellen：「妳為什麼不和Joanna分擔工作？妳可以從廚房中拿些杯子來，然後妳和Joanna可以依照座位分配杯子。」他不斷地提供建議讓Ellen和Joanna一起做她們的工作。

發展性遊戲

是一種戲劇性遊戲，可幫助兒童處理情緒衝突。

發展性遊戲

　　發展性遊戲在許多方面與遊戲治療是相類似的，不過它在詮釋的程度上並沒有後者高。除此之外，發展性的遊戲在團體之中也能進行。為了引導一個發展性遊戲的課程，教師可利用擺設不同的玩具，例如小娃娃、娃娃家的傢俱或者布偶，讓兒童去創造縮小的戲劇性遊戲情境，然後兒童們可以討論該遊戲，描述發生的

事件及他們的感受。每週的戲劇時段會隨著時間而延展，這樣可以幫助兒童發展對教師及其他兒童的依附性，藉此促進他們發展和其他人之間更互信、更有利的關係。

發展性遊戲的例子

Ms. Santos將三個男孩一起帶到房間的一角。她拿出一組布偶並和男孩們討論一個假設性的問題：一個男孩很生氣地來到學校並且和其他孩童打架。她要求兒童們利用布偶將這個情節演出來，其中一個布偶扮演生氣的男孩，其餘布偶扮演班上的兒童。幾分鐘後她請他們停止並問他們的感受，然後她問他們如何去幫助那個憤怒的男孩使他覺得好過些。

機會教育

社會技巧可以利用發生在課程中的自然事件隨機教導。雖然是偶發的，但這種教學也可以加以系統化。教師對於社會學習的需求應該是很敏銳的，而且當焦點放在其他的教學工作上時，應該「順便」提供各種不同的援助。

利用教室管理者

利用教室管理者 (Sainato, Maneady, & Shook, 1987) 係指在受歡迎、可觀察的班級活動中選出一個不受歡迎的兒童來擔任班長或管理者。每個兒童都可以當管理者，而且偶爾教師也可以增加副管理者，在某些活動中將兒童另組，使其分工合作一起做事。

機會教育的例子

在點心或午餐時間中，教師可以就Mary和朋友分享而給予正向增強。教師可以說：「Mary好棒，因爲她將蘋果切成四片，剛好可以給她自己、David、Susan和Sally。」

教師可以經由觀察幼兒來分辨那些人的社會技巧需要協助。他們可以評估這些兒童的社會能力，一旦教師知道幼兒的社會退縮程度，他們可以利用前述的策略來幫助這個兒童發展他的社會能力。教師應該練習這些策略，直到他們有信心爲止。每一種策略都會對某些兒童有效，但並非全部。

同儕導向策略

同儕示範在教導兒童社會技巧時已被廣泛地應用。應用的模式有兩種：⑴現場模範 （live models）：讓兒童在教室中觀察社會能力良好的同儕行爲。⑵象徵模範（symbolic models）：讓兒童觀察錄影帶或影片中兒童的社會行爲。現場模範應是在班級中受歡迎及擁有高社會地位的兒童，如此才能增加其他兒童觀看、模仿的機會。教師應讓兒童們將注意力放在模範的行爲上面，並且公開強化此一行爲，教師也該同時引用多個模範。

爲了應用同儕導向的社會技巧訓練，教師示範給一個兒童或一群兒童看，如何使他們那些社會技巧欠佳的同儕從事社會性的互動。在獲取社會技巧的自然過程中，兒童比成人更易成爲訓練的發動者。要擔任同儕之社會技巧訓練的小老師，必須是自願者，且已經向其他兒童展現出正向的社會行爲，而且能夠遵循大人的指示。同儕導向的內容包含了與較不熟練的兒童非常親近地工

作、激勵及增強其他兒童開始社會性的接觸、接受其他人的邀約以及擔任模範的角色。

將一個社會能力良好的兒童與社會能力有問題的兒童放在一起，並且讓他或她和標的兒童（target child）一起玩，應該和鼓勵標的兒童和其他人玩並示範給那個兒童看如何玩有互補的關聯性。這種接近策略（proximity strategy）可助長社會技巧的自然傳達。

社會技巧良好的兒童可以學著去激勵、增強其他人的社會行為。邀約可做為激勵的主因（例如：和我一起玩），而增強則在於互動之後的讚美（例如：謝謝，我很高興和你一起玩）。當激勵與增強一同被使用時會更有效。

社會技巧良好的兒童可以被指導來向其他兒童提出社會性的建議、邀請別的孩童一起玩、給別的孩童一個玩具、提供具體的協助或者提供遊戲的意見等。教師可以和兒童們預演各種邀約策略並且從旁支持他們，讓他們持續地努力幫助其他兒童從事社會互動。同時也可以訓練社會小老師接受其他人的邀約，並對一個被鼓勵發起互動的兒童之社會性提議做出合宜的反應。

建立一個有助於社會整合的氣氛

在建立有助於社會整合的班級氣氛時有兩個因素扮演了相當重要的角色：教師的影響及同儕的影響。

教師的影響

教師是決定兒童對學校、本身、師生之間有何感受及可以進步多少最重要的因素，教師同時也影響能力完全不同的兒童互相接受彼此的程度。Brophy和Putnam（1979）也已經定義出優良教師的特質。他們應該是受學生喜愛的、令人喜悅的、友善的、情感成熟的、誠懇的而且適應性良好的。他們應在危機中能保持沈靜、傾聽兒童的話而不會變成信服權威或自我防禦的人、可防止衝突

而且在教室中維持讓兒童解決問題的導向。這樣的教師可以應用不同的方法做最有效的班級經營。

教師的行為對班級造成的衝擊已在許多研究中得到證實（Walberg, 1986; Rosenshine & Stevens, 1986）。有助於健全班級社會氣氛的教師特質為：擁有正向的自我觀念、積極正向的行為、對於問題行為及其解決方法有所了解並具備相當的知識。

教師的自我觀念

當許多研究的焦點投注在兒童自我觀念與發展之間的關係時，有些作者（如Clark & Peterson, 1986）將他們的注意力放在教師的自我觀念與兒童的社會發展的關係之上。Jersild（1965）注意到教師個人的問題會干擾到他們在教室中的表現並影響他們的學童。Combs（1965）發現優良的教師以對待他們自己和他人的正向態度而特出，他指出培養教師們正向積極自我概念的重要性，並且宣稱對於自己和他人抱持正向態度的教師會促進學童自我概念的發展。更甚者，具有正向積極自我概念的教師會提升正向的班級氣氛，而擁有負向自我概念的教師則會提升學童之間的負向情感（Karnes & Lee, 1979）。

教師的正向行為

教師的社會技巧與兒童的社會技巧具有同樣的重要性。這些技巧不止在與兒童一起活動時有用，而且它對班級也有全面性的影響。假如教師是積極、熱忱的，那麼他的學生們也會是積極、熱忱的；有負向態度與行為的教師常會使得他的學生們消極、退縮、害怕。除此之外，教師的期望也會影響學生的學業成就和社會行為。如果一個教師對兒童的期望不高，這種期望將會導致自我實現的預言（self-fulfilling prophecy）：該名學生的表現將會很差（Rosenthal & Jacobson, 1968; Brophy & Good, 1986）。

教師的行為與期望也會影響到兒童的自尊。兒童經由與其生活中的重要成員的互動，如家庭成員、同儕和教師，逐漸反映出他們被重視的程度（Maccoby, 1980）。展現出溫暖、尊重、同理心和包容性的成人，比那些展現出負向期望的成人更有助於兒童正

向自我形象（self-image）的滋長（Gecas, Colonico, & Thomas, 1974）。對於所有的兒童，尤其是那些與正常兒童發展有差異的孩童而言，正向的態度與期望必須由讚美、支持及鼓勵組合而成。藉由強調兒童的優點，教師可以幫助兒童在面對困難的學習時建立他們的信心及毅力。

教師的理解

教師對於兒童的能力差異應該要很敏銳，而這些差異可能會引起衝突或誤解。教室中的幼兒可能會發展出負向的刻板印象及偏見，而這些是危險的。教師會將自己面對個別差異的態度之訊息傳達給學生，而學生很快就體會到老師是喜歡高成就的兒童，或者是重視抑或瞧不起那些與眾不同的學生。教師的態度也會建立起一種兒童與兒童之間關係的特殊傾向。（Macmillan, Jones & Meyers, 1976）

藉由統整來自學校和兒童家中的資訊，教師對於他們的學生能有更深入的了解，並且也更能了解到他們之間所存在的差異。教師也就可以利用這些知識來設計適合所有兒童的活動。

能接納他人的氣氛會促進整個班級的整合及社會成長，同時它也可以提供兒童一個了解個別差異的典範。

行為問題的認識

行為問題即使在經過詳細計畫的社會環境中仍會發生，教師應該要有能力去認清並應付這種行為。有著不同需求的兒童其舉止可能會干擾、禁制學校相關活動以及有用的社會及工作技能。為了維持一個正向的社會風氣，教學中的教師必須知道會有何種類型的問題行為發生以及如何因應。許多可供選擇的訓練方法將於本章後半段陳述之。

同儕影響

幼兒從彼此身上學到將自己視為領導者、追隨者或是孤獨的人。當兒童被同儕接納及喜愛之後，他們變得有信心而且在學校

專欄 7-7

收集資料以便更能了解班級中的兒童

　　教師可以藉由整理診斷筆記來收集資料，他們可以持續記錄診斷性的假設及根據與兒童日常的互動所設計出來的教學決策。教師們可以記下對以下問題的想法：

- 我看見了哪些優點和弱點？
- 下一次我可以提出哪些問題？
- 我該採用何種策略？
- 我可以嘗試嗎？
- 它行得通嗎？
- 我下一個主意是什麼？

　　教師接著可以保存學生作品的影印本或是任何有關於學生作品的文件，然後收集成一個兒童作品的檔案。教師利用書面作品以外的資訊時，他們可以使用任何一種對他們有意義或方便的方式，記錄下他們與兒童間的互動或是對兒童所作的假設。當教師準備要設計活動時，他們可以翻閱並修改這些記錄使得這些活動對兒童而言更具意義。

　　這種歷程幫助教師成為一個系統化教學的好老師——對於學生需要什麼先做假設然後依據實際狀況修正他們的課程。

中表現較良好。另一方面，不確定或是只有部分被接受時會使得他們焦慮並引發自我懷疑。那些完全被拒絕的兒童可能會經歷精神創傷，而表現出具有攻擊性或者退縮於冷漠無情或幻想的情境中。

　　兒童受同儕影響的程度決定於他們的年齡、成熟度、社會技巧、民族背景或任何能力上的不足。舉例來說，學齡前的兒童受同儕影響的程度不及於比他們大的兒童，對他們而言，家庭及成人的讚美比同儕的認同還要重要。從小學開始，同儕的影響與日俱增 (Winkler, 1975)。

考慮到兒童的同儕對他們社會和學業方面的發展所帶來的衝擊，教師必須學著了解和利用教室中的社會情境來促進兒童在自然脈絡中學習社會技巧。教師可以藉著敏銳觀察同儕常模及價值觀，以及使兒童們理解個人能力的差異，來增加兒童之間良性社會互動的機會。

同儕常模與價值觀

　　會被接受及讚美的常模及價值系統存在於每一個班級之中。孩子們都希望受同儕歡迎及被接納，如果他們察覺到像參與班級活動、和教師合作或者接受其他人的差異的行為會受到讚美，那麼他們會遵守這種標準。同儕對於這些行為的支持可有效激發個別的兒童仿效。

　　教師可以解釋合作和分享的重要性，並應幫助兒童了解每個個體的能力、人格雖有不同，但均值得尊重。教師也應該塑造適宜的社會反應，並且強化兒童的合宜行為。

能力差異的認識

　　所有教師必須了解和他們在一起的兒童之能力及背景資料，而兒童必須知道在不同的兒童和自己身上會有的特定影響。兒童對個別差異會感到好奇，而且對那些不太相同的人可能會產生錯誤的概念，舉例來說：他們可能會認為一個說不同語言的孩童是較遲鈍的。為了維持一個完整的班級環境，兒童有必要去了解彼此。

　　有許多教學策略可用以幫助兒童了解同儕間能力及背景的差異。教師可以設計一些強調班級中兒童文化的教學單元，也可以設計激發兒童能力的教學單元，或者可利用學校學習中心達成此一教學主題。此類學習中心也許可以教導兒童們不同的語言（例如西班牙文或法文）、示範各種不同溝通形式的例子（例如符號、點字或者溝通板）、或者展示那些強調不同文化背景兒童及描述那些特殊人物的書籍。

　　教導兒童認識彼此的最有效策略之一即班級討論。教師可以邀請一位閱歷豐富的人來討論某一個主題，也可以從班級中的偶

發事件談起。討論可以傳達正確的訊息及意念，因此在引導班級討論時，教師應該幫助那些身為討論主題中心人物的學生們，使他們雖為注意的焦點但仍能感覺自在。在討論過程中，對於那些話題中心的學生應該加以尊重，而問題或關心的話題則應以直接而敏銳的的態度處理。

模擬也可以增進對同儕的了解。學生可以假定一個跟自己不相同的角色，舉例來說，一個正常的兒童可以花一整天或一天中的部分時間坐在輪椅上，以模擬殘障的兒童。偶戲是另一種形式的模擬，舉例來說：以布偶扮演一個殘障的兒童可以有效地改變幼兒對於同儕的態度。在計畫這種活動時，教師應同時強調存在於模擬及被模擬兒童之間的相同點及相異點。

課室管理

對今日大多數兒童而言，上幼稚園或小學低年級並不是他們上學的開始，但對其他兒童而言，上學的第一天可能是第一次離開家的經驗，而且教師也是除了父母或其他親戚以外的第一個權威象徵。無論如何，開始上學總是充滿恐懼，因為兒童並不了解他們真正期待的事情是什麼。因此，開始上學時需要有特別的考量。

最初的學校：托兒所到幼稚園階段

介紹兒童認識學校通常在學校開學的前幾個月就開始，許多學校安排即將在秋季入學的兒童在春天時訪問學校。新來的兒童可能單獨或是一小群地被帶入教室之中，不管在當時正好是上課中或是放學後。他們參觀硬體設施、探索教學材料及設備，而那些東西在他們秋季入學時都還會在那裡。最重要的是他們有機會與教職員見面，負責那個班級的教師可能就是他們將來的教師。這個簡介也給父母機會了解學校的期望及規範，讓他們為孩子的上學預做準備。

教師有必要收集關於新學童的背景資訊，和家長開會是非常

有幫助的，但時常無法配合，在開學前或開學時收回由父母親填寫的學生資料表可以提供所需的資訊（見圖7-1）。

　　通常大多數的學校在秋季開學。讓所有的兒童同時來到班上會發生一些問題，所有的兒童對可利用的資源及他們該遵守的事一無所知，除此之外，他們對這種新經驗各有不同的反應，有的兒童認為新學校環境是令人興奮、充滿著挑戰的並立刻就加入探索之中，而有的兒童認為新環境是令人感到害怕，並且拒絕與其他人接觸。有些家庭在他們的孩子還小時常常搬家，如果一個孩子最近遷入新社區之中，適應問題就會隨著孩子與不確定性的環境接觸而增加。相同的，如果一個兒童從他的鄰近地區搬到一個陌生的、也許充滿敵意的學校或是社區，那麼也就可能伴隨著產生新的問題。

　　許多教師們必須在開學的第一天面對這些反應，雖然兒童也可以在這一年中的其他時間進到這個班級來。新老師會覺得開學第一天是令人焦慮的，而有經驗的教師則懂得在相似的情況中控制得宜。但是對所有的教師而言，這種對新學生的新鮮感及不確定感仍會導致產生焦慮，而教師的這種感覺可能和兒童的感覺相似。

　　教師們發現如果學期開始時能將註冊時段錯開，那麼這種變換對教師和學童而言都會比較輕鬆，所謂時間錯開就是在開學的第一個星期之中，讓某一群孩童輪流在特定時間到校。在學年開始時，較少的學生數使得教師可以多注意學生，同時它也減少每個兒童在每天之中須和一群不熟的兒童一起做事的時間。老師可以將其學童分成三組，首先輪流讓這三組兒童出席，每天只讓三分之一的學生來上課，然後教師可以採漸進的方式，讓第一及第二組的兒童一起上課，進而三組的兒童可以全程參與課程。前面的計畫使每個學生上課的時數相同，而後者的兒童第一天來上學而後兩天不用上學，當他們再回來學校時可能會覺得奇怪。

　　在不分年級的教育環境中，因始業而產生的問題較少，因為每年只有少數的新班級成立，或只有少數的新生加入舊班級之

孩子的姓名：＿＿＿＿＿＿＿＿＿＿＿＿＿＿　性　　別：＿＿＿＿＿＿＿＿＿＿

在家使用的名字：＿＿＿＿＿＿＿＿＿＿出生日期：＿＿＿＿＿＿＿＿＿＿

你的孩子有任何健康問題需要學校特別注意的嗎？

＿＿＿＿＿＿＿＿＿＿＿＿＿＿＿＿＿＿＿＿＿＿＿＿＿＿＿＿＿＿＿＿＿＿＿＿

＿＿＿＿＿＿＿＿＿＿＿＿＿＿＿＿＿＿＿＿＿＿＿＿＿＿＿＿＿＿＿＿＿＿＿＿

你的孩子會過敏嗎？(請列出)＿＿＿＿＿＿＿＿＿＿＿＿＿＿＿＿＿＿＿＿＿

＿＿＿＿＿＿＿＿＿＿＿＿＿＿＿＿＿＿＿＿＿＿＿＿＿＿＿＿＿＿＿＿＿＿＿＿

你的孩子是否受過使用廁所的訓練？　　　　是 ＿＿＿＿＿＿＿否＿＿＿＿＿＿

你的孩子可能會發生意外嗎？　　　　　　　是 ＿＿＿＿＿＿＿否＿＿＿＿＿＿

你的孩子上廁所時是否需要幫助？　　　　　是 ＿＿＿＿＿＿＿否＿＿＿＿＿＿

你的孩子著裝時是否需要協助？　　　　　　是 ＿＿＿＿＿＿＿否＿＿＿＿＿＿

你的孩子有否任何需要是老師應留意的？(請詳述)

＿＿＿＿＿＿＿＿＿＿＿＿＿＿＿＿＿＿＿＿＿＿＿＿＿＿＿＿＿＿＿＿＿＿＿＿

＿＿＿＿＿＿＿＿＿＿＿＿＿＿＿＿＿＿＿＿＿＿＿＿＿＿＿＿＿＿＿＿＿＿＿＿

你的孩子之前上過托兒所嗎？＿＿＿＿＿＿＿＿＿＿＿＿＿＿＿＿＿＿＿＿＿

你的孩子有離開過父母的經驗嗎？＿＿＿＿＿＿＿＿＿＿＿＿＿＿＿＿＿＿＿

有獨立性的問題嗎？(請詳述)＿＿＿＿＿＿＿＿＿＿＿＿＿＿＿＿＿＿＿＿＿

＿＿＿＿＿＿＿＿＿＿＿＿＿＿＿＿＿＿＿＿＿＿＿＿＿＿＿＿＿＿＿＿＿＿＿＿

＿＿＿＿＿＿＿＿＿＿＿＿＿＿＿＿＿＿＿＿＿＿＿＿＿＿＿＿＿＿＿＿＿＿＿＿

你的孩子有任何喜愛的活動嗎？(請詳述)＿＿＿＿＿＿＿＿＿＿＿＿＿＿＿

＿＿＿＿＿＿＿＿＿＿＿＿＿＿＿＿＿＿＿＿＿＿＿＿＿＿＿＿＿＿＿＿＿＿＿＿

＿＿＿＿＿＿＿＿＿＿＿＿＿＿＿＿＿＿＿＿＿＿＿＿＿＿＿＿＿＿＿＿＿＿＿＿

在家中有管教的問題嗎？＿＿＿＿＿＿＿＿＿＿＿＿＿＿＿＿＿＿＿＿＿＿＿

＿＿＿＿＿＿＿＿＿＿＿＿＿＿＿＿＿＿＿＿＿＿＿＿＿＿＿＿＿＿＿＿＿＿＿＿

在家中採用何種控制行為的方法？＿＿＿＿＿＿＿＿＿＿＿＿＿＿＿＿＿＿＿

＿＿＿＿＿＿＿＿＿＿＿＿＿＿＿＿＿＿＿＿＿＿＿＿＿＿＿＿＿＿＿＿＿＿＿＿

圖7-1　學生資料表

中，所以大部分的兒童對教師、教室和學校都很熟悉，因此不需要對全體作正式的介紹。較具經驗的兒童可以幫助年幼或新進的兒童認識學校環境並回答他們的問題，如此也簡化了教師的工作。

　　兒童並非天生就知道在學校中該做些什麼，他們也沒意識到學校的法則及規定。有些父母親刻意去幫助孩子實際和積極地參與開學，而有些父母則沒有如此做，因此教師必須努力告知兒童那些他們所不熟悉的常規與學程，並且教導他們合宜的行為。在剛開學的幾天中，經由典型或是簡化的時間表，有助於教導兒童了解學程。在每次的學程轉換及實施新的常規之前，教師可以跟兒童談論並且告訴他們接下來該期望什麼，例如教師可以示範在活動課程之後應該收拾的常規或是準備放學的學程。教師們也許必須不斷示範這些常規，直到兒童已經精熟並愉快地遵行為止。讓時間表具有某種程度的一致性有助於兒童學習常規，也有助於兒童對其在校生活增加一點可預測性。一旦習慣養成之後，常規是兒童行為的基礎，而非僅是毫無獨立思考地遵守的行為規範。

　　除了要察覺兒童對新學校情境的反應之外，教師對於父母的反應也要很敏銳，有的父母想要立刻將他們的孩子交給學校，如此可以讓他們能夠自由地實踐個人的追求；有的父母則對他們自由和輕鬆的感覺有罪惡感；，另外有的則對放開他們的孩子感到遲疑。有時候父母親會覺得自己的孩子上學是自己逐漸變老的徵兆，這在我們的社會中，對許多人而言是很難去面對的事實。因此，在最初的幾天中，教師不應該忘記了父母。有些學校要求父母親在孩子第一天上學時帶到教室門口就該立刻離去；而有些學校則允許父母在孩子第一天上學時帶他們來學校，並盡可能地留在孩子身邊。孩子不該感到他們被拋棄或者學校與家庭是完全的分隔，因為父母親可以幫助兒童從家庭過渡到學校，教師可以經由讓家長離開一會兒，例如喝杯咖啡而開始進行分離，通常兒童可以很快地完全就和家長分開。

最初的學校：小學低年級

　　小學低年級的老師可能不需擔心兒童能否離開父母的問題。一般說來，低年級的兒童已經上過學校並且知道該期待些什麼，然而他們也可能有和學齡前兒童相同的需求，教師應該儘早建立起班級常規並且安排兒童的學校生活，例如公佈貼出一張每日時間流程表並儘可能照表行事。教師也應該為兒童說明團體生活的流程，例如尋求教師協助的方法、如何利用班上的公物、如何上洗手間、到戶外、午餐室或到學校的其他地方，上述這些歷程應反覆向兒童解釋、討論及練習。除此之外，兒童應該學習有哪些可用的資源及如何使用資源。僅管兒童們以前曾經上過學校，但每位教師有不同的常規慣例，如果常規運作的過程能夠清楚地呈現給兒童們，他們遵守的機會就比較大。

　　為了要使兒童熟悉學校的流程，教師應該要認識他們並和每一位學童建立正向的關係。教師也應熟悉兒童過去的紀錄，它描述了兒童的學業進程及其他方面的學校生活經驗。這些重要記錄的記載內容應該加以解析，因為不是所有的教師對兒童們都有相同的期望或對他們的行為有相同的解釋，察覺到兒童的前任老師的期望將有助於善用這些資料。

　　學業表現可以由許多方式來評定。在閱讀和數學方面，教師也許可以做一張非正式的學習一覽表，或者來一次測驗。兒童們也可以在教室中寫作，教師藉此可以確定他們的書寫及表達能力。團體討論及簡短的會議可讓教師評斷兒童的口語能力，並且得到關於兒童的社會能力、在學校中的興趣、處理衝突的能力、應付挫折的能力和其他重要事情等等的資訊。在第九章中會討論到一些正式及非正式評量的技巧，這些早期的評估應該只是試驗性質的判斷，因為兒童會隨著他們對新朋友和新環境的熟悉而改變自己，故僅經由上學最初幾天所獲得的資訊來建立對兒童的期望是不好的。

　　就如同教師在相處的最初幾天中試探兒童，兒童也在試探教

師。教師及兒童參與一連串的互動，藉此他們可以建立可能維持整個學年的平衡關係。每一個兒童在班上的社會結構中找到自己的地位，並藉以建立及認清一套和其他兒童、教師相處的人際關係。雖然有些友誼及仇視可能持續幾年的時間，但是大多數的兒童在一個新的班級之中及有一位新老師的事實，意謂著在每一個秋季，兒童必須去尋求一套新的人際平衡。

整合兒童

教師可以經由班級編組以反映出兒童的興趣及工作需求。兒童需要屬於自己的空間。幼稚園中的兒童通常有一個小櫥櫃來放置他們的外套，同時這也提供他們一個私人的空間，因為他們沒有指定的工作空間。小學的兒童可能就有指定的櫃子或有一個掛衣服的鉤子。在大多數的小學班級中，每個兒童有個他們花費大部分時間在上面的桌子。在一個活動導向的課程之中，個人的書桌可以移走，這樣兒童可以在較大的空間活動，如果有需要的話，甚至可以在整間教室中活動。雖然個人的書桌不是必需的，但每個兒童應該有個地方放置個人物品：櫃子中的抽屜、架子或者是一個塑膠製的菜籃都可以。

兒童要為他們自己的地方和教室中的其他地方負責，使物品看起來整潔及不雜亂。在學年剛開始時，教師應灌輸兒童責任感，每一次他們使用一個角落或是一種器材後，他們必須清理那個角落並把器材放回原位，使別人找得到並可以使用。

教室應該要有適當的設計，使兒童們可以獨立操作。器材及物品應有固定的位置，架子應該清楚地標示上放在這裡的物品之名稱，假如兒童無法閱讀，教師可以用圖片或符號替代，架子不應雜亂，而且教室中也不該有太多器材。

蠟筆及鉛筆應放在可掀蓋的盒子之中，紙張整齊地成堆放置，瓶裝的漿糊放於架子上，小的物品像是珠子、釘子應放在有蓋的容器中。此外也應有晾乾畫作的架子及放置黏土作品的空間，使其在燒製、繪畫或可以帶回家之前不會受到破壞。

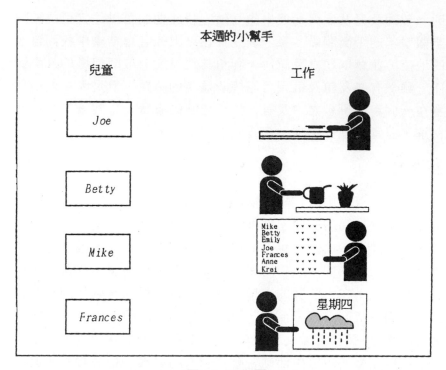

圖7-2 工作圖

　　最後，教師要確定兒童知道如何使用及愛護這些器材。兒童
們可以由同儕或教師之中學得良好的習慣，但是除非刻意努力地
去教導他們，否則他們可能永遠不會學到盡個人責任的方法。

　　兒童也可以擔任一般照料教室的責任，不必要求個別兒童負
責清潔工作的每一部分，小組可以共同分擔責任，例如他們可以
分工合作完成下列事情：佈置餐桌、用完午餐和點心之後的清
理、準備供休息用的房間、清掃地板上的紙屑、照顧小動物、魚或
植物。教師可以用輪流的方式來指定做這些工作的人，亦即設計
一張輪值表（圖7-2），並每週換工作。兒童們喜歡這樣的工作，
因為它給了他們機會展示他們發展中的能力。

為特殊活動做準備

規律的班級生活是重要的，但在適當時機，教師和兒童應該自由地做變化。教師可以為兒童準備與平常不同的活動，例如邀請一位特別的訪客、帶寵物到教室中、活動之延伸或是一次戶外教學。為兒童做準備必須讓他們也參與特殊活動的計畫中。

許多教師相信師生可共同做計畫，有許多事兒童可以正確地做決定。算術課程在早上或下午上並不是個相當重要的決定，所以並不需要和兒童共同決定，因為它的影響較小。但是兒童可以決定一些較重要的事情，如資源的分配或為特殊活動做準備。

閱歷豐富的人員來訪可能就是一個特殊事件。雖然老師可能訂下邀約並延長邀請的時間，但兒童們也可以於來訪的計畫排定、邀請函及感謝函的書寫等方面共同參與。

在與兒童共同計畫活動時，教師應談論到這次來訪的目的及兒童如何對訪客所提供的資源進行最好的利用。如果訪客所談的是關於一種職業，也許兒童們會想要問關於它的責任、設備或該項工作的其他方面。問合宜的問題需要兒童們能夠判定該問題的價值，因此他們必須在來訪者來之前先進行研究和討論。

如果來訪者是來表演的，教師也許可以幫助兒童們設計出一間適於表演的房間。兒童們也許會想邀請別班的小朋友來分享這個經驗，這個計畫幫助兒童開始對將來的偶發事件有所期待並且能利用他們的意見為將來的事件做適當的準備。兒童並非總是能參與於這些計畫之中，而且就算他們參與，他們也無法每次都完成主要的工作，但是有計畫的活動及對未來的思考是相當重要的。

兒童也可以為戶外旅行的籌備提供意見。師生共同計畫包含了幫助兒童了解在旅途中可能會發生什麼事情，及他們該如何利用旅行，因為旅行並不是用來打發時間的遊覽，而是為學校中的課業收集基本的資料。如果兒童想從旅行中得到最大的利益，教師就該協助他們將注意力投注於一些特別的事務上，例如準備一

些他們將會看到的東西等等的先備知識是有助益的，而這些知識應是關於旅行主題的一般化知識。他們可以自行針對主題做研究或者由教師經由書中、影片中提供資訊。兒童可以幫忙將在戶外教學中可能獲得答案的問題明確而有系統地陳述出來。

建立戶外教學中的合宜行為是因旅程而異，因為在某一個情形中合宜的在另外一個情況下也許並不合宜。兒童走過人們正在工作的辦公室或工廠與走過公園或田野所需的表現是截然不同的。同樣地，坐校車出去旅行和走經城市中的街道或利用大眾運輸系統所需的行為表現也各不相同。為了建立行為模式，教師不只應和兒童們溝通可接受行為的最大極限，並且也應告訴兒童這些限制的原因，在限制的範圍之內，兒童們可以建立他們自己的行為模式。

紀律

為處理衝突事件，迫使教師建立班級紀律，此類事件可視為一種連續體 (continuum)。從放縱到控制的連續過程中，嚴厲的權威是連續體的一端，而純粹的縱容則是另一端。嚴格管理的那一端呈現出高度受限的班級，而純粹縱容的那一端則呈現出高度自由 (Osborn & Osborn, 1989)。一個好的幼教課程允許兒童有高度自由，同時也使得教師維持某種程度的控制權。為了提供班上一種沒有紛亂情況的自由，教師必須建立起一套應用正向紀律策略的指導系統 (Marion, 1990)。

不管在學校或在家中，建立合宜行為的原則並無不同。然而，在學校中的合宜行為的規定和大多數在家中的規定卻有不同，因為在學校中的兒童數量遠多於在家中的。此外，由於特殊的教育功能使得在團體生活中有些行為不能被接受，在家中卻可以被接受。因此，第一次上學的兒童不知道該表現什麼樣的行為被認為是可接受的。除此之外，非常小的幼兒還沒學會去控制他們的慾望，如果他們要一個玩具，他們不管另一個幼兒是否正在玩，他們

就會去拿；同時他們也會對受到傷害或挫折做出立即的回應，一個幼稚園兒童偶爾的發脾氣並非情感失常的徵兆。

　　兒童們漸漸由學校情境中學得合宜的行為，合宜的行為應該是經由經驗的拓展所達成的目標，而非一種立即的期望。教師應在他們教導其他課程的同時，也嘗試教導兒童合宜的行為。

　　要求兒童遵守紀律的方式影響到他會變成什麼樣的人。教師不斷地設限，並且沒有解釋就告訴兒童們該怎麼做，這是基於權威的命令去教導兒童，但是從另一方面來說，沒有受到限制的兒童可能會經由他們內在的慾望而決定合宜的行為。最後，我們希望能發展出自主的個體，他可以了解命令及限制的原因；我們希望他們的行為中具有彈性，對每一種場合做出不同的回應。有紀律的行為發展需要利用智力，兒童需要利用他們的智力來了解社

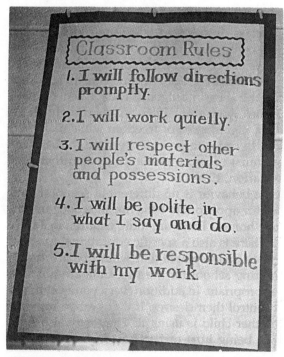

張貼班級規則有助於兒童了解成人對他們的期望。

會及眞實的世界，並且體認可接受的行爲模式中存在著可被了解的規則及原因。

John Holt（1972）區辨出紀律的三種不同型式。依據Holt的理論，兒童們從修理或建造東西、學習一種技能或者玩樂器等過程中，面對事物如何進行的自然規律，進而從現實世界的反饋之中學到紀律，好比兒童學習社會的紀律——成人在社會文化中的行爲表現——是經由社會情境的反饋。成人們強加了第三種紀律給兒童——強制性——以保護他們不被自己行爲中不確定的結果所傷，雖然有些強制性紀律是必須的，但強制本身是不適當的。

爲了建立合理而有紀律的教學，教師可以遵守下列指導方針：

1. **兒童們應該知道何種行爲是被期望的**。兒童的不合宜行爲可能是被忽略的結果，所以應在各種情境中不斷地重覆教導，直到他們了解爲止。

2. **應告知兒童爲什麼規定有其效力**。僅管他們無法完全了解，兒童應被告知設立此規定的原因。許多針對學校行爲的規定是合理的，兒童們可以經由排隊等溜滑梯或者限制一個兒童騎脚踏車的時間等事情開始了解原因。他們可以了解在一個擁擠的午餐室中和在他們自己的教室中所做的行爲是不一樣的，以及爲什麼要宣布在教室中、在走廊或在校車中需要有不同行爲的規定。

3. **兒童應有機會觀察和練習合宜的行爲**。兒童們需要示範；他們經由模仿而學習，同時他們必須由教師那兒得到的反饋練習合宜的行爲。

4. **兒童被期待的行爲應是他們能力所及的**。兒童並非成人之縮影，而且也不該被期望像大人一般。教師應對兒童的行爲發展出合理的期望。舉例來說，幼兒不能被期望能很安靜地坐著或長時間注意某件事，當他們成熟以後，他們可以發展出較長的注意力時限並且有能力長時間地做某件事。

5. **兒童不能被期望永遠有合宜的行爲**。沒有人是完美的,包括成人。我們並沒有期望成人永遠做得很好,對兒童而言也是一樣,他們不該永遠被期望比成人更能遵守模範行爲的標準。

6. **教師的行爲應有一致性**。教師的行爲向兒童傳達了哪種行爲是可被接受的、合宜的,而哪些是不被接受、不合宜的訊息。如果教師猶豫不決或有時接受這種行爲,有時又拒絕或處罰同樣的行爲,他們將會使兒童混淆並使他們的目標變得不清楚。雖然教師不能總是表現一致,他們應朝這個目標邁進。

許多教育學者和心理學家針對改進兒童的行爲建議很多不同的方法。這些包含行爲改變技術、從社會學習理論得來的示範技術、心理動力法、重新引導兒童的活動及生態學的方式。有時候教師可在教室中同時結合這數種方法。

行爲修正

許多心理學家已經提出有系統的方法來修正兒童的行爲,而這些方法是以行爲理論之應用爲根據。這些方法被應用在解決各種問題行爲上,包括學業和紀律問題。整體的策略是:教師首先憑經驗地研究整個問題,然後經由和有價值的行爲相關的增強及懲罰等系統化的運用,直到這個問題被排除、除去爲止。

Charles和Clifford Masden (1974) 已提出這種歷程的四種步驟:確定、紀錄、結果及評鑑。所謂確定就是界定明確的問題行爲,並且從可觀察行爲的角度來定義介入策略的目標,同時教師應該觀察問題行爲發生的情況及發生的頻率並紀錄下這些觀察,接著,教師應藉由外在的強化介質發展出有系統的計畫來控制目標行爲。爲了讓孩子了解行爲的結果,教師可以提供一個有條件的報酬系統。如果目的是在降低負面行爲,也許可以忽略該問題行爲,而增強正向的行爲。強化的介質物可以包含社會性的報酬,例如表示肯定的話語或拍拍他的背;或者物質性的報酬,例如給

行爲修正
利用增強體系來改變兒童行爲的系統化方法。

予食物或玩具。兒童參與經過評鑑之活動的機會可視問題行為而定，有時候反饋性質的獎卡也可以是一種強化介質。在評鑑的階段，教師應讓課程計畫實行一段時間之後再來決定它的成敗，若是兒童沒有發展出我們想要的行為，教師應設計並試驗一個新的計畫。

舉例來說，教師也許可以將計畫應用在一個活動結束後似乎不太喜歡清理的兒童身上。教師也許會觀察到每當清理時間時，那個會拿一件東西到教室中的一個角落並且玩該樣東西的兒童，之後教師也許決定幫忙清理，但只有在兒童也幫忙清理的條件下，才讓兒童有機會去玩那個特別的玩具，在兒童不幫忙的情況下，教師也許暫時不給予任何玩具。一陣子以後，教師利用偶爾才提供特殊玩具試著讓兒童幫忙清理；最後，玩具利用完全消失。

有許多在家庭、教室、情境實驗室中進行的研究報告顯示確實有成功的行為修正經驗，然而那些技術仍然飽受爭議。有些人認為將焦點集中於行為之上會導致重視表徵甚於原因；有些人抗議報酬的使用，他們將它和行賄相提並論；另外更有些人認為這種方法控制了個體的外在行為，而沒有幫助兒童學習判斷什麼才是合宜的行為，因此而限制了自主性。雖然，此種方法的提倡遭到質疑，但仍無定論。

模仿

依據社會學習理論而來的模仿技巧包含了觀看別人的表現而學習，這個概念在本章的前部曾被簡短地討論過。我們所有人皆是藉觀察與仿效學得一些合宜的行為，當我們處於陌生的社會情境之中時，也許我們會藉著觀察一個似乎被社會接受的人而獲得一些關於合宜行為的暗示，而且當我們想從此情境中獲取一些規則時，我們會效法他人。

模仿可以教給我們具有價值及沒有價值的行為，教師應該小心不要無意中模仿了人們不想要兒童效法的行為，藉由提供良好社會行為的模式，教師可讓全班有合宜的行為表現。模範人物應

是團體中具有地位的人，不管是教師或是兒童皆可，如此兒童會希望效法他的行為。提供關於合宜行為的暗示有助於標示出想被模仿的行為，針對目標行為給予兒童反饋會增強並促進兒童維持該行為的可能性（Bandura, 1978）。

在行為改變之中，這種技巧的焦點乃放在行為，而非行為的原因。模仿較不會操控兒童的行為，而且既然兒童是最終決定是否模仿那個目標行為的人，不妨給他們多一些自主性，少一點行為上的修正。

心理動力取向

心理動力學的方法較重視行為發生的原因。心理動力學家通常將行為視為對兒童發展衝突或需要的顯現，既然衝突被視為成長過程中必要的一部分，不管衝突或負面行為都無可避免。取而代之的是，教師應該提供可被社會接受的方法，讓兒童解決衝突或是了解他們的感受。有時候學者會建議使用強烈情緒淨化的方法，兒童們被鼓勵經由戲劇表演、搗碎泥土或是以拳重擊沙袋來表現他們的情感。嚴重的問題可能需由臨床醫生治療，但是日常的衝突則可由學校教師處理，教師可以經由非直接的方式處理行為問題或是發展性的衝突，在預期問題行為可能發生時，緩和可能引發衝突的情境。

在第十五章中所討論到的人類發展的課程和情緒性課程，嘗試協助兒童處理他們的感受及改善人際關係，這些課程是經由非直接的方式設計用以改善班級行為。為了改變使用上的限度，這些計畫應用了心理動力學理論。

Rudolph Dreikurs在幼兒教育領域所做的研究已經吸引了許多擁護者。Dreikurs（1968）認為兒童之所以有錯誤的行為，乃起因於下列四項原因之一：為了獲取注意力、為了展現力量、為了報復、為了尋求特別的關注而表現出能力不足之處或是為了能從某些期望當中被免除。Dreikurs建議父母及教師採用符合**邏輯後果**（logical consequences）的方法，而不要用懲罰來回應兒童的

邏輯後果
兒童犯錯後所須面對的後果。

錯誤行為，這些由權威人物設定的後果與懲罰不同之處，在於它表現了社會秩序的真實性，其本質與錯誤行為相關，實施時不含有任何道德判斷，而且只與現在所發生的事有關 (Dreikurs & Grey, 1968)。

所謂邏輯後果是讓兒童體會因為本身閒晃而錯失一個有價值的活動，或是在兒童故意去製造一團混亂之後，要求他清理。改變這種行為的秘訣在於老師要明瞭兒童錯誤行為原因之所在，並要明示為什麼在那種情境之下該行為是不合宜、而且對想要達成所要的結果是無效的，而非只是讓兒童自行達成目標。如果可能的話，也應告知兒童為什麼會導致那個特別的結果。邏輯後果適用於被稱為社會紀律的情境中，但它並不被建議使用於危險的自然情境之中。

重新引導

有一種針對兒童錯誤行為的傳統方法，它是得自教師經驗而非根據理論，那就是重新引導。其基本的構思就是從困難的情境中將兒童的注意力引到另一個情境中，而該情境可以提供他立即的滿足。舉例來說，將一個因玩具卡車而與其他人打架的兒童帶領到木工區。為了要使重新引導變得可能，教師必須知道何種活動對兒童具有高吸引力並且有哪些可供選擇的新情境。

雖然重新引導可以避免衝突，但非完全可以避免，因為衝突不全然都是壞的。在每個班級中有些情境會導致衝突，例如：個人需要的不同或者是彼此強烈性格間的不合。教師應協助兒童發展可被接受的處理衝突方法，例如：妥協、利用口語技巧來溝通問題，而非用身體施壓影響他人。教師必須持續地介入解決兒童間的衝突，然而他們可能必須使用專橫的強迫方式，甚至於限制兒童的行動，但他們不該使用體罰。最後，不管任何形式的紀律都該由控制兒童的行為轉化為使兒童變得自治，教師紀律要求的成功與否，可以經由班上的自治程度判斷出來。

生態學取向

　　從Susan Swap（1974）的一篇有趣的研究報告中，推論出可以利用紀律處理遭情緒困擾的兒童。Swap的論文提到困擾不僅存在於兒童身上，而且存在於兒童與環境的互動之中，這種論點似乎和Lilly（1970）建議教育者應將焦點投注於特別的學校情境上，而非特別的兒童本身具有關聯性。

　　Swap說道，許多有情緒困擾的兒童做出錯誤的行為，是因為他們想要解決在早期發展階段中，同儕早已能成功解決的發展性衝突。解決這些衝突的方法可以從兒童的教育環境情境中得到幫助或阻撓，因為一般而言，情境是被設計來給情緒較成熟的兒童，而衝突常因與環境的不合而產生。教師藉由了解兒童衝突程度及修飾環境來解決衝突，可以有效地制止教室中的紛擾。學校環境中可以被調整的因素包含有：硬體設施、對兒童在教育上的要求及師生互動的本質等等。

　　我們知道兒童面對許多心智發展的快速變遷，因而常常產生人際的衝突，我們也知道兒童的發展是不平衡的。舉例來說，在某段特殊的時間之中，有些兒童的語言發展比他們的動作發展還要成熟，教師必須仔細觀察兒童行為，並且熟練的判斷兒童的發展程度，教師可以使情境去適合兒童，而不是使兒童去適應情境。教師藉由改變學業上的要求，在教室中創造多樣化的情境，在課程中運用不同的教具及不同程度的教學架構，他們可以使兒童和學校情境之間的衝突降到最低。

　　有些兒童需要形式化的教學架構，但有些兒童在開放式的情境中表現較良好；有些人利用可操作的教材時可將數學學得最好，可是後來這些教材可能會妨礙學習；有些兒童在大的同儕團體中表現較好，但有些人則寧願獨處；有些人需要挑戰，而有些人則需要安全感。沒有任何一個課程或教師行為是非常適合所有的兒童。在有彈性的環境中配合有彈性的教師可以將環境的需要及要求和兒童的需求配合，因而減少紀律問題。

接受每個兒童的個別差異，需要教師察覺每個兒童的發展程度及狀況是會促進還是阻撓學習，不管是學業方面或是社會方面。從行為學的觀點來看，教師必須設計特殊的情境來協助兒童的行為發展，並且要會利用該情境中的強化介質。

除了意識到兒童之間的個別差異，教師也必須察覺到兒童對其他人行為所帶來的影響及教師本身傳達給學生的控制感。Jacob Kounin（1970）早期關於教室中漣漪效應（ripple effect）的研究證明了教師在班上糾正一位兒童的行為如何影響到班上其他兒童的行為，這對幼兒而言，似乎特別顯著。

Kounin也發現到教師對班級活動過程的瞭解會傳達給兒童，而且這對班級經營的效度也有貢獻。「頭後面有長眼睛的教師」可以立刻參與許多活動，而且可以知道班上發生的事情，在經營團體活動時似乎是非常具有效力的。同樣地，敏捷的教師會巧妙處理班級活動的流程，使活動維持動力及注意是否有需要做轉換（Kounin, 1970）。

藉由處理活動的流程及使情境適合每個兒童的發展程度，教師可以為所有兒童改善教育條件。因此，在第六章所討論到的教學上的班級組織是改善班級紀律的主要工具。

其他取向

其他紀律的取向也可在學校中被找到，Glasser模式（The Glasser Model）在有些學校中頗受歡迎。William Glasser（1969）將紀律視為抉擇的問題，好的選擇會引向好的行為，壞的選擇則引向錯誤的行為。教師應幫助兒童做好的選擇，而不接受任何壞選擇的藉口，如此合理的結果才會隨著行為出現。班級之中必須有可供遵循的行為準則教師可以利用班會時和兒童討論準則的問題，說明有錯誤行為時適宜的處理方式及應付所發生的問題。

另外一個在學校中可以看到的方法是**積極的紀律**（assertive discipline），這個方法建議教師應對學生合宜的行為有所堅持，並應維持適當的班級紀律。當教師對學生表達明確的期望並在必要

積極紀律
老師運用強制的反應方式、設限並貫徹執行的訓練過程。

時以合宜、光明正大行動加以追踪時，教師和學童在教室中的權利就會產生衝突。Lee和Marlene Canter（1976）建議教師可以將積極紀律的法則及他們教學的內容合併，他們確認了教師應該採用的五個步驟：

1. 教師應認清並排除執行積極紀律的障礙。
2. 教師應練習使用積極回應的型態。
3. 教師應學習設限。
4. 教師應學習將限制貫徹到底。
5. 教師應實行一套正面支持的系統。

許多貫徹紀律的方法皆有共同的元素，其中一個重要元素就是教室規則要很清楚，另外一個則是教師必須持續地應用那些規則，除此之外，教師應明示行為違反班規所導致的後果。所有這些元素都需要兒童意識到教師是班上的權威，然而教師不該表現出一副權威的樣子。

在最後的分析之中，教師應該認清學習合宜的行為就如同學習閱讀或藉由藝術表達自我一樣重要。兒童不是天生就具有構成合宜行為的觀念，他們必須去學習。除此之外，在某一情境中是好的行為，在另外一個情境之中不一定是好的，例如有些父母親也許想要他們的孩子表現出一副斬釘截鐵的模樣，並且告訴孩子們應為他們自己的權利挺身而出，但是教師也許會認為這些兒童是具有攻擊性的或是好鬥的。如此的差異也許源自於價值觀及目標的不同，或者是兒童們為達成父母親的目標，而帶來太大的壓力所產生的扭曲。有些兒童可能會缺乏社會技巧並且發現不合宜的社會行為是獲取其他兒童或成人注意的唯一方法，而更有些兒童也許對學校中合宜行為的規定根本無法體會。每一種情境皆需要不同的回應及不同的方法來教導合宜的行為。

所有的兒童偶爾都會有不合宜的行為表現，教師也會發現他們有時候對某些兒童並不像對其他的兒童那樣有影響力。教師通常會覺得若能時時刻刻控制住班級，對他們的教學能力而言是相當重要的，而且任何和兒童或團體接觸的失敗亦即為一位失敗的

教師。但是教師需要認清這並非絕對正確的，教師就像其他的專業人員一樣，需要其他人的幫助，例如：其他教師、校長、學校的輔導員、心理學家或是社會工作者，教師應該利用這些資源。

結語

兒童早期的社會發展對他的未來會產生特定的後果。為了協助幼兒的社會發展，教師需要在班上創造出一種正向積極的風氣，他們必須協助兒童在學校期望的限制之內發揮良好的功用並且和其他同儕發展強烈的正向關係；最重要的是，教師需要有能力去正向地回應兒童的行為，並幫助他們學習如何在類似班級這種團體中合宜地發揮其角色功能。

參考書目

Bandura, A. (1971). Psychotherapy based on modeling principles. In A. Bergin & S. L. Garfield (Eds.), *Handbook of psychotherapy and behavior change* (pp. 653–708). New York: Wiley.

Brophy, J. E., & Good, T. L. (1986). Teacher behavior and student achievement. In M. C. Wittrock (Ed.), *Handbook of research on teaching* (3rd ed.) (pp. 328–375). New York: Macmillan.

Brophy, J. E., & Putnam, J. G. (1979). Classroom management in the elementary grades. In D. L. Duke (Ed.), *Classroom management. 78th Yearbook of the National Society for Education, Part 2* (pp. 182–216). Chicago: University of Chicago Press.

Canter, L., & Canter, M. (1976). *Assertive discipline: A take-charge approach for today's educator.* Seal Beach, CA: Canter & Associates.

Clark, C., & Peterson, D. (1986). Teachers' thought processes. In M. C. Wittrock (Ed.), *Handbook of research on teaching* (3rd ed.) (pp. 255–296). New York: Macmillan.

Combs, A. W. (1965). *The professional education of teachers: A perceptual view of teacher preparation.* Boston: Allyn & Bacon.

Crouch, P. L. (1980). *Parent version of the social behavior assessment.* Unpublished rating scale. Ames, IA: Iowa State University.

Dreikurs, R. (1968). *Psychology in the classroom* (2nd ed.). New York: Harper & Row.

Dreikurs, R., & Grey, L. (1968). *Logical consequences: A handbook of discipline.* New York: Meredith Press.

Gecas, V., Colonico, J. M., & Thomas, D. L. (1974). The development of self-concept in the child: Mirror theory versus model theory. *Journal of Social Psychology, 92,* 466–482.

Glasser, W. (1969). *Schools without failure.* New York: Harper & Row.

Guralnick, M. J. (1981). Peer influences on development of communicative competence. In P. Strain (Ed.), *The utilization of peers as behavior change agents* (pp. 31-68). New York: Plenum.

Hartup, W. W. (1983). Peer relations. In P. H. Mussen (Ed.), *Handbook of child psychology.* Volume 4, *Socialization, personality, and social development* (pp. 103–196). New York: Wiley.

Holt, J. (1972). Discipline: The most perplexive subject of all. *Teacher, 90*(1), 54–56.

Hughes, J. N., & Sullivan, K. A. (1988). Outcome assessment in social skills training with children. *Journal of School Psychology, 26,* 167–183.

Jersild, A. T. (1965). Voice of the self. *NEA Journal, 54,* 23–25.

Karnes, M. B., & Lee, R. C. (1979). *Early childhood education: What research says to teachers.* Reston, VA: Council for Exceptional Children.

Kounin, J. (1970). *Discipline and group management in classrooms.* New York: Holt, Rinehart & Winston.

Kratochwill, T. R., & French, D. C. (1984). Social skills training for withdrawn children. *School Psychology Review, 13,* 331–338.

Ladd, G. W. (1981). Effectiveness of a social learning method for enhancing children's social interactions and peer acceptance. *Child Development, 52,* 171–178.

Ladd, G. W., & Coleman, C. C. (1993). Young children's peer relationships: Forms, features, and functions. In B. Spodek (Ed.), *Handbook of research on the education of young children* (pp. 57–66). New York: Macmillan.

Lilly, S. M. (1970). Special education: A tempest in a teapot. *Exceptional Children, 37,* 43–45.

Maccoby, E. E. (1980). *Social development, psychological growth and the parent-child relationship.* New York: Harcourt Brace Jovanovich.

Macmillan, D. L., Jones, R. L., & Meyers, C. E. (1976). Mainstreaming the mildly retarded: Some questions, cautions and guidelines. *Mental Retardation, 14,* 3–10.

Marion, M. (1990). *Guidance of young children.* Columbus, OH: Merrill.

Masden, C. H., Jr., & Masden, C. K. (1974). *Teaching/discipline: A positive approach for educational development* (2nd ed.). Boston: Allyn & Bacon.

McConnell, S. R. (1987). Entrapment effects and the generalization and maintenance of social skills training for elementary school students with behavioral disorders. *Behavioral Disorders, 12,* 252–263.

Mercer, J. (1979). *System of multicultural pluralistic assessment: Technical manual.* New York: Psychological Corporation.

Miller, L. C. (1977). *School behavior checklist manual.* Los Angeles: Western Psychological Services.

Murray, F. (1972). The acquisition of conservation through social interaction. *Developmental Psychology, 6,* 1–6.

Nelson, C. M. (1988). Social skills training for handicapped students. *Teaching Exceptional Children, 20*(4), 19–23.

Osborn, D. K., & Osborn, J. D. (1989). *Discipline and classroom management.* Athens, GA: Daye Press.

Perret-Clements, A. N. (1980). *Social interaction and cognitive development in children.* European Monographs in Social Psychology, No. 19. London: Academic Press.

Piaget, J. (1965). *The language and thought of the child.* London: Routledge and Kegan Paul.

Rosenshine, B., & Stevens, R. (1986). Teaching functions. In M. C. Wittrock (Ed.), *Handbook of research on teaching* (3rd ed.) (pp. 376–391). New York: Macmillan.

Rosenthal, R., & Jacobson, L. (1968). *Pygmalion in the classroom.* New York: Holt, Rinehart & Winston.

Rubenstein, J. L., & Howes, C. (1979). Caregiving and infant behavior in day care and in homes. *Developmental Psychology, 15,* 1–24.

Sabornie, E. J. (1985). Social mainstreaming of handicapped students: Facing an unpleasant reality. *Remedial and Special Education, 6*(2), 12–16.

Sainato, D. M., Maneady, L., & Shook, G. (1987). *The effects of a classroom manager role on the social status and social interaction patterns of withdrawn kindergarten students.* Unpublished manuscript, Pittsburgh: University of Pittsburgh.

Simpson, R. L. (1987). Social interactions of behaviorally disordered children and youth: Where are we and where do we need to go? *Behavioral Disorders, 12*(3), 292–299.

Spodek, B., & Saracho, O. N. (1994). *Dealing with individual differences in the early childhood classroom.* White Plains, NY: Longman.

Swap, S. M. (1974). Disturbing classroom behaviors: A developmental and ecological view. *Exceptional Children, 41,* 163–172.

Walberg, H. J. (1986). Syntheses of research on teaching. In M. C. Wittrock (Ed.), *Handbook of research on teaching* (3rd ed.) (pp. 214–229). New York: Macmillan.

Winkler, D. R. (1975). Educational achievement and school peer group composition. *Journal of Human Resources, 10,* 189–204.

親師合作

本章綱要

◎家長參與的概念
◎家長在幼兒教育中的角色
◎家長參與的程度
◎與家長合作的技巧
◎以家庭為中心的幼兒教育

導論

在為幼兒及其家長所設計的計畫之間的密切關係，反映出對家長和他們孩子之間緊密相繫關係的了解，因為對孩子而言家長比任何教育計畫更具有影響力，教育者必須利用這種關係來延伸他們的課程。

John Amos Comenius和Johnann Heinrich Pestalozzi以及Friedrich Froebel全都相信在幼兒教育中，母親角色的重要性。當幼稚園在美國建立時，也同時針對母親設計課程以實現Froebel的哲學。在一些幼稚園中，媽媽社團關心兒童學習的教學及幼稚教育的理論與實務，在其他幼稚園中，關心兒童家庭美國化的趨勢也很明顯。

幼兒教育學者將母親角色的重要性融入於他們的兒童教育理論之中，明顯地影響了美國的教育。在1890年代，由全國母親聯合會 (The National Congress of Mothers) 所召開的全國女性會議將這些幼稚園的媽媽課程加以結合，這個團體最後成為全國家長與教師聯合會 (the National Congress of Parents and Teachers)，這個組織在今日校園中已廣為人知。

托兒所亦被視為擴充及增進親子關係重要的一環。Margaret及Rachel Mcmillan強調應將托兒所設置於其家庭附近，並允許父母親觀察托兒所的活動，以及在父母和老師之間建立良好的合

作關係，幼兒教育的提倡者希望家長本身能為托兒所中的幼兒教育負起最終的責任。

當托兒所從歐洲移植到美國後，學校與家庭之間的密切關係也得以繼續。在美國成立的第一所托兒所是在1916年由芝加哥大學的十二名職員的妻子所合作創辦。這些家長希望能確保孩子的社會教育、自己的親職教育及保留一點自由時間為紅十字會工作（Taylor, 1981, p.294），至今托兒所仍由一群家長及關心社區的成員所組成。

家長參與的概念

學校與家長之間的關係隨著現今學校的種類及學校學區所擁有的人口而有所不同。托兒中心與由家長合作的托兒所二者在面對家庭與學校的關係時顯著不同；同樣地，公立小學和私立學校的低年級在學校與家庭方面的關係也不相同。每一種幼兒教育課程及每一所特殊學校均具有它們自己的家長參與方式、及選擇它們自己所關注的活動。

家長的參與應廣泛地視為一種選擇，而判斷什麼是最合宜的最好也留給家長斟酌。Peterson（1987）為家長參與提供了一個實用的定義：

> 家長的融入或參與可視為帶領家長接觸下述各項的過程：（a）以教育性介入為目的，並有責任為幼兒和家長提供服務之教職員，（b）參與與兒童有關的課程活動，此一活動之目的在於提供父母資訊及協助父母扮演自身的角色。參與意謂著因課程而變的多樣化選擇性的活動，可供選擇的活動之間的差異性受到每個課程的獨特性、硬體設施、學區中家長與兒童人口數及可得資源等方面的影響（pp. 434-435）。

家長的參與含括某些可能的服務及活動，可廣義地區分為以

下四類：

1. 專業人員爲父母做的或是提供給父母的事物：服務、資訊、情感支持及建議。
2. 家長爲該計畫或爲專業人員所做的事：籌募基金、宣傳、提倡或是蒐集資訊。
3. 家長與兒童合作可被視爲課程延伸的事物：在家中或在學校中教導或個別指導兒童。
4. 家長與教職員共同執行與課程有關的一般性活動：聯合活動的計畫、評估與執行、以訓練者和受訓者的身分合作、討論兒童共同興趣的活動主題、或是做爲兒童的協同治療師(Peterson, 1987)。

這四種廣義的家長參與類型，從父母親完全被動到積極主動的角色不等，因爲家長的需要是如此地不同，所以學校必須判斷哪一種參與是他們的課程最需要的。

建立這種參與歷程的基本要素應包含：

· 允許隨時改變家長參與的層次及型態。
· 個人化的風格，及參與的次數應符合父母、兒童、家庭及課程的所需。
· 爲了達成有建設性及有意義的結果，提供父母可選擇的活動及選擇的權利。

提供家長參與的活動，一般而言應將焦點放在以下所述的一個或多個目標之上：

1. 「個別的接觸及互動」這是提供一個達成家長和教職員之間、家長之間及家長與正在進行的服務活動之間溝通的方法。
2. 「訊息分享及交換」此乃提供正在進行的活動訊息與分享傳達訊息的媒介，建構親師關係、友誼及相互的了解。
3. 「社會、情感、個人的支持」目的係建構教職員與家長、家長與家長之間一種相互合作的系統，並設立家長們可以尋求鼓勵、了解、諮商及單純友誼的支援系統。

4. 「**協同關係**」是為教職員和家長創造可以攜手合作朝向同一目標的方法，如此一來，在教育及訓練幼兒的持續性可被家長及教職員所維持。協同關係增進有效團隊工作的機會，並避免家長和教職員最後相互對抗的結局。

5. 「**協助關係家長**」是使家長增強他們角色的服務、提供兒童直接的服務、並以強化一般家庭系統的方式來協助。

6. 「**教育及訓練**」是提供家長資訊、特別的訓練或是兩者兼具，來幫助家長獲得：(1)對他們孩子的了解，及(2)使父母習得在家中如何管教孩子的技巧，並提供合宜照顧及支持孩子的方法以及做為他們自己孩子的優良教師。

在設計一個家長參與的計畫時，教師必須確定可以擁有來自學校及行政方面的支持，以及確定學校中有其他人樂意幫忙。當然教師也必須確定他們擁有或是可以設計出實踐這個計畫所必須的技巧，並能找到該計畫所需、且樂於參與並從參與中學習的家長。

近來，對於家長參與計畫的重視，已經由將他們視為教育機構的委託人轉移成視他們為決策的參與者。家長對於社區學校的關切，及家長要求在所有層級的教育政策制定時，家長的意見應被充分了解，這可視為父母親擔負教育其子女責任的延伸。

家長參與他們孩子的教育有著教育上、道德上及法律上的理由。既然孩子是父母親的主要責任，家長應參與教育方面的決定。任何教育課程的成功與否，家長參與是關鍵的因素，特別是在那些特別設計給有特殊教育需求兒童的課程 (Brofenbrenner, 1974)，當家長與學校成為合作的關係之後，和兒童一起合作可以超越教室這個空間，在校學習及在家學習可以變得互相支持。

教師對於家長參與他們孩子教育的觀點有廣大的差異性，有些教師認為教育兒童時，其家庭背景是不重要的，將家庭排除於學校生活之外。其他人的觀點則認為兒童完全是由其父母親所塑造出來，而將家長與兒童視為一體，在這中間，教師相信關於家庭背景的資訊幫助他們更有效地與兒童溝通並教育他們 (Lightfoot,

1978）。大部分的幼教教師相信要了解兒童就必去了解兒童的家庭背景，同時家長參與兒童的教育也是必須的。除此之外，研究顯示家長創造養育的環境，而且家長的教育行為也影響著兒童的功能作用。Schaefer（1985）及Swick（1987a, 1988）也發現有效能的家長比缺乏自信的家長參與更多的活動。根據White（1988）的研究，家長的品性及行為與建設性的參與模式具有關聯性，例如：高度教養的行為、支持性的語言活動、明確而一致的紀律、支持性的家長態度、設計家庭學習的技巧及運用社區支援的豐富資源。研究同時也顯示家長的參與會影響兒童人格特質的品質，例如：正向的自我形象、樂觀的態度、建設性的社會關係取向（Swick, 1987b）及語言的獲得、動作技能的學習、概念的獲取及問題解決的能力等等（Pittman, 1987; Schaefer, 1985; Swick, 1987b）。

家長的權利

　　表面上，在我們文化中的父母親有權利以任何他們覺得合適的方式來養育他們的孩子，然而事實上，家長的權利很明顯是被剝奪的。沒有任何家長有權利對他們的孩子施以身體上或情感上的傷害，家長必須送他們的孩子上學一段時間或是提供一個合理的選擇，這種要求多來自於維持社會秩序的文化需求及兒童和家長的個人需求。

　　如此一來，家長對於孩子的擁有關係絕非我們這個社會所能允許，然而在許多學校中，教師覺得他們決定提供何種經驗的權利是不可侵犯的，它是社會重視他們的特殊知識所賦予的權利。直到最近，人們才開始認清兒童的權利，並成立倡導兒童權利的團體來保護兒童被父母或社會機構侵犯的權利。

　　今日教育面臨的主要問題是，家長希望及要求在某種程度上應該擬出一套合法約束教師行為的條文。傳統上，學校在做決策時，家長是被排除在外的，到學校會見老師的家長都是來接受通知、聽訴、接受安撫及接受諮商的，教師的確很少將家長視為有關

班級進程決定時的來源之一。

　　和失能兒童的家長一同合作重要性益增，自從人民法第94-142號條款，也就是殘障兒童教育法案通過之後，這些兒童在接受評鑑前必須先得到家長同意，此外，他們有權檢視有關安置他們孩子的所有紀錄，也有權參與同意他們孩子的個別化教育計畫的發展。除此之外，他們有權依據他們孩子的教育提出意見。這條法案的要求範圍經由人民法第99-457號條款，即上述法案之修正案而擴延至幼兒。

親師之間的關係

　　衝突常常成為，學校和家庭、學校和社區之間關係的特色，尤其是在較貧窮或少數民族的社區之中。這種衝突可視為對學校的一種回應，藉以傳達壓抑及表達自由解放與互動的工具 (Light-foot, 1978)。無論觀點如何，學校必須找出方法來超越各種既存的衝突，並且依兒童的最佳利益加以運用。

　　許多家長相信學校在提供兒童合宜的教育這方面是失敗的，他們是根據學生在學業領域缺乏成就及高輟學率來證明此一信念。遺憾的是，此一態度是依據美國學生教育成就日漸低落的事實而來，然而，我們也該比較美國國內及比較美國和其他國家之間的差異。許多標準化測驗分數都受到所謂的Lake Wobegon效應，也就是說大多數兒童的測驗分數都超越平均值。此外，以相同方式得自於不同國家的測驗分數不能證明其人口類型都是相同的。

　　就如同家長可能會對教師和學校有錯誤的概念，教師對家長和家庭可能也會有錯誤的概念。教師也許會低估家長的技巧，他們也可能低估了家長生活中各種不同的壓力。家庭生活可能是壓力的來源，除此之外，家長的壓力可能來自於：

　　1.**工作時數**：家長工作的時數愈多，他們遭遇到的問題也愈多。

　　2.**缺乏工作自主權**：無法控制他們工作時數的家長們會經歷

到工作和家庭責任平衡的衝突。

3. **工作需求**：有工作需求及工作狂熱的家長通常比有較少工作需求的家長有更多的壓力。

4. **與上級的關係**：家長和其上級的關係有助於決定他們的福利（Galinsky, 1988）。

Galinsky（1988）提出以下的建議供教師與家長更有效地合作。

1. **了解你自己的期望**：當教師與家長關係產生衝突時，教師應該捫心自問：自己的期望為何？這些期望是否可行？

2. **了解家長的觀點**：當教師不了解家長的行為時，他們應該問自己：如果這個發生在我身上，我會有什麼感覺？

3. **了解家長的發展**：就如同兒童一樣，家長也會成長、發展，而教師必須了解這種成長。

4. **思考自己的態度**：教師需要評估自己對家長的感覺並且嘗試將觸角延伸到最難溝通的家長身上。

5. **接受對立性**：家長因為文化不同，可能在某些事情上和教師有不同的意見。教師必須找到接納不同家長的方法。

6. **獲取支持**：在遇到衝突時，教師必須有可以傾訴的對象。他們必須尋求他們自己的支持來源，例如在同一課程中的教師或其他的教師。

7. **為自己的角色設定合宜的限制**：在和家長合作時，教師必須確立自己的角色，例如提供：
   - 養育兒童的資訊及建議
   - 情感上的支持
   - 供模仿效法的角色
   - 最重要的是：接受委託

8. **思考自己所用的語彙**：語言代表了訊息，教師必須確定他們運用了合宜的語言來傳達正確的訊息。

9. **提供不同的專門知識**：教師必須建立增強家長專門知識的聯繫，例如有位教師描述了此種策略：

我告訴家長們我在學校注意到的事並且說：「讓我們一起來討論。」我問他們在家做了哪些工作，如此一來我則可以在學校中嘗試，反之亦然。在我和家長的關係之中包含了施與受。(Galinsky, 1988, p.11)

親師關係的內容可以有很大的差異，教師應對家長的需求感覺敏銳並儘可能提供各式各樣不同的課程。教師可能擔心要和家長溝通兒童的學習歷程、分享資訊、參與解決問題、組織家長會、發展親職教育課程、督導班級的參與、提供專門的諮詢給決策團體等等。親職課程中的每一部份都需要來自教師不同的技巧和策略，雖然教師並非是家長的諮商輔導員，通常也缺乏教育家長的準備，然而他們的地位允許他們以一種特殊的方法來為家長提供服務，在教師本職學能和角色的範圍之內，他們應該接受各方面的挑戰。

家長參與的程度

家長參與(parent participation) 的模式存在著很大的差異。舉例來說，有些家長涉入整個課程，而有些則關心教師陣容；有些家長在團體討論中有相當多的貢獻，有些家長相當配合觀念及活動，而有些在討論中則居於被動的狀態 (Powell, 1986)。

家長參與班級活動是托兒學校與啟蒙方案 (Head Start Program) 統整的一部分。家長們可以被邀請到班上來讀故事給兒童聽、擔任一對一的指導工作、幫助教學團體、幫忙教室中的例行活動運用他們特別的知識和技巧來豐富這個課程，他們也可以擔任助教。

在任何教育計畫中，資訊應由教師及家長分享。家長可以學習他們孩子的課程及個別的歷程，家長也可以獲取兒童成長、發展的理論，學習一些可以用來幫忙他們孩子的相關事物。同樣地，

家長參與
希望家長主動參與學校或班級的運作。

教師也需要兒童背景和在家行為的資訊來增進他們對兒童在校行為的認識，這種資訊可以用來為每一個兒童設計更好的教育課程。

在幫助親子互動方面，有許多方法可以應用。有些課程是以有系統、有組織的方式來教導家長與孩子合作 (e.g., Becker, 1974; Linde & Kopp, 1974)，而有些則是設計來幫助家長發展他們的洞察力，以了解兒童行為的原因 (e.g., Ginott, 1971; Gordon, 1970)。同時也有些課程提供經驗以協助親子之間的最佳互動 (Gordon, Guinagh, & Jester, 1972; Sparling & Lewis, 1979)。另外一種家長參與的方法和讓家長參與他們孩子的課程有關的活動，他們可以加入諮詢團體、在教室中幫忙或參與製作該課程的教具。

日漸增加的家長參與無疑地會產生一些利益。家長可以為班上提供一些才藝，而這些才藝通常是未被開發的。許多家長擁有與他們職業、嗜好、特殊背景及興趣有關的特殊技巧或知識，家長

家長可以各種方式在幼兒課程中提供服務。

也可以藉由提供例如：包裝紙、廢衣物、蛋盒、紙管及其他在家中可找得到的物品來增強學校所提供的教學資源，這些東西可以應用在許多不同的班級活動中。

家長可以在班級中擔任助手，不管是固定或是為了某些特別的課程或是戶外教學時。在教室中有更多的成人即意指每個孩子會受到更多個別的注意。在教室中，家長可以協助課程方面的事，打掃清理、觀察及一對一指導有特殊需要的兒童。提供需要發展人際關係技巧的兒童更多和成人相處的機會是重要的，特別是對那些失能兒童。

家長參與課程的第一步應讓他們參與決策。在決策的過程中，他們可以從教職員處獲得更多對於一般兒童的資訊及建議，尤其是針對他們自己的孩子。

在主動及積極地參與一段時間以後，有些家長會提出參與課程時的困難，例如突然從活動中被孤立、或抱怨一些瑣碎的事（例如：他們的孩子衣服上沾染太多的顏料）。當學校教職員因家長認為每件事都不對勁而有挫折感時，家長可能會向教師抱怨或表現出疏遠及敵意。為了要幫助家長建立對他們自己、他們的孩子及課程相關人員有合理可行的期望，教師必須不斷地指出孩子的長處及家長們的技巧。

一旦家長認識這個課程並且覺得它不錯時，他們可以成為很好的公關資源，提供給社區大眾知道學校中的孩子們在做些什麼事，他們也可以成為學校課程的有效宣導者。在許多個案中，家長常負起修改與兒童有關的政策或法令的直接責任，尤其是關於殘障兒童的政策或法令。他們經由和學校委員會、諮詢委員會及州政府、聯邦政府的立法機構來達成此目的 (Lillie, 1974)。

當家長參與班級活動時教師應提供仔細的督導或為參與家長舉辦說明會也可以減少可能的誤解。家長必須知道在教室和學校的不同區域中每天的活動流程及規則以及兒童被期望的行為模式，同時也必須告知家長參與課程活動的特定責任。如果有多數的家長參與此一課程時，則印製一本包含這些訊息的家長手冊會

是有幫助的。

教師應該督導參與此課程的家長們，追蹤他們的行為或是盡量地做紀錄，以供後來的評鑑會議使用。家長和教師每隔一段時間就該回顧他們所做過的工作，教師應不吝給予讚美及支持，同時也須針對改進實務工作提供小心仔細的評論及忠告。當家長持續和教師合作時，他們的責任領域及自由的範疇也會漸漸增加。

發展與家長合作的技巧

與家長合作時，教師需要具備長期的計畫、面談及課程指導的技巧、以及與小團體或大團體一齊活動的能力。同時，教師也必須在與家長合作時，能發展出正確評估及紀錄其結果的技巧。

計畫

教師必須清楚地了解與家長接觸的目的及可用的資源，並且能夠經由家長活動的結果去思考，最重要的是要能把家長活動及其特定目兩者結合在一起。

譬如教師希望能委派一名家長去社會機構請求協助，則教師必須在不脅迫的狀況下傳達出此項需求，他們必須清楚那些社會機構的名稱及住址，並且知道該如何申請。如果教師希望將家長列入幫助班上某位兒童的行為問題的名單之中，則他們必須擁有該名兒童的行為觀察紀錄。

計畫一個全年性的家長參與活動，可讓教師平衡地與各種家長接觸，會議也可在不打擾學校行政與家庭傳統（如：節慶）的情況下事先排定時間，此外，教師也可以對家長參與活動的需要預做準備。若即將舉行會議，則應事先收集兒童課程活動的作品及與學校表現相關的行為紀錄。

在計畫團體會議時，教師應考慮到該活動的內容、安排所需的演講者或是影片，並且安排人員負責某些特定的事務，例如：接待或清掃，以確保整個會議進行順利。

舉辦會議需要提供合宜的場地，一個大型會議也許需要學校的禮堂或是多功能的教室；班上的母姐會可以在放學之後，於教室中佈置一些桌椅即可舉行；而與單一家長會談時最好選在免於受到打擾的安靜地方，至於工作會議，如木工、縫紉等則需要特別的設備及地方。另外，教師有必要設計一個放置家長佈告欄的空間或展示書籍的地方。

資訊分享

與家長分享關於兒童資訊的方法有許多種，但是沒有一種分享訊息的方式是令人完全滿意的。愈是特別、描述愈詳盡的報告愈是需要更多的時間來完成，而教師常在採用的方式上陷於兩難的狀況。結合各種形式的個別報告也許能提供一個最佳平衡。

評鑑中的一部分是向家長報告他們孩子在學校中的進步歷程。在第九章中，對於聯絡簿、信函及個別會談有更詳盡的討論。在報告時，教師必須確定家長了解該課程的目標及評量他們孩子進步歷程所使用的方法。逃避負面的報告可能無益處，應定期而誠實地告知家長。

描述性的信件是和家長分享兒童訊息的一種方法。信件比聯絡簿或檢核表更能提供兒童成就上質方面的溝通，因為它們能夠完整地描述兒童的活動。因此，在給家長的信件中，可以仔細描述兒童的學習態度、他們和其他兒童互對的模式、兒童所閱讀的書籍及兒童所使用的教材，信中亦可包含特殊事件的描述。為了節省時間，教師可以複製描述全班活動的信函，並在各信函中附上一些針對單一兒童的段落。

聯絡簿和個別信件是和家長分享特定個體的訊息，而簡訊則可用來分享一些所有家長都感興趣的資訊，它們可以描述一些家長們有興趣的偶發事件或班級活動。

簡訊也許可以在每學期末、每一季末或每個月底寄到家中，次數的多寡可依教師足以花在這上面的時間及他們所能獲得的幫助而定。簡訊也可以描述特殊事件（例如：戶外教學或專業人士

來訪)、現在正在進行的特殊活動(例如在營養單元中的烹飪經驗、也可以是某位教職員的人物特寫、描述他或她的學術背景、專業經驗,也可以是與家庭、興趣或旅行有關的個人資訊等等。描述某位兒童的作品或活動的小插圖或小品文亦可放於簡訊之中,而這些小插圖或小品文的作者,應在一年的某段時間中含括每一個孩子。社區中發生的事、學校中的活動、關於文章或書籍的報告可能都會引起家長的興趣,關於社區資源的訊息、需要教材支援或需要家長到班上幫忙的訊息也可以做為簡訊中的內容。

報告學童的進步歷程通常只是一種單向溝通藉由會議面對面向家長傳達或書面描述兒童的表現,家長和教師都可交換有關於兒童的訊息,而這些訊息不一定是要和兒童的進步歷程有關,例如:兒童參與活動的程度或是兒童社會互動的範圍。教師常由許多托兒所、幼稚園在入學前所要求填寫的申請表中,得到許多關於兒童的有用資訊,在這個表中,兒童的健康資料及發展背景也是必須的,在第七章中有一個實例可供參考。

提供兒童作品的實例有助於使家長會議產生焦點。

親師座談會指導方針

事前準備

熟悉與兒童及其家庭有關的資訊並收集兒童具代表性的作品。

邀請家長

寄發關於會議訊息的通知給家長，說明會議的目的以及建議家長在會前應先思考的事項。這項事前準備可降低家長對於會議的不安程度。

創造一個合宜的會議環境

佈置使家長覺得舒適的室內環境，舉例來說：為家長佈置一些成人尺寸的桌椅會比坐在兒童桌椅後面面對老師的感覺要舒服得多。在會議中，教師應該試著：

- 讓家長感到舒適、放鬆及被需要
- 運用家長的語言而不要用教育的專門術語和家長溝通
- 強調兒童正面的特質
- 關於如何在家中幫助他們的孩子，應給家長正確的建議

在會後能夠追蹤並貫徹到底

在家長離開之後，立即仔細地做會議紀錄，包含雙方所做的建議及所提出的問題。教師應立即追蹤待答的問題或是他們對家長所做的承諾，例如知會有關的機構、排定另一場會議、打電話、家庭訪問、書面報告或是寫給家長的非正式信函。

分發評量表

徵求關於會議形式及與家長非正式日常對談的建議。(Allen, 1990; Bjorklund & Burger, 1987)。

表8-1 給家長的兒童發展進程報告

發展目標		進程	備註

社會情緒方面：

兒童自立觀念、自發性及信心的發展是在學齡前階段一項非常
重要的工作。這些特徵使兒童對自己感到滿意且影響他們和其
他兒童、成人的相處能力。兒童也必須發展應付恐懼及挫折的
能力並表現出欲完成工作的毅力。

認知方面：

在學齡前階段兒童的思考歷程發展中，包含了出現有趣的點
子、探索問題，串聯想法或物品間的關係，以及利用各種不同
方法表達想法。兒童經由主動和環境互動而學習。

動作技能方面：

動作技能方面的發展讓兒童注意到他們處於空間裡的身體，他
們的身體如何運動及這些動作對於環境的影響。兒童也需要發
展大、小肌肉協調的機會。 （Bjorklund & Burger, 1987）

親師座談

在幼兒教育課程中，與家長溝通是必須的。家長們需要並且
想要從學校的觀點來瞭解他們的孩子，同時學校亦因家長的付出
而有收穫，座談會讓教師更加了解兒童，並且做出更多啓發性的
決定。親師座談會是溝通過程中必備的要素，一個成功的會議爲
高品質的幼教課程建立了基礎。

在開學時及學年之中的個別會談，讓家長和教師分享關於他
們孩子的訊息，並且能夠協助家長解答關於兒童行爲的特定問
題，因爲對一個兒童而言是具有意義的事情，但對另外一個兒童
也許是不相關的。

教師利用座談會向家長們報告他們孩子的進步狀況，如同**表
8-1**所呈現出的報告即可做爲會議的良好基礎，他們也可以在表
的左欄記下簡短的紀錄以供座談時使用。

當教師對某位兒童抱持疑問時，分享性的座談特別有用，由
家長提供的資訊也許可以幫忙解釋兒童行爲的改變。同樣地，家

長也可從教師提供的資訊中修正他們在家中照料兒童的方法。如果家長及教師兩者皆關注兒童的福利，則訊息分享座談可以提供一個互惠關係的開始，這樣的會議很容易就演變成解決問題的集會。

共同解決問題的會議

在許多家庭中，兒童在上學以前並沒有太多和其他同齡兒童接觸的機會，有時候父母對他們的孩子會有某些要求，但並沒有機會將他們與其同處於類似發展階段的兒童們做一比較。除此之

專欄 8-2

順利進行會議的計畫

1. 心胸開放（不要預設立場或下結論）且實在。
2. 傾聽家長訴說。
3. 表現出你的關心及喜悅。
4. 準備隨手可得的、實際的紀錄（如：測驗、作業範本、趣聞軼事等等）。
5. 討論合理的期望。
6. 確認問題（如果有的話）。
7. 協意包含每個人的行動計畫，例如：我們如何才能滿足這個兒童的需求？
8. 追蹤該計畫：何時？何地？如何做？
9. 如果你告知家長測驗的成績，記得告訴他們這只是教育中的一環而已，測驗是用來比較該名兒童和其他同齡兒童學習歷程的分數，情緒發展、學習態度、動機、同儕關係、特殊才藝及自我印象也是很重要的。讓家長看測驗卷的影印本。
10. 記得運用能夠支援你的人員（如果你需要他們的話）。
11. 告知家長其子女的優點、缺點及遊戲方式。

外，如果家庭與小兒科醫師沒有太多的接觸，則家長可能會在忽然間發現早已存在、但對他們卻不甚明顯的問題或異常狀況。

兒童隨著上學及面對有一連串新的要求，可能會突然帶來一連串的行為問題。當新的壓力加諸於兒童身上時，聽力喪失、視力不佳或其他問題都有可能出現，偶爾家庭情況的改變，如：離婚、新生兒的到來或搬到另一個新社區都有可能導致問題發生。資訊分享、提出應付問題的方法、在家中和在學校中對待兒童的一致態度等，對於解決困難問題大有助益。在幫助父母應付這些問題時，教師可以扮演一個決定性的角色，因為教師是家長最常接觸的專業人士。

教師並非心理學家、社工人員或諮詢專家，從最廣泛的角度來說，教師是兒童發展專家，然而教師必須找到方法來協助家長察覺問題並加以處理。有時候，喝杯咖啡時的閒聊就足夠，而有時候則需要一連串與相關機構的諮詢。教師必須謹慎地不要超越教育人員角色的界線，有時他們必須把問題交給更事業的人。教師應熟悉社區中為兒童和為家庭服務的機構及尋求他們幫助時的程序，許多學校都有附屬的人員如：輔導人員、家庭協調者等能幫助家長和教師應付問題的專家。

雖然委託是教師能做的一項顯著貢獻，然而他們所能提供的個人支持之重要性也不該被低估。

會談

與家長會談得以讓教師蒐集及提供資訊。教師在晤談的過程中應讓家長感到自在，例如可以供應一些咖啡或先談談學校一般的事項以建立融洽的關係，但是要注意不該花太多時間在準備階段。

為了獲得想要的訊息及含括所有的重點，教師可以利用摘要式晤談的方法。此一方法的使用應保持彈性，以確保會談目的得以達成。

教師必須學著如何傾聽家長訴說、對他們的感覺及他們所欲溝通的訊息能夠敏銳察覺；教師應該仔細地傾聽家長所傳達的訊

息，並在合宜的時間作出立即的回應，以幫助家長針對他們孩子的問題找出符合實際需求的解決之道。

雖然有時候給建議是件容易的事，但教師的忠告必須對特定的狀況具有特別的意義及關聯性。如果一個孩子在家中應該有人閱讀給他聽，教師應協助家長尋找書籍來源或幫他們取得書籍，教師也應幫助家長學習一些閱讀時的技巧，使兒童們最後能夠由此受益。

家庭訪問

家庭訪問有許多優點，在家中的會面會比在學校中的會議讓家長更能自在地談話，除此之外，教師可以藉此了解兒童的家庭環境，甚至更進一步了解該名兒童。家庭訪問對那些無法在上學時間內來到學校的家長們也比較方便。

如果要使家庭訪問具有影響力，應讓家長認為是他們邀請教師到他們家來的，強迫性的家庭訪問可能會招致敵意。教師也許可以提出一些日期及時間使得家庭訪問能在雙方皆方便的時間進行，教師在沒有事先告知的狀況下便做家庭訪問是不當的行為，這樣的行為會破壞建立合作關係的希望。

家庭訪問的目的與舉行座談會的目的是一樣的，目的皆在於分享資訊及解決問題，當教師嘗試建立友善的社會關係時應小心地達成這些目的。

非正式接觸

與家長們非正式接觸的機會有很多：兒童們到校及離校的時候、家長聯誼會上及邀請家長參與戶外教學時，在這些場合中，教師應傳達給家長友善的感覺及對兒童的關心。與家長保持距離或是鄙視他們的言語都會破壞在其他家長活動中所欲建立的關係。

教師也可於上述場合舉行小型會談——在這種簡短而非正式的時段中，可以應付較小的問題或是可以很容易地獲取資訊。教師應鼓勵家長進行意見交換，但要小心不要太過投入與家長的談話，而忽略他們應該與兒童在一起的時間。

家長會議

通常教師必須面對一群家長，而非單一個家長。教師常被要求主導計畫、引導家長會，或是被視為由家長自行舉辦的會議中所邀請的專業人員。

教師與家長首度接觸通常是在兒童上學以前學校所舉行的說明會，這個說明會是向家長和兒童傳達學校會是什麼樣子的機會。如果家長以前都沒有送小孩上學的經驗，這種資訊是相當重要的，這樣的說明會可以用來提供家長資訊，使他們和他們的孩子了解學校的期望。

教師必須仔細而小心地向家長及兒童傳達學校是個歡迎他們的友善地方（假設這是真的），教師應利用時間和家長非正式地閒聊，並使家長們有機會熟識彼此。如果資訊能夠印在簡單的小冊子或傳單上，可以減少說明時間，而有更多的會議時間用來建立與家長間的和諧關係，在會議時間誦讀一些家長們可以輕易自行閱讀的資料是一種浪費時間的行為。

在學年之中，教師也許需要召開其他的會議來討論課程、展示一些兒童們的作品，並回答家長們關於兒童正在進行什麼課程的問題。正因這些會議和他們的孩子直接相關，所以家長們很願意參與，在安排時間時應注意到多數家長皆能參加會議的時間，教師也許需要提供非正式的托兒服務安排，以使得兒童能跟隨家長來參加會議並確保出席率。

大多數的學校都有正式的家長會或親師協會以整合全校的家長，它規畫著整學年的定期會議及社會性活動。雖然這種會議的責任通常操之於家長委員們的手中，教師也有可能應邀於會議中演講或擔任諮詢人員。

教師參與此種會議對於與家庭建立親密的連繫關係而言是重要的，在這種場合中的簡短談話通常比在冗長會議中的演講更能建立良好的關係。

家長教育課程

　　自一九六〇年代以來，為貧窮及少數民族所設計的研究及發展的課程中，已經相當重視家長參與幼兒教育的重要性。同樣地許多其他由聯邦政府資助的方案也指示家長參與為方案中的必要條件。這種參與通常以家長教育的形式存在，意即幫助家長加深對兒童發展的了解，並教導家長教育、養育他們孩子的新做法。家長們也在班級中幫忙，他們亦經由家長委員會和其他機構來參與決策的過程，並在決定他們孩子的教育課程及選擇師資時表達他們的意見。

　　許多學校提供正式或非正式的家長教育課程，這些課程從高度計畫的課程如：教授關於兒童的成長與發展、育兒實務、理家技巧，到由家長們自行決定活動內容的非正式社團活動都有，而更有其他的課程將焦點放在團體學習歷程及家長互動，而非其他實質上的內容。近來，在企圖幫助家長有效負起育兒責任方面的課程有急遽增加的趨勢，課程進行的技巧從團體討論、歡迎隨時參加的非正式社交聚會，到以家庭為根本的介入活動都有（Powell, 1986）。

　　Honig（1982）指出家長的「權利法案」可提供做為家長教育課程的基礎，它包含以下的權利：

- 關於兒童發展的知識——在情感方面和認知方面兼具
- 更有效的觀察技巧
- 預防問題及建立紀律的選擇性策略
- 如何運用使家庭成為兒童學習經驗場所的知識
- 運用語言工具及閱讀故事的技巧
- 對擔任他們孩子最重要的童年教師的瞭解（p.427）

　　有些由家長合辦的托兒所，要求家長上家長教育課程以做為他們孩子註冊上學的先決條件。在社會福利制度上興辦托兒所、為瀕臨危險中家庭所興辦的托兒所、親子中心及「啟蒙方案」等等都包含有許多的家長參與課程，而有時候家長們也會在班上花

專欄 8-3

選擇性的家長課程

A課程之目標：

a 1.重視家庭與社區

2.指定與兒童有關的特定技巧及做法

3.向家長宣導兒童發展的資料

4.提供課程結構

5.視教職員為兒童發展專家

B課程之目標：

1.教導家長激發他們孩子正向發展的方法

2.幫助家長決定對兒童最有益的事

3.助長課程參與者之間的支援關係

4.允許家長選擇他們想要參加的活動

5.在教師非引導式的從旁協助中堅持自助的模式。

費數小時的時間，且對這些課程而言，家長圖書館可以是一個強而有力的輔助。

家長的教育及支援課程會隨著每一個幼兒課程而改變。舉例來說，Powell（1986）比較了這些課程的差異，而這些差異如下所示：差異亦存在於專家、助手及義工等角色以及課程長度（一週或一年）和情境之間（教學中心或家庭式的）。

許多家長教育課程教導家長特殊的方法，以協助他們孩子在校學習智力及語言。課程可以建立家長行為的模式，例如：讓兒童參與討論、向兒童傳達家長行動的意義、大聲地閱讀簡單的故事、在家中提供教學活動及教具等等。這些特定的方法通常是直接教給家長，在教師監督之下，讓家長練習使用。有時候一些成套的教具也租借給家長，使他們能在家中和孩子一起使用。教養嬰兒與教養幼兒所承受的壓力是一樣的，最後家中所有的孩子都會

被家長所學影響。

　　許多家長教育課程都是以家為根本，家長教育專家在家中直接與他們的當事者合作。這些課程通常為教育專家的職前訓練和指導家長做準備，教育專家提供家長特定的指引，並且常示範與兒童在一起時的活動給家長看。提供給低收入家長的課程通常相當依賴擔任訓練角色的專業人員的助手，而為失能兒童家長所提供的課程則主要利用專業人員。家長教育專家通常要負責評鑑兒童的進步歷程並為兒童活動做諮詢（Levitt & Cohen, 1976）。除了這些一般的要素之外，許多存在於家長教育課程的差異與存在於第三章中所討論的幼兒教育的差異是類似的。

家長支援系統

　　在連接家庭和學校之間，給家長的社會性支持是很重要的。所謂社會網絡乃意指個體與親密同儕的生活圈或對個體而言具有意義的一群朋友、家人或工作夥伴（Hall & Wellman, 1985）。來自於網絡的支援依照其大小而有直接的不同，較大的網絡具有較佳的支援（Hall & Wellman, 1985; Vaux, 1988）。網絡的密度也影響到個體運用網絡支援的效率，通常密度較高、結合的更緊密的網絡比那些密度較低的網絡更具有影響力(Gottlieb & Pancer, 1988)。同質性較少的網絡使得複雜的問題解決如：職業研究等變得更容易處理（Granovetter, 1974）

　　社會支援的型態與家長行為之間的關係顯示，情感方面的支持可提昇家長接受他們的孩子及對他們孩子有所回應的能力，與他們現今的生活情形無關。當家長遭遇壓力，例如：升格當父母親、面臨有發展危機的兒童或是目前有問題的嬰兒等，直接與壓力來源有關的支援體系可以提昇他們表現、處理及解決問題的能力（Stevens, 1991）。

　　社會支援系統經由資訊支援、情感支持的交換或有形的援助而影響家長教育子女的做法。網絡的成員經由示範、增強及直接教導而影響家長的育兒信念及策略，這些機制更影響了年輕父母

的行爲 (Stevens, 1988; Stevens & Bakeman; 1990)。在示範上，不管是否爲刻意的，照顧者表現出與幼兒相處的各種方式；增強爲給予讚美，它可以是口頭或非口頭式的，或是其他的報酬，例如食物、一趟旅行或一個活動；在直接教導方面，照顧者告訴被照顧者一些事、指出某個行爲、事件或現象並且告訴他們其重要性。

訓練、解釋及評鑑是另外三種用來教導他人的方法 (Stevens, 1991)。訓練是直接而具有入侵性的，通常是傳達成人的行爲、促使其他成人去做某件事或以特定的方式來做。解釋通常是非直接的，較不具入侵性但同樣具有積極指導性，並且常以評論兒童的行爲呈現。評鑑也是非直接的，但常評論物質環境的因素而較少評論成人或兒童的行爲。這些策略皆能傳遞關於理解兒童的知識及如何管教的知識。

以家庭爲中心的幼兒課程

近來，已經出現由家庭支援的課程及以家庭爲中心的幼兒課程，他們最初的委託者是成人及幼兒的家長們 (Kagan, Powell, Weissbourd & Zigler, 1987; Galinsky & Weissbourd, 1992)。這些以社區爲基礎的課程，不斷教育及支援家長，使他們成爲一個對社會有用及對兒童提供照護的人。這些課程賦予家長能力並提昇他們之間的依存關系，而非增進他們的無助感與依賴心 (Weissbourd & Kagan, 1989)。上述這些課程目的是經由下列方式來達成：家長教育及支援團體、家庭訪問、參與服務、電話熱線及語音服務 (不是立即回應的)、資訊及參考資料、圖書借閱、健康營養服務及於家長去中心參與時提供托兒服務。在明尼蘇達、密蘇里、南卡羅來納、肯塔基、馬里蘭、康乃迪克及奧克拉荷馬等州，這種由家庭支援的課程已經成爲由州輔助的幼兒課程中重要的組成元素 (Weiss, 1990)。

Weissbourd和Kagan (1989) 提到成爲幼兒課程中服務基礎的四個準則：

1.課程的長期目標是以預防取代治療。

2.家庭，包含家長與兒童，是主要的服務對象。

3.服務要考慮到每個家長的發展特徵。

4.社會支援被認爲是對個體具有普遍的益處，特別是在生活的轉變中，例如升格爲父母親、兒童上學的轉變、家長回歸職場的轉變。

家庭集會

增進彼此的知識及了解的方法之一是舉行家庭集會，它包含各種不同的形式，如：大型的團體報告、小型的研習會等 (Kerr & Darling, 1988)。特殊的大型團體報告可用以提供家長們特別感興趣的主題資訊，題目可從應付家庭中的壓力、促進家庭溝通到提供校外活動給兒童以協助他們成功活用學校經驗。

家庭集會的核心在於依據家庭興趣所舉辦的展覽及活動，多樣的活動中心使家庭可選擇他們想要參與的活動，而促使家庭中更多的成員加入及參與。家長及祖父母可參與木屐舞、方塊舞、抄寫編輯、編織或雕刻，他們也可參與活動中心的經營，以提供與其他家庭之間的基本溝通管道。活動中心亦可展覽與其主題有關的兒童作品。

家庭集會式的研習營可以整合不同的興趣領域、提供活動與示範以及家長和兒童感興趣的訊息。利用活動中心的目的是強調製造家庭歡樂、共同參與及教育性。每個中心都會提供家庭參與活動時的建議及意見，以增進家庭成員間的親密關係，而利用的活動中心的次數可依據建築物的大小及可運用的資源多寡而定，以下是一些提議：

- 「家庭娛樂中心」提供家庭享用各式器材的機會如：各種大小及功能不同的球、跳繩、可供翻滾的地板墊、步行板、呼拉圈、棒球手套、降落傘及障礙賽場地等等。

- 「閱讀中心」包括適合各個不同年齡層的圖書、雜誌，由該中心兒童所寫的書、故事、詩也可以展示出來。負責閱讀中心的人員可安排一些說故事的時段，讓聽者在實際狀況下

吸取經驗。

• 「玩具工廠中心」可提供家人一個機會共同建構玩具，例如做布偶或風箏。該中心可以展示玩具樣本及提供製造玩具的材料。

• 「家庭支援服務中心」可為當地的社教組織傳達它們為家庭服務的目的及宗旨，例如：

　　⑴紅十字會可以向家庭成員示範基本的急救流程，例如：口對口人工呼吸、輕微燙傷處理等。

　　⑵社區心理健康機構及YMCA可以展示並宣導關於其家庭服務及所提供課程的資料。

　　⑶可利用活動當地現有的藥物及酒類課程討論及執行來自當局的協助、醫療機會等的資訊，並且可在課程中呈現各種藥物及酒精濫用的情形。

　　其他的中心可包含書展，以較便宜的價格賣書給家長、關心家人健康的營養中心、遊戲室等。有創意的方法可以使這個活動成為家庭中一個獨特經驗。Bergstrom和Burbon（1981）建議在支持家長教育其子女時能運用不同情境、以社區為根本的學習中心。學習中心可以設於博物館、圖書館、當地的學校或是商店之中，可考慮的教學方法包含向租書店租借書本、玩具或遊戲教具；由家長從回收、不貴及易得材質製作教育性玩具和遊戲；資訊、諮詢服務及研討會、課程及演講等等。在澳洲的墨爾本、雪梨、坎培拉及阿德雷德已經設有回收資源中心，個人或組織只要付少許錢即成為會員，並可以買到許多製造玩具、拼貼作品、汽車等的工商業廢棄物。教育家們必須提倡經過整合的家庭教育課程，因為家庭是最具動力的學習中心，在家庭生活中，教育家和相關團體應攜手合作來加強並支持長遠的課程計畫。

家長顧問委員會
成立目的為讓家長協助課程政策的決定。

家長政策委員會

　　隨著在啟蒙方案（Head Start Program）及社區學校中**家長**

顧問委員會（parent advisory committees）的成立，在許多社區中家長和教師的關係正逐漸改變，在和學校政策、班級運作等有關的決策方面，家長及社區成員在重要領域中參與的更多。

當這種改變發生後，教師必須以不同的角度來看待他們和家長、社區成員之間的關係，並且要學習和家長合作的技巧以及了解如何組成可維持長久的親師關係。

傳統上，教師、家長及社區的權限取決於他們所做的決定。家長及（或）社區代表們負責決定政策，而教師及行政者則負責有關政策執行的決定，然而這些界線常混淆不清，因為執行會大大地影響政策，而政策的決定通常需要可行性方面的專業知識。

教師與家長關係中最困難的部份可能在於為學校設計發展教育及行政政策。有時候教師們覺得他們比家長們更適於做政策決定，因為他們擁有大量的專業知識。除此之外，教師對於關於學校運作的決定也被賦予權利。

家長和教師在委員會會議中都會有他們自己特別的難處，有些家長不信任教師，同樣地，教師在與無法和他們分享個人及專業詞彙的家長溝通時也會產生問題。

教師對於委員會的效能根基於相互信任之上，這種信任隨著教師所遭遇到一連串事件中對委員會所表現出來的信任而增加，它是藉由能力的表現及對兒童的關心而助長。保持溝通管道暢通、聆聽家長傾訴及維持政策決定的公開性都有助於教師獲得信任。

總之，教師的角色是協助家長做決定，教師應該指導家長，看他們是否擁有適合的資訊來協助他們做決定。更進一步地，教師必須幫助家長預期他們政策決定後可能導致的結果。

團體合作

在討論及互動時，大團體並不如小團體有用。小團體會議需要教師運用領導團體的技巧，身為領導者，教師召集團體並舉行討論、敏銳地察覺團體的需要並讓成員為團體的行動負責。教師

不應強迫團體接受他的意願，也不該使討論漫無目的而冗長地進行。教師必須成為一位民主的領導者，在維持權威時也應能負責且有彈性空間，並能運用最佳的方式進行團體的討論歷程。

有時候，實地參與的方式在和家長團體合作時是有用的。家長們參與研習營的活動有利於非語言形式的學習和語言式學習。教師可引導家長進入和學童活動類似的活動中，來幫助他們了解活動的學習潛力。「開放式科學學習」或是「實地操練的數學」，通常在家長體驗過這種形式的學習之後才能了解。同樣地，家長們也許會認為遊戲或勞作是無用的活動，直到他們能認清這些活動的結果對兒童而言是種有價值的學習，他們才會改變想法。Sylvia Newman（1971）設計一套關於學校課程的研習營活動及輔導活動，來幫助家長了解學校課程的內涵及尋求將兒童的在校學習延伸到家中的方式。

在告知人們事情時，大團體的會議是較實用的。在大團體會議中相同的演講者或影片亦可適用於小團體，但是通常用於大團體時是比較有效率的。

一個由教師召集的親師團體通常會發展出它自己獨立的型態，家長也許要負責教育該團體成員的計畫或是為學校服務。團體本質的改變所需的時間也許比單獨一個教師所能付出的還要多，在這種情況下，不管是從團體中或從外面再找一位領導者也許會有幫助，如此一來，教師可以顧問的身分繼續和家長團體合作。當家長團體由於有他們的領導而開始變得自主時，教師會感到十分驕傲。

團體的進步歷程是一項有力的驅策，團體可以是有助益且具支持性的，也可以是侵略性及壓迫性的，教師應善於利用團體的進步歷程，並留意他們和團體成員一同工作時技巧上的限度。

運用公關技巧

許多和家長合作的方式係指面對面的關係，然而也必須建立與家庭及社區其他型態的關係。一個好的學校應該有一套好的公

關計畫，因為學校屬於家長及社區，所以它必須傳達學校發生的事。一個好的公關計畫確保了家長及社區中的其他人感覺到在學校中是受歡迎的，而這種計畫應遠遠超過每年一次的「學校開放週」。

展覽有助於告訴社區的人們兒童在學校做些什麼。藝術作品、課程成果或是兒歌、故事的錄音帶可以製做成精美的展覽品，並用來敘說兒童在校的經驗。當地的商家可提供場地及其他各式各樣的協助，而當地的新聞媒體可以將學校的事告知大眾，戶外教學、慶祝節日及其他特別的事件，對當地媒體而言皆頗具新聞價值。

教師可以透過簡訊、寄到家中的通知單及邀請家長參加特別活動的邀請函來進行他們自己的公關活動。

雖然良好的公共關係對學校而言很重要，但教師必須小心不要使家長課程全然變成公關活動。當家長被邀請到學校以顧問委員會成員的身分發表意見或建議時，他們期望他們的意見能被認為是有價值的、他們的貢獻能被重視、他們能夠被傾聽及回應，然而有時候學校成立家長委員會及顧問委員會只是為了能符合聯邦及州政府的要求，而沒有利用這些團體。在這些情況之下，家長也許會覺得雖然他們有參與學校的活動，但卻有無力感，他們也許會認為家長參與活動是公關活動的替代品，這樣的公關活動可能會導致反效果及部份家長的挫折感及憤怒。

維持活動的參與

找出方法來維持家長參與教育性及支援性課程是很重要的，Powell（1986）認為提供各種不同服務的課程是最有效的。Freder-icks（1988）為增進家長對班級的參與提供以下的建議：

1. 讓家長知道你期望讓兒童擁有最好的一年。
2. 向家長傳達你希望他們全年都能積極參與課程計畫。
3. 讓家長了解你會和他們合作，使他們的孩子擁有最佳的學

業成就。

4.告訴家長這一年將充滿著許多新的發現及新的可能性，而且他們在這些歷程中有著相當主動的地位（p. 33）。

親師合作：一條雙向道

　　教師與家長之間的溝通與合作必須是一條雙向道，他們彼此之間分享資訊並相互學習對孩子最有利的事物（Siperstein & Bak, 1988）。Orville Brim（1965）提出了傑出家長教育課程的幾個主要目標：讓家長更能意識到他們的功能、讓家長更具自主性及創造性、促進他們獨立的判斷力及增進他們身為家長的理性表現。這些目標對於幼兒教育而言也是合宜的，就如同教師希望兒童們能變得更有自主性、更具創造力、更有自我意識、對於他們的判斷及表現能更有理性；同樣地，教師也期待家長們能夠如此。兒童和成人發展階段的差異在於他們需要以不同的方式及不同的社會角色突顯這些目標。為了協助家長的自主性、理性、創造力及能力，教師和家長之間不該是指示命令的關係，而應是互助的關係。

　　通常教師認為家長課程是一個他們可以為家長做某些事而改變他們的機會，但在一個優良的家長課程之中，家長也該有影響教師及可能讓學校改變的機會。一個強大的家長課程可以打開許多新的溝通管道。不見得一定是交換資訊，有時也可以有一些建設性的批評；當家長擁有更多關於學校的知識時，他們會提供更多富建設性的批評。

　　事實上，家長的評斷可做為課程效能的另一項資訊來源。在做關於學校的決策時，家長的反應應該與其他資料共同被列入考慮，而教師對於家長的意見及批評也應採納。改變不應只是用來做為安撫家長的手段，教師在他們的專業角色中應有足夠的能力去判斷他們在學校中的行為，及堅持他們認為是專業運作的課程。

未來的方向

　　計畫未來家長課程的人員其主要任務是使課程內容及結構能符合家長的需求及特質，除此之外，家長態度的改變也應被了解。舉例來說，教師必須知道當家長對於孩子的發展期望與他們所接收到的資訊相衝突時，家長如何應對，如此他們才可以協助家長改變其信念及做法並增強他們對新觀念的接受能力。

　　家長教育及支援課程是幼兒教育領域中日漸突出的部份，並且深深吸引美國社會的興趣。日益增加的課程數量應含括廣泛的興趣，及追求高品質的課程內容 (Powell, 1986)。

結語

　　在任何一個階段的教育中，與家長合作是很重要的一環。然而，在兒童早年時與他們一同合作更是特別重要。教師必須加強對於該班學童家長及其家庭情況的了解，也必須依各種不同的目的嘗試與家長合作的各種技巧，最重要的是，教師必須了解到教育兒童不是一件孤立的事，為了成功地協助兒童成長，教師需要家長的主動配合。

參考書目

Allen, P. (1990). Working with parents: Parent-teacher conferences. *Day Care and Early Education, 17*(4), 33–37.

Becker, W. C. (1974). *Parents are teachers*. Champaign, IL: Research Press.

Bergstrom, J., & Burbon, J. (1981). Parents as educators: Innovative options to involve educators, parents and the community. *Australian Journal of Early Childhood Education, 6*(1), 16–23.

Bjorklund, G., & Burger, C. (1987). Making conferences work for parents, teachers, and children. *Young Children, 42*(2), 26–31.

Brim, O. G., Jr. (1965). *Education for child rearing*. New York: Free Press.

Bronfenbrenner, U. (1974). *A report on longitudinal evaluations of preschool programs: Is early intervention effective?* Washington, DC: U.S. Department of Health, Education, and Welfare.

Fredericks, A. D. (1988). Parent talk: a most wonderful world. *Teaching K–8, 19*(1), 32–34.

Galinksy, E. (1988). Parents and teacher-caregivers: Sources of tension, sources of support. *Young Children, 43*(3), 4–12.

Galinsky, E., & Weissbourd, B. (1992). Family centered child care. In B. Spodek & O. N. Saracho (Eds.), *Issues in child care: Yearbook in early childhood education*, Vol. 3 (pp. 47–65). New York: Teachers College Press.

Ginott, H. (1971). *Between parent and child*. New York: Avon.

Gordon, I. J., Guinagh, B., & Jester, R. E. (1972). *Child learning through child play*. New York: St. Martin's Press.

Gordon, T. (1970). *Parent effectiveness training*. New York: Wyden.

Gottlieb, B. H., & Pancer, S. M. (1988). Social networks and the transition to parenthood. In G. Y. Michaels & W. Goldberg (Eds.), *The transition to parenthood: Current theory and research* (pp. 235–269). Cambridge: Cambridge University Press.

Granovetter, M. (1974). *Getting a job*. Cambridge, MA: Harvard University Press.

Hall, A., & Wellman, B. (1985). Social networks and social support. In S. Cohen & S. L. Syme (Eds.), *Social support and health* (pp. 23–42). Orlando, FL: Academic Press.

Honig, A. S. (1979). *Parent involvement in early childhood education* (Rev. ed.). Washington, DC: National Association for the Education of Young Children.

Honig, A. S. (1982). Parent involvement in early childhood education. In B. Spodek (Ed.), *Handbook of research in early childhood education* (pp. 426–455). New York: Free Press.

Kagan, S. L., Powell, D. R., Weissbourd, B., & Zigler, E. F. (Eds.) (1987). *America's family support programs*. New Haven: Yale University Press.

Kerr, J. H., & Darling, C. A. (1988). A "Family Fair" approach to family life education. *Childhood Education, 60*(1), 1–6.

Levitt, E., & Cohen, S. (1976). Educating parents of children with special needs—Approaches and issues. *Young Children, 31*, 263–272.

Lightfoot, S. L. (1978). *Worlds apart: Relationship between families and schools*. New York: Basic Books.

Lillie, D. (1974). Dimensions in parent programs: An overview. In I. J. Grimm (Ed.), *Training parents to teach: Four models*. Chapel Hill, NC: Technical Assistance Development Systems.

Linde, T. F., & Kopp, T. (1973). *Training retarded babied and preschoolers*. Springfield, IL: Charles C. Thomas.

Newman, S. (1971). *Guidelines to parent-teacher cooperation in early childhood education*. Brooklyn, NY: Book-Lab.

Peterson, N. L. (1987). *Early intervention for handicapped children and at-risk children: An introduction to early childhood special education*. Denver: Love.

Pittman, F. (1987). *Turning points: Treating families in transition and crisis*. New York: Norton.

Powell, D. R. (1986). Parent education and support programs. *Young Children, 41*(3), 47–53.

Schaefer, E. (1985). Parent and child correlates of parental modernity. In I. Sigel (Ed.), *Parental belief systems: The psychological consequences for children* (pp. 287–318). Hillsdale, NJ: Erlbaum.

Siperstein, G. N., & Bak, J. J. (1988). Improving social

skills. *Exceptional Parent, 18*(2), 18–22.

Sparling, J., & Lewis, I. (1979). *Learning for the first three years*. New York: St. Martin's Press.

Stevens, J. H., Jr. (1988). Social support, locus of control, and parenting in three low-income groups: Black adults, white adults and black teenagers. *Child Development, 59*, 635–642.

Stevens, J. H., Jr. (1991). Informal social support and parenting: Understanding the mechanisms of support. In B. Spodek & O. N. Saracho (Eds.) *Issues in early childhood curriculum: Yearbook in early childhood education*, Vol. 2 (pp. 152–165). New York: Teachers' College Press.

Stevens, J. H., Jr., & Bakeman, R. (1990, March). Continuity in parenting among black teen mothers and grandmothers. Paper presented at the biennial meeting of the Society for Research on Adolescence, Atlanta, GA.

Swick, K. J. (1987a). *Perspectives on understanding and working with families*. Champaign, IL: Stipes.

Swick, K. J. (1987b). Teacher reports on parental efficacy/involvement relationships. *Instructional Psychology, 14*, 125–132.

Swick, K. J. (1988). Reviews of research: Parental efficacy and involvement. *Childhood Education, 65*(1), 37–42.

Taylor, K. W. (1981). *Parents and children learn together*. New York: Teachers College Press.

Vaux, A. (1988). *Social support: Theory, research, and intervention*. New York: Praeger.

Weiss, H. B. (1990). State family support and education programs: Lessons from the pioneers. *American Journal of Orthopsychiatry, 59*, 32–48.

Weissbourd, B., & Kagan, S. L. (1989). Family support programs: Catalysts for change. *American Journal of Orthopsychiatry, 59*, 20–31.

White, B. (1988). *Educating infants and toddlers*. Lexington, MA: Lexington Books.

Yogman, M., & Brazelton, T. (Eds.) *Stresses and supports for families*. Boston: Harvard University Press.

Zarling, C. L., Hirsch, B. J., & Landry, S. (1988). Maternal social networks and mother-infant interactions in full term and very low birthweight, preterm infants. *Child Development, 59*, 178–185.

9

幼兒教育評估

本章綱要

◎蒐集資料以評估幼兒的方式
◎選擇標準化測驗以評估幼兒在不同領域（包括認知、情緒、
　社會、生理及個人方面）的發展與學習表現
◎決定幼兒所適用的標準化測驗之信度與效度
◎在課堂上觀察幼兒的方法
◎設計一個評估計畫的方法
◎評估結果的記錄與解釋方式
◎向父母報告孩子進步歷程的方式

導論

　　教師不斷地在為課程、課程內容及課程題材的選擇作決定，
而這些決定必須考慮課程的內容是否能有助於兒童的能力發展，
每個決定都須經過以下的過程：資料蒐集→判斷→尋求紀錄與傳
達這些評估結果的方式。

　　評估的過程須與教學分開考慮，雖然二者是相關的。評估含
括學校課程及兒童成就之描述與評斷，而考慮教育目標是否達成
是此一歷程之核心。

　　課程目標是否達成，有時需經過一個學年以上的評定，從小
學到中學，對學生學習結果的長期研究，已深深影響早期的教育
課程。

　　長期的評估有助於決策者作參考，然而這對教師來說卻可能
造成某些限制；教師必須時時注意已發生的狀況，然後立即的決
定下一個活動，這是屬於短期目標的決定，經由這些短期目標的
達成，教師才可以去期待長期目標是否可行。所謂短期目標的評
估，是建立在對孩子行為的觀察、分析及進行特定測驗等的基礎
之上。

許多課程教案皆以立即可辨識的特殊行為來設定目標。事實上，一些心理學家認為，以較高年級的學業要求來訂定行為目標是幼兒教育中唯一合理的目標。而由於行為成就較易判斷，行為目標作為評估方式也是較吸引人的。我們常討論一個標準的達成，因此鑑定的定義必須格外清楚有關成就的資料也可用來修正課程及改進其效果，Mager（1975）指出，應用行為目標作為評估教學結果的效度是引人注目的一種觀點。

　　用教學目標來作為評估學習活動的判斷標準是合適的，但在評估其它方面時可能較不適。當教師在教室活動中從事有關遊戲、音樂、藝術及戶外教學時，這些方面的評估是需要明確的目標來做為評估的標準，然一般教師常缺乏一個較清楚的概念——到底該讓孩子學到什麼？明確的目標有助於使教師檢視孩童學習經驗的品質（Eisner, 1981）。

　　大部分的評估都集中於對孩子成就方面，但教師有責任評估課程的其它動向，包括課程模式、題裁內容及課程實施結果。

課程評估

　　教師經常得去選擇及修正他們所欲教給孩子的課程，特別是當學校處於革新階段時，所有課程的評估均用以決定課程的實施是否達到我們希望孩子所應達到的目標，包括教師在內的地區性教學委員會通常會建立出評估的標準等級來評估學校目標是否達成，美國有一些州則嘗試讓教師與行政人員共同設計創新的教育方法，以滿足當地孩子教育所需，其中小學教師常被要求加入課程評議委員會，來決定特定學科的課程內容或參與教科書的選擇。

　　即使是針對學前教育課程，教師仍必須從各種不同的教案中作選擇。有些教案強調學習成就，有些則強調社會關係，有一些則試著達成綜合目標。

　　選擇教案的方式之一就是決定教案的價值基礎，並使其符合

教師的價值取向；另一種選擇教案的方式則是評斷它是否適性發展，NAEYC曾針對從出生到八歲的兒童提出一套幼教計畫中適性發展實務 (Bredekamp, 1987)，這些指導方針提供教師在決定教案選擇上的標準，也提供一些合適與不合適的實例來做說明。

當這樣的指導方針漸受一些教育人士的歡迎時，有些學者則提出一些批評 (Spodek & Brown, 1993)，有些教育學家建議在判斷教案時，「發展」的層面應該是唯一必須被考慮的，有些則認為這些指導方針將限制教案的多樣性，另有學者則指出應加入文化及知識層面的考量 (Spodek, 1991)。

任何有關教案的評估方式都是相當難以確立的。為某一所學校或一群教師認為有價值的評估方式，對其它學校或教師則未必如此，然而，教師終究必須為他們提供給孩子學習的教案作決斷，同時，他們也應該了解在作這些決斷時所依據的基礎為何。

通常教師在作教案選擇時，特別是較低年級的教師，主要是採用單一學科領域中的一套教科書。教師和課程委員會也可能受到一些書籍銷售員、特殊職業團體及通俗文章所影響，教師通常傾向選擇他們所熟悉的或已採用過的教案來教導學生。

Robert Hillerich (1974) 相信教師在選擇閱讀的教案時，首先應決定他們所欲呈現的哲學觀及強調的內容，他們必須設計一套指導方針來幫助他們去尋找閱讀課程的內容，相關的全體人員應有一致性的決定，而非只是大多數表決通過的意見。

Arthur Nichols及Anna Ochoa (1971) 針對低年級的學童設計一套標準，以供選擇社會科教科書時使用，他們認為教師必須同時評估這些書在知識與智能上的構成要素；在知識方面，教師必須注意目前社會的論點走向，所傳達的資訊是否客觀，是否使用科際整合的概念基準，及注意課程內容是否反映出最新的學術發現；在智能方面，教師必須考慮書本的內容是否有助於智識技能的發展，也必須考慮是否足以提供兒童探索問題時的依據、是否提出較高層次的問題、是否提供做決定時的基礎以及書中陳述的知識與孩子生活相關。

社會科學教育協會（The Social Science Education Consortium，SSEC）已經發展出一套分析社會科學課程內容的系統，並以下列要項描述課程屬性：

1. **描述性的特徵**——課程中發生作用的部分。
2. **具有理論基礎及目標**——課程為何如此構成？所預期的結果為何？
3. **前提**——課程教學得以成功的特殊條件。
4. **內容**——是否能明確地改變學生的知識、態度及行為。
5. **教育理論及教學策略**——是否符合基本學習理論、教學策略和兩者之間的關係。
6. **整體的判斷**——對教材作評估判斷。

我們將這些廣泛的項目透過次要的分類來做進一步的分析，以「前提」來說，必須包括的次要類別有：學生的特質、教學能力、社區的需求、學校的需求以及明確表達觀念的要求等（Stevens & Fetsko, 1968）。

教案是對學習活動的一種期望，教師必須注意是否達成期望，由於課程目的的差異，在執行手法上也有所不同。除了教室的心境、個人內在的心境，還包括教師的行為，都必須加以評估。

評估托兒所和幼稚園課程最完整的方法之一即使用幼兒教育計畫學會所訂的課程標準和程序（National Association for the Education of Young Children, 1991），此學會乃NAEYC之分支機構經此機構所認可的課程標準，被認為較具說服力及保有較高品質。

此一檢覆過程含括三個步驟。首先，教師與父母針對學會所訂的標準自行研究課程應具有的內容及程度，若有必要，可以改變課程以符合學會所訂的標準；第二步，請受過專業訓練的權威人士檢驗此一自行研究的結果；最後，由一個三人組成的委員會審查所蒐集的資料以評定其合格與否。

這種自我研究需要教師和父母共同注意課程內容、學童與教師的互動、教師與父母的互動、教師的素質、任何現有的教師在職

進修課程、課程的執行、物質的環境，並顧及符合健康、安全的方式、提供食物與營養飲食的服務及教案用以評估的模式。

　　如此的一個自我研究是包羅萬象的，教師應盡可能的參與，但並非必須對整個研究負責，此種參與的過程幫助教師了解課程的優點及問題所在，這樣的自我研究以課程中實際存在的知識為基礎，以引導課程革新。。

環境評估

　　有不少觀察的一覽表在監督和評估教室活動是有用的，其中大部份均為研究目的而設計，且需要一個外界的觀察者。有些簡單的觀察技巧能幫助教師在教室中蒐集資料，雖然這些技巧可能會造成了某些限制，但這些可靠的資料可以提供教師進一步去改進教學內容，使有助於孩子的學習，以下舉出三個例子來說明：

　　第六章談及Elizabeth Jones（1979）對教室的認定，包括：固定的／具彈性的、開放式／封閉式、簡單／複雜、外顯／隱避、高移動性／低移動性，教師可以描述教室的整個生態環境及佈置出教師想要為兒童創造的教室環境，經此過程，教師能更進一步的修正，使整個環境更符合理想。

　　除了上述幼兒教育計畫協會（1991）所提的課程標準外，尚有其它的觀察工具被使用來評估幼兒教育環境的品質。Thelma Harms與Richard Clifford（1980）提出對幼兒教育環境評估的等級量表，在評估學齡前的教育環境時，此量表使用的最廣泛。此量表主要分為七個等級表，包括對兒童個人照顧的常規、針對兒童的教室佈置與展示、語言和推理經驗、大小肌肉的活動、創造性的活動、社會性發展及成人的需求。教師藉著觀察教室的環境，評估表中的各項目（共37個項目），從等級一（不適當）到等級七（優良）。每個等級皆可換算成分數，在每個成績欄留下空白處讓教師可以作記錄及評論，並明確指出優點、缺點，經由此程序，教師可以設計發展出較有助於兒童學習的環境；其次，此種等級量表可

以幫助教師確定改變是否達到改善的目標。

　　Janice J. Beaty（1992）設計出一個教室功能的檢核量表，如**專欄9－1**，針對二十三項分類作檢查，前十三項是有關教室佈置，後十項則有關課程時間表、運動技能、語言技巧等不同的領域。

教材評估

　　在選擇一系列的課程教材前，教師應先了解這些教材的功能和目的，仔細、徹底地分析可利用之教材，使分析的結果能有助於判斷作品的品質和適當性。

　　教師應該儘量個別分析教材中的每一部分，並找出每一部分之間的相關性，做一份明細表一一列出其出版公司及價格、特性、內容、教學策略，以下的幾點應特別予以考慮：

1. 不僅考量每個作者在創造此教材時所扮演的角色，也考慮到各個作者的聲望、關係、專業背景，一個好的作者在設計教材時應會加入重要的資訊。

2. 確定課程教材是否最新，已超過三年的教材，可能就不適用，有些較舊的課本及教育題材都可能存有性別、種族、年齡上的偏見。

3. 考慮此教材在使用上的持久性、實用性、是否符合美學、及其適用性。

4. 確定此教材是否經過實地測試，其地點、目的、學生人數應儘可能符合教師的選擇，最重要的是仔細嚴密的作測試。

5. 確定在使用教材前，教師必須準備的項目。

6. 分析有關課程教材方面重要的評論，在專業性的、學校及公立圖書館中皆可找到。圖書館的人員通常可以幫助教師找出這類的評論。

檢查：

・**專業性的期刊**：評論時常被刊登在專業性的期刊中，如：

教室功能檢核量表

1.提供教室面積。
2.佈置積木堆砌區。
3.佈置圖書區。
4.佈置戲劇表演區。
5.設立大肌肉活動及設備。
6.安排操作性教材。
7.備有美勞教材可隨時取用。
8.安排音樂設備及活動。
9.含括科學／數學研習區。
10.安排玩沙和水的活動。
11.提供木工活動。
12.包含烹飪活動。
13.提供一般教室的條件。
14.日課程表中所提供之
＿＿＿＿主動交流及安靜的活動，
＿＿＿＿活動之間適當的休息時段，
＿＿＿＿室內及室外遊戲，
＿＿＿＿大、小肌肉活動，
＿＿＿＿教師引導活動及兒童發起活動之均衡，
＿＿＿＿學童清楚活動之連貫性，
＿＿＿＿學童清楚應付日常生活的方法，
＿＿＿＿安靜或休息時間，
＿＿＿＿看書及自由活動時間，
＿＿＿＿讀故事書時間，
＿＿＿＿早餐和／或晨間點心，
＿＿＿＿家庭式的午餐，
＿＿＿＿個人及小團體活動，
＿＿＿＿兒童每天單獨和大人交談的機會，
＿＿＿＿定期的戶外教學。
15.個人參與。
16.提供戶外遊戲場。
17.提供室內外的設備和機會以促進肢體協調發展。
18.促進兒童的聽力。
19.促進兒童清晰的語言表達。
20.提升成人與兒童間的溝通。
21.提升兒童與兒童間的溝通。
22.增進符號的認識。
23.鼓勵兒童探索、實驗、發問及建立概念。(Beaty, 1992)

《數學教師》（*The Mathematics Teacher*），《課程評論》
（*Curriculum Review*）。

- **學校圖書館的期刊**：這是一份屬於圖書館人員專用的專業
  期刊，通常評論會出現在九月至五月的月刊上，期刊中有
  各年級學生用書之評論。
- **媒體評論**：若教師欲得知某一特殊的教材是否有已出版的
  評論時，《媒體評論文摘》（*Media Review Digest, MRD*）
  提供了有關評論、評估、及各類非書面媒體的相關描述，
  MRD每年出版一次，每半年有一附刊，其特色是對每個課
  程的教材提出簡要的摘要評論。
- **書籍目錄**：這類的出版物每個月出版二次，只有八月只出
  版一次，其內容包括各年級的書本、影片、幻燈片、錄音帶
  的評論。
- **課程評論**：這份的出版品每年出版五次，其內容包括從幼
  稚園到十二年級各個年級、各學科的教科書及輔助教材的
  評論，討論的主題涉及國語文、數學、科學及社會等各種領
  域。
- **預覽**：這類的出版品從九月到五月每月出版一次，其內容
  為錄影帶、16厘米影片、幻燈片、用具及錄音帶的評論。

　　在評估教材前，教師應事先收集一些資訊來幫助他們決定課
程，使其內容具備效能。Saracho（1987, 1988）建議，教師應分析
各個教材目標及目的的一致性，盡量從人類發展的觀點去審視，
假如這個觀點不夠明確，教師應從學習和發展的理論來推論，將
每個觀點相互比較，考慮教材是否符合其教育目標及是否能增進
教師們對兒童發展的認識。以上的這些過程幫助教師找出哪些部
份需要進一步的修訂、增加或刪除。

教學評估

　　目前已發展出一些用來分析、評估教師行為的技術，大致說

來，資料的蒐集需要一位觀察員或利用錄影機的拍攝，然後教師藉由這些記錄，單獨或與他人一起分析。

　　也許最實際的做法是由教師去回憶教室的偶發事件，分析他們和學生間的互動關係，通常在中午或一天的課程結束後單獨坐下來寫出當天所發生的某一事件，舉例來說，當教師安排的課程重點放在討論課時，應盡可能的正確寫出問題和評論，並分析下列的問題：

- 我是否使用了開放式的問題，是否期望獲得學生不同的答案；或者使用封閉式的問題，只求單一相同的回答？
- 找出問題的答案是否需透過高層次的思考過程，如：分析或評論，或是只透過像回想般的低層次思考過程即可獲得？
- 我對孩子的反應是否限制了他們的討論或傳達不當的訊息？
- 我的評論有沒有增強孩子的表現亦或是抹煞了他們的思考？
- 我的反應是否太主觀或流於刻板？

　　經由這樣的分析，教師可以判斷他們自己的行為與意念是否一致。如此一來，教師可以逐漸發展其自我覺醒並分析他們的教學上各個層面及他們與兒童的關係，透過不斷的自我反省，變得更易察覺兒童的需求及了解如何提供他們最合適的服務。

　　另外，同儕間的相互評量也可以加以利用，透過教師彼此間的觀察，描述及討論教室的活動。有些學校會將新教師與資深教師安排在一起上課。經由後者的支援與帶領，這些新教師可以融入學校文化，同時也提供給新教師無法獲得的資源。除此之外，藉由評估新教師的表現，資深教師也可予以改進的建議。

評量兒童

　　教師評量兒童的目的是為了協助教師在下列四方面做決定：

教學決策——有關課程的計畫及有效學習；引導決策——允許兒童能做有關教育方面的抉擇與增加自我了解；行政決策——關於教材選定及學童編班的議題以及研究決策。(Mehrens & Lehmann, 1991)，這些均與研究教育的過程相關。

William L.和Laura D. Goodwin (1993) 提出四個有關測量 (measurement) 及評量 (evaluation) 的爭議。第一項爭議是關於針對美國社會而言測量的總體價值，已有許多專業學會，如NAEYC都提出有關對幼兒採用**標準化測驗 (standardized tests)** 增加趨勢的強烈關切。雖然有些評估很重要，如同課程教能的指標一般，但標準化測驗用於此目的時可能是一項錯誤的評量工具。

第二項爭議是測驗的公平性。測驗誤差是一個相當嚴重的問題，舉例來說，有些測驗項目可能與受試兒童的背景有關而使某些學童處於較不利的位置。除此之外，標準化測驗並不適於評估所有的課程學習，因為標準化測驗也許無法反映某些特殊班級或學校的課程。

第三項爭議是有關測驗對幼兒教育計畫的影響。舉例來說，Shepard (1991) 提出，由於測驗會影響學校對課程的決定，特別是標準化測驗會縮小課程的範圍。

Goodwin & Goodwin的第四項爭議是有關教師與研究者間測量需要的對立，兩者使用測驗的目的並不相同的，滿足某一群體的標準化測驗，並不見得適用於另一群體的測驗目的。

教師必須設法去評量兒童在課堂中的工作表現，因為教師無法注意到兒童在課堂中的每一行為，通常都從所蒐集到樣本中去類推全部兒童。教師可以採用多樣化的方式來抽取樣本——包括直接觀察、檢核表、等級量表、正式及非正式的測驗，透過這些技巧蒐集到的資料必須加以判斷，而資料和判斷必須加以記錄並和其他教師交換意見。

所有的評量均包含某些形式的觀察在內，可能是控制的（如：測驗），或非控制的（如：在自然的情境下），每個所蒐集

到的資料都能讓教師對兒童有深入的了解，通常教師會綜合這些資料來作評量。

不管教師採用什麼樣的方式來蒐集有關兒童的資料，他們必須考慮到方法的效度、信度、及實用性的問題。**效度**（validity）係指測驗的正確度，即正確的測出能代表欲測量之行為。當一個學術成就測驗十分著重在兒童閱讀的能力，而以深奧的文字陳述問題時，這種測驗除了在評估閱讀的能力外還隱藏了其他更困難的能力。如同之前所強調的，當一個評估的方法除自身目的外還包含另一目的時，它可能已不具效度了。因此，當一個測驗是專用於測試兒童潛在的失能危機時，它就不適合用於測試兒童的準備度問題。

信度（reliability）係指測量的一致性——經由不同時間測試兒童的成績有相同的結果，或經不同觀察者使用同一量表也能有一致的表現。

實用性（practicality）則是教師是否能在一般的環境中去使用特定的測試技巧，需要透過長時間高度訓練的技巧較不適合教室內的教師使用（Goodwin & Driscoll, 1980）。

篩選幼兒

學校最好從兒童進入學校前就開始為他們做評量，如同托兒所已建立了對失能兒童**篩選程序**（screening procedures）。此一程序可由受過訓練之專業人員、副手及義工人員來進行，學校會請父母帶著他們的孩子來到中心做視力、聽力敏銳度、說話發音、人際情感、認知及身體障礙的篩選，當幼兒的問題明確被界定，將進行更深入的評量，這些過程的結果應與父母共同討論，以提供失能兒童必要的幫助。提早界定的目的是介入並幫助失能兒童，及提供將來成功回歸一般學校班級的機會（Spodek & Saracho, 1994）。

效度
係指測驗所測得之行為特質的正確程度。

信度
係指測量和結果一致的程度。

實用性
反映出此項評量技巧可被輕易地使用。

篩選程序
目的乃決定一名兒童是否失能。

教師可使用的篩選工具

- ABC *Inventory*. (1965). Muskegon, MI: Research Concepts.
- *Comprehensive Identification Process*. (1970). Bensenville, IL: Scholastic Testing Service.
- *Cooperative Preschool Inventory*. (1970). Princeton, NJ: Education Testing Service.
- *Denver Developmental Screening Test*. (1970). Denver, CO: Ladoca Project and Publishing, Inc.
- *Developmental Indicators for the Assessment of Learning*. (1975). Highland Park, IL: DIAL, Inc.
- *Metropolitan Readiness Test*. (1976). Atlanta, GA: Psychological Corp.

　　教師應不斷地於兒童在學期間篩選出失能者，特別是幼稚園、托兒所及國小的教師需要儘可能去注意兒童可能發生失能的情況，因為並非所有的兒童都經過篩選的過程，且有些失能是在往後的生活中才顯現出來。

幼兒的測驗

　　儘管對幼兒進行測驗的警告已被提出 (Kamii, 1990; Shepard, 1991)，兒童仍然不斷地接受標準化與非標準化的測試。由於標準化測驗是對所有的兒童均施以相同的方式進行測驗，所以不管是在何時地所施行的測驗皆可拿來做比較。其型式有：(1)常模參照 (norm－referenced) 及(2)效標參照 (criterion－referenced)

常模參照測驗

其分數乃決定於
與參試之代表團
體比較的結果。

效標參照測驗

其數乃取決於與
標準的表現相比
較。

測驗。**常模參照測驗**是對所有接受評量者作成績比較，此成績常用在較大範圍的教育目標。常模測驗經常是一標準化測驗，理論上，兒童在這測驗上的表現被拿來與其它的兒童相比較，事實上，測試者會選擇一個兒童的常模樣本用以代表全體兒童，而將個樣本成績就變成其他測試成績的比較標準。**效標參照測驗**是設計一明確定義的標準來評估一個人的表現。教師在教室中所做的測驗多屬此類。在此所謂的效標係學童在教室活動中應獲得之知識，教師須先選定測驗的項目樣本以決定學生達到學習目標的程度。在某個班級所測得的成績並不能拿來與其他班級測驗的結果作比較 (Baker, 1988)。

　　除了上述兩種類型的測驗外，對兒童所實施的測驗還包括發展、智力、準備度或成就測驗。雖然準備度及成就測驗偏屬效標參照，但大部分對幼兒實施的測驗均為常模參照，一個常模組群的使用是要讓這些測驗能夠適性發展。**圖9-1**乃依年齡及目的的不同提供適合於幼兒的標準化測驗工具。

發展性測驗

發展性測驗

用以評估個體的
成熟度。

　　發展性測驗 (developmental tests) 被用來決定一個人的成熟度，如觀察身裁比例或手腕骨骼的發展，利用觀察其身體上的特徵來評估身體成熟度。然而，大部分的測驗項目都需要兒童具體的表現。由Frances L. Ilg, Louise Bates Ames及其同僚 (1978) 所創的入學準備度 (School Readiness) 測驗，包含一系列須兒童表現的項目，從分析兒童在這些項目中的表現，教育者便能判斷其發展成熟度。有不少學校表示這種測驗能決定兒童是否已成熟到能自學校教育中獲益。結果，這個測驗被用來決定兒童是否可以進入幼稚園就讀。在Jean Piaget的許多研究中所描述的項目也被視為發展性測驗，然而這些主要是用來決定智力發展的程度。

　　發展性測驗乃用以評估成熟度，而非入學準備度，用發展性測驗充當成學校的測驗已經扭曲了測驗原來的本質。舉例來說，Gesell Test雖然在許多學校被採用，然其信度及效度皆受到嚴重質疑，因為在評量上時而正確、時而錯誤 (Graue & Shepard,

工　　具	年　齡　層	目　　　　　　　的
Calawell 學齡前兒童調查	3-6歲	評估不同領域的能力
Denver 發展篩檢測驗	2星期～6歲	診斷在適應、運動神經、語言及個人、社會領域中的發展遲緩現象
Engleman 的基本概念調查	托兒所和幼稚園	利用重複及完整的敘述評估對於圖形的基本概念及注意力。
Gessel 發展時間表	4星期～6歲	診斷幼兒在適應、運動神經、語言及個人─社會發展的成熟度
Illinois 心理語言學能力測驗	2～10歲	評估聽力、視力、口語及記憶能力
大都會預備測驗	幼稚園和一年級	評估教育上的能力──如聽力、配對、複製以及對字母、數字、字義整體的理解力（可以隨意的畫出一個人樣）
Peabody 圖形字彙測驗	$2\frac{1}{2}$～18歲	透過四張圖片的單字配對來評估字彙能力
Stanford-Binet 智力量表	2歲以上	評估個人智力
Wechsler 學齡前及低年級兒童智力量表	4～6歲	評估在14個領域中有關口語和知覺表現的智力

圖9-1　評估幼兒的工具

1993）。如第三章所指出的，大部分的發展理論認為發展是早於成熟的。提供兒童早期的經驗可讓成人促進其發展，這原則是教育補助方案及其它為臨界兒童、失能兒童早期介入方案的基礎。由於斷定一個孩子不成熟而去否定他早期的教育經驗，即使評估是正確的，也會阻礙兒童可能的發展。人類發展具高度可塑性，而兒童的經驗會促使他們調整自我的發展。兒童需要多樣的教育機會，任何人皆不應將他們摒除在教育的大門外。

　　所有的測驗都具有某種程度的誤差。事實上，測驗成績只被視為量表中的一組數字，而這數字是兒童可能達到的多種成績之

中的一項，當對大量兒童作群體測驗時，這些誤差將相互抵消。然而，當只有一個人接受測試時，情況就不同了。因此，將單一的測驗成績視爲絕對，並依測驗成績來評斷孩童是增加誤差的作法。

智力測驗

智力測驗

假定社會上所有的人都應該有相同的學習機會，因此，其用意爲測驗天生能力。

智力測驗 (intelligence tests) 主要是包括一系列的任務，讓兒童在特定的程度上能充分表現出學習過的技巧，測驗的基本假設是所有兒童都有相同的機會去學習一定的技能，表現出不同等級的結果是因爲天生能力的不同。然而，並非所有的兒童均有相同的機會去學習到智力測驗中所要求的學習技能，這些測驗通常對白人、中產階級家庭的兒童有利，而較不適合少數民族的孩子。

智力測驗最初被設計用來預測兒童的學業成就。當兒童的教育環境沒有重大變化時，大部分的智力測驗可以正確的預估兒童的學業表現，但有證據顯示，當這些環境改變時，智力測驗的預測力將降低。若將智力測驗表現較低的兒童移至教育刺激較多的環境中，將不只能增加他們在學業上的表現，亦可看到他們在智力測驗分數上的提昇。

有關兒童教育的重要決定常以智力測驗的結果爲依據基準，兒童可能因沒有機會去學習那些在智力測驗上所欲測驗的項目，而處於一種無法表現較佳的不利地位。不當使用智力測驗可能會使學校中不平等的教育問題永久存在。

準備度測驗

準備度測驗

用以決定一個人從教學中獲益的能力。

大部分準備度測驗 (readiness tests) 是用來評估兒童從教學中獲益的能力，這種測驗是屬早期成就測驗，假如最後是分析兒童以是非題方式作答的特殊項目，那麼這些測驗也可用來做診斷。

除了使用一般正式測驗之外，教師也會用其它非正式的方法去測得兒童的準備度。如使用第十一章所陳述的準備度檢核表中的資料一般，非正式的閱讀準備度評估可用以兒童語言能力的表現及他們閱讀的意願。觀察兒童在教室中的表現也可製作準備度的資料，因爲任何陳述兒童表現的資料卻可以拿來作爲兒童未來學習傾向的預測。

成就測驗

成就測驗（achievement tests）是評估兒童或班級的課業學習上的成就。這樣的測驗是針對國小及國小以上的行政部門所設計的，教師可以藉由一系列或當中的一個測驗而獲得兒童在不同學科上的表現。然而，當教師在使用其中單一測驗來測量時，必須注意到測驗可能不小心喪失了其本意，因為部分的單一測驗絕不等價於完整系列的測試。

成就測驗

評估一名兒童的學業成就。

成就測驗中的樣本並非從學校教育所有的課程效果中取得而是只有學業技巧。教師必須去確保測驗結果的不當使用不會扭曲課程的用意，及確定成就測驗之使用並不會導致課程扭曲。當測驗成績被公佈或學校及教師依此來評估兒童能力時，可能造成考試引導教學，教師將只注重測驗內容，而排除其它有價值的教學主題或科目。

成就測驗範圍不足是學校所提供的所課程，還色包括學科技能。

成就測驗就如同智力測驗一樣，是統一採用一群標準團體，包括來自鄉村及都市的、不同社經背景的、不同地理環境的兒童。由於分數平均之後會作成的常模，所以有一半分數在常模之上，一半在下。在標準化的人口中，可依地域、都市化程度及社經地位判定的次要團體，其平均測驗成績仍存在著差異性。

常模是在一特定時間中描述一特殊的族群。他們不需要設定任何的期望，在最佳的學習狀況下，每個群體在學習成就測驗上的表現都應超越這些常模。教師的目的之一應該是創造最適合學習及評估的情況。

雖然標準化測驗很有用，但有時使用非標準化的效標參照測驗是更適當的。教師應發展各種正式及非正式的方法去抽取兒童系統化學習的樣本，非標準化的方法也可提供用以改進教學方法的資料。例如：在一特別的測驗中，許多兒童可能都錯在同一數學題上；其中之一可能是計算錯誤，另一可能是概念不清，也可能是粗心犯錯，分析兒童在測驗中所犯的錯誤，習以針對不同的

兒童進行不同的活動。假如測驗在計畫中是作爲診斷的工具，那這些形式的資料將是無價的。收集資料的非標準化方法包括：教師設計的測驗、觀察的方式、檢核表、等級量表、社會計量法、及蒐集有關兒童的作品。Cryan（1986）提出以下的建議：

> 觀察、互動、作筆記及寫下學習的目的，用自己所蒐集的資料當成兒童表現的最真實的寫照。當需要診斷始業能力或進入更複雜的教材時，需要測量特殊的行爲能力，更重要的是，降低你和兒童對於測驗不安的影響。最後，避免Goodlad所說的「慢性測量疾病」(CMD, chronic measurement disease)：當根被固定前，注意植物的伸展方向，記住，假如教師所提供的學習條件以及學習種類和教學內容並重，那麼學習將能發展出穩固的根基。

觀察技巧

測驗是採同一種方式觀察每個人面對相同事物的一種形式，這種形式隱藏了許多兒童表現的個別差異。教師時常期望去了解在非標準化的、自然發生的情況下，兒童將作何種反應，爲達此目的，教師必須使用觀察技巧，其方式有二種：直接與間接的。軼事記錄、時間取樣、事件取樣是直接觀察的主要方式，教師可記錄當時所觀察的種種，也可使用檢核表來作直接觀察的驗訖單；等級量表、語意分析、檢核表有時也可以作爲教師間接觀察的形式，因爲這是從過去的觀察記錄中作判斷。

教室觀察的程序

1. 觀察必須記錄充分的資料：日期、時間、時距、觀察的地點、其他相關情況的特殊訊息（包括天氣、不愉快的環境氣氛及偶發事件）。
2. 教師必須計畫自己所在的觀察位置：考慮既不干擾教室活動，但又能看到教室中每一件事的地方。
3. 教師應發展出一套速記系統，迅速且能清楚的記錄教室中的活動。舉例來說，在一圓圈旁邊畫個╳，表示兒童正在一圓桌旁邊。
4. 觀察結束的時間也需要記錄下來（Saracho, 1988）。

軼事的記錄

　　教師應抽空記錄在一天課程結束時記錄重要事件，學童發生了什麼事或產生了什麼樣的個人問題。如軼事般的記錄將有助於回顧在校一天的活動及計畫未來的活動，但這些記憶是經過選擇的。一般人本就較容易去記住較特殊的事件，所以，教師可能會記錄有關兒童行為中與眾不同的部分。採用實況記錄現場所發生的事遠優於對於一天回憶的描述記錄，教師應學習採用連續記錄的技巧（實例見Cohen & Stern, 1983）。

　　軼事記錄（anecdotal records）必須廣泛描述行動、反應、引述以及個人特徵，像姿態、手勢、臉部表情。觀察者必須完整地記錄當時運作情況包括人、事、及物質環境的需要，因為個體會以思想、感情及肢體活動反應其整體表現。在觀察的分類上，教師應記錄每個情況發生頻率以掌握其行為模式（Saracho, 1988）。

軼事記錄
記敘式的描述兒童的行為。

　　教師常表示教室中眾多事件的處理使他們無暇顧及觀察及記錄下任何觀察所得，此時可藉由錄影機的拍攝說明各種的行動，

學校中高年級的學生及志願者可以使用錄放影機將事件錄影起來，以供教師在日後討論及記錄事件時播放觀看。

教師和同事可藉由一起觀賞影帶去鑑定、記錄和討論其中的某些情節，這樣的過程能協助教師客觀的了解情況，及援引實例來支持假設。

觀察及記錄兒童的行動是耗費時間的，有效收集這些資料的方法之一即對行爲做有系統的抽樣，在幼兒教育上來說，一般使用的方式爲時間取樣及事件取樣二種。(Genishi, 1982)

時間取樣

時間取樣

記錄發生在固定時距內的行爲。

時間取樣（time sampling）是教師將焦點集中於被選定的行爲，並注意此一行爲是否在一定的時距（可能是數秒，5～10分鐘或更長的時間）內發生。假如選擇的分類系統其中的標記符號被用來記錄特定的行爲的出現，那麼記錄所花的時間將減少。教師可能會去注意兒童所參與的社會遊戲之形式，教師可定期大略瀏覽班級的狀態並在每個兒童名字旁邊做一記號，如：當兒童獨自一人遊戲時，則利用 "S" 表示（solitary）；當兒童和別的孩子在一起但並無產生互動時，則用 "P"（parallel）表示；"C" 可表示（cooperative）合作遊戲，即兒童與其它兒童一起進行遊戲。利用**圖9-2**的記錄，教師可以採用時間抽樣去判斷兒童的依附行爲，在此例中，教師每隔一分鐘的時距觀察兒童是否表現爲一名旁觀者、遵循者、或領導者，藉由增加每個類別的標記符號，教師可以評估兒童的行爲。

事件取樣

事件取樣

記錄特定行爲的發生率。

教師經由**事件取樣**（event sampling）去蒐集時常發生的特殊行爲，這種觀察系統不需統一的時距，例如教師在決定觀察一特定兒童攻擊行爲的次數後，不論在任何時間，當他們看見攻擊行爲（打或推等等）出現時，即在兒童的名字下做一記號，而在一天結束時，他們可以對每個孩子加上標記以了解兒童的攻擊行爲。

日期：11/14/93		時間： 10:00AM	

活動： 積木遊戲

年齡： 3歲

依附行為：

時距

	1分鐘	2分鐘	3分鐘
旁觀者	∨		
隨從者		∨	
領導者			∨

圖9-2 時間抽樣

　　直接觀察兒童的行為有助於教師了解兒童學習的過程，仔細記錄有關兒童與同儕間的互動，或兒童與教材間的互動，可做為判斷兒童思考和感覺的依據，這樣的觀察結果能超越時間去比較判斷各個兒童行為上的改變。

檢核表與等級量表

　　檢核表與等級量表可讓教師用來評估兒童的行為或表現。當教師不做行為的描述時，他們可以經由連續的觀察，以一簡單的記錄作總結性的判斷。

　　檢核表（ckecklists）通常包括一系列有關兒童表現的描述敘述。**圖9-3**列出可能有的幾個項目。這些表格包括項目、行為及特徵表，這可以協助教師用來評估兒童是否有這些行為或特徵。教師可檢視這些顯示兒童特徵的項目，而不須照單全收。舉例來說，若採用一閱讀能力的檢核表，教師在檢查完某一特定兒童應具有的相關特殊能力項目後，即可以判斷該名兒童是否已是備好開始學習正式閱讀的能力，或決定兒童是否需要事先具備某些特殊的條件、技能。

檢核表

包含關於兒童的敘述性描述，它能讓教師記錄某項特徵存在與否。

勾選兒童是否具有下列特徵：

_____1.在美術區中畫畫

_____2.和其它人一同唱歌

_____3.在木工區鋸木

將「是」圈起來，表示具此種特徵，若圈「否」表示不具此種特徵。

該名兒童

是 否 1.在體育活動中動作具有自信

是 否 2.在遊戲區能自由的選擇不同的活動

初始的閱讀技能

是 否 1.具聽覺技能

是 否 2.具視覺技能

是 否 3.了解文字由左到右的順序

是 否 4.注視圖畫

圖9-3 檢核表的範例

等級量表

讓教師記錄有關兒童行為或特徵的評斷。

等級量表（rating scales）也可讓教師記錄下對兒童特徵及行為所作的評論及性質上的判斷。等級量表具有等距的單位、點、數字、或相對連續體（如：從優到劣）的描述性，可使教師易於評估特徵。奇數的層級間距（三或五）會產生一中間點，數字最大者可能代表最高的成績，而數字最小者則意謂最低的成績（Saracho, 1983），這種技能表可協助教師去判定兒童是否擁有此技能及每個技能上精通的程度如何。在使用時，必須小心判斷每個項目的等級，而避免產生以偏概全的缺失。

語意分析量表

讓教師以相反特性的詞彙來評估兒童的行為或特徵。

使用**語意分析量表**（semantic differential scales）時，教師採用二個相反的形容詞來評估兒童行為，如：好↔壞、大↔小、喜歡↔不喜歡，每組形容詞之間被分成七個等分點，教師檢視每一組來評估兒童的特徵。藉由圈選出的點所表達的內涵評量出其特色。也就是愈靠近端點所描述的形容詞，即表示此兒童愈具此特色（Saracho, 1983）。

兒童姓名：＿＿＿＿＿＿＿＿ 日期：＿＿＿＿＿＿		
	等　級	建　議
自我照顧的技能		
拉上衣服拉鍊		
鞋子能穿對腳		
繫、綁帶子		
自己穿上風衣		
把手洗乾淨		
整理技巧		
將畫筆清理乾淨		
以海綿將桌面擦拭乾淨		
將教材放回適當的位置		
必要時會掃地		
把圍裙收在適當的地方		
社會技能		
展現領導能力		
參與團體活動		
輪流做……		
遵守教室規則		
身體技能		
能走平衡木		
能單腳跳		
能跳躍		
攀爬靈活		
能畫一直線		
能靈巧地使用剪刀		
能使用畫筆		
筆直地用鐵鎚釘釘子		
能縫合直的切割處		
將每個兒童從1-5分類	5 表現優良，且穩定 4 表現不錯，但欠穩定 3 表現尚可，不穩定 2 表現較差，行為反覆無常 1 無法表現	

圖9-4　技能等級量表

好 ━━━━━━━━━━━━━━━━━━━━━━━━━━ 壞
大 ━━━━━━━━━━━━━━━━━━━━━━━━━━ 小
喜歡 ━━━━━━━━━━━━━━━━━━━━━━━━━ 不喜歡

圖9-5 語意分析量表

選擇觀察的方法

在選擇記錄的方式時，教師應先設立他們觀察的目的，然後選擇最足以展現眞實情況的方式。利用筆記或日誌方式記錄下每天所發生的特殊事件，圖表及檢核表有助於教師憶起每天教室中所進行的活動與使用的教材。檢核表如同教師認爲教室中必須觀察的項目清單，也有助於記錄出缺席，及記錄某些因素如：行爲、教材、情境等的頻率或數量。教師必須考慮他們正在找尋的目標及記錄行爲的理由爲何（Saracho, 1988）。

專欄 9-4

選擇適當的觀察技巧

技巧	描述
軼事記錄	以記敘方式記錄特定行爲或事件
檢核表	記錄教材、行爲等等因素的出現與否。它的功能是爲達成教師的教學目標所須要的教材或行爲清單。
等級量表	以連續體記錄兒童發展、表現、興趣或可比較之行爲的程度
語意分析量表	記錄兩相對形容詞之連續體之間的判斷

教師也許可以獨自或在團體中閱讀到有許多描述不同觀察技巧的極佳資源，它協助教師在應用於班級前可以先作練習，假如教師間能一起學習此種技能，他們將能相互判斷彼此的正確性且變得更加有能力。

蒐集完資料後，教師應做成報告的形式，這些報告可以幫助教師為班級或個別兒童做進一步的計畫，也可以在家長座談會中討論。以下的建議對於謄寫觀察記錄有所幫助：

1. 在觀察每一事件之後，大略的記下相關事項。
2. 然後回顧觀察表以補充任何忘記的細節。
3. 記錄主要由三部分組成：(1)足以增加讀者對當時情況了解的背景評論（如：先前觀察印象、概念、評論）；(2)報告的詳細描述；(3)總結 (Saracho, 1988)。

專欄 9-5

討論觀察的書籍

Almy, M., & Genishi, C. (1979). *Ways of studying children* (rev. ed.). New York: Teachers College Press.

Beaty, J. J. (1986). *Observing the development of the young child*. Columbus, OH: Merrill.

Bentzen, W. R. (1985). *Seeing young children: A guide to observing and recording behavior*. Albany, NY: Delmar.

Boehm, A. E., & Weinberg, R. A. (1977). *The classroom observer: Developing observations skills in early childhood settings* (2nd ed.). New York: Teachers College Press.

Cartwright, C. A., & Cartwright, G. P. (1984). *Developing observation skills*. New York: McGraw-Hill.

Cohen, D. H., & Stern, V. (1983). *Observing and recording the behavior of young children* (2nd ed.). New York: Teachers College Press.

Irwin, D. M., & Bushnell, M. M. (1980). *Observational strategies for child study*. New York: Holt, Rinehart & Winston.

Stallings, J. (1977). *Learning to look: A handbook of observation and teaching models*. Belmont, CA: Wadsworth.

社會計量法

　　教師可利用社會計量法來評估兒童的社會行為，例如可以詢問托兒所或幼稚園兒童一組問題，以引發他們對朋友的選擇，這些問題可以是：「你在外面時喜歡和誰一起玩？」，「在點心時間你喜歡和誰坐一起？」或「放學回家後，你想邀請誰去你家玩？」如果對象是年齡較大的兒童，則要設計適合他們的問題。兒童對問題的反應結果可記錄在表中，以便看出那些兒童在班上是較受歡迎的、那些是較不被歡迎的以及班上友誼的小圈圈。

　　比起成人，對兒童採用社會計量法是較不具可信度的，因為兒童的好朋友可以每天變換。教師需要持續觀察一段時間以蒐集眾多資料，找出因為計畫改變而產生的穩定關係與變換，然後可重新安排學童的分組或改善社會關係面臨危機的兒童之社會地位。

文件夾

　　另一種為兒童學習抽樣的方法是有系統的蒐集他們的作品，對幼幼班及幼稚園的兒童來說，可以蒐集他們所畫的圖畫、所敍述的故事、及其它種類的作品。對低年級的兒童來說，文件夾中的資料則包含故事、在科學、社會、數學工作方面的調查記錄。這些資料應系統化的蒐集，並標上兒童的名字、日期及製做時的情境。

文件夾
用以蒐集兒童的作品。

將所有資料放置在同一個**文件夾** (portfolios) 中，教師便可以看出兒童在這一年中各個課程領域學習的進步情況。教師可利用檔案櫃或儲存櫃將這些資料妥善保存，藉由累積這些所收集的資料，教師可以反覆查看兒童在某一時間的進步及工作表現情況。

　　系統化的收集有關兒童的資料是最有用的。教師其實很想讓兒童帶他們的作品回家，使父母能看到兒童在學校所學的，然而，這將使教師缺乏收集重要資料的來源，故應暫時將兒童作品保存，讓兒童了解為什麼他們的作品被蒐集，他們將不再表示反對。

　　有些作品不易收集，如陶碗不可能被放置於文件夾中，另外，兒童所作的積木建築也不能被保存。而兒童所說的故事也會立即

的消失，有關這方面的資料可利用錄音帶或影片來保存。

　　利用這些蒐集到的資料評估並證明兒童在這一年的表現，對他們的父母來說，這些資料是無價的，當然他們也會贊成教師採用這樣的評估方式。除此之外，教師可以在不依賴傳統測驗形式下作間接評估，而針對兒童實際表現來評量。另外，當採用文件夾資料作評估時，記住教學與評量是不可分的。

記錄評估的結果

　　在評估的過程中，資料的蒐集只是程序之一，教師必須進一步的去解釋和判斷這些資料；最後，從解釋的結果計畫下一個行動。

　　教師可利用評估的資料去策畫接下來的活動，當兒童已達到教師在此次活動中所要求的目標，則可以進行下一個新工作；若他們還未能達到教師所要求的，教師應著手安排特別或相關類似的活動。

　　從每個兒童身上所獲得的資料可以作為計畫各種教育活動的基礎；當教師能清楚每個兒童的技巧、能力、興趣及行為模式時，課程的設計將變得更有意義、更符合兒童的需要，教師可以改變課程進行的速度及嘗試其它不同的方式。

　　評量的結果可和其他人一起分享——中高年級的教師、學校職員、校長及父母。為達成將來參考及溝通的需要，教師必須將資料系統化整理與保存。許多學校利用文件夾保有這些累積的記錄，教師可以隨時補充有關的資料，一份好的資料保存系統可以輕鬆地找到所需的重要資料。

　　除了可累積記錄的文件夾外，教師應保有各種不同的記錄以免兒童到下一個班級時，不易追蹤其資料。在學校中，班級兒童的出缺記錄是基本要求，新進教師應儘可能熟悉這些過程。有些學校則需要明確計算所有缺席人數或因病請假未到學校學生人數。

　　即使兒童只是短時間的缺席，教師也應和家庭連繫，有時缺

席可能意味著家庭的變化，例如：家庭的遷移但忘了通知學校。與家庭保持簡單的連繫，使教師能明白兒童缺席的理由，也可能提供幫助兒童的線索。

　　教師時常讓兒童去記錄他們參與特殊活動的次數且可能之後希望能轉換這些紀錄的結果使成一「輕薄短小」的形式。教師觀察的結果也是兒童活動的重要記錄，大部分的觀察是短時間的，可以利用一、二張5～8吋大的卡片來記錄。教師可將這些卡片整理入檔案夾中，以便迅速檢閱學童資料。

　　因為教育是一公益事業，所以教師的專業行動愈來愈受矚目、批判，記錄的重要不只因為是做為教師下決定時的參考，也是向他人證明教師所下決定的依據。監督者、父母及社區人士等民眾會要求專業人士以文件證明他們做決定、判斷時的依據，教師必須準備好回應這些要求。

給父母的報告

　　父母對於子女在學校的進步情況是相當有興趣的。根據人民法（1974）第93～380條：家庭教育權利暨隱私權法案，指出（The Family Education Rights and Privacy Act），父母有權知道子女在學校的紀錄。法律給予以下的權利（Herndon, 1981）：

1. **審查記錄的權利**——父母有權審查孩子的記錄，他們也有權要求教師為他們解說這些記錄，家長可以在四十五天內提出書面的申請，而家長可以和學校一起檢視，確定有關兒童的記錄是否正確完整。年滿十八歲以上的學生也有這種權利。

2. **隱私權**——這項法令可以保護兒童正式記錄的隱私權。
（有關父母及兒童權利法律之資料可洽：FERBA, 330 C Street, N. W., Room 4511, Switzer Building, Washington, D. C. 20202）

　　將記錄內容告知父母只是教師和父母建立關係的一部分，但

這項工作很重要,而且需要極度的小心與誠實。

　　一份理想的記錄應該簡單明瞭,可以清楚的傳達及明白兒童行為的,且不需父母學習專業用語即能理解。

　　然而,當家長與教師對描述兒童行為的用詞有所爭議時,溝通將變得很有困難。對教師來說,在學年中有好幾次要完成30份以上的報告並不容易,特別是對於要從一些細微處,明確指出他們的進步,也是相當困難的。

　　大部分的報告系統是折衷的結果,它們不難執行,而且可清楚、合理的傳達訊息。教師們似乎對所有的報告系統卻不甚滿意,也許真的沒有一個真正理想的系統。多數學校傾向於使用成績單給家長的信函或開家長會做為報告的方式,不過通常都交互使用。

報告系統 (reporting systems)

成績單

　　對父母來說,利用成績單與他們作溝通是較完善的。通常成績單上會條例式的記錄學生在各個領域的學習成就,如:讀和寫的表現,有些也包括行為的特徵及學習態度。

　　有時也採用符號來記錄兒童的學習成就,例如學業成績採用A～D或F的等級表示,而"U"代表不滿意 (unsatisfactory) 其學習成就,"S"代表滿意 (satisfactory) 其學習成就。其它尚有一些符號代表「應加強」或「高成就」。

　　雖然利用字母來代表學習成績是較簡單的,但却很難精確地說明其意義。假如使用分數等級的標準,那麼使用成績單將能作完整的傳遞兒童表現的水準。然而,它却不能顯現出兒童的工作表現是否高於或低於原先他們所期望表現出的能力。假如根據教師所評估的學生能力來為兒童評分,那麼字母或符號對每個兒童的意義將可能有所不同,而且也會將溝通的管道予以中斷。

　　學校會採用各式各樣成績單來記錄幼稚園及小學學童的成績等級。D. Keith Osborn及Janie D. Osborn (1989) 分析成績單中

所使用的記分方法、向父母報告的頻率以及成績單的格式及內容，他們發現成績單的種類非常繁多。

成績單雖有某些限制，但父母及教師都表示喜歡這樣的方式，可能因爲長久以來的使用使他們覺得這是較有保障的。然而，學校卻時常發現使用這樣的方式，就必須再附加檢核表才行。

描述性的信函

聯絡簿可以顯示一個兒童的表現水準，但卻無法描述在學校工作時質的方面表現如何。教師可採用描述性的信函去談及許多有關兒童工作表現的品質及內容，提供父母較完整的了解，其內容可包括兒童學習的態度、與他人互動的狀況等。一些教師採用單一兒童個別的描述，一些則寫出全班在這一學期的綜合表現，而在學校舉辦的相關會議中，向其父母傳達這些訊息。

家長會

最有效但也最費時的報告方式是開家長。在會議中，教師和家長可以面對面地討論有關兒童的種種，他們能立即地導正各種誤解並提供立即的反饋。

家長座談會應小心謹愼的策畫，第八章中有詳細的描述相關注意事項，例如教師應利用表格，製成會議大綱；而父母也提出他們所關心注意的問題。在集會中，教師記錄的資料是很珍貴的。教師可以在此呈現出如：觀察記錄、測驗結果、等級量表、檢核表來證明兒童在這一年來學校中的成長。保有與父母在集會中所談的記錄、所討論的主題、父母的反應及會議中應遵循的程序是很有用的，這如同一額外的觀察與溝通。

通常在托兒所及幼稚園中，家長會常常舉行，主要是因爲缺乏以分數等級作標準，故需以描述性的記錄與父母溝通，家長會可以在各個年級中使用，在很多情況下，最佳的溝通方式即各種方法結合使用。

報告是評估系統的一部分，教師評量最主要的影響是增進每個兒童的教育經驗，藉由認識兒童及課堂活動對他們的影響，教師能不斷的改進，增設新的活動以取代不成功的活動，繼續擴展

兒童的學習機會。真實的描述課堂活動及結果有助於提供在學幼
兒更豐富的學習機會。

結語

　　評估是教學中重要的一部分，幼教教師應關心課程、環境、教
材及兒童的評鑑，並採用不同的評估方式，另外，教師不應過度依
賴標準化測驗的使用。

　　評估包括收集資料及評斷，評斷應向其他人報告：包括父
母、行政人員及其它教師。

參考書目

Baker, E. L. (1988). Domain-referenced tests. In J. P. Keeves (Ed.), *Educational research, methodology, and measurement: An international handbook* (pp. 370–372). New York: Pergamon Press.

Beaty, J. J. (1992). *Skills for preschool teachers.* Columbus, OH: Merrill.

Bredekamp, S. (Ed.) (1987). *Developmentally appropriate practices in early childhood education programs serving children from birth through age 8* (expanded ed.). Washington, DC: National Association for the Education of Young Children.

Cohen, D. H., & Stern, V. (1983). *Observing and recording the behavior of young children* (2nd ed.). New York: Teachers College Press.

Cryan, J. (1986). Evaluation: Plague or promise. *Childhood Education, 62*(5), 350–356.

Eisner, E. W. (1981). On the differences between scientific and artistic approaches to qualitative research. *Educational Researcher, 10,* 5–9.

Genishi, C. (1982). Observational research methods for early childhood education. In B. Spodek (Ed.), *Handbook of research in early childhood education* (pp. 564–591). New York: Free Press.

Goodwin, W. L., & Driscoll, L. A. (1980). *Handbook for measurement and evaluation in early childhood education.* San Francisco: Jossey-Bass.

Goodwin, W. L., & Goodwin, L. D. (1993). Young children and measurement: Standardized and nonstandardized instruments in early childhood education. In B. Spodek (Ed.), *Handbook of research on the education of young children* (pp. 441–463). New York: Macmillan.

Graue, M. E., & Shepard, L. A. (1989). Predictive validity of the Gesell School Readiness Test. *Early Childhood Research Quarterly, 4,* 303–316.

Harms, T., & Clifford, R. (1980). *Early childhood environment rating scale.* New York: Teachers College Press.

Herndon, E. B. (1981). *Your child and testing.* Pueblo, CO: Consumer Information Center, National Institute of Education.

Hillerich, R. L. (1974). So you're evaluating reading programs. *Elementary School Journal, 75,* 172–182.

Ilg, F. L., Ames, L. B., Haines, J., & Gillespie, C. (1978). *School readiness* (Rev. ed.). New York: Harper & Row.

Jones, E. (1979). *Dimensions of teaching-learning environments.* Pasadena: Pacific Oaks College.

Kamii, C. (1990). *Achievement testing in the early grades: The games that grownups play.* Washington, DC: National Association for the Education of Young Children.

Mager, R. F. (1975). *Preparing instructional objectives* (Rev. ed.). Belmont, CA: Pitman Learning.

Mehrens, W. A., & Lehmann, I. J. (1991). *Measurement and evaluation in education and psychology* (4th ed.). New York: Holt, Rinehart & Winston.

National Association for the Education of Young Children (1991). *Accreditation criteria and procedures of the National Academy of Early Childhood Programs* (rev. ed.). Washington, DC: Author.

Nichols, A. S., & Ochoa, A. (1971). Evaluating textbooks for elementary social studies: Criteria for the seventies. *Social Education, 35,* 290ff.

Osborn, D. K., & Osborn, J. D. (1989). *An analysis of elementary and kindergarten report cards.* Athens, GA: Education Associates.

Saracho, O. N. (1983). Using observation techniques to plan in-service education. *Child Care Information Exchange, 29,* 14–16.

Saracho, O. N. (1986). The development of the Preschool Reading Attitudes Scale. *Child Study Journal, 16*(2), 113–124.

Saracho, O. N. (1987). An instructional evaluation study in early childhood education. *Studies in Educational Evaluation, 13,* 163–174.

Saracho, O. N. (1988). Assessing instructional materials in an early childhood teacher education curriculum: The search for impact. *Reading Improvement, 25*(1), 10–27.

Shepard, L. A. (1991). The influence of standardized tests on the early childhood curriculum, teachers, and children. In B. Spodek & O. N. Saracho (Eds.), *Issues in early childhood curriculum: Yearbook in early childhood education,* Vol. 2 (pp. 166–189). New York: Teachers College Press.

Shepard, L. A., & Graue, M. E. (1993). The morass of

school readiness screening: Research on test use and test validity. In B. Spodek (Ed), *Handbook of research on the education of young children* (pp, 293–305). New York: Macmillan.

Spodek, B. (1991). Early childhood education and cultural definitions of knowledge. In B. Spodek & O. N. Saracho (Eds.), *Issues in early childhood curriculum: Yearbook in early childhood education*, Vol. 2 (pp. 1–20). New York: Teachers College Press.

Spodek, B., & Brown, P. C. (1993). Curriculum alternatives in early childhood education. In B. Spodek (Ed.), *Handbook of research on the education of young children* (pp. 91–104). New York: Macmillan.

Spodek, B., & Saracho, O. N. (1994). *Dealing with individual differences in the early childhood classroom.* White Plains, NY: Longman.

Stevens, W. W., & Fetsko. W. (1968). A curriculum analysis system. *Social Science Education Consortium Newsletter*, No. 4, pp. 1–4.

Vincent, D. (1988). Norm-referenced assessment. In J. P. Keeves (Ed.), *Educational research, methodology,*

兒童的教育性遊戲

本章綱要

◎遊戲的定義

◎遊戲的古典理論與現代理論

◎教育性遊戲的各種類型，包括戲劇遊戲、操作遊戲、身體遊
　戲和有規則的遊戲

◎遊戲和幼兒課程間的關係

◎指導教育性遊戲的方法

導論

　　遊戲活動或其所延伸的各種活動一直是幼兒教育課程的一部
分。先前在本書的第二章中曾提及原始的Froebel幼稚園，在課程
中讓幼兒操作恩物、做手工藝活動以及玩遊戲與唱童謠等。這些
活動都包含操作以及依據來自觀察德國鄉村中兒童的自由遊戲所
設計，Froebel將他認為遊戲的要素加以理論化及系統化，以確定
能給予每一位兒童分享。

　　Maria Montessori在發展她的教育方法時，同樣地僅將兒童
自然的遊戲（play）予以將遊戲要素加以理論化，然後重建、系統
化而成為一種教學方法。這兩種不同的教學方法所導致的活動，
乃是為了達到不同的教學目標。Froebel希望兒童藉由教材與活動
而達到其所象徵的精神意義，然而，Montessori則希望兒童能在操
作中對物品的性質有進一步地瞭解並在觀察與重組教材時獲得特
殊的技巧。兩位教育家皆從非正式的兒童活動中所認為具教育性
部分加以理論化，同時也以教育方法剔除許多遊戲的成分。

　　在1925年左右，隨著幼稚園改革運動和現代托兒所運動的興
起，兒童自然的遊戲才被認可為學習的方式之一，抱持這些取向
的幼兒教育不僅只想把遊戲中的「教育性」成分抽取出來，更認為
兒童發自天性的遊戲行為應受到鼓勵並加以培育，就像他們自己

的權利般，即使遊戲並非兒童能夠學習的唯一方法。

在這些較新近的幼兒教育方案中，設計了一些設備與器材來支援教室中的遊戲，教師則利用這些器材與設備來激發與修正遊戲活動，這樣的教室在現在許多幼稚園與托兒所中皆可以看到。幾乎所有的學前教室中都有娃娃區或家事區，在這些區域中，設置了小型的廚房設備——各式各樣的鍋子、碟子、家具、娃娃、清潔用具、人造食物和其他類似的東西，促使兒童去展現居家生活的情形。積木區則是專爲兒童遊戲所設計的另一個區域，除此之外，在戲劇區也有服飾、方向盤、玩具汽車與卡車以及其他物品來增加遊戲的樂趣。

由於大家對幼兒教育課程的教育後果日益關注，因此其他教育幼兒的教育方法也發展出來了，針對這些方法已有衆多的研究出爐，甚至包含其結果研究。在本章中，我們將檢視遊戲的定義與理論，並且分析教師使用遊戲來達到教學目標的方法。

遊戲的定義

許多心理學家、哲學家、教育家和其他人曾試著爲**遊戲(play)**下定義。每一個新的定義都爲先前的遊戲定義解決了一些定義上的問題，然而在區分遊戲與非遊戲活動之間仍有問題存在。當我們看見遊戲行爲時，多數人會直覺地指出這是遊戲，但是卻難以詳細說明是什麼樣的標準讓我們由非遊戲中區別出遊戲。我們並沒有一個可以清楚詮釋、觀察、彼此認同的標準來論斷一項活動是否爲遊戲。一個活動可能在某一時間某些情境下被視爲遊戲，在另一時間另一情境下却被視爲非遊戲行爲，因此，研究遊戲的人在定義遊戲時採用了一種方法，即陳述出「什麼不是遊戲」。Helen B. Schwartzman (1978) 認爲：「遊戲不是工作；不是眞實的；不是嚴肅的；亦無建設性…，但是，工作可以是好玩的，而且有些時候遊戲也可以當做一種工作的經歷；同樣的，遊戲者所創造出來的遊戲世界往往比現實世界還要來得更爲眞實、嚴肅和

遊戲
很難下定義，但在某種意義上，它爲自己下了定義。

具有建設性」(pp.4-5)

Eva Neumann (1971) 企圖藉由辨識許多遊戲的共同特性來創造一個統一的遊戲定義，她將這些共同的特性加以歸類為遊戲的標準 (criteria) 或是歸類出遊戲不同於非遊戲的特徵；還有遊戲的過程 (processes)，或是遊戲的形式與方法；遊戲的目的 (objectives)，或是導引遊戲的目標。Neumann認為並沒有一絕對的界線自遊戲中區分出工作或非遊戲，活動是較像工作或是較像遊戲，端賴上述遊戲三要素的缺少或存在而定。

J. Nina Leiberman (1977) 曾以出玩性 (playfulness) 的性質用來做為遊戲的特徵，玩性它包含了身體、社會及認知的自發性；展現歡樂；幽默感等五個層面，Leiberman 發現這些層面與擴散性思考及創造力之間具有關連性。這些特質在遊戲的活動中常常會呈現出來，然而，他們在非遊戲的活動中亦會展現，因此，玩性是無法用來區辨遊戲與非遊戲。

Catherine Garvey (1990) 針對遊戲，提出了以下的定義：

1. 遊戲是愉悅、歡樂的。即使沒有伴隨實際地歡樂徵兆，遊戲者仍然給予正面的評價。
2. 遊戲並無附加目的。它的動機是內在的且不具有其他目標。事實上，它是獲得歡樂的方法而非要努力達成特定結果，若以較功利的角度來看，遊戲本身並不具有建設性。
3. 遊戲是自發性的與自願性的。它不是義務性或強制性的，乃是由遊戲者自由選擇。
4. 遊戲是遊戲者本身主動參與的。
5. 遊戲與非遊戲間具有系統性的關係 (pp.4-5)。

雖然這樣一套遊戲定義標準可能無法含括所有與遊戲有關的信念或是達到完全的概念化，但是，對於教育者的需求來說，或許可視為一好的定義。遊戲，就某種意義而言，它為自己下了定義。有關於定義上的絕對界線對於專門研究遊戲的學者之重要性，可能遠勝於將遊戲視為達到各種學習目的的教育者。

遊戲理論

Elmer Mitchell和Bernard S. Mason (1948) 曾指出四種古典遊戲理論，包括了精力過剩論、休養論、演練論和重演化論。J. Barnard Gilmore (1971) 將此四理論歸類為遊戲的古典理論，而將另一組理論稱之為遊戲的動力理論。隨後，Michacl J. Ellis (1973) 和Greta G. Fein (1979) 更將遊戲的動力理論做了更進一步的闡釋與說明，當古典理論企圖探究兒童為什麼遊戲之際，動力理論則關心遊戲的內容。

古典理論

精力過剩論 (surplus energy theory)

這個理論認為個體具有大量的能量，當個體想要消耗這些精力與能量時，不是透過目標導向的活動（工作），便是藉由無目標的活動（遊戲）來消耗。因為遊戲可發生在任何的時間，因此對個體而言，遊戲所消耗的能量遠勝於工作。根據這個理論的說法，遊戲的內容對於遊戲活動來說，便不是十分重要了，並且某種遊戲的形式也很容易地被另一形式所取代。

休養論 (relaxation theory)

這個理論是認為遊戲乃是個體藉以補充耗損能量的活動。在經歷一段令人疲憊的活動（工作）之後，個體需要一個可以放鬆身心活動（遊戲）的機會，以便產生新的能量。根據這個理論，遊戲的發生是源於個體能量的快要消耗殆盡，而非基於能量過剩所致，同樣的，一種遊戲活動可以被另一種活動所取代以做為保養生息之用。

演練論 (pre-exercise theory)

根據演練論的看法，遊戲乃是一種本能的行為。兒童基於本能而參與遊戲活動，基本上，這是一個較成熟的行為形式，因為在日後他們成長之後，這些行為是他們必須經歷的。因此，遊戲的內

容取決於未來的成人活動的內容，遊戲可視為為未來生活所做的準備。

重演化論 (recapitulation theory)

重演化論主張人們應明白遊戲不能就個體未來活動來分析，應是就個體過去的活動來分析。遊戲儼然為個體參與、體認先人活動的方法之一，因此，個體可以本能地擺脫所傳承之原始的、非必要的本能技巧；而遊戲的發展階段與人類種族的發展息息相關，由最古老、原始的，發展到較精緻、現代的形式，當個體擺脫原始的活動時，遊戲可使人們為現代工作做準備。

雖然後面兩種古典理論受到質疑，但前面兩種的遊戲理論——即使在研究上並非十分紮實——似乎已存在了常識般的事實。例如教師常常覺得每到星期五下午（週末前）或是假日的前一天，整間教室裡的兒童會變得較不能認真學習，教師們可能會將較重要的課程延期或是挪到兒童結束假期、返回學校後再來上，以便讓兒童在假期遊戲中累積更多的精力。相對的，如果持續一段惡劣的氣候，孩子們無法到戶外活動，教師們就會發現兒童好像有體力過剩的情況，老師或許可尋求一些方法以協助他們宣洩過剩的體力，以便安定下來學習。

有趣的是，多年來同樣的一個活動——遊戲——竟由一連串相對立的理論交互解釋。遊戲所反映出來的，不是能量的過多就是能量的過少，要不然就是為未來精巧活動所做的演練模式，或是在遊戲的機制中捨棄原始的活動。

動力理論

有關於遊戲的動力理論 (dynamic theories) 並未試圖瞭解兒童為什麼要遊戲；它們僅僅接受了兒童遊戲的事實，而這些理論所致力的部分乃在於遊戲內容的解釋，兒童遊戲的動力理論乃是奠基於建構理論或是心理動力理論之上。

建構理論 (constructionist theory)

Piaget 相信人類智力的發展涉及了兩個重要的過程：同化

（assimilation）和調適（accommodation），將此兩過程結合便創造出平衡（equilibrium），此一平衡代表了個體在某一特定時間內智識的狀態。在同化的過程中，個體不斷地由外界環境中接收資訊，並將其調合至代表個體已知的組織化基模，當個體基模無法與新的資訊達到一致（平衡）時，個體便會藉由修正其原來的組織基模以適應新的知識，此同化與調適兩個過程的結果便是達到平衡的狀態。根據Piaget的說法，遊戲乃是操作外在世界以使其符合個體現有組織化基模的一種方法，如此來看，遊戲在兒童的智力發展上具有重大的功能，就某種程度來說，它一直出現在人類的行為中。

Greta G. Fein（1979）曾經利用Lev. S. Vygotsky的建構理論以瞭解兒童的遊戲；根據Vygotsky的說法，兒童是透過工具與符號來建造心智結構，而遊戲，乃是創造一種想像狀態，即產生自兒童個體與社會之間的張力；遊戲使兒童立即解脫現實社會中的束縛，並允許兒童去控制當下存在的情境。兒童能利用物體代表本身以外的事物，例如掃帚可以變為一匹馬，而長的軟管則可變為油壓幫浦。在遊戲時，物體的意義已從相關的事物和行動中釋放出來，因而孩子們可以產生較高層次的思考過程，所以，扮演遊戲在兒童的語言習得以及問題解決能力上扮演著核心的角色。

Vygotsky深信發展是跟隨著學習而來，就此觀點而言，發展決定於兒童成長的社會和歷史脈絡。當兒童可以得到較他們成熟的個體協助時，他們便有能力去完成比他們本身發展層次更高的任務，這種在任何時間皆有可能超出兒童發展的層次，我們稱之為發展近約區間（zone of proximal development, ZPD），Vygotsky認為遊戲展現了兒童在ZPD的活動並因而促進了發展。

心理動力理論（psychodynamic theory）

Freud將遊戲視為一種宣洩的活動，而讓兒童藉由釋放無法處理的情感以掌握困難的情境。兒童利用幻想遊戲情境去扮演成人的角色，以獲得因應現實世界的滿足感。透過遊戲，兒童能夠應付個人的痛苦感受，並藉由幻想的遊戲情景，來努力地面對問題。

這種同樣在幻想中操控的情況，能夠協助兒童在面對眞實生活時，以更正向的情感來處理。Lois Murphy在她的著作*The Widening World of Childhood*（1962）一書中，生動地描述幼兒是如何透過遊戲活動來因應日常生活中的問題，例如一位幼兒自醫院急診室參觀歸來，可扮演以「醫院」爲主題的遊戲而使此參觀活動變得有意義。

目前的心理動力理論較傾向於將遊戲視爲一因應機制，與昔日視爲宣洩情感之活動略有差別。遊戲已被當做心理治療的一種形式，當兒童無法以字或詞來清楚地表達自己的感覺或經驗時，遊戲便成爲最重要的心理治療方式之一。心理治療醫師可讓案主（兒童）參與遊戲式的訪談，透過玩具來使兒童將他們的感情與經驗戲劇化。遊戲治療師須受過專業訓練，以便能由兒童的遊戲中，判讀及詮釋其中所蘊含的情緒意義。Anna Freud和Melanie Klein等遊戲治療師直接將純粹的精神分析取向導入遊戲治療領域，其他的遊戲治療師，如Virginia Axline，所抱持的態度則是非直接導向的（Hughes, 1991），Axline認爲在治療關係中，治療師應該和案主發展出溫暖的、友善的關係，並且是完完全全地接納與尊重兒童，她視治療爲一種自由自在的關係，可以讓兒童自在地引導治療師，並且也能自由地表達自己，治療師將兒童所表達出來的感情加以整合，同時再將這些情感反映回饋給兒童；然而，即使是如此自由的情境，也有一些限制存在（Axline, 1980），例如兒童並未被允許自我毀滅。由於教育和治療之間有些差異，藉由觀察兒童的遊戲來瞭解他們的學習，仍是幼兒教育傳統上的一部分。

其他理論

Michael J. Ellis（1973）將遊戲視爲能力激勵的一種作用，和視遊戲爲尋求激發的一種手段，這些遊戲理論被歸類爲現代理論。由傳統來看，心理學的理論視人性具有一種與生俱來的被動性，所以人類的活動，往往必須藉由外在獎懲或內在驅力等方面來加以分析詮釋。

關於**警覺調節理論**（arousal-seeking theory），乃是主張人類通常必須持續不斷地參與資料處理的活動，因此，在尋常的狀態下，個體是主動的。如果個體所處的環境中欠缺刺激，會使其覺得不適，因而導致個體設法去增加可獲得的資訊量，增加的方法若不是藉由尋求外在的其他刺激，就是藉由內在來創造，例如做白日夢。當刺激太多時，將會導致個體較不注意他們的環境。至於遊戲，則可以視為是兒童在尋求與調適內外在所獲得的種種刺激後，達成另一理想平衡狀態的一項媒介工具。

Robert White在1959年則提出**能力激勵理論**（competence motivation theory），他認為人類乃是由能力的發展中獲得滿足感，不論在這個過程中是否得到外在的酬賞。由這個論點來看，人類活動的發生是不需要藉由外在增強的，遊戲是在兒童在他們的環境中活動的一種方法，同時也使得活動變得更有效率和獲取更多的個人滿足感，遊戲的活動屬於一種自我酬賞。

Jerome Singer（1973）從認知情感的架構來研究遊戲，他認為兒童的想像遊戲乃是當他們利用動作與認知能力，努力地將經驗組織化的結果，當兒童熟悉與熟練教材時，會表現出興趣、敏捷與歡樂，Singer視兒童的遊戲為探索、展現成就能力與發展創造力的動力。

遊戲的動力理論認為遊戲的活動對於兒童的發展具有顯著性的影響，此一活動後果所帶來的影響與幼兒教育的基本目標一致，我們身為教師所應該關心的是遊戲的內容以及如何以可行的方式來推動。由Freud的學派中，我們學習到遊戲的內容具有強烈的情感性，由Piaget的研究中，我們也學到了遊戲具有強烈的認知性，由這二個領域來探討遊戲，不難發現，遊戲是有助於學習的。

從第三個重要領域——社會化來看，遊戲亦為重要的社會化角色。根據George Herbert Mead（1934）的說法，兒童利用遊戲發展他們的自我概念——即「他們是什麼」的概念。經由戲劇遊戲中扮演與兒童本身有關之各種真實角色，因而發展出自我概念；至於較為成熟的社會化，即個體在文化脈絡中具有「概括化他人」

警覺調節理論
主張個體不斷地尋求刺激以維持主動的資料處理模式。

能力激勵理論
由於成功所給予的成就感而使個體有想參與活動的慾望。

的概念，將會在遊戲發展的下一個階段，即兒童進入有規則的遊戲時，發展出來。所謂有規則的遊戲是奠基在規則與要求上的遊戲型態，同時要能將對他人與自己的角色行為之瞭解加以內化，如此，才會有良好適當的表現。

遊戲發展的階段

　　所有的兒童行為皆會隨著成長而改變，遊戲行為當然也不例外。早在1932年，Mildred Parten便在觀察兒童的社會遊戲中發現並定義出一系列的發展階段。在三歲左右時，兒童的遊戲行為為無所事事（unoccupied）、單獨遊戲（solitaryplayers）或是旁觀行為（onlookers）（即觀察其他兒童的遊戲）；到了四歲，兒童會從事並行遊戲（parallel play）（即與其他人靠得很近地玩，但各玩各的）；到了五歲，則變成聯合遊戲（associate play）或是合作遊戲（cooperative play）（即和其他兒童共同參與遊戲）。Parten認為，並行遊戲乃是單獨遊戲與合作遊戲之間的發展橋樑，促使兒童在遊戲中去適應社會狀況。Parten的研究，似乎定義了一系列的遊戲發展階段：單獨遊戲與旁觀在發展上似乎反映了不成熟，而合作遊戲則顯示了進一步的成熟發展。然而，近幾年來的研究，已經顯示出不論兒童的年齡較大或較小，都會從事單獨遊戲，只是年齡較大的兒童會以較為結構性的玩法來從事此種型態的遊戲行為（Johnson & Ershler, 1981）。

　　1962年，Piaget將幼兒的遊戲定義為三個階段──練習遊戲（practice play），表徵遊戲（symbolic play），和有規則的遊戲（games with rules）──此三階段與他將智力發展所定義的三個發展階段是平行的──感覺動作期（sensorimotor thought），運思前期（preoperational thought），與具體運思期（concrete operational thought）（請參考第三章）。練習遊戲包括了嬰兒和學步期兒童的操弄式遊戲，表徵遊戲則可以在學前學校及幼稚園階段幼兒的戲劇遊戲中發現，在幼稚園及學前階段的發展過程中，幼兒會由戲劇遊戲中轉換成花費較多的時間來從事正式的規則性遊戲。

1968年，Sarah Smilansky修正了Piaget的遊戲階段定義，針對學齡前兒童進行戲劇遊戲的研究。她將功能性遊戲（functional play）定義為公式化或刻板化利用遊戲材料，或者是一種簡單的肌肉活動；而將建構遊戲（constructive play）定義為為完成作品所進行的持續的、有目的的遊戲；而戲劇遊戲之定義則為一種涉及情境或物體轉換的主題式角色扮演遊戲。

　　當Kenneth Rubin, Terence Maioni和Margaret Hornung在1976年從事介入兒童遊戲行為的影響之相關研究時，將Parten和Smilansky的遊戲階段理論加以合併，此一結合對於以智力觀點及社會觀點來研究兒童遊戲提供了一個架構，而教師可以藉此觀察兒童的遊戲，以決定兒童在不同情境中遊戲的發展層次，進而透過修正情境、增加教材、發問等等方式來介入，或者是暫時性的加入，以使遊戲活動進行下去，隨後再退出，再一次地觀察兒童的遊戲，教師可以決定他們在兒童遊戲時的影響程度與方式。如此的介入方式，必須要有十分敏銳的觀察力，才能使兒童繼續控制他們的遊戲而成為真正的遊戲活動。

遊戲中的性別差異

　　女孩與男孩的遊戲是有差異的。有些學者認為這些遊戲上的差異正是反映出男性與女性本質上的不同。另一些人則認為此差異應是來自教導方式與不同對待方式所致，例如男孩或許會收到球棒和其他類球的禮物，而女孩則可能得到一個娃娃。我們已愈來愈能瞭解，男孩與女孩間的差異，甚至於始自出生即有，同時，我們也逐漸瞭解我們對待男孩與女孩的方式與對他們的期望，此舉將塑造出他們的行為，因此，這兩個性別族群不是變得更加相似，便是差別更大。

　　有關於兒童遊戲中性別差異的研究多著重於：(1)玩具的選擇；(2)幻想遊戲；(3)扭鬥的遊戲；以及(4)有規則的遊戲。大部分的研究反映出兩個理論取向，根據學習理論的說法，兒童甚至於在他們瞭解性別概念之前，就開始學習以適合性別的方法活動；就認知發展理論來看，兒童之所以從事適合性別的活動，乃是因

為這些活動與兒童日漸呈現的性別概念相吻合所致（Hughes, 1991）。

James E. Johnson, James E. Christie和Thomas D. Yawkey在1987年回顧了幼兒遊戲中性別差異的相關研究，發現男孩較女孩從事較多扭鬥的遊戲，同時也較好動；男孩也較喜愛從事超級英雄的遊戲。另一方面，女孩較喜愛從事一些建構性及桌上型的模型小玩具之類的遊戲；同時也對各種不同的玩具與遊戲材料有較高的興趣；女孩傾向於在較小的團體中遊戲，並且較男孩有更多的想像朋友。無論男孩或女孩，都傾向於選擇性別相同的玩伴。

這些差異乃是行為傾向的不同，男孩與女孩在遊戲行為中有相當多重疊現象值得考慮，並且任一兒童或許可能，也或許不能在遊戲中反映出他或她的性別傾向。在遊戲間中以性別來將兒童區隔的做法，會導致兒童的性別刻板化和強調性別差異。教師應該設計一些遊戲活動，使每一位兒童有最大範圍的遊戲選擇，並儘可能排除可能存在的性別區隔，如此一來，便可以避免在學校的情境中教導性別刻板化的行為。

遊戲在教育上的應用

上述所提及的遊戲理論都是屬於敘述性的理論，只要遊戲存在，它們就會企圖加以解釋。對於這些理論的瞭解，將有助於我們推測在教學情境中如何適當地運用遊戲。

教育性遊戲
是一種兒童可從中學習的遊戲活動。

另外，在**教育性遊戲（educational play）**與非教育性遊戲（noneducational play）之間可能存在一些生產力方面的區別（Spodek & Saracho, 1988），這個差別並不在於活動本身或是兒童透過遊戲所得到歡樂的程度，而是在於負責兒童活動的人所擬定的遊戲目的。教育性遊戲的主要目的是讓兒童學習，這類的遊戲對兒童來說仍是十分有趣好玩的，如果遊戲無法提供個人的滿足感，那麼這個活動便無法再玩了，無論如何，教育性遊戲在持

續個人滿足感的同時，也可視爲一教育目的。因此，在家政教室的兒童藉由扮演他們自己選擇的特定角色與其他人所扮演的角色互動中，和以各種創新方式使用各種材料的過程中獲得個人的滿足感，同時，這遊戲的教育價值便在於協助兒童探究與瞭解各種角色關係與互動模式，因而使兒童對於社會世界有進一步的瞭解，並且協助他們建立自我的現實感。

在本章前段曾經提到，工作與遊戲間是沒有明顯區別的，的確，有些活動較偏向工作，有些則較像是遊戲。在1988年，Doris Bergen發展出一基模以顯示遊戲類型和學習類型之間的關係。她以一個由遊戲到工作的連續體，定義出不同程度的遊戲，從自由遊戲至導引性遊戲、指導性遊戲、僞裝成遊戲的工作、最後至工作。每一個都與不同的學習類型具有關聯性：從發現學習、導引性的發現學習，接受學習，機械式學習，而終至重複訓練的學習。正如同在幼兒教育課程中包括了各種不同程度的所有學習類型般，它也廣納各種不同程度的活動——從自由遊戲到工作。隨著兒童成長，教師通常會對自由遊戲的時間有所限制，取而代之的是教導性遊戲與工作的增加。

教育性遊戲可以有許多形式，教師所扮演的一個關鍵性角色便是修正兒童自發性的遊戲，使能在維持遊戲品質之際，尚具有教育價值；同時，教師也增加較不具自發性本質的教育性遊戲活動，此類遊戲不僅是依照兒童的參與程度加以評鑑，同時也根據所能達到教育目的的有效性來評量。

大部分的托兒所與幼稚園的課程中，包括了四種教育性遊戲：操作性遊戲，體能性遊戲，戲劇遊戲和有規則的遊戲。在**操作性遊戲**（manipulative play）中，兒童處理一些較小的物件，如拼圖、數數棒或插椿組合等。這些活動都是與自我滿足有關，換句話說，操作性遊戲與其他類型的活動之間並沒有必要的互動，也不一定要在遊戲中含有戲劇性的成分。兒童能夠藉由操弄這些物件而達到操作性遊戲的活動目的，例如使用Montessori的用具，雖被Montessori稱之爲工作，然而這卻是操作遊戲的一個好例子。兒

操作性遊戲
包含兒童可從中掌握設備或教材的遊戲。

童可能拿到一組木製圓柱和一個恰可擺滿這些木柱的盒子，他們會開始學習比較各種木柱的尺寸，並加以排列。操作性遊戲活動通常具有相當狹義的教育性目標。

體能性遊戲（physical play）

係指兒童的大肌肉活動，例如跑步、跳躍或是騎三輪車等。這類活動幫助孩子增加身體活動時的技巧，或是學習在新的狀況之下使用這些技巧。體能性活動有些戲劇性的成分，同時教師在設計體能遊戲時，可以精巧地使身體的活動更具挑戰性，或是在遊戲中提供社會性內容。

戲劇性遊戲（dramatic play）

要求兒童假裝扮演一個角色，在非正式卻可能呈現真實人生的劇情中，與其他兒童所扮演的角色產生關聯。家事區（或娃娃區）對於戲劇遊戲而言，是最現成的場所，在此區域中，兒童以扮演家庭成員的角色，以表現出家的情況。教師們可以設計其他的戲劇性遊戲主題，使兒童能夠扮演各種角色，除了使用戲劇性遊戲的區域之外，兒童往往會操作一些小物件，並呈現一些特殊的

兒童可以利用教材創建想像中的世界。

意義或特性；而一些非正式的偶戲，也可以任兒童扮演角色；玩
積木時，也有可能產生小型的戲劇性遊戲。爲了鼓勵這類型的遊
戲活動，教師必須提供適當的物件器材與足夠的時間，除了讓兒
童操作物品外，進而讓他們建構戲劇主題的構想。

有規則的遊戲（games）

有規則的遊戲
是由特定規則統
合而成的結構化
遊戲活動。

　　是另種不同類型的遊戲活動，具有高度的結構性，包括了必
須遵守一些特定的規則。四到五歲的兒童開始進入一個可以玩規
則性遊戲的階段，對他們來說，簡單的規則性遊戲和音樂性活動
是頗適當的。兒童須被教導從事規則性遊戲的策略，教師應加以
指導，因爲兒童的發展可能尚未成熟到足以維持規則的遵守或是
瞭解合適規則的行爲。

　　許多教育家視遊戲爲學前學校或幼稚園教室活動中的一部
分，對於低年級的兒童而言，遊戲的功用就如同對教育程度較低
的兒童般同樣有效力。在科學教育課程中的「混亂型」（Hawkins,
1965）便是一種遊戲型態，同樣的在許多與計算、數學有關的教育
計畫中，也採用了較新的教材取向。戲劇性遊戲則爲社會科教育
的有效方法，對於語言學習也頗有助益。在小學中，適當的遊戲活
動幾乎已經可以與所有的學習領域整合了。

　　在此，爲不同的遊戲類型做區別是十分有用的，然而，區別卻
不是絕對的。例如，戲劇遊戲可能具有操作性質，而體能活動也可
能具有戲劇性的特性。在辨別遊戲活動主要的特質以及建議學校
如何輔導遊戲時，這些區分是很有用的。

操作性遊戲

　　設置一個操作性遊戲（manipulative play）中心於學齡前教
室或幼稚園中是值得考慮的。對於低年級而言，供操作的器材應
慢慢地與學科相配合。一個操作性遊戲中心可以將器材放在開放
式的架子上，以利兒童方便取得，也可以放置一套課桌椅，但是許
多器材是可直接於地面上來操作，最好鋪設地毯，而開放架上應
包括下列這類教材與物件：

套疊式組合玩具（stacking and nesting toys）

即使是較年幼的學齡前幼兒也能夠玩藉由大小尺寸來組合的玩具，這些玩具或許是層層套疊，或許是在合板上排列組合，或許是以線來組合，也可能是一個接著一個地套入。兒童們藉由辨識其外形、尺寸來組合零件，由大而小或由小而大地加以排列，玩這類套疊式的組合玩具，兒童可以自行檢查修正，確認是否正確無誤，以知道配件的擺放順序是否正確。

拼圖（puzzles）

目前有許多各式各樣的拼圖玩具，由三至四片，到複雜的二十至三十片數的拼圖都有。有一些最簡單的形狀拼圖，如方形、圓形、三角形、梯形等，可以讓兒童將其放在適當的空白紙形中（如七巧板）。圖片拼圖較為複雜，容易的只有幾片就可拼成物體形狀的圖片，較難的，則圖片的形狀和圖案本身並無關連，且可能組合圖片的片數也較多；木造或磚造拼圖玩具比紙製拼圖耐用許多。如果能在架上準備許多難易程度不同的各式拼圖是十分不錯的想法。如果拼圖架是做為貯藏用的，兒童也可以藉此學習如何小心地取用及放回、更換另一盒拼圖，以減少拼圖圖片的遺失。此外，利用不同的記號在不同圖案的拼圖背面做記號，不失為良好的區辨方式。如果真的有些圖片不慎遺失了，那麼老師可以試著以厚紙片或其他替代品，畫上圖案並裁成與其他拼圖可拼湊的形狀。

教師應該根據拼圖本身的難易程度來將各式拼圖加以分類，同時定期的檢查維修，並且留心兒童完成一件拼圖作品的能力是如何發展的，雖然多數的兒童在上學之前就有拼圖的經驗了，卻不一定會學習到適當的技巧，身為教師，不應該視拼圖能力為理所當然，應在學期或是學年的開始，便注意所有孩子們是如何完成拼圖的，這或許十分有用。

組合積木或插樁組合玩具（parquetry blocks and pegboards）

各種不同形狀、顏色的組合積木或插樁組合，對於兒童學習辨別不同形狀與顏色以及記住這些區別是十分有用的玩具。兒童藉此所學到的許多技巧，可以引導他們進入正式的閱讀與數學計

算的教學，因為懂得區別將有助於辨識不同的字母與數字符號。雖然兒童應該有自由操作這些積木的機會，教師仍可製作一些示範性的卡片複製這些操作性教材，這些卡片可依難易程度發給兒童以促進兒童的熟練度。插樁組合亦可安裝橡皮筋，使兒童可以創造出各種不同的形狀。

建構物件套組 (construction sets)

小型的建構性教材，如樂高 (lego)、Thinker Toys、Lincoln Logs或是類似的玩物都很有用。兒童可以利用這些小型的建構物件從事幻想創作或是建構小的建築物，一旦完成小規模的組合結構，兒童可以利用它演出一部縮影的戲劇性遊戲。

科學教材 (science materials)

配置科學教材的玩具組合通常會在塑膠盒中囊括了一些可以操作的零件，如電池、燈泡、電線可組成一個裝置；有些會加入磁鐵，有些是金屬的，有些則是非金屬的物品，如此又形成另一組科學性的組合。另外，給予兒童一裝有半罐水的塑膠罐，覆以塑膠薄膜於水面上，並配置一點滴管，則當孩子們在下壓薄膜與鬆手時，便可探索點滴管的變化。此外，也可以準備不同的物品放在水中，以發現什麼樣的東西會沈入水中，什麼樣的物體會浮起來，這些都是可以引導兒童去探索科學世界的設計。

數學教材 (mathematics materials)

數數棒，數數盤及簡單的測量工具，如天平、尺、量杯、量匙或其他可用來丈量計算的物品，皆可包括在操作性教材中心之內。

蒙特梭利教具 (Motessori materials)

許多蒙特梭利教具十分適合做為操作性遊戲中心的器材設備，這些物件可讓兒童獨自操弄並且自我修正是否正確無誤，教師並不需要像蒙特梭利合格專業教師般來使用這些教具。

固定裝置與繫結構造 (locking devices and fastening frames)

在市面上有許多DIY木工器材，如鉤子、螺絲、門閂、門扣等此類與固定裝置有關的器材，以及能開關的小門和小窗；教師可

以製做類似五金行中裝配器材的板子，然後設計各式各樣可以操作的工作板，使兒童由操作中發展手眼協調的能力，並學習實用的技巧。至於繫結構造則以各種與布料附著一起的繫結設計（拉鍊、釦子與釦孔、按釦、鞋帶等）來練習。藉著操作上述器材，孩子不但再一次地訓練手眼協調，更學會獨自穿脫衣物的技巧。

其他的操作性教材 (other manipalative materials)

瀏覽過教育用品目錄後，教師們可以對操作中心會有更進一步的概念。教師可由家中或五金行等器材店找到一些可適用於教室中的器材。一般而言，具有教育性目標且具有啓發性、能激發思考性的物件往往是來自於教師的巧思。

利用自然材料進行操作性遊戲 (manipulative play with natural materials)

雖然一般大自然中的素材並未被包括在操作性器材的範圍內，然而像沙與水等卻是對遊戲具有重大的意義。市面上有許多經過特別設計供兒童玩沙和水的桌子，除此之外，白鐵水桶式盒子或塑膠臉盆也是可以玩沙和水的遊戲。讓兒童自由地操弄這些素材，然而也應仔細地教導兒童使用上的一些限制。我們可以在

白鐵製的水桶可用來玩有關水的遊戲。

沙箱中加入許多附屬玩物,如容器、匙杓、鏟子等;濕的沙子可以做成各種形狀,乾沙可以玩沙漏。此外,清潔用的海棉、掃帚、畚箕等也應準備妥當,以備兒童不時之需。

體能遊戲

體能遊戲一般而言比操作性遊戲需要較大的空間來進行,許多幼教課程中的戶外遊戲便屬於此類的活動。

戶外遊戲 (outdoor play)

戶外遊戲的內容須顧及氣候、空間以及其他因素的考量。在某些地區,多數的戶外活動是在雪地中滑雪、玩雪,在另一些地區因為氣候總是暖和居多,戶外遊戲則可能為自由探索或是大量使用各種器材,所以教師在設計戶外遊戲時,須視天候與溫度來變化遊戲內涵。

戶外空間——軟質地面和硬質地面都包含在內——應該是容易取得使用且靠近教室的。任何攀爬設施的地面都應舖設有如沙、草皮、或塑膠地毯等不易因跌倒滑落而摔傷的素材;對於有輪子的玩具,也應舖設可通行的路面,教師應該有戶外遊戲器材或設備的貯藏室,當然,戶內的器材是可以攜帶到戶外場所使用的。

戶外遊戲活動和設施應該是能夠提供兒童攀爬、跑步、跳躍、騎乘大型玩具設施的機會,近些年來,有關於幼兒戶外遊戲場的設計重心已著重在如何藉由較複雜的設施設計,提供具有創造性的體能活動以及社會互動。部分這類的設施是屬於永久性的設計,而且不太需要密集保養,僅需定期檢查維修即可,此外,除了這些持久性的結構之外,尚應包括一些設施,如:

- 可以讓兒童挖掘的沙坑;
- 遊戲房與遊戲平台;
- 有輪子的玩具如三輪車、馬車、單輪手推車和裝有輪子的盒子等;
- 可移動的攀爬器材如鋸木架、活動板、大桶子、包裝用的木

箱子和梯子等；

· 玩規則性遊戲時可以使用的球類、繩具等。

專欄 10-1

教學小故事：幼幼班的遊戲

兒童們跑進遊戲場玩耍，Emily和Elizabeth立刻衝向沙坑，她們各自抓著桶子與鏟子，坐在一塊兒。

「我們來做蛋糕吧」Elizabeth說。

「好啊！」Emily說。

倆人安靜地動著手做事，挖沙、裝沙入桶子，不久，Elizabeth站起來，走向老師，並且詢問：「您想要一個蛋糕嗎？」

「哇，真棒！」老師回答她，並且假裝嚐了一口蛋糕。

當Elizabeth回到沙坑時，Emily已經不再那裡了，而Kristen坐在沙坑的中間。

「走開，Kristen，你擋到路了！」Elizabeth說。

Kristen不理會Elizabeth，同時在沙堆中摩擦她自己的手。Elizabeth往攀爬架那兒望了一下，發現了Emily，於是向她跑去。

室內遊戲（indoor play）

為兒童設計的戶外體能性活動，同樣的也可以在室內進行。有些時候，為了配合有限的空間，這些活動的規模會縮小。在一些學校中設置有多功能教室可以進行室內的體能性遊戲，有些則受限於教室本身的格局，部分的體能性活動是隨時都可以在室內中進行的。

通常教師會把一些攀爬設施安裝在教室內。而活動板、鋸木台和梯子則可在精心策劃下結合成又刺激又有趣的玩具，老師也

可在室內給幼兒有輪子的玩具，但要比戶外使用的小一些，像是
——堅固的木造卡車或是有輪子的盒子，而非三輪車或是馬車。許
多學校都會建造一個遊戲屋，裡面有高的平台，梯子、樓梯、滑梯
以及由其他人工製品所規劃的小空間等。

戲劇遊戲

戲劇遊戲，或社會戲劇遊戲，或裝扮遊戲，這類遊戲乃是三到
七歲兒童的一個普遍傾向，它創造了一個社會性角色與關係的微
觀世界。Smilansky（1968）指出，雖然戲劇遊戲具有普同性，然
而兒童的戲劇遊戲中有其個別差異和團體差異存在。藉由教師們
投注一些時間與努力的相關性介入，兒童將可以獲得協助與支持
來改進、提昇戲劇遊戲。教師是遊戲的促進者，可以提示一些遊戲
的主題，協助兒童發展溝通技巧，或是盡可能地示範各種不同的

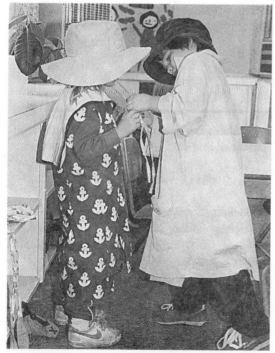

穿上戲服有助於兒童在戲劇表演中扮演各種角色。

遊戲。改善戲劇遊戲所做的努力，對於兒童的社會情緒發展以及認知發展具有顯著性的影響 (Smilansky & Sheftaya, 1990)。

　　在戲劇遊戲中，兒童裝扮各種成人角色，是來自一種極大程度的自發性。當兒童對所扮演的角色有所知覺而瞭解時，便漸漸地將角色扮演出來，這幻想式的扮演遊戲或許會與現實生活有些距離，而兒童演戲時所使用的物品，也將比真實用途具有更多樣化的功能與意義。所以，娃娃可以當做小嬰兒，一支棍子可以視為一匹馬或是一截塑膠管可以做為油壓幫浦；兒童在戲劇遊戲中也會發展出他們自己的劇情，他們自己佈置舞台，並且使用一些設備來達到他們的希望，他們所計畫的遊戲活動使得情節與對話得以發展。戲劇遊戲乃是幼兒表達他們自己的一項重要方式，他們測試出自己的想法同時表達自己的感情，他們試著在各種不同的社會情況下與別人合作，透過戲劇遊戲，兒童發展出對他們所處世界的瞭解並且學習如何因應環境。

　　Judith Bender (1971)，曾針對教室提出了一些「道具箱」的設計。在每個道具箱中皆有一種能協助兒童扮演的特定主題之道具，如果沒有特定的箱子，也可以用空的文具盒或硬紙盒來替代，每個盒子的外面都應標示出這個道具箱所表示的主題以及詳列裡面道具的清單。這些道具箱及裡面的道具足以用來促進遊戲的進行。一旦箱子被取用，教師應留意其中的物品、道具是否清潔，同時對於損耗性的道具應在放回貯藏室之前予以更新。如此，一旦場合恰當，時機也對，就可以立即派上用場了。

　　在擬定一吸引人的戲劇遊戲時，教師要能刺激兒童的角色扮演。如果物品道具呈現的是家庭生活等，那麼一般而言，遊戲將會限制在這個主題與範圍，然而，在整個成人的世界中，包括工作，都是學校扮演遊戲中應納入的範圍。

道具盒的內容物

餐廳：玩具菜餚、餐具、餐巾、餐巾架、托盤、鹽及胡椒罐、菜單、點菜本、
　　　　鉛筆、海綿、毛巾、人工食物、烹飪用具、白圍裙、收銀機以及電話。

超級市場：空的食物盒及罐頭、購物車、玩具錢幣、收銀機、標語、超市廣
　　　　　　告單。

診所／醫院：聽診器、體重器、紗布、繃帶、膠帶、玩具針筒、白襯衫或外
　　　　　　　套、空藥罐。

美容院／理髮廳：鏡子、梳子、髮捲、空洗髮精瓶、空的噴霧髮膠罐、可蓋
　　　　　　　　　住兒童衣服的布、玩具、刮鬍刀、刮鬍刷。

建築工事：工具，如榔頭、鋸子、螺絲起子、扳鉗以及鴨嘴鉗；工具箱；油
　　　　　　漆刷；水桶；安全帽；油漆工帽；工作服；捲尺。

機場：航空公司的登機走道、機票信封、地圖、飛行員帽、小行李箱、行李
　　　　標籤、餐點托盤、方向盤、計量器（儀器）。

郵局：信封、明信片、用過的郵票、橡皮章及印泥、紙、鉛筆、玩具錢幣、
　　　　當做郵筒的空牛奶桶。

　　由於遊戲對教育有助益，所以兒童應接受教師指導。教師必須能夠對兒童的遊戲活動敏銳觀察，並且對這遊戲有一個目標，同時要能夠隨時進入遊戲中，提供一些建議或甚至於做一位玩伴。

　　最重要的是，教師有責任提供使遊戲繼續進行的資訊，閱讀書報或是影片的播放、討論、邀請閱歷豐富的人或參觀旅行，都是協助兒童取得資訊的良好方法，同時教師應該能夠允許兒童在遊戲時以對心智有益的方式自在地在徜徉在幻想與現實情境中。

專欄 10-3

教學小故事：幼稚園的遊戲

　　Melanie和Jennifer安靜地在家事區玩耍。Joshua和John站在離積木區很近的地方，拿著一個大的橘色方塊，假裝是外送pizza的人。他們走向Melanie和Jennifer並且說：「這是你們的pizza。」並且將方塊放在旁邊的桌子上。

　　Melanie假裝拿起一片pizza，並且吃了一口，說「這味道很棒！」「我喜歡義大利辣味香腸。」

　　John和Joshua則朝另一個角落離去。

積木遊戲（block play）

　　積木遊戲是介於體能遊戲與戲劇遊戲之間的活動。有二種基本類型的積木被使用在幼兒教育中：較小單位的積木，讓兒童將他們的世界縮小；而另一種較大、中空的積木，則讓兒童去建造一個如同戲劇遊戲舞台所需的大型結構體。

　　單位積木是立體的，猶如磚塊般的木塊。基本的單位是$5\frac{1}{2} \times 2\frac{3}{4} \times 1\frac{3}{8}$吋，二倍與四倍的單位積木是基本單位長的二倍與四倍；半單位積木則為單塊基本單位長度的二分之一。斜坡、三角塊、柱狀塊與平面板塊均是積木組合的一部分，而且均有一定的比例。由於所有的積木都有相同的比例，所以兒童可以很容易地建造、組合出穩固、精細且能站立的結構體。

　　單位積木的建構是在地板上進行的，剛開始兒童會先把積木堆起來或是做成簡單的圍籬，隨著積木遊戲的發展，兒童會建構更複雜的結構，有時候會花費許多時間來完成，而這些結構則變得具有代表性了；兒童會添加道具，將人物、動物、交通工具、標

兒童所建構的積木結構也能夠相當精細。

幟加以縮小化，於是孩子們利用積木呈現出戲劇表演的場地、情景。

　　大型的中空積木，典型的大小是以一呎見方為單位。其邊緣部分是由三夾板或是實木做成可銜接的形式。這些組合通常包括了1/2單位、2倍單位的三角斜坡與板塊。由於積木大且具穩固性，兒童便能依遊戲所需用以建構成大的結構體，這類積木可以做成建築物、交通工具和家具。此積木亦可用硬紙板來做，然而，兒童似乎仍較偏好木質積木，因為硬紙板做的積木重量較輕而且不穩固，也較不持久。

　　Caroline Pratt和Jessie Stanton在1926年時曾描述兒童在進

入鄰近的學校就讀，回家後會以積木結構將他們所看見的事物象徵性地呈現出來。Lucy Sprague Mitchell (1971) 和 Helen Robison與Bernard Spodek (1965) 曾提供了一個有關於積木應用在幼兒對於地理概念的理解上之實例。同樣地，積木也能夠運用在科學與數學的學習上，當兒童在操作積木更加成熟時，他們會呈現不同階段的積木建造，此一論點是由Harriet Johnson所提出來的（Hirsch, 1974），並經其他學者修正。注意幼兒玩積木的階段，有助於教師指導兒童建造積木，這些階段是：初始只是把玩積木，然後建構簡單的結構，最後再形成具戲劇性的大型複雜結構。

積木是昂貴的。通常占有很大的空間，然而，多數的學習可透過積木的使用而產生，因此，必須提供足夠的積木、足夠的空間，同時要能讓兒童花費好些天的時間來豐富、充實他們所建造的積木結構，教師們應特別安排一個積木區域，使得各型積木可以方便的拿取與歸位。

有規則的遊戲

在幼兒教育課堂中，有相當廣泛的規則性遊戲被加以運用。有些這類遊戲只針對體能活動，有些則著重於問題的解決而不須太多的動作。不同的規則性遊戲有不同的使用目的。

在托兒所與幼稚園階段的規則性遊戲，應該是簡單且規則不複雜的活動，這個階段的有規則遊戲應包含了歌唱及簡單的體能活動，兒童可以跟著指示來做。

樂透（Lotto）是一種核對數字的紙牌遊戲，它和其他在桌面上進行的有規則遊戲一樣皆是十分適合此年齡層的孩子。當兒童進入小學低年級時，較複雜的體能性活動就會極具規則性，許多傳統的兒童遊戲也會因而納入學校生活。教師可以在學校中，藉由有規則的遊戲提供學業方面的練習。這些有規則遊戲都會陳列在教師的教學手冊中，或是以教師為取向的雜誌期刊中，如*Early Childhood Education Today, Instructor*，或*Early Years*等。棋盤

遊戲也可加以運用，在移動棋子之前，必須先思考規劃，這可以協助孩子們發展思考技巧。

在《幼兒教育的團體遊戲》（*group games in early education,* 1980）一書中，Rheta DeVries和Constance Kamii曾說明對於教育有助益的有規則遊戲須具備如下的條件：

1. 提供有趣且具挑戰性的活動，讓兒童明白如何處理問題；
2. 讓兒童儘可能地自己判斷成功的可能性；
3. 允許所有的遊戲者能主動全程參與這個有規則的遊戲。
   （p.3）

DeVries和Kamii認為團體的規則性遊戲能協助兒童達到幼教目標，如更加自動自發、發展出降低自我中心的能力、調和不同觀點的能力、想出令人感興趣的主意和問題、以及增進友誼等。作者所主張的有規則遊戲是有目標性的，如躲避球、賽跑、追逐遊戲、捉迷藏、紙牌、棋賽、樂透遊戲等。教師須修正遊戲，以使規則能符合兒童的思考方式，並且當鼓勵兒童合作時應減少大人的干預。

團體性的規則遊戲同樣地在幼教戶外活動中佔有一席之地，教師必須帶領並指導兒童玩這種有規則性的遊戲。但是當這些學齡前幼兒進入小學之後，他們就變得精於此道並且興趣濃厚。教師應該十分仔細地選擇這類遊戲來指導兒童，以配合他們的發展層次。Ruth F. Bogdanoff和Elaine T. Dolch（1979）曾就如何選擇各種兒童團體適合的規則性遊戲發表了一套發展性的指導手冊。

雖然有些規則性遊戲要求一些特定的設施或是一組教具，然而多數的要求仍在於教師的指導與監督，多數的情況下，只要一枝粉筆或一個球，就足以讓孩子們興緻高昂地玩上好一段時間。

遊戲與幼兒教育課程

　　遊戲之所以被當做獨立的一章來探討，主要是因為有必要討論這個幼兒教育中的重要元素。遊戲能夠提昇藝術、科學、數學、社會科學、語言和文學等的學習，事實上，如同Judith Van Horn（1993）和其同僚所言，遊戲早已被視為幼兒教育的中心，值得注意的是，遊戲是如何協助兒童達成各領域的幼兒教育目標。

遊戲和語言學習

　　許多研究者已經證實學齡前兒童遊戲能力與學習閱讀的能力有關（如Gentile & Hoot, 1983; Pellegrini, 1980; Wolfgang & Sanders, 1981），戲劇性遊戲就如同閱讀與寫作，都是一種符號象徵活動。孩子們以物體及人物來代表其他的事情，就如同他們成長後，透過聲音與書寫符號以表達他們的觀念一樣，兒童由遊戲中所獲得的符號學習會增加他們以口語或書寫語言文字的能力，等到兒童較為成熟之後，他們所說的故事，正是早期他們所玩的或所扮演的故事。

　　教師可以在戲劇遊戲上增加兒童在語言、文學方面的學習，例如玩一個打電話的遊戲，則可以鼓勵兒童將口語訊息傳遞給彼此；在一個包含紙與筆的遊戲情況中，則可藉機讓幼兒瞭解閱讀與書寫，並且允許他們嘗試，即使他們尚未具有書寫能力，當兒童稍長，教師便可以設置一戲劇性遊戲的出版中心，而著重於幼兒們所寫出來的作品（Hartman, 1991）。

遊戲與數學學習

　　幼兒的教學活動應該包括大量的操作教材或物品的經驗，所以，多數提供給兒童的操作性遊戲便能協助兒童發展數學概念。市面販售的教材袋乃有助於兒童學習數字的概念、計數與數量比對、辨視形狀的大小。教師可以自己創造出教材和遊戲來達成相

同的教學目標。

　　教師同樣可以使戲劇遊戲區域更加富於變化，以協助兒童學習數學，在扮演商店或是餐廳等主題時，兒童可以計算或秤出商品的重量，也能夠比對盤子、刀子、餐巾與顧客的總數，並且開始進入關於使用金錢的領域。教師可以發現其他機會以協助兒童發現及運用數學。

遊戲與科學學習

　　遊戲是一種很好的科學學習。David Hawkins（1965）認為科學學習的階段之一就是「任意玩弄科學器材」。兒童必須先探索事物的性質，等到探索後，便會針對教材或是他們所經驗到的現象提出合理的問題，稍後，他們會去尋求問題的解答。等到發展到較正式的階段，就會如同科學家所做的：觀察器材及過程、動手操作器材並參與過程、做出假設並且驗證假設。以一種遊玩的態度來從事科學的學習，兒童或許會學到更多真正的科學，而非強記死背而來的科學。

遊戲與社會科的學習

　　戲劇遊戲對兒童是極為重要的動力，因為它使得孩子在所扮演的遊戲中探索真實世界。兒童將他們所見所聞的各種角色演出來：家庭中的、學校裡的、社區中的等等。戲劇遊戲同時讓兒童發展社會技巧，他們需要維持友誼、交換意見、發展社會技巧以保持遊戲的進行；如果他們並非遊戲團體的一員，那麼就需要學習如何進入遊戲情境的一些策略，同時他們也要測試出自己與他人對於世界之觀念，並且開始求證是否與他人想法一致。藉由觀察兒童的戲劇遊戲，教師可以發現兒童對世界的概念與理解程度，並評估他的社會能力。

遊戲與藝術創造

　　創造性的藝術與兒童的遊戲之間有許多的共通點。兩者都是為了促使兒童表達觀念和感情的媒介物，也都是提供兒童發揮其創造力的形式，由課程中可以發現二者間的關係似已成定論（Eisenberg & Jalonga, 1993），然而，甚少有研究就教育者規劃的課程中去證明，對於此領域，仍需要有相當數量的研究。

導引教育性遊戲

　　如果遊戲可以被教育，那麼教師就必須扮演佈置遊戲的舞台、指導方向以及修正的主要角色。1982年時，Sponseller回顧了有關遊戲與幼兒教育的相關研究時，敘述了一些有關兒童遊戲的影響：

1. 遊戲空間的物理因素會影響社會性遊戲、性別角色的學習、活動的層次和品質。
2. 兒童與父母間的親子互動會影響遊戲的能力。
3. 兒童與同儕間的互動情形會影響社會遊戲、性別角色的學習、遊戲層次與品質與減低自我中心的發展過程。
4. 教師直接或間接的協助會影響兒童遊戲的類型及質量；這也顯現出在學校中遊戲的適當性與不適當性。
5. 某些類型的遊戲訓練和經驗，會影響教室中的遊戲行為，同時會改善學校中課業技巧的學習，尤其當他需要發展更高的認知歷程時。(p.233)

　　因此，當教師無法對某些遊戲有所影響的時候，他們便會控制其他的影響，為了確定教室中的遊戲可以導致正向的教育結果，於是老師必須加以準備、仔細規畫和指導。教師指導兒童從事教育性遊戲，如對遊戲所做的規劃以及指導遊戲本身活動的進行。

規劃教育性的遊戲

儘管令人極度滿意的遊戲會在學習的過程中自然地展現，然而充分的準備方能使有建設性的遊戲產生。教師應注意什麼樣的遊戲主題是兒童的最愛，如此才能提供一個豐富的教育性經驗。各種不同的社會角色的遊戲活動，能夠協助兒童探索這些角色的功能和限制。商店方面的遊戲，能幫助兒童瞭解經濟原則，積木遊戲可以讓兒童對社區等地理關係有所瞭解，而扮演一位建造者，往往可讓兒童演練測量方面的技巧。

在遊戲的規劃上來說，教師應該提供資源以援助遊戲的進行，包括遊戲的時間、各種特定的遊戲區域、充分的教材以及對於管理希望從事遊戲活動兒童等。1992年時，James F. Christie和Francis Wardle指出遊戲所需要的時間至少要有三十分鐘。在這段時間中，兒童可以體驗遊戲活動的準備過程，以及細心規劃戲劇遊戲的主題。如果教室可以組織為活動中心，那麼應提供充足的空間給各種不同型態的遊戲，遊戲道具也應先予以組織化整理，那麼兒童便可以很容易地辨識並拿取他們在遊戲中所需的物件。遊戲團體的大小則視活動的種類、室內可以容納遊戲進行的空間大小、以及兒童的性別而定，如前所提及的，女孩較男孩傾向於小團體。

教師必須針對遊戲中的學習潛在能力加以評估，然後，尋求可以協助兒童進行此一遊戲主題的相關資訊，參考書籍、影片、電影、圖片、記錄都是很有用的；到社區中去找尋相關訊息將會是一個很好的區域性旅遊，或是請閱歷豐富的人協助教學，博物館和教育資源中心也可以借到一些相關的教材。教師也許無法將所有的資源用在教室中或介紹所有的資訊給孩子們，但是，細心地搜尋教材，將可讓教師在選擇教材時獲得足以激發遊戲進行的相關資訊，並且推動遊戲進行。

在規劃上，教師也應該能辨識出將使用教材的優劣，如：戲劇性遊戲的衣物、操作性物品以及能促使兒童創造、組成他們遊

戲用道具的原料。這些東西可以使用很多年，而且教師常要增加遊戲教材的蒐集，而這些教材由老師們帶入教室後，便會影響兒童的遊戲活動。Singer（1973）指出，太過於寫實或是太不真實的玩具會限制兒童創造性的遊戲，因為玩具沒有明確的結構，如積木，是具有彈性與無特定用途的特性，因而比結構性的玩具更具有長期使用的特性。無結構性的玩具可以混合特定用途的玩具以刺激「假想」遊戲的進行。

教師應透過策略的思考以激發遊戲及達成他們教學上欲達到的目標。對這些目標的瞭解，有助於不斷地提供他們有關後續教育與遊戲活動的指導。

就如同為兒童的遊戲做規劃一樣，教師也應該協助孩子做規劃。他們可以問兒童一些關鍵性的問題，以口頭方式做提示，如：「你要如何堆這塊積木？」或「你進行這個遊戲的計畫是什麼呢？」如此的規劃將有助於兒童去控制他們自己的活動，並且提升自重與責任感（Casey & Lippmann, 1991）。

激發遊戲活動

簡單佈置教室中的情境與新教材都很容易讓兒童展開遊戲，如果教師同時介紹二個有新玩具的活動中心，提供給兒童選擇的機會，並且使得教室中的課程進行不會只集中在一個令人興奮遊玩的角落，同時小團體的遊戲得以不受過度抑制地自由發展。介紹新教材或設備時，有一定的方式，教師必須告知學生們如何使用，和使用上的限制為何。在介紹教材前的簡短會議可避免未來的問題。

在一般性的遊戲活動中，教師可以尋求激發兒童興趣與想像的方式；老師通常會藉著一小規模的旅行、影片的展示，或閱讀一些相關主題的書籍以便激發兒童扮演其有興趣的戲劇性遊戲。兒童透過這些經驗所得到的資訊，可給予他們使用教材的觀念及遊戲主題的建議。

指導兒童的遊戲

教師應注意遊戲的過程，並且藉觀察所獲得的線索來協助或修正兒童的遊戲。指導兒童遊戲的有效技術可藉由實際觀察有效能的教師與父母來學習，Burton White和他的同事 (1973) 在他們有關環境對幼兒能力發展影響的研究中，描述出有效能的母親角色：

他們看來都很優秀地扮演著設計者與顧問的功能通常原因不明。我的意思是指他們設計出一個物理環境，主要是家裡的情境，這最適合培育好奇心重的一至三歲幼兒。這個環境裡充滿小巧的、能操作的、視覺上看來精巧的物體，有一些原先就針對幼兒的需求設計（如：玩具），其他的亦另有正式用途（如塑膠冰箱、瓶蓋、奶瓶、鞋子、雜誌、電視及收音機的球形開關等）；也包括了攀爬物如椅子、沙發、長椅、階梯，同樣的也有一些素材被做為滿足成熟動作興趣的玩具如三輪車、脚踏車、練習基本體操的結構體等，也包括了能滿足視覺的物品如電視和前述各種自然的物品。(p.243)

教師也是設計者與顧問，創造出一個讓兒童可以徜徉其中的遊戲世界，或修正遊戲以便增加教育價值的機會來讓兒童學習。教師所扮演的一個角色，在某方面來說，是比White研究中所描述的母親更加主動引導教育性遊戲的人。

教師可以透過各種技術去指導兒童的遊戲。Ann Spidell在她有關於學前學校教師介入遊戲的研究，或引導兒童遊戲的方法等研究上，提出了一些技巧。教師可以觀察兒童是怎樣玩的，然後判斷決定在那個情況之下，什麼樣的技巧才是最有效的。有時教師可以告訴孩子他們正在做什麼，並儘量與他們談論與提出建議；如果某一項遊戲十分具有建設性，那麼教師會鼓勵兒童以使遊戲活動得以繼續；教師可以增加一些新的物件或是情境或撤除一些

不再具有建設性的教材，完全視遊戲過程中的情況而定。教師可詢問兒童「需要什麼？」或是建議哪些是有用的，或是僅僅放一些物品在遊戲區域，如此一來，兒童們便可以自行使用。當孩子玩戲劇性遊戲時，教師也可以建議一些扮演角色，或者是自己也暫時地扮演一個角色，但是必須注意的是，不要介入太久，如果教師控制了兒童的活動，那麼，這個活動就失去遊戲的真義了。

　　透過觀察，教師可以發現兒童在遊戲中缺乏哪些必要的資訊，或是他們正處於一些不正確的概念中操作、遊戲。教師可以口頭告訴他們或讓兒童閱讀相關讀物或參考書籍等以消除這些錯誤的概念，有時候做一趟短程的小旅行或是請來一位閱歷豐富的人士說明，也能提供修正遊戲的重要資訊。

　　為求變化，教師有時會成為主動的遊戲者，透過這個方法，他們可藉由導入遊戲新元素而趁機修正遊戲的方向，同時也能夠減少中斷的行為。老師可以藉著提出澄清問題而提供兒童一個良好的角色典範，所謂澄清問題是指讓兒童更瞭解遊戲的內容與某些特定行為的意義，做為一位主動參與的遊戲者，教師不應干預兒童的遊戲，否則如此的投入將會導致中斷，使得兒童停止了遊戲。

　　Sylvia Krown（1974）在一份針對以色列兒童所做的研究報告中記載兒童的遊戲如何隨時間而變化，並做了描述說明此一發現。在遊戲的初期，活動是屬於高度的刻板化，意即兒童是重複地進行相同的遊戲行為；兩年之後，這些兒童修正並且豐富了他們的遊戲；有關激發兒童遊戲的基本策略有四點：

1. 教師花點時間等待「令人訝異的孩子脫離了含糊的情況而進入目標性的活動」，有時引導兒童進入他們的遊戲活動一段時間之後，教師自行退出（就如同是在遊戲情境中教導他們如何去玩一樣。）
2. 如果遊戲需要再延長進行，教師可以增加新的物件。
3. 教師可以在遊戲中間問一些問題以促使兒童更仔細的觀察，同時協助兒童回憶一些先前的相關經驗。
4. 有些老師們設計出能激發詳細觀察與遊戲的討論，他們也

透過書籍、旅行和類似的方式來提供兒童額外的資訊。

所以，在兒童被允許能自行掌控並進行遊戲的同時，教師仍影響著兒童的遊戲。

這些策略可以被所有的老師使用。「令人訝異的孩子進入目標性活動了」，當身處遊戲情境中的兒童針對遊戲計畫提出詢問時，在如此的交互作用中就實踐了。這個策略技術導致了兒童在認知上的不協調，而展開遊戲活動並使兒童思考，當認知未一致時，會使得孩子在觀察與預期結果不一致時，進入更高層次的思考。教師問問題的技巧能夠協助兒童對已經知道的知識有所察覺，以及對於如何運用知識、比較遊戲狀況與現實狀況的不同有所認識，並將先前學到的知識運用到新的狀況中。同樣地，教師可以發現許多方法來提供兒童新資訊，而這些資訊可以導入目前正在進行的遊戲結構，並且加以延伸應用。新的教材，就像是新的理念，刺激著新的遊戲活動。最後一種介入遊戲的形式是間接的干預方式，通常，當老師發現兒童在遊戲中已不再具有建設性或有中斷的傾向時，他們會將這些孩子們由目前的遊戲情境中移到教室裡其他不同的活動區域。雖然此一方法可以減少課堂上中斷的情況，但也減少了兒童獲得學習解決衝突問題的機會。

有關於何時介入或兒童遊戲能延伸到什麼樣的情況等等的決定，都得視特別的情形而定。老師在判斷時需以一般兒童的知識程度為準，同時也要顧及特殊兒童的情況，教師可以評估遊戲情境用以學習的可能性，過多的介入干預很可能會導致遊戲中斷、停止，甚至於曲解，但完全不干預更無法了解遊戲的學習潛能。教師們在兒童的遊戲中必須不斷地去努力以達到適當的平衡，為達此均衡狀態，教師必須要有高度的敏感性的，並應配合設計、商議與介入，才能夠有助於引發兒童的教育性遊戲。因此，學習乃是由玩樂所致，良好的教學本質乃決定於教師為兒童計畫學習目標的能力，而且在避免不必要的干涉與曲解中反應、介入，同時也適時適地的改變教學方向。或許，一位好的老師，便是帶著一份赤子之心的特質來到教室，並且能夠真正地尊重兒童。

結語

　　長久以來，遊戲一直被視爲幼兒教育方案中的一個關鍵性元素；有許多理論敍述著遊戲是如何在幼兒的生活中發揮功能。幼兒教育的老師們，採納了兒童發自天性的遊戲傾向和設計一些情境相互配合以使得遊戲具有教育性。如此做法，教師所扮演的是一個主動的角色來指導兒童的遊戲，教師愈能瞭解兒童的遊戲與各種不同遊戲物件與設施的潛在能力，就愈能提供適當的遊戲指導，然而，最重要的是，兒童最終應該要能夠掌控他們的遊戲。

參考書目

Axline, V. (1980). *Play therapy*. New York: Ballantine Books.

Bender, J. (1971). Have you ever thought of a prop box? *Young Children, 26*(3), 164–169.

Bergen, D. (1988). Using a schema for play and learning. In D. Bergen (Ed.), *Play as a medium for learning and development* (pp. 169–180). Portsmouth, NH: Heinemann.

Bogdonoff, R. F., & Dolch, E. T. (1979). Old games for young children: A link to our heritage. In L. Adams & B. Garlick (Eds.), *Ideas that work with children* (vol. 2, pp. 169–177). Washington DC: National Association for the Education of Young Children.

Casey, M. B., & Lippmann, M. (1991). Learning to plan through play. *Young Children, 46*(6), 52–58.

Christie, J. F., & Wardle, F. (1992). How much time is needed for play? *Young Children, 47*(3), 28–32.

DeVries, R., & Kamii, C. (1980). *Group games in early education: Implications of Piaget's theory*. Washington, DC: National Association for the Education of Young Children.

Eisenberg, J. P., & Jalonga, M. R. (1993). *Creative expression and play in the early childhood curriculum*. New York: Macmillan.

Ellis, M. J. (1973). *Why people play*. Englewood Cliffs, NJ: Prentice Hall.

Fein, G. G. (1979). Play and the acquisition of symbols. In L. G. Katz (Ed.), *Current topics in early childhood education* (Vol. 2). Norwood, NJ: Ablex.

Garvey, C. (1990). *Play* (enlarged ed.). Cambridge: Harvard University Press.

Gentile, L. M., & Hoot, J. L. (1983). Kindergarten play: The foundation of reading. *Reading Teacher, 36*, 436–439.

Gilmore, J. B. (1971). Play: A special behavior. In C. Herron & B. Sutton-Smith (Eds.), *Child's play*. New York: Wiley.

Hartman, J. A. (1991). Fostering emergent literacy in a publishing center. In B. Spodek (Ed.), *Educationally appropriate kindergarten practices* (pp. 52–73). Washington, DC: National Education Association.

Hawkins, D. (1965). Messing about in science. *Science and Children, 2*(5), 5–9.

Hirsch, E. S. (Ed.). (1974). *The block book*. Washington, DC: National Association for the Education of Young Children.

Hughes, F. P. (1991). *Children, play, and development*. Boston: Allyn and Bacon.

Johnson, J., & Erschler, J. (1981). Developmental trends in preschool play as a function of classroom setting and child gender. *Child Development, 52*, 95–104.

Johnson, J. E., Christie, J. F., & Yawkey, T. D. (1987). *Play and early childhood development*. Glenview, IL: Scott, Foresman.

Krown, S. (1974). *Threes and fours go to school*. Englewood Cliffs, NJ: Prentice Hall.

Leiberman, J .N. (1977). *Playfulness: Its relationships to imagination and creativity*. New York: Academic Press.

Mead, G. H. (1934). *Mind, self and society*. Chicago: University of Chicago Press.

Mitchell, E., & Mason, B. S. (1948). *The theory of play* (rev. ed.). Cranbury, NJ: A. S. Barnes.

Mitchell, L. S. (1971). *Young geographers*. New York: Bank Street College of Education. (Originally published in 1934.)

Murphy, L. (1962). *The widening world of childhood*. New York: Basic Books.

Neumann, E. A. (1971). *The elements of play*. New York: MSS Modular Publications.

Parten, M. B. (1932). Social participation among preschool children. *Journal of Abnormal and Social Psychology, 27*, 243–269.

Pellegrini, A. D. (1980). The relationship between kindergartners' play and achievement in pre-reading, language, and writing. *Psychology in the Schools, 17*, 530–535.

Piaget, J. (1962). *Play, dreams and imitation in childhood*. New York: Norton.

Pratt, C., & Stanton, J. (1926). *Before books*. New York: Adelphi.

Robison, H. F., & Spodek, B. (1965). *New directions in the kindergarten*. New York: Teachers College Press.

Rubin, K. H., Maioni, T. L., & Hornung, M. (1976).

Free play behaviors of middle and lower class preschoolers: Parten and Piaget revisited. *Child Development, 47,* 414–419.

Schwartzman, H. B.(1978). *Transformations: The anthropology of play.* New York: Plenum.

Singer, J. L. (1973). *The child's world of make-believe.* New York: Academic Press.

Smilansky, S. (1968). *The effects of sociodramatic play on disadvantaged preschool children.* New York: Wiley.

Smilansky, S., & Sheftaya, L. (1990). *Facilitating play: A medium for cognitive, socio-emotional and academic development in young children.* Gaithersburg, MD: Psychosocial and Educational Publications.

Spidell, R. A. (1985). *Preschool teachers' interventions in children's play.* Unpublished doctoral dissertation, University of Illinois at Urbana-Champaign.

Spodek, B., & Saracho, O. N. (1988). The challenge of educational play. In D. Bergen (Ed.), *Play as a medium for learning and development* (pp. 9–22).

Portsmouth, NH: Heinemann.

Sponseller, D. (1982). Play and early education. In B. Spodek (Ed.), *Handbook of research in early childhood education.* New York: Free Press.

Van Horn, J., Nourat, P., Scales, B., & Alward, K. (1993). *Play at the center of the early childhood curriculum.* New York: Macmillan.

Vygotsky, L. S. (1978). *Mind in society.* Cambridge: Harvard University Press.

White, B. L., Watts, J. C., with Barnett, I. C., Kaban, B. T., Marmor, J. R., & Shapiro, B. B. (1973). *Experience and environment: Major influences on the development of the young child* (Vol. 1). Englewood Cliffs, NJ: Prentice Hall.

White, R. F. (1959). Motivation reconsidered: The concept of competence. *Psychological Review, 66,* 297–333.

Wolfgang, C. H., & Sanders, T. S. (1981). Defending young children's play as the ladder to literacy. *Theory into Practice, 20,* 116–120.

11

幼兒的語文和讀寫能力(I)

本章綱要

◇幼兒的語言發展
◇語言與方言差異
◇幼兒語言學習的目標
◇全語言學習法
◇口語表達的學習
◇口語接受的學習
◇書寫語文的學習

導論

　　語言是人類最珍貴的資產。語言的瞭解和語言的技巧反映出每個人所繼承的獨特遺產。語言的豐富性、多變性以及語言的力量，都能解釋我們的真實世界；而且也提高了我們人類在生物種類中的地位。語言是幫助我們內化觀念，對他人表達思想的一連串的符號。(Wishon, Brazee, & Eller, 1986)。

　　語言是一種編碼，它讓我們透過一個絕對訊號的系統，來表達我們的想法，基本上是可發音的。而這系統有一組規則，用來決定哪些聲音可以組合成字，而哪些字又可以組成句子。社會成員彼此都同意所使用的語言有相同的規則、聲音及字彙，因此，他們就可以溝通、瞭解對方所說的話，並藉此傳達知識；如此，就形成訊息的編碼及解碼 (Bloom & Lahey, 1978)。

　　在學前機構裡，兒童從很多的來源接收語文的訊息。這些訊息會提供明確的行動方向，也會提供周遭生活的資訊，並提供歡樂、美學欣賞及愉快的經驗。兒童必須依著接收到的訊息行事，並要能正確的瞭解、反應。他們也會發出訊息。他們回應老師，也試著去影響同儕的行為，讓他人知道自己的需要及願望，並且表達他們所發展出來的想法和感情。在實際的學校生活中，持續的語

文交流呈現出無數的聽、說、讀、寫的機會。這些機會成為社會互動及認知過程發展的基礎。

早期語言發展

學校並不提供兒童學習第一語言的情境。學校的角色是在拓展及充實語言的學習；並在必要時提供矯正。兒童一進到學校就會發現：自己處在一個時常需要使自己被別人瞭解的環境之中，而這通常在家中是不需要的。兒童為了與老師和其他孩童溝通，他們需要去適應一個跟以往經驗相比，較不熟悉的環境。

大部分的幼兒在一入學時，就已經學會適當地使用屬於他們文化的基本語言句型。三歲半（通常指的是上幼稚園之前）的幼兒，應該已經學會說出符合基本文法的話語。而當他們到了上小學一年級時，大部分的兒童對語言已經有很好的掌握能力，他們可能可以熟練地聽懂和說出約有2500個單字以及造句和造詞的基本規則；同時他們也發展出一套直覺的語言結構感。

透過和他人互動，兒童可以學會語言的規則；舉例來說，英文過去式的動詞字尾要加ed。而兒童會犯錯通常是因為應用規則時會遇到的例外字；然而兒童卻很少用錯規則。在英文中，一個兒童可能會說："He dided it." 但是，他們不會將ed加到名詞的字尾。

每一個兒童的語言發展差別都很大。有的兒童很早就學會說話，有的卻較晚；而有的兒童很愛說話，有的卻很安靜。有些差異是兒童回應特定環境方式的功能；另一些是發展上的差異。心理學家指出：性別、社經地位、家中排行、族群等，都和兒童語言發展的速度有關。心理學家所報導的差異通常是團體傾向中的差異；個人可能會顯著地與他們團體的常模有出入。

語言發展理論

幼兒語言發展的研究已經有超過一世紀的歷史。最早的研究是父母對其幼兒一開始發出新的聲音形式的日記。過去三十年，有很多有關幼兒語言發展的研究出現。Norm Chomsky的理論帶動了這個領域，另外還有一些關於方言差異以及雙語教育等社會議題也產生影響。語言習得的研究多數和兒童的課堂情境沒有直接相關；因為通常都是對較小的幼兒所做的研究。此外，也幾乎沒有關於環境改變對語言習得影響的研究。然而，瞭解進化的理論，可以幫助教師瞭解因這些理論引發出實務工作上對立的見解。

變形文法
主張所有句子是一個語言中主要句子的變換。

Norm Chomsky (1957) 提出**變形文法** (transformational grammar) 是瞭解語言的一種方法。兒童是靠對於這種文法直觀的了解來掌握語言。根據Chomsky的說法，語言中存有兩種層次的架構，一是表面架構，另一是深層架構。表面架構表現出所用的字的形式，深層架構則代表字彙背後所隱含的意義。Chomsky也將語言能力和語言的表現做區分。能力是指一個人所擁有的語言知識,而表現指的是語言知識的使用。兒童語言的表現通常只是他們語言能力中一小部分的指標而已。

Chomsky用「變形文法」發展他語言習得的模式。他相信語言的習得不可以單單用模仿或重複來解釋。每一個人所發出的言詞都是可能從未以此種特殊方式發出過的獨特句子，包括非常小的兒童所說的話也是如此。兒童不只是重複他們所聽到的片語和句子，實際上，他們會使用一套變換語言成份的規則，而創造出他們自己獨特的訊息。他們持續不斷地試驗自己建立起來的語言規則，使他們語言的能力及表現更上層樓。給每一個人一組有限的文法規則，即能創造出無數的句子。

這種對於語言習得的觀點認為：在一個文化架構之中，兒童會主動地建構出他們自己的語言。從這個理論中發展出來的觀念

及論證，是現今語言研究的主要基礎；此理論偏重於討論兒童是如何發展出造句的結構。舉例來說，像是Ursula Bellugi和Roger Brown就是專門研究這種過程，他們認為：兒童的造句發展是一種父母和兒童間互動的過程。另外，Marcus, Pinker, Ullman, Hollander, Rosen及Xu (1992) 等人也發現：較常使用不規則動詞形式的父母，他們的孩子就比較不會過於將動詞規則化。

Eric Lenneberg (1967) 發展出一個和Chomsky的研究相容的理論，那就是語言的生物基礎理論。他分析人類語言發展的知識以及人類和其他動物的生物知識，並將這兩種知識相結合成一個理論。他認為：潛伏的語言架構是由生物學觀點來決定的，而且這潛伏的語言架構必須透過接觸成人的語言行為，在健全的情境中才能運作。語言發展的時間表似乎是遵循著生物計畫的時間表；舉例來說，Lennebergb認為：透過置身於成人語言環境之下，並準備將語言潛能顯露出來的時間大約是從兩歲到十歲左右。在這段期間內，兒童會重新創造出文化中的語言機轉。

雖然Lenneberg的理論提供了許多讓人思索的機會，但是，對於如何將語言架構做最佳的運作卻幾乎沒有引導、說明，而這應該是語言教育所扮演的關鍵角色。教育學者和兒童發展專家曾就策劃社會情境以增強語言發展進行研究；這項研究可以提升幼兒語言學習的機會，在本章稍後還會提及。

B. F. Skinner (1957) 也發展出一個關於語言習得的理論，它是以行為主義的原則為依據。他相信嬰兒最初的發聲和牙牙學語時所發出的聲音會自我增強。不久，在他們附近的成人選擇性地增強屬於母語部分的聲音，結果這些聲音被保留而其他的聲音就會消逝。我們是透過模仿來學習語言。當兒童可聽出句子和非句子的分別時，他們就學會了文法及字的正確排序。學習說話是先於文法學習的。根據語言科學家的觀察，雖然Skinner的理論可以解釋語言的重複性，但卻不能說明衍生文法的規則。然而，學校中一些語言學習的教學計畫大多是用這種行為學派學者的方法做為基礎。

另一個解釋幼兒語言習得的觀點認為：語言是認知過程的附加物。包括Jean Piaget及Les Semenovich Vygotsky在內的許多發展心理學家，都曾討論過語言和認知發展之間的關係。Marilyn Edmonds（1976）的研究指出幼兒語言發展階段及智力發展階段存在直接關係。然而，大部分的學者都同意語言和認知之間的關係是存在的，但是這種關係的本質還有待進一步的研究。

教育家該如何將語言發展研究作最好的運用仍是未知數。早期的研究者多致力於規準的研究；他們想要試著找出幼兒語言發展的規則，或是想試著去發現不同年齡的兒童如何學習語言。近期的研究，則著重於語言發展理論的層面，研究語言習得的過程或是影響幼兒語言發展的因素等。教育學者便曾運用我們語言發展的知識，依據語言的自然發展塑造出語言教學法。

語言與方言差異

兒童通常是經由聽到身旁周遭成人所說的話來學習語言的；例如多數美國小孩學英文就像在日本的小孩學日文一樣容易。但是，在美國次文化下所說的英文就有許多的形式，而且每一種形式間也會有很大的差異。這些不同的形式我們稱之為**方言**（dialect）。在學校中流行，在廣播、電視等傳播媒體上也聽得到的方言被稱為「標準的美式英語」（Standard American English）。然而，許多小孩子是在通行其他方言的環境中長大的。

方言
是口語語言的一種變化，特別是特定地區或團體的人所說的話。

說話是口語語言；說話的形式可以變化。字的發音或是說話音調變化也可能不同。這些不同也許存在於對熟悉事物的名稱上，就好像在某一地區稱袋子為 "sack"，而其它地方則是說 "bag"。在方言中也會有不同的造句方式；而因為敍述句的架構包含其意義，所以使得理解上會產生困難。舉例來說，有一個小孩可能說："he be going" 而不是說 "he is going"。老師可以提供經驗，幫助小孩瞭解因為地域的不同而有不同的說法。這不是說我們要孩子學習不同的英語方言，而是他們應該要注意不同的

方言並瞭解方言都是可以被接受的。

　　雙語（Bilingualism）指的是在兩種語言上能有優異的表現及能力（Gingras, 1983）。大部分能說雙語的人傾向於較精通其中一種語言。在幼兒時期所熟練的第一種語言通常指的是兒童的母語（native language）或是第一語言（first language）。有些兒童一進到學校就發現他們文化及家中所使用的語言和學校、書上及老師所使用的不同。這些孩子在教學情境中，會反應出不同的層次。Saracho（1986）指出這四種反應的層次：

1. （最低的層次）當學生經歷到兩種語言和文化上有強烈的不同時，會覺得十分的混淆。
2. 學生會否定他們的語言和文化，假裝他們的語言、文化和學校中的是相同的。
3. 學生會接受他們覺得比較先進的那種新的或不同的文化風俗習慣。
4. （最高的層次）學生會在兩種語言、文化間做交互的轉換。

專欄 11-1

教學建議

　　收集一組常見物品的圖片，它們常因不同的地理區域而有不同的名稱。學生可以和住在不同地區的孩子相互交談，這樣他們可以發現這些東西在別的地區是如何稱呼的。另外，還可以將這些圖片做成一張圖表，並依兒童所提供的不同的名稱貼上標籤，例如：

bag　　　soda　　　couch
sack　　　pop　　　sofa

文化上以及語言上的不同，會造成兒童語言能力功能性的問題，（爲了溝通的目的而使用語言），不是只有語音上或文法上的問題而已。其實，兒童是大有可爲的，因此可以在有意義的情境中使用語言和閱讀，來敎兒童不同的文化和語言。現在，在我們的文化中，希望維持英文優勢的群體，正對說西班牙語以及說其他語言的小孩施加壓力，敎他們以母語閱讀。然而，支持這種作法的實驗証據並不多。大多數討論雙語或第二外語學習的研究必須決定最好的方法來敎這些兒童閱讀。

　　大多數語言習得的研究主要是在探討幼兒母語的學習。兒童學習第二語言的情形似乎和學習母語的方式十分類似，並且似不會將兩種語言混淆。然而，當兒童一剛開始接觸第二語言時，可能會經過一段沈默期，直到他們的能力建立起來。小孩習得第二語言能力的速度不一；但是，雖然我們仍然不清楚到底多早要讓兒童開始學習第二語言，可是及早開始學習的想法已經成爲共識了。

處理敎室中語言差異的問題

　　事實上，很多學童的語言背景和老師的不同，而且和學校敎育的依據也會有顯著的差異，這在敎學上有很多的含意。一些敎育學者建議：兒童語言背景的差異和決定敎學目標是無關的。旣然學校使用的是標準的英文，老師就應該敎標準的英文，即使那意謂著要壓抑小孩子本身的語言。但是，也有其它的專家建議：兒童的語言是很重要的，而這應該在學校敎育中反映出來；因此，老師不應該只敎一種系統的語言，而是敎兒童在各種場合使用適當的語言。也就是說，如果班上有很多說西班牙語的小孩，那麼在學校中說西班牙語就可以被接受；在美國的南方和在北方的一些城市通行的非裔美人的方言，也同樣地被認爲是有效、有用的口語溝通形式。

　　語言的目的很多。這些目的會成爲建立學校中語言及讀寫能力活動目標的基礎。說方言或是使用一種特別的語言會使個人置

身於一個特別的群體之中。企圖要改變這個語言系統，可能在學習使用正確的語法之外尚有重大含意。語言和群體認同及溝通都是相關的

在預備學習的階段（也就是剛開始正式地英語教學之前），班上若有母語為非英語的小孩，他們說英語可能比較慢也可能說的句子較簡單，幼教教師應該使用重複的造句句型來幫助小孩類化新的語言型式。英語的正式教學是否應該在大約六歲之前或六歲左右開始，仍然十分存疑（Gingras,1983）。但是，當開始正式教授英文時，就應該用自然的或是造句式的方法來教兒童標準的英文。

自然教學法的使用

教標準英文的方法之一是：將幼兒放在有成人或小孩的人群中，來模仿語言習得的自然過程；而這些人都說主要方言；這種自然的互動有助於兒童學會這種方言。

Courtney Cazden（1968）的報告中提到利用**詳述**（expatiation）的過程來改善兒童的語言。這個過程是需要大人對小孩子的言語有所反應的，目的是擴充兒童的思想而不是語言。當兒童說：「狗在叫。」時，大人可能會有這樣的反應：「對啊！他是在生小貓的氣。」Marion Blank及Francis Solomon（1969）也是使用自然的方法提昇兒童的語言。他們建議指導者採用一對一的方式和小孩對談，而且以兒童現有的說話方式為基礎，並採開放式的問題將小孩子最初的敘述引導的更深入。這種策略需要指導者藉由聆聽兒童特定的說話方式，來對他們的語言發展程度做判斷。指導者也可利用這些資料建構出下一個問題，以便讓兒童依循發展的程序前進。這種計畫本身不是設計來教兒童語言的，而是發展他們思考上語言學的基礎。

在Tucson為墨裔美籍的兒童所設計的幼教模式中，兒童不但有機會說母語而且他們帶到學校裡的語言也受到重視。老師會用標準的英文回應他們，對孩子來說，這會形成一種模式。這種模式

詳述
是兒童的語言中觀念的擴增。

預期的是：透過成人和兒童的互動，兒童的語言發展會被改造。
Arline Hobson（1973）在做有關這個模式的研究時，他有系統地
運用成人和兒童間自然互動而習得語言的因素。根據他的說法，
這些因素是：

1. **修正性的反饋**：提供省略、適當的名稱、正確的字序以及
   恰當的字彙；
2. **摘要式的反饋**：把兒童表達的想法整理在一起，這樣就能
   擴大觀念之間的關係；
3. **修正及擴大**：將目前的語言及思想擴充；
4. **知識的延伸**：提供遠超過目前可得的資訊；
5. **增強作用**：提供豐富及特定的增強來引發適當的語言。

綜合教學法的運用

Shari Nedler（1970）和Robert Reeback（1970）極力提倡用
綜合教學法教非英語系的兒童英文。老師用句型練習的方式來陳
述一個句子或是問問題，而兒童並必須給予預期的回應。

Nedler（1975）曾描述數種正在發展中及測試中，用來教非英
語系兒童的方法。在嚐試兩種綜合教學法後，由於兒童無法將學
習成果類化到日常言語互動中，所以Nedler的研究小組決定採用
一套較自然的方法，以教授英文字彙及造句結構的因素為目標。

這種自然且綜合性的語言教學方法和語言習得理論相同；這
些理論受到Norm Cnomsky 所領導的變換語言學學家及B. F.
Skinner為首的行為學派學家支持。變換語言學學家認為：兒童是
主動的參與者，他們會衍生一些供作試驗及修正的規則，以創造
出內在的語言結構；這些學者相信：學校應該提供這些語言行為
發生的機會，並提供反饋讓兒童去試驗他們所創造的規則。行為
學派學者則認為：語言是經由直接的指導以及增強正確說話方式
而學習；他們認為學校能提供比在家中更有效率、更有系統的語
言指導架構。藉由明確的教學策略以及利用環境中的回饋，老師
可以幫助小孩經由不斷地接近成熟的語言行為而快速地進步。為

達此目標，教育學者必須清楚地定義語言教學目標爲行爲，並且決定達到這些行爲的條件。

語言學習的目標

幼兒的語言教學計畫有許多目標，大致上來說，有以下幾項：

1. **語文溝通技巧的發展**。幼兒不時的會和周遭的人互動，並且也轉達、接收訊息。有兩項能力決定他們在生活中運作的能力：一是表達他們的願望、需求、想法以及感情的能力，二是從他人那兒接收及解釋相似的訊息。這兩種技巧占語文學習目標的大部分。當兒童較成熟時，所發出及接收的訊息就會像口語形式一般成爲書寫的形式，意即讀和寫成爲重要的技巧。閱讀和書寫需要較多的字彙和結構形式的知識，以及組成字母、單字、句子以及段落的技巧。

2. **豐富的語言內容之發展**。語言是一個人的延伸。要能在社會上有效的運作，小孩子必須要對字義及語言結構產生共識，讓他們有效地以語言表達。他們需要學習語言中各種形式及用法。Chomsky的深層結構在此顯得很重要，因爲瞭解語言的深層架構可讓兒童有彈性地創造新的話語，而且在那種特定的語言中是正確的話。一個語言的內容也可以當作是思考的工具；因爲成熟的思想過程和語言的架構及內容有密切相關，語言的成長也會幫助思考的成長。

3. **使用語言能力的發展之影響及被影響因素**。兒童到托兒所階段，大都以身體動作來表達自己。當他們進入小學後，逐漸傾向以言語表達；就這方面而言，語言成爲一種工具。老師會給予文字上的指導。小孩藉由和別人交談來滿足社會性的需要。人際關係的「給」與「取」變成語言上的功能。即使在兒童的戲劇活動中，言辭的陳述很快地就會取代實際肢體上的動作。以上這些都是指適當的語言使用是幼兒

可以學會的重要社會技巧之一。

4. **發展個人對語言的滿意度及欣賞語言之美**。雖然大部分的幼兒語文活動以實用爲主,但美感不應被排除在外。文學、詩詞、創造性的戲劇以及其他的表達形式無論在美感經驗及情緒上,都可以提供兒童個人的滿足。

全語言學習法與自然學習法

一些作家（像是Holdaway, 1986; Smith, 1988）建議道：在可以一起學習「寫」及「說」的情況下,「寫」可以（也應該）如同「說」一般自然地習得。他們提倡用自然的或**全語言**（whole language）的學習法來學習書寫文字。

全語言

指的是學習語言的一種統合的方法,即將聽、說、讀、寫視爲整體的一部分,並且用統整的方法來教授。

全語言是近來欲改變語言及讀寫能力教育的嘗試,它在過去的二十年間才出現的。在這段期間,語言及語言學習的研究（尤其是學寫字）已被當作支持全語言的理論基礎了。最初,全語言的概念是基於閱讀過程（reading process）的研究。留心這種方法的教育學者以全語言運動之名強化此運動。

全語言呈現出一個思想上的進步：它反映出一種提昇兒童學習閱讀的方法。現今對於語言發展的研究著重於學習閱讀的重要性並從主動的、有意義的態度著手；它主張：閱讀像所有的語言一樣,應該在自然的情境中學習。全語言的中心思想是：從閱讀及寫字中學習閱讀及寫字,而非從活動的練習或是「虛構的」語言技巧中習得。兒童是藉由參與眞實、有意義的語言來學習語言。Saracho（1993）指出幾點全語言的重要原則：

1. 語言是不可分割的整體,不可分成拼字、閱讀、寫字等獨立的部分。學生是教學的主體,而老師和學生一起發展、實行教學。學生在教學中是一個主動的角色,並使教學對他們有意義。「有意義」就是全語言的關鍵字。

2. 在全語言中,剛開始閱讀時是透過兒童生活中眞實的故事、詩、標語以及印刷品來教他們字母及發音。

3. 過程、結果以及內容是一體的。雖然重點在於閱讀、寫字及瞭解的過程,但是,結果和造成結果的事件卻能闡明過程。
4. 老師和學生主導自己的教育生活。當他們和一個獨特的文化及歷史環境互動時,他們就有能力去創造課程並解決問題。教與學和整個大環境的價值觀息息相關。

專欄 11-2

全語言學習法的基本原則

1. 兒童有學習語言的天份。
2. 讀和寫是語言發展的自然延伸。
3. 聽、說、讀、寫若在學習活動中交互進行,則能達到最佳的學習效果。
4. 如果指導練習和兒童的語言能力相配合的話,他們就可以自然的學會閱讀。
5. 兒童的語言發展最好在有許多使用說、寫機會的學習環境中,讓他們可以將語言運用在個人、社交及學業等廣大的範圍上。
6. 語言及語言學習是社會的活動,而且最好能發生在鼓勵討論及分享觀念的情境中。
7. 學生必須要有選擇活動及教材的機會。
8. 老師建構學習的環境以鼓勵並允許小孩「自己教自己」。學習閱讀跟刻意地學習閱讀技巧比起來,它是較合適的內在語言學習。
9. 由於大部分的語言教學融合在活動的內容中,所以只有當兒童表現出需要或想要學得某種技能時,才會特別單獨地教他們這種技能 (Fillion & Brause, 1987)。

不同的語言教育學者，對全語言的定義也各有不同。然而，所有的定義一致認為：全語言是一套理念而不是一套方法。全語言將閱讀視為是一種社會性的活動；是根植於歷史及文化情境中，並且和心理學及語言學的過程相關 (Bloome & Solsken, 1988)。

　　全語言的提倡者 (Edelsky, 1990；Goodman, 1986) 將兒童語言學習的原則描述如下：

1. 當兒童寫字時，他們會發展出拼音的規則，或是發明拼音，進而會發展出標準化的拼音。

2. 當兒童閱讀故事及其它他們覺得可以理解而又很重要的文章時，他們會學習詮釋的策略。

3. 這樣的過程會幫助孩子建立發音規則，並且可以在不同的情境中學習。直接教授發音和字彙的方式會適得其反。

　　在教室中，全語言的學習是整合了聽、說、讀及寫，這些過程是相互依賴而且自然發生的 (Stahl & Miller, 1989)。一個全語言學習的教室佈置的就像家庭的環境一般；書桌可以換成大型的枕頭、閱讀閣樓、圓桌和椅子、懶骨頭及舊沙發等讓兒童或坐或臥地享受喜愛的書籍。供作閱讀、討論或教學用的大型地毯可加強全語言的學習環境；而兒童的作文及藝術作品都展示在天花板、牆壁、地板及窗戶上，教室因此自然地成為一個小孩參與閱讀、寫字成果的展覽室。典型的全語言教室是喧鬧、忙碌的。兒童不是依能力分組，而是依他們共同的興趣、需要組成小組。在全語言環境中學習的學童通常會在某一個活動中心專注於一個主題參與學習活動；例如，興趣中心可能包含有：

1. 寫字活動中心：對於一個特定的作文主題提供許多不同的建議，都是以孩子發展的程度而定；

2. 社會科活動中心：強調重要的歷史事件；

3. 音樂活動中心：備有一些音樂錄音帶及錄影帶。

　　有一些教育學者 (Goelman, Oberg, & Simth, 1984) 批評全語言學習法。他們認為：即使不用直接教導就可以發展出讀寫能力，但是沒有研究顯示兒童用全語言學習法可以學得比較好

(Dickinson, 1987)；目前探討全語言學習法的研究只有對全語言教室作描述（Smith-Burke, 1987）卻沒有評估它的功效。

有些專攻閱讀的教育學者（包括Harris ＆ Sipay（1990）；Stalh ＆ Miller, 1989）建議：在幼兒課堂中一開始使用全語言或是語言經驗法，應伴隨著認字、釋意的系統化教學。一開始使用全語言學習法要讓兒童瞭解閱讀的性質，像是印刷品的觀念以及瞭解閱讀是一種溝通的形式；之後，為了能更順暢地瞭解文章，兒童必須得學會認字及釋意的技巧。

口語表達的學習

語言和讀寫能力活動包含口語及書寫形式中表達及接受語言。表達性的語言包括了說和寫，而接受性的語言則包括聽和讀。

在幼稚園裡，有很多學習口說語言的機會；像是另外撥出時間做團體討論、誦讀故事以及說唱表演。雖然，這樣大型的團體活動可能適合教某些接受性語言的技巧；但對教導表達性技巧來說卻成效不彰，因為小朋友花太多時間在大團體中輪流等待了。因此，老師必須發展出不同的方法來教表達性語言的技巧。有一些技巧需要老師掌握時機，譬如：在小組中或個別活動時自然地學習語言的機會，這通常較全班一起學習來得更恰當。

活動時間

大部分的幼幼班和幼稚園都會將一天中的活動及工作時間做良好的比例分配。當低年級的課堂被整合成兒童長時間使用的學習中心時，這樣的機會也就產生了；一些工作時間的活動提供比其他活動更多的語文學習機會。

戲劇遊戲（dramatic play）

戲劇活動在語言學習上占有十分重要的地位。Wagner（1988）提出一個研究評估顯示戲劇能提昇口語發展（包括字彙發展）及認知技巧。戲劇將孩子融入沒有事先決定好的劇本角色扮演中；

戲劇表演有助於語言學習。

它可以包括在家政區扮演的家家酒，或是其它反映出社會情境的角色，像是超市及修車廠的扮演。在戲劇活動中，孩子可以將自己對成人世界建構出的想像表現出來；認知及情感上發展出的意義會在劇中交織出現。戲劇是象徵性的活動；它需要孩子在角色連結間互動，而且他們必須藉著相互溝通讓劇情繼續發展。在戲劇中，語言常常取代了行動。

　　雖然戲劇表演常在幼稚園及幼幼班進行，但是對於低年級的兒童也可以發展出類似的戲劇互動；這樣的互動可以將主題定在更小的範圍，更具指導性並且和特定的學習情境相關。通常社會科的活動會採用戲劇表演來引起孩子探索社會角色的興趣。

其他的區域（other areas）

　　對語言學習來說，雖然極少有活動區像戲劇扮演般地有效，但是其他的區域也確實提供了學習的機會。較高層次的積木搭建，通常都會包含有口語及社會性的互動；當兒童蓋積木的能力超越操作期時，強烈的戲劇因素就會掌控活動的進行。這個戲劇因素可能和戲劇扮演用相同的方法輔助語言發展。然而，老師可

以藉著和小孩發展親密的對話，加入一些可以利用的機會。

　　一些在大團體中較害羞、較沉默的小孩，單獨和老師一起時常能暢所欲言。這些和小孩的活動或是他們所使用的教材相關的對話，讓兒童專注於自己以外的事物及使用眼前可利用的東西。老師可以使用開放式的問題，例如：「告訴我你有什麼東西？」或是「有沒有其他的方法可以做得到？」，這些都是可以引發語言表達的問題，也是可以讓對話繼續下去的問題。

　　和孩子的對話可刺激字彙的發展，並且可以幫助兒童學習伴隨事件而生的語言。老師可以從兒童正在做的事情談起，但是同時也要提到在此時此地未出現的物體及事件。舉例來說，如果兒童正在演超市劇，老師可能就問有關於小孩有哪些東西以及準備如何使用這些東西；他們可能會提到戶外教學時或和父母一起去過的超市有哪些東西。這種對「非情境」語言的理解力影響孩子的抽象思考的發展以及對正式教學的準備 (Rogers, 1987)。

　　Marion Blank (1973) 設計了一個強調語言及認知目標的個別指導。這種個別指導是幼兒及老師之間重要的對話。藉著詢問有關日常發生的事物的問題，老師可以擴大兒童的語言及思考技巧；並留意兒童所遇到的困難及幫助他們處理較抽象層次的觀念。在Blank的教學法中，個別指導的時段是短暫但經常性的。

　　一天中，老師可以空出一些時間和有語言困難的孩子談一談；也可以先計畫好和教室中發生的事件相關的簡短對話，來幫助孩子思考這些事件並發表意見。這種互動的模式有助於擴大語言及思考的技巧。

　　老師立即地對兒童做出回應對這些零碎的語言互動是非常有用的。如果在課堂上有老師助手或義工幫助，在活動期間就會產生許多師生互動，因為兩個人可以分頭輔導語言行為。

　　對話是一種團體合作，也是一種需要相當信任對方的社會活動。為了要提昇教室中的對話，老師必須提供一個自然地就可以自動自發地信任及接受的環境。兒童的思想是有價值、是值得重視、也是值得被稱讚的；老師要建立一種開放及接受的環境，讓

兒童不怕犯錯。當老師溫和且開放的接受並反應小孩的想法時，師生之間的對話就會被激發出來（Rogers, 1987）。

討論時間

全班參與的討論課是很有用的，像是分享及「說唱表演」的時間；分享的時間大部分都要求每個孩子輪流說話。他們可能從家中拿一物品來展現和討論，或討論曾發生過的事。如果一個孩子很沉默，老師可以提出跟他帶來的物品有關的問題；也可以鼓勵其它的兒童提出問題、評論、及做觀察。

老師運用分享時間時要注意避免一些缺失。排斥家中的事物可能使得兒童認為在校中不要暴露自己會比較安全，因而限制了語言學習的可能性。另外，若限制每一個兒童發表的長度或是讓小孩輪流、等待的時間超過他們可以忍受的程度的話，對語言的學習也會產生負面的影響。兒童應學會做聽眾及說話者；而這些技巧在負面反應的情況下（如注意力分散）是不容易學會的。

將傳統分享時間做一些改變對這種活動形態會增加助益。方

討論可讓兒童練習口說語言的技巧。

專欄 11-3

活動　圖片遊戲

材料　厚紙板或大張的索引卡片

膠水

雜誌圖片

乾淨的觸紙

步驟　1.翻找舊雜誌中有關於日常物品、玩具、動物、人物、或是服飾等等的彩色圖片。

2.將它剪下並黏貼在一張厚紙板或索引卡上；每張都貼上標籤。

3.將每張卡片用乾淨的觸紙做永久保存的封面。

現在你有一系列的圖片時,可以依據小孩不同的年齡,來玩許多的遊戲,像是:

1.看圖片。

2.為每張圖片命名。

3.說出圖片中的顏色。

4.數一數圖片中物件的數量。

5.說一個和圖片中的物件有關的故事。

6.我們可以將三、四個圖片的線索藏在各種東西的後面或下面,來玩尋寶遊戲。給遊戲者第一張圖片,它可能是第一張電話的圖片,並且請遊戲者找出電話圖卡下面的另一張圖片;在電話下可能是一本紅色的書,在書下可能是一張冰箱的圖片……,而在冰箱裡就是藏寶物的地方 (可能是一個蘋果、一片乳酪、或是一杯柳橙汁)。獎品可以是一個小玩具,一盒新的蠟筆或是一件喜歡的玩具,或是一本藏在枕頭下的書。

法之一就是限制每個時段發言的人數；依名字字母的順序進行，
例如：每次指定五個小孩發言可以保持分享時間合理的分配，要
求兒童帶與某一特定主題有關的東西到學校也可以限制討論事物
的範圍，並且將討論的時間和其他課堂的學習相結合。老師可要
求學生帶一些木製品、或是有磁性的物品、一些老舊的東西、或是
物品的圖片等等到學校。將主題限定在某些範圍或是某些物品種
類上，可以使家中物品的搜尋變成兒童及家庭解決問題的活動。
Haas（1986）建議使用圖片作為討論的基礎。

　　另一種改變是採用小組活動的分享方式。這可以使孩子有更
多主動參與的機會，在討論中也會有更多的互動；兒童可以輪流
問問題，討論時間也可讓兒童說說學校中發生的事。舉例來說：
如果分享時間是在活動要結束前進行，兒童就可以說說在這段時
間內他們做了什麼。

　　也有許多其他討論的機會。師生和一個學童或團體之間非正
式的討論可以隨時進行，並且老師也要時時鼓勵這種討論。孩子
越有機會用口語表達，或是在成人和兒童間有越多的互動產生，
則語言學習的機會將會更多。

創造性的戲劇活動

　　兒童可以各種方式自己詮釋聽到的故事、詩詞及歌曲，並將
它演出來。創造性的戲劇著重於一個特定的情節，像是在一個熟
悉的故事中所包含較簡單的劇情發展。可以指定角色給兒童扮
演，並請他們自己編對話。在兒童的表演中，創造性的戲劇表現有
賴於兒童的詮釋，像他們設計的對話以及為特定的角色所設計的
動作。兒童也可以以自編的故事為劇本，這樣他們更能掌握劇情
及角色；而老師應該要讓兒童主導這齣戲的內容。老師可以不斷
反覆述說，讓兒童熟悉故事，建議動作及順序，並參考原故事作為
對話及動作的來源；通常是像這樣的建議：「接下來會發生什麼
事呢？」或是「他會怎麼回答呢？」這也是兒童唯一需要的建議。

　　創造性的戲劇活動表演不需要觀眾；只要有一些小道具即

可，像兩把椅子可以當作一部汽車、一張桌子、一座橋或是一片地毯象徵海洋：剩餘的布料、裙子及寬鬆的帽子都可以作為戲服。當小孩比較成熟時，戲劇扮演就可以更精緻些，運用更豐富的故事及角色，甚至更精細的道具及佈置。相同的故事也可以在班上用不同的方式表現。在以造性的戲劇方式詮釋一篇故事後，可以嘗試用布偶或絨布畫版來說故事；同樣的，也可以嘗試以默劇方式表現，試著單用肢體動作來傳達意念，雖然不是用語言表達，但是默劇有助於發展語言學習上另一種象徵性的溝通方式。

創造性的戲劇活動是教導概念、社會問題或技巧的好方法。說故事、偶劇、短劇及遊戲都是經常使用的方法。創造性的戲劇包含三個基本的架構：想像力、動作及即興表演 (Bontempo & Iannone, 1988)。

1. **想像力**：是創造性作品的基礎。兒童應該用需要使用想像力的經驗來表現；這些活動幫助兒童變得較注意自己的感覺、感情及觀點。想像力讓孩子有能力觀察所接受的事實及能用新的、不同的方式看待這些事。

專欄 11-4

活動／視覺化

點一盞燈並請孩子們閉上眼睛。讓小孩去想像自己：

(1)在家附近最高的房子的屋頂上；(2)看看下面其他的房子、人們及車子；(3)飄浮在空中，對自己的城鎮看得更清楚及(4)飛在一架飛機旁邊。依照小孩的注意力時距指引兒童飛到可以看到河、山或其它土地及湖泊、世界及太空梭的高度。

---

2. **動作**：需要兒童運用他們的身體。肢體運動的活動幫助孩子透過舞蹈或默劇來運用身體。當小孩對自己的能力有信心時，他們就會用身體來表達情感、情緒及思想。

3. **即興表演**：需要說話及動作的運用。老師或是兒童創造一個情境。若兒童沒有即興演出的經驗，老師可以用一些對話營造出簡單的情境來引導；例如：兒童可以表達他們對媽媽發現他們房間一團亂的時後的想法、感覺或是第一天到學校時的想法和感覺。

專欄 11-5

活動／變成一隻蝴蝶

兒童用一張紙包住自己，變成一隻躲在紙裡面的毛毛蟲的卵。他們慢慢從卵中長大，並且用紙覆蓋自己而變成小毛毛蟲，蛻皮好幾次之後，並進入蛹的階段，最後破繭而出變成一隻蝴蝶，用紙當作翅膀。

專欄 11-6

活動／即興的問題解決

兒童從外面玩回來並發現房中亂糟糟的。讓兒童談一談當他們不知道如何處理事情時的感覺。並且，可以讓他們用默劇的方式表演一下可能會如何整理房間。

木偶

操作木偶是使害羞的小孩說話很好的方式，因為木偶變成注意的中心而不是孩子本身。在教育用品店裡可以買到許多種很好的掌中偶，而老師和小孩也可以自己製作簡單的玩偶。

棍棒木偶的製作方式是將在紙上畫好的臉孔黏貼在平坦的棍棒上，這樣，兒童就可以拿在手上操作布偶了。也可以用畫好臉譜的紙袋來製作玩偶；如果在方形紙袋底部的兩端畫上嘴巴，那麼當用手指抓住紙袋時，嘴巴就會一開一合地（不過，這不是幼兒須學習的操作技巧）。另外，還可以將襪子做玩偶，以鈕扣當做眼睛並且用一小片毛氈做嘴巴。因此，可以用很多種方式即興做成。對很小的幼兒來說，並不需要佈置布偶戲的舞臺的，因為即使操作布偶的人會被看見，觀眾會自動地將注意力放在布偶身上，像日本的偶劇就是如此。偶劇最好在小團體中進行；事實上，不見得需要觀眾的。

對較大的孩子來說，製作布偶是廣義的工藝活動；他們可以用紙板或木頭做成玩偶的頭。傀儡──用線來操作的玩偶，可以讓國小中、高年級的兒童使用。對創造性的戲劇來說，如果玩偶的使用可以依兒童的成熟度而調整的話，就沒有使用上的限制。

兒童說故事

應該要鼓勵幼兒在課堂上說故事；他們說的故事可能是自編的，也可能是他們聽過的。老師可以問一些引導性的問題或是講一段故事給小朋友聽，然後讓小朋友完成整篇故事。也可以鼓勵兒童報導重要的事件，他們可和班上其他人分享旅行的經驗；這樣的分享活動利用小組進行比全班一起來得好。而此時，老師應該要記下他們所分享的內容，以供日後再次閱讀；讓兒童向其他人誦讀他們所寫的報告，可以使其發現書寫在溝通上的價值。將事情寫下來不但可以幫助孩子記住這件事，也可以讓他們準確地傳達所記錄的事件。

老師也應該對兒童所說的其他的話做記錄；觀察聽寫、記錄的過程及反覆閱讀故事能幫助小孩瞭解何謂閱讀及寫作以及我們學習這些技巧的原因。「寫作是將言談寫下來（writing is talk written down.）」這句話將這個過程表達地很真切，它在兒童的口語表現及他們身旁的書籍之間創造出有意義的聯結。

口語接收的學習

當小孩較大時，他們在學校會較少說話及表演的機會，較多聆聽及觀察的時間；他們在不同的時間、為了不同的目的以及用不同的深入程度來聆聽。聆聽的程度可分為：邊際的（marginal）、欣賞的（appreciative）、注意的（attentive）及分析的（analytic）（National Council of Teachers of English, 1954）。聽背景的聲音可以說是邊際的程度，聽音樂或是聽故事是屬於欣賞的，而注意的聽是聽指示時，分析性的聆聽是指一個人較主動地對所聽到的一切加以區分及評價。

教兒童傾聽是有意義的，但是卻不容易判斷他們是否學會了。正在觀察的兒童通常會透露出他們專注的線索：他們的眼睛鎖定在某一目標上，而臉則朝向被注視的物體，但是兒童的耳朵沒有給予同樣的暗示。雖然一個小孩未看著說話者或正進行其它活動，但他可能仍在聽說話者說話。我們唯有問小孩問題才可以分辨出他們是否有注意地聽，而這些問題需要兒童對所聽到的內容有所反應，或是做一些有關於他們所聽到的事。幼兒在學校中可以參與聆聽的四個程度的過程中，而討論或說故事都會有幫助。

為兒童說故事

在近幾十年，兒童英文文學有卓越的發展。但是，而兒童讀物則不應完全排除說故事。老師應該要熟悉兒童讀物中的故事，以便可以用自己的話來重述。可預期的故事中反覆的語言模式及

教學小故事：幼稚園中的說故事課

　　老師和四個小孩坐在教室的角落。她從一個袋子中拿出一個灰色的玩偶。她問：「你們知道這是什麼嗎？」

　　小孩立刻就知道那是一隻大象。老師又問：「但是，這隻和你在書中或動物園中見到的有沒有什麼不同？」

　　Karissa跳起來說：「它的鼻子很好玩！」

　　「Karissa說得對！」老師說。「大家看！它的鼻子短短的。通長大象不是有長長的鼻子嗎？我另外還要給你們看一隻動物。」老師拿出一隻綠色的動物，問：「你們說這小東西是什麼？」

　　「是一隻鱷魚，像小飛俠裡的一樣。」Marsha說。

　　「哇！很好！」老師說。「現在，這兩隻動物是玩偶，我需要找兩個小朋友在我講故事時操作玩偶。」並將大象給Peter，鱷魚給Jill。

　　「我會告訴你們大象是怎麼會有長鼻子的故事。這隻大象沒有鼻子，但是我將要說的故事會解釋為什麼所有的大象會有長長的鼻子。」老師說。老師一開始說這大象喜歡問許多的問題。他最常問的問題是：「鱷魚早餐吃什麼？」

　　「Peter，你可以拿著你的大象問這個問題嗎？」

　　Peter把大象舉起來並大聲的問：「鱷魚早餐吃什麼？」

　　老師繼續說：「有一天，一隻小鳥告訴大象到河邊問鱷魚牠早餐吃什麼。大象去了。你們想想看大象見到鱷魚時會說什麼？」老師接著說：「鱷魚說：『走近一點，我再告訴你。』Jill，你可以這樣對大象說說看嗎？」

　　Jill就說：「走近一點，我再告訴你。」

　　Peter就將大象移近一點。

　　老師又說：「鱷魚一直叫大象靠近一點，靠近一點，直到……，你們猜，怎麼了？直到牠抓住大象的臉並且再也不放牠走為止。Jill你可做做看嗎？」

　　Jill就抓住大象。小孩笑得東倒西歪，而Peter試圖將大象拉出來。

　　老師說：「那正是大象做的事。牠一直拉一直拉，最後鱷魚終於鬆開了口。但是，當牠站起來時發現，牠有一條好長好長的鼻子，猜猜看我們是怎麼叫這條鼻子啊？」

　　「長鼻子！」所有的孩子都大叫起來。

　　「你們想，大象喜歡牠的長鼻子嗎？」老師問。「牠喜歡。」老師接著說，「牠非常喜歡牠的鼻子。牠可以用它來噴水在身上而且還可以抓蟲子。因為牠非常喜歡這樣的鼻子，所以牠就回去跟其它的大象說，到河邊去問鱷魚早餐吃什麼，這樣牠們也可以有一條長鼻子了。」

故事事件有助於兒童對故事的含意做出準確的預測，並能預期語言的模式、劇情及結果。說故事可協助兒童發展複雜的語言模式並引起他們嚐試運用自己的寫作及口說語言的動機（Nelson, 1989）。

老師所說的故事可能是想像出來的，當代的童話或是從民俗文學中節選出的傳統故事；也有可能是取材自兒童經驗的故事。小孩曾有的旅遊或是其他的經驗等等，或甚至是老師的兒時經驗都可以做為故事的來源。老師會發現圖片或是道具有助於編演故事。絨布畫板可用的簡單圖案、簡單的物件或圖片都可以買的到。

說故事的人遺留下十分有價值的技巧及教材。Ruth Sawyer在 *The Way of the Storyteller* 一書中討論到民間傳說的歷史以及說故事的準備；同時也包含一些她最喜歡的故事，像是 "The Fairy Gold" 這個故事。Ruth Sawyer從她的著作 *Joy to the World* 中選讀的聖誕故事及Frances Clarke Sayers說的一些關於Carl Sandburg 的 *Rootabaga Stories* 及 Hans Christian Andersen 的故事等所錄製的錄音帶都可以在Weston Woods中買到。Marie

說故事給孩子聽有助於他們發展接收語言的技巧。

L. Shedlock的*The Art of the Storyteller*對初學說故事的人來說是一本很好的資源。

為兒童誦讀

任何的幼幼班或是幼稚園都應該要有許多寫得很好及插圖精美的兒童讀物。故事叢輯或是文集，即使是沒有插圖的，都很有用處。老師可以幫忙選擇書籍，他們可以從其他的老師、督學、圖書館員及當地的大專院校等去尋找。此外，也有一些幫助老師選擇讀物的出版資料。

此外，每年春季，美國幼教協會所出版的幼兒期刊（*Young Children*）都會出版一系列有註解的圖書目錄，介紹優良的兒童新讀物。

老師應該仔細地選擇可以引起兒童興趣的書。參考書應該富正確性及具公信力；也就是說正確的資訊比文學的形式來得重

專欄 11-8

說故事的資源

故事書

Brown, M. (1939). *The noisy book*. New York. Harper.

Flack, M. (1932). *Ask Mr. Bear*. New York: Macmillan.

Holdsworth, W. (1968). *The gingerbread boy* New York: Farrar Straus Giroux.

Izawa, T. (1968a). *Goldilocks and the three bears* New York: Grosset & Dunlap.

Izawa, T. (1968b). *The little red hen*. New York: Grosset & Dunlap.

Johnson, C. (1955). *Harold and the purple crayon* New York: Harper & Row.

McGovern, A. (1967). *Too much noise, Mr. Brown*. Boston: Houghton Mifflin.

Piper, W. (1954). *The little engine that could* New York: Platt & Munk.

Seuss, Dr. (1970). *Mr. Brown can moo! Can you?* New York: Random House.

Slobodkina, E. (1947). *Caps for sale*. Reading, MA: Addison-Wesley. (Morrow, 1993)

文選

Baker, A., & Greene, E. (1987) *Storytelling: Art and technique* (2nd ed.). New York: R. R. Bowker.

Bauer, C. F. (1977). *Handbook of storytellers*. Chicago: American Library Association.

Colwell, Eileen. (1962). *Tell me a story*. New York: Penguin. (Cullinan, 1989).

兒童讀物的資源

Association for Childhood Education International. (1980). *Bibliography of books for children*. Washington, DC: Author.

Gillespie, J. T., & Gilbert, C. B. (1981). *Best books for children*. New York: R. R. Bowker.

Larrick, N. (1975). *A parent's guide to children's reading* (4th ed.). Garden City, NY: Doubleday.

Peterson, L. K., & Solt, M. L. (1982). *Newbery and Caldecott Medal and Honor books*. Boston: G. K. Hall.

Tway, E. (1980). *Reading ladders for human relations* (6th ed.). Washington, DC: American Council on Education.

White, M. L. (1981). *Adventuring with books*. Urbana, IL: National Council of Teachers of English.

要。老師可以選擇一本書來幫助兒童做未來學習的準備或是因爲書的內容和他們有關係；書也可以只是爲了好玩而拿來閱讀。

Leland Jacobs（1972）建議道：教室裡圖書的類別要均衡；要在當代及古典、眞實及幻想、小說類及資料文獻、大衆化的及珍藏的、貴的及便宜的、期刊及書籍、散文及詩詞等等之間取得平衡。選擇兒童文學讀物是不應排除任何一種類的。

幽默的書可以使教室中的氣氛愉快起來，並能激勵學生發展成有反應、會思考的閱讀者。幽默幾乎是所有的文化中很重要的特徵，也是有效的社交方法；在閱讀時，幽默可以引起兒童的閱讀動機、平衡教室中的氣氛，也可以鼓勵合作及討論的產生（Whitmer, 1986），並且還能提供一個活潑的環境。要表現幽默是需要洞察力及思考的技巧；當納入各階段的課程（包括學前教育的階段）中之後，幽默的文學作品可做爲一個教導批判性閱讀的工具（Whitmer, 1986）。

優良的兒童文學一定有個和幼兒相關的主題。書提供了一種在目前的時空之外學習事物的方法，因而可以拓展兒童的視野。透過書本可以介紹不同禮儀及穿著打扮的人們，而幻想中的世界也應該是兒童文學經驗中的一部分。

書本通常可以幫助幼兒處理問題及解決衝突；書本也會藉著告訴兒童他們不是唯一遇到問題的人，而對小孩的心智健全成長產生影響。有一些教育學者建議老師要有系統地使用書本及討論，來幫助小孩處理遇到的問題。這種方法稱為書籍治療法（bibliotherapy），對兒童的心理健康可以有預防的功能及治療的價值。

　　老師應該要對讀給小孩子聽的故事十分地熟悉。新進教師通常會發現將書帶回家，並練習大聲誦讀是很有用的。為了有愉快的閱讀經驗，老師也可佈置一個舞台，非正式的安排也有助益，將聽故事的小組非正式地安排坐在地毯上，如此，即能使每個人都看得見老師；當要呈現圖畫書時，也可以非正式地排放一些椅子。

　　如果在說故事時，還要告誡頑皮或不專心的小孩便會中斷故事的進行。老師有時會把搗蛋的小孩放在自己身邊，以防止被打擾。有時，讓聽故事的活動變成自發性的活動也很有用，但要選擇其它不會製造喧嘩的活動；通常小孩子開始專心只是因為大人沒有要求他們這麼做。

　　一般來說，都是老師說故事給小孩聽，但是如果可以請一些助手或是自願幫忙的家長到校一同說故事，那將會很有幫助。如果一次可以有好幾位願意幫忙，那就不需全班一起進行了；讓說故事的時間更親密對兒童的語言學習發展是很有幫助的。同時，也可以請較高年級的兒童或是在閱讀方面表現比較好的低年級學童說故事給全班聽。

　　一些真實地描述少數民族兒童的書籍愈來愈多。雖然這些書是不能代替一個族群融合的教室情境，但是至少可以幫助來自主要文化的小孩瞭解：看起來和自己不同的人其實是沒有太大的不同的；同時，也可以告訴他們：其它這些族群的小孩在國家的文學作品中是值得一提的。老師應該檢視教室中的教材，看看是不是都沒有種族及性別的刻版印象。由各種族間的童書委員會（Council on Interracial Books for Children）所提供的《選擇

無偏見教科書及故事書的指導方針》（*Guidelines for Selecting Bias－Free Textbooks and Storybooks,* 1980），也有幫助。

　　讀一篇故事通常會刺激討論的產生。老師有時候喜歡問一些問題，來看看兒童是不是能了解故事的內容。雖然這是一個找出小孩錯誤觀念的好方法，但是這種方法可能會被濫用。老師必須留意保持說故事時愉快的氣氛並且不可以使它變成兒童的負擔。

專欄 11-10

和少數族群的孩子有關的書籍資源

Harris, V. (1993). From the margin to the center of curricula: Multicultural children's literature. In B. Spodek & O. N. Saracho (Eds.), *Language and literacy in early childhood: Yearbook in early childhood education, Vol. 4.* New York: Teachers College Press.

Spodek, B., et al. (1976). *A black studies curriculum for early childhood education* (rev. ed.). Urbana, IL.: ERIC Clearinghouse for Early Childhood Education.

Interracial books for children bulletin (Council on Interracial Books for Children, 1841 Broadway, New York, NY 10023).

大書

大書
是大版本，掛圖大小的童書，供一群兒童使用。

　　大書（big books）是大版本的童書，它在大小及形狀上都超過一般的書。兒童聽著及看著老師所唸的大書，就好像置身電影院最前排座位一般。聽眾或觀眾可以是活動的一部分。大書可以讓孩子變成主動參與的學習者。

　　大聲地讀加大的故事書可提昇兒童對文學的喜愛及瞭解，使他們發展出口語字彙（不論是接受性的或是表達性的），培養閱讀的觀念，發展出早期閱讀的技巧，像是：由左到右的閱讀方式，瞭解慣用語及專業術語，給兒童「書本語言」的觀念，發展出視覺區別及辨認字母和單字，並且可以提供協助批判性及創造性思考技巧的活動。

利用大書

1. **大聲誦讀一本書給班上兒童聽。**以戲劇的口吻讀一篇故事給全班聽，以手或指示棒隨著文章內容走，以確定兒童了解閱讀時由左到右及由上到下的過程。在故事的關鍵時刻停下來，讓兒童預測下一步將發生什麼事。

2. **重讀故事。**一再重讀最喜歡的故事；並教導他們各種觀念，如預測、對印刷品的概念、字彙等等。

3. **鼓勵獨自探索和調查。**讓二至四個兒童一組一起讀故事書，然後分享感想並討論所讀的書本。他們可以討論圖片或指出他們認識的字。

4. **利用各種教學活動。**在讀一篇故事好幾遍後，可利用下列活動，如：一齊朗誦、以圖片預測故事發展、將圖片排序及重述、介紹故事中的新奇事物或寫一串連鎖的句子（Cassady ,1988）。

　　製作大書。一些出版商同時提供大書版本及小版本的故事書。當某一本書沒有大書的版本或是比較貴時，老師可以自己製作大書。學生也可以一起參與製作的過程，刺激他們閱讀的興趣，及培養他們所有權的感覺，並以自己做的大書為榮。

　　兒童也可以合作製做一本大書（Trachtenburg & Ferruggia, 1989）。首先，老師將原版的故事多唸幾遍。為了提高兒童瞭解的程度及引發他去讀故事的動機，老師可以提供戲劇活動及討論；老師也可錄下兒童參與看圖說故事的情況。

閱讀大書的方法

1. **佈置環境**。讓小孩坐在地板上，靠近老師，這樣他們就看得到插圖及文字。大書可以放在書架上，這樣可以較容易翻頁並較方便指出唸到的地方。有時也可以讓兒童來翻頁。

2. **介紹故事**。做一個簡短的介紹。討論一下書的封面、標題、相關的經驗及其他相關的資訊。例如：拿Ezra Jack Keats的 *The Snowy Day* 來說，適當的開場白可能是：「雪像什麼？感覺起來如何？有沒有玩過雪？如果沒有，想像一下在雪中玩的樣子？」這都是為了引起兒童來聽故事的興趣。

3. **閱讀故事**。頭一次閱讀是為了好玩及樂趣；接下來的閱讀則可以提供學習閱讀的機會。老師如果在講述時不方便指著字，可以在之後的閱讀中再做。有一些老師較喜歡用指示棒以協助兒童正確的看著唸到的地方。當重讀大書時，指著文章中的字並鼓勵小孩一起參與。小孩會喜歡重複唸一些熟悉的複句或詠唱調或做簡單的手部動作或做適當的聲效。當老師指著字時，小孩就可以看出印刷文字的慣例，而他們也會開始去辨字及找出發音及符號之間的關係。

4. **討論**。第一遍讀完時，討論插圖、角色或是書中最喜歡的部分。討論要自然地進行。討論作者的目的及觀察兒童的理解力。因為這故事可以反覆閱讀、討論多次，因此，最初的討論應該簡短並在小孩失去興趣前結束。

5. **提供延伸的活動**。在讀完大書之後，可進行合適的延伸活動像是獨力閱讀故事、戲劇化活動、藝術、音樂及寫作。獨力閱讀是很重要的活動，因為兒童變成閱讀大眾中的一份子。大書的小版本可以供作獨力閱讀的教材；這可以鼓勵兒童時常反覆閱讀自己喜歡的故事。兒童是藉由參與閱讀的動作來學習閱讀的。

6. **評估**。在閱讀時及閱讀後，都要評估每個學童的進步程度。（Meinback, 1991）

　　＊雖然這些指導方針著重於大書上，但它們也適合其他書籍。

活動　製作大書

步驟　1. 選擇一本喜歡的書。

2. 將內容複印至一張大約25×15英吋大的白紙上。

3. 將內容寫得大到足以讓一群小朋友都看得到。一旦寫好了，就將故事重說一次，並且討論畫上可能的插圖。

4. 畫上插圖。如果讓一群小孩一起畫，老師應該要參與協助。

5. 將插畫沿著黑板、佈告欄或曬衣繩來展示以決定正確的插畫順序。

6. 書名頁要列出插畫者的名字、班上的照片、出版日期及列出班級的名稱當作出版公司。

7. 將這些書頁合成一本大書，加上封面及書名頁。用粗線（牙線即可）、金屬線或大訂書針做合訂的工作。書背可用大膠帶加強固定。

8. 在封面上加塑膠套並在書底內頁加上借書卡，供小孩借還書。

9. 提供小孩機會去閱讀或反覆閱讀故事。(Meinbach, 1991)

圖書區

　　兒童需要有自己看書的機會，甚至在學習閱讀之前，就先去感覺書本的存在。一個好的圖書區會用吸引人的方式陳列圖書，並且讓小孩隨手可得。Martinez和Teale（1988）觀察幼稚園的小孩在圖書區的情形，他們發現：小朋友對於較熟悉的書會表現出較進步的閱讀行為。兒童會用很多種方式來使用圖書區的書，像是瀏覽、默讀、討論故事或是畫成圖畫、演出或是聽別人說故事。顯然地，圖書區確實能引發孩子主動閱讀的習慣。

兒童喜歡看他們熟悉的圖書。

　　老師應該在圖書區提供一個舒適的環境及充足的資料來促進兒童愉快的讀寫經驗。圖書區應該是看得到的區域，而且歡迎班上任何一個同學。藉由放置書架、一部鋼琴、檔案櫃、或是沒有支架的告示板在此區的兩、三面處可以做爲有形的分界線。圖書區的大小視學童的多寡及教室的大小而定。一塊地毯及一些枕頭可以營造舒適的氣氛。此區也應包括一張小桌子和幾把小椅子，讓小孩可以閱讀或自由創作、一把搖椅可以讓他們舒服地閱讀、提供耳機則可用來聽錄音帶故事。當他們用耳機來聽故事時，就可以獨自地享受故事；此外，一個大型的、不透明的厚紙箱也可以提供一個隔絕的、舒適的閱讀空間。

　　兒童也可以一同參與設計及佈置圖書區的工作。老師和兒童要不斷地評估圖書區，訂定使用規則並負責清潔、或將它命名。

　　老師可以將書放在書架上，這樣孩子才容易看到封面選擇看起來有趣的書。一定要有一個可以讓兒童舒服地看完一本書，與其他孩子討論圖片、閱讀的地方。一張搖椅、一張桌子及幾把椅子、一堆放在地板上的枕頭、或甚至一張小地毯，這些東西都像是

圖11-1 圖書展示

在邀請兒童來瀏覽書籍一樣。當然，燈光必須要適當，並且此區域一定要有某種程度的隔離。兒童也要學著愛護書籍；書要時常在一段時間內更換，這樣才能一直有一些新的、有趣的閱讀材料。

如果情況允許的話，應該可以讓小孩把書帶回家。尤其當這個孩子的家中沒有許多書籍可供閱讀時，老師更應該試著安排借閱。一些便宜的、再版的優良兒童讀物使這個方式比較可行。也應該鼓勵父母親講故事給孩子聽；有時候，給家長一張簡單的指引，就可以幫助他們有效率地來做。另一方面來說，老師也可以花一些時間開家長座談會，討論特定的閱讀技巧，或是鼓勵家長為幼兒訂閱一些適合的雜誌。

兒童喜歡在畫版上操作喜愛的故事中的主角人物。玩偶也有助於兒童將喜愛的故事演出來。用書套做成的動態吊飾是很吸引人的；有一些吸引人的、鼓勵閱讀海報，可從下列資源取得：

· 兒童圖書學會 (Children's Book Council)

67 Irving Place
New York, NY 10003

· 美國圖書館協會 (American Library Association)

50 East Huran Street
Chicago, IL 60611

　　兒童也很喜歡摟抱娃娃或是填充玩具，尤其是如果和某本故事書的內容相關的。例如：一隻填充熊或是有著金髮的娃娃就可以放在：《葛蒂拉與三隻熊（*Goldilocks and the Three Bears*）》的故事書邊；豬布偶就可以放在《三隻小豬（*The Three little Pigs*）》旁邊；而兔子布偶就可以放在《兔子彼得（*Peter Rabbit*）》的旁邊。小朋友喜歡跟玩偶、填充動物講話，或甚至只是抱著它們看故事書。

　　圖書區也應該要包括兒童自由創作的材料，像是畫版劇場或是用一捲棕色的壁報紙做成的圖畫故事以模仿電影的方式展現。現在也有很多兒童可以閱讀的雜誌，它們都是最新的、藝術欣賞的，對好奇的小孩來說也是很有意義的。雜誌也可以和書籍一起放在圖書區。新或舊的兒童雜誌、報紙都不貴，老師也很容易購得。許多出版商或當地的雜誌社也會將過期的期刊捐贈給學校。

童詩

　　兒童喜歡聽詩詞，因為它結合了字的韻律流動感。老師可以為幼兒介紹一些詩，範圍可以從鵝媽媽的韻律及A. A. Milne的詩，到很多現代詩人的作品。童詩中複誦的特質有時可以幫助兒童自己學會讀詩；老師應該要謹慎地選詩，並且用吸引小孩的方式呈現。

　　Sutherland和Arbuthnot（1991）建議可以介紹幽默的詩及敘事詩給兒童，他們非常喜愛幽默的五行短詩、敘事詩及律詩，特別是故事性的律詩。詩歌最吸引人的是它可以唱誦的特質，及字裡行間的韻律和動感。因此，詩詞可以像音樂一樣被聆聽和唱誦。

　　正在學習閱讀的小孩在從書上讀到詩之前，應該先聽詩。從一開始學閱讀的階段，兒童的閱讀能力取決於他的聽力。聽詩歌朗誦可以給他們比閱讀詩詞更多的樂趣。

　　現代詩比古詩更可引起孩子的興趣，因為古詩較適合中學生

閱讀。老師應該將現代詩納入平時的教學中，並且邀請當地詩人和兒童一起研究詩詞。詩人可以介紹自己的詩給小朋友，或是談談他們是如何完成一首詩的，並且可以幫助孩子成為詩人。

通常，在班上閱讀詩詞可引導兒童對字的發音感到興趣；詩應該要大聲的唸出，因為這樣音韻會顯得十分地清楚。韻腳及韻頭會使小孩子著迷；他們通常只是喜歡聽字的發音及用舌頭唸出來的感覺。因此，老師應該鼓勵孩子玩文字遊戲，但要注意的是：小孩子對於說一些雙關語是很厲害的。

幼教老師通常會配合手指遊戲來使用詩詞，雖然這些活動較沒有語文的價值，但是這是用來填補時間很好的活動，而且小孩子會很喜歡。手指遊戲是起源於Froebel的幼稚園，所以在幼兒教育的傳統上是很重要的。

專欄 11-14

朗誦詩詞的建議

1. 時常大聲的將詩詞唸出來。
2. 透過不同媒體，像是錄音機、書本及錄音帶等，提供各種詩詞。
3. 選擇現代詩及古典詩。
4. 選擇可以理解的主題。
5. 選擇有動作或幽默的詩詞。
6. 準備多種詩文集供孩子選擇。
7. 避免誦經式的朗讀。
8. 試著齊聲朗誦。
9. 鼓勵兒童寫詩、詞。

(Sutherland & Arbuthnot, 1991)

視聽媒材的運用

　　許多的老師在提供給兒童多樣化的聆聽活動上受限較多。如果他們說一個故事給全部的小朋友聽，那說故事時間就成了全班性的活動。當老師或是成人和一兩個小孩坐在一起說故事時，那會是一個親密的經驗；在這樣的環境氣氛下，成人可以對兒童的反應做更多的回應，並且說故事就成了一個互動性的經驗。很多老師都發現在多變的情況及小團體教學時，利用視聽的輔助教具可以使他們能提供更多接收性的語文活動。

　　許多的兒童故事錄音帶在市面上都可以買得到。此外，老師們發現：自己製作故事錄音帶也是十分有幫助的。大部分學齡前的兒童都可以自行操作錄音機；給孩子一套錄音帶及書，他們就能邊聽故事邊看書中的圖片。如果能在要翻頁處錄一個訊號音會更有幫助。

　　很多的教室內都設有聽力中心，包含接在唱機上或是錄音機上的耳機，而機器上設有多孔插座，這樣才能同時讓好幾個孩子一起聽。雖然有些聽力中心會採個人閱讀座位的方式將小孩區隔開，但這是不必要的，除非小孩有嚴重的注意力問題。聽故事應該是個可以和其他的小朋友一同分享的經驗；所以基本上，耳機的設置是為了隔絕教室中其他活動的噪音干擾。

　　錄影帶及有聲幻燈片也可以擴大小孩接收的語言經驗。許多優良的兒童故事都有發行成這類的視聽教材；而且教室可以佈置安排成允許一個孩子或是一個大團體使用。藉著移動課桌椅規劃出一個獨立的空間，就可以提供視聽課時所需要的隱密性了。

運用日常發生的事件

　　在學校一天的活動中，老師可以找到許多的機會支援語言的學習。然而，持續不斷的語言指導需要對每個狀況中潛在的學習機會十分敏感。

　　一個烹飪的活動可能從一個事先計畫好的討論開始：「我們

要做什麼？要怎麼做？要怎麼分工？我們需要哪些材料和設備？」這些問題可以引出兒童的反應。老師可以在圖表紙上寫下食譜，並且用畫的將數量及內容物標示出來。謎語也可以幫助他們瞭解菜單。老師可以在最後回顧整個一下整個烹飪的過程並將這經驗寫在圖表上。

在戲劇活動中，便條紙、電話等都算是道具；老師也可以為小孩做一些標示牌。在音樂活動中，老師可以請小朋友仔細聽清楚歌曲中的歌詞；然後討論字的發音及意義。唱著一首不斷反覆的詩詞可以教他們新的字彙，或是兒童也可以創作出他們自己的詩詞。找出韻腳可以幫助孩子學會聽字尾處並比較字音的不同。老師應該要探索每個活動中語言學習的機會。

其他和語言相關的活動

在教室中尚有其他語文學習的機會。大部分的教室中都會有許多操作性教材做為語文學習的工具；這些教材可以提昇兒童對特殊語言屬性的了解。

「樂透」（lotto）遊戲就是個好例子。在玩「樂透」時，兒童必須指認出一張圖片，給它貼上標籤，並和另一張圖卡配對；這樣「樂透」遊戲就可以用來教物體種類的名稱、物體的名稱或動作的名稱；此外，也可以教他們視覺配對的技巧。在順序拼圖中要將熟悉的故事場景依適當的順序擺好，這可以幫助小孩學習一個故事中事件的順序。在他們把順序排好後，就可以問一些和故事有關的問題。立體的字母可以讓小孩子創造一些字，並且省去不會寫字母的困擾。這些工具也可以提供一個觸覺經驗來感覺字母的形狀及形式。大部分為了訓練閱讀準備度的遊戲及教材都可以包含在這個範圍內。

許多在操作教材區的遊戲都可以讓兒童個人或小群體使用。一旦孩子可以熟練的控制此項教材的技巧及規則之後，他們往往就可以單獨進行活動，而老師只要偶爾檢查一下活動的正確性即可；這種獨立性可以讓兒童在一天中不同的時間使用這些操作性

兒童可藉由玩遊戲，如樂透來學習字母。

教材。

　　持續地參與口語的語文活動，像是討論、創造性的戲劇製作及聽故事及詩詞等等，這都和書寫的語文活動有直接的關聯。在生活中，語文沒有那麼多的區別，不像學校所安排的課程一般，把語文分門別類。在課堂上閱讀和寫字必須要和聽、說等能力一起進行。

書寫語文的學習

　　國小老師都會特別注重閱讀及寫字所表達的內容及技巧。許多書寫語文的學習活動可以用非正式的方法達成；然而，教導閱讀及寫字的技巧仍需要一些有系統的學習方法。

寫字

　　今天多數學校都會教兒童用手寫的方式來學寫字，用不連接的字母（印刷體）所形成簡單的書寫。而書寫體的學習，大約是在

二年級的期中或期末才開始，此時，所有的字母就可以都連在一起書寫。兒童通常在幼稚園就已經開始學寫自己的名字，有時，這是在家裡學的。如果幼稚園的兒童一開始就是學習書寫體而不是印刷體的話，就可以省去額外的轉換。

其實學習寫字甚至更早之前就開始了。根據Vygotsky (1978) 的說法是：嬰兒時期就開始發展寫字的能力。這可以從嬰兒的動作、手勢、說話、遊戲及畫畫的方式中觀察得到，而這些都是表意的形式。兒童第一個在紙上表現出的未分化記號是指示的標識，而當兒童發明出自己適當的表達模式後，這標識會變成有意義的書寫語文。Saracho (1990) 發現三歲的幼兒有以下幾種寫字的層次：

- **第一階段：毫無目的的塗鴉**。兒童會嘗試用可以拿來寫字的工具在紙上寫自己的名字。用他們的手掌、手臂控制鉛筆畫圓或畫垂直的線條。多數時候他們是畫圖而不是寫自己的名字。

- **第二階段：水平的運動**。兒童在紙上所做的記號有一個明顯的水平傾向，而且會有一些有系統的上上下下扭曲的短線。他們會匆忙地由上到下從紙的一端寫到另一端，好像在模仿成人快速草寫的方式

- **第三階段：分離符號單位**。雖然水平的運動仍然存在（其中也夾雜有許多垂直的線條），在此時期，小孩子也會傾向於將符號單位分開，其中有些可以被認出是字母。

- **第四階段：寫出來的字母不正確**。第二階段中模仿成人寫字的波浪線條幾乎消失了。大部分的字母都是可以辨認的。小孩會發現個別的字母單位，並且會對寫字母十分感興趣。

- **第五階段：正確地拼出名字**。在這階段，所寫的單字混合了正確及不正確的字母；但通常可以正確地拼出自己的名字。

如果兒童能學會握筆及正確地使用蠟筆、水彩筆，那麼從畫

畫到寫字的轉變會比較簡單。在幼稚園裡可以給小孩鉛筆,讓他們用來畫圖及開始寫字;也可以提供一些書寫上必要的筆法,像是畫圓、水平線及垂直線、斜線等。

　　老師可以使用許多種技巧來教兒童寫字母,包括使用模板及木頭或沙紙做的字母。這些材料讓小孩感覺字母的形狀及形式。在使用紙、筆之前,小孩可以在沙中或是在黑板上寫字。他們也可以模仿老師寫的字或是作業、練習簿上的字,或甚至在老師所

專欄 11-15

教學建議

爲兒童的創意寫作做準備

1. **中斷的小插曲 (interrupted episode)**。在故事或影片進行到高潮時,可以停下來並問兒童接下來會發生什麼事。寫下並討論他們的反應;這些回答沒有對錯、好壞,每一個回答都是可能的。

2. **故事的描述 (story illustration)**。當在介紹一個故事時,指出一個小孩需要特別注意的角色。不要讓他看書上是怎麼畫的,這樣在說完故事後,小孩就可以將它畫下來。之後,讓小孩將自己的畫和故事書中的圖做比較。做一個佈告欄,貼上兒童的畫並把原版的畫放在中間。

3. **有墨漬的寫字方式 (inkblot writing)**。放一大張報紙在地上;在墨水中加一點玉米粉或麵粉使它濃稠。讓兒童將混合好的墨水灑到紙上,並將紙對折再打開。讓兒童指出並描述他們創造的墨水斑點中所隱藏的圖畫。

4. **神秘箱 (mystery box)**。在鞋盒的上方打一個拳頭大的洞,並用一隻襪子附在洞口的四周或是用一隻長襪套住一個咖啡罐。將不同大小、形狀、質感的東西放在箱子裡。兒童將透過襪子把手伸進箱子裡並描述他們的感覺。在圖表上記下他們的描述,鼓勵兒童去檢查上一堂課中所記下的描述。

寫的字上重謄一遍。老師也可以給兒童習字範本，這樣第一次寫的字就和範本字一樣。不過應該只將這些活動提供給有興趣的兒童及可以從中學到東西的孩子，而不是全班性的學習活動。

　　從很多的例子中可看出，在小孩會清楚無誤的寫出每一個字母之前，他就已經能夠使用寫字。老師應該鼓勵兒童這麼做，因為不必要的注意寫字的技巧，而不注意寫字的用途，將會使兒童失去興趣。老師應該儘早讓兒童寫字、寫句子及故事；他們也應該幫助仍然不會閱讀及寫字的小孩做準備。為了幫助小孩了解別人所做的創造性寫作，寫字活動應該是鼓勵創造力及全方位的思考；這一類的活動可以幫助兒童主動的參與創造性的寫作過程。

　　閱讀和寫字是相關的。對寫字來說，意義是藉由文章內容的組成而形成的；然而對閱讀來說，文章內容是透過預測意義而形成的 (Morrow, 1993)。兒童學習寫字和閱讀來測試自己的語言觀念；他們測試的方法有：

1. 發明及裝飾字母、符號及單字；
2. 將畫畫及寫字混合；
3. 用各種形式及形狀來發明所要表達的訊息；
4. 在他們可以熟練的使用傳統的形式後，會繼續使用自己發明的拼法。

小孩的寫字經驗使閱讀比較容易。Morrow (1993) 及其他的學者相信，在下列的情況下，可習得早期的寫作：

1. 兒童的讀寫經驗是將熟悉的情境及真實的生活經驗相結合。(Gundlach, McLane, Scott, & McNamee, 1985)
2. 兒童早期的寫作過程是從遊戲性的在紙上畫記到寫成一篇文章來傳達訊息。
3. 兒童了解書寫語文的目的早於學習書寫文字的形式 (Gundlach, McLane, Scott, & McNamee, 1985; Taylor, 1983)。
4. 兒童會不斷的發明及修改書寫文字的形式 (Dyson, 1986: Parker, 1983)。

5.兒童的寫字是結合了自發及自我引導的社會情境及互動。

6.兒童寫作的動機是來自於故事編寫。

7.兒童須觀察及參與較具書寫技巧的人所從事的讀寫活動。

8.兒童透過與其他知識分子互動而以他們曾經歷過的書寫功能和形式獨立運作。

根據Teale（1986）的說法，這些探索活動能使兒童的讀寫能力達到「完全成熟」。不論是閱讀還是寫字都和兒童的語文知識相關。因此兒童應該有機會開始並練習寫作。

在幼稚園中，或特別在國小的階段，會介紹一些電腦課程，這樣兒童就有一個新的書寫工具。一旦兒童能熟練地操作鍵盤，那麼簡單的文字處理就可以讓他們更專注於所寫的內容而不是寫字的技巧。他們可以訂正錯誤及修改內容而不用重寫一遍，並且最後的作品都很有可看性。

將小孩口述的話記下來的老師可以帶動兒童進行寫作。兒童也可以由聽寫一篇只有幾個字的短篇故事開始；他們也可以在大張的紙上將故事畫下來。抄寫短篇故事的活動，可以加以延伸將

寫作面談將表達語言的教學個人化。

故事寫得更精緻。兒童也可以組成小組來進行故事的寫作，但是也要鼓勵他們儘早開始單獨地寫故事，兒童應該要誦讀自己所寫的故事，給老師和其他小朋友欣賞。也可以讓兒童將故事帶回家。老師應該將兒童的作品收集成冊，由兒童自己製作封面及繪製插畫，這樣他們就可以展示出在學校中的進步，也可以閱讀自己的作品。這些作品集也可以放在圖書區供大家一起欣賞、閱讀。

在學期一開始就給學童一本薄的筆記簿可以讓他們產生寫一本書的觀念。老師應該注意一本簿子中頁數不要太多，這樣才不使得寫完這本簿子似乎是個有壓力的工作。多多鼓勵小孩練習寫作，可以讓他們寫有關於學校內外所經歷的事：報導事件有助於兒童開始變成小作家。隨著年齡增長，他們在寫作方面會更有創造力，寫出童話故事及童詩。

一開始，拼字不是很重要，而且也不應該過於強調。可以鼓勵兒童發明自己的拼音方法，拼出他們所聽到的字。當小孩知道一些字母的名稱並可以區分單字的音位時，他們就會發現字母的順序規則，也會開始依字母的發音來拼字。許多五、六歲的小孩已經會這麼做，即使他們還不會閱讀。他們在寫作中必須感覺自在愉快，過早的批評會阻礙他們的嘗試；因此，晚一點才讓老師或其他的孩子幫忙校訂。最後，兒童將會養成校訂自己作品的習慣，因此，提供他們一本基礎用字典對於開始查字的拼法是很有幫助的。一個檔案箱及一組卡片或是每一頁只記一個字母的筆記本，可以幫助兒童做一本屬於自己的字典或查字表。兒童可以將他們學會發音及其定義的新單字加進他們的字典中。這樣他們就可以很快地開始利用字典和老師來學習正確的拼字。

教育家們不認為應該一開始就教兒童有系統的拼音法則或是諸如此類的教學計畫。過去有許多的拼音教學計畫會提供單字的書本或表格供兒童記憶；有時候每週也會舉行預行測驗，而兒童要固定時間寫一些他們還不會拼的字，直到當週結束前再舉行一次重新測驗。通常字的長度是決定於它是否適合兒童的標準，因此幼兒通常會學較短的字，並專注在視覺層面以增加記憶力。

有研究指出：兒童認爲拼音的形式是跟字母及發音有關，以他們認爲有用的方法學習拼字。很多時候在學習的過程中，他們通常會拼出許多看起來怪異的字。顯然兒童會經過一連串不成熟的拼音發展階段。Gillet及Temple（1990）回顧這個研究並詳盡指出許多人學習拼音時各探索階段的界限。

專欄 11-16

拼音的階段

1. **音位發展前的拼音**（prephonemic spelling）。所給的字母和單字的發音沒有明顯的相關。字母是隨意排列的，像是用LMOS來代表wind這個字。

2. **早期的音位拼音**（early phonemic spelling）。用字母來代表指定單字的發音，但是只代表不到一半的語音。傳統上，用字母來代表開頭或開頭及結尾的發音，像是用WD或YD來代表wind,用JAT來代表jumped這個字。

3. **字母名稱的拼音**(letter-name spelling)。在單字中有一半以上的語音可以用字母來代表。字母和發音的關係在於字母的名稱和它的發音之間的相似，例如：YTS或YUTS代表once，JRPT或CHRP代表chirped，LAT代表late，STAD代表stained。

4. **變換拼音**（transitional spelling）。在單字中一半以上的語音都呈現出來；但是字母和發音的關係不是在於字母的名稱，而是一般的拼音規則。兒童要學習正確地拼出短母音、子音、結合字及兩個字母發同一音的字。做記號的字母可能會出現，但是用得不正確。在子音重複、字尾變化及非重音的音節中常發生錯誤，例如：用SETER代表setter，FECHER代表feature，STANED代表stained，NACHURE代表nature，BUTTEN代表button。

5. **正確的拼音**（correct spelling）。所有的字都必須正確。如果只有一小部分不正確，表示拼音正在轉換中。

教學建議

自動自發的寫作活動

1. **型錄購物** (catalog shopping)。小孩子可以看商店的目錄或小冊子，在他們想要訂購的貨品旁寫上名字。

2. **塗鴉板** (graffiti bulletin board)。海報板或佈告欄可以供兒童留言。他們可以貼出一些建議、插圖或有對話的漫畫。也可以用錄音機錄下一個故事或留言。

3. **信箋設計** (stationery design)。小孩可以設計自己的信箋，例如在信箋頂端或沿著邊緣蓋上馬鈴薯印章。這樣小孩就可以將他們的留言寫在信箋上。

文法

　　幼教老師通常不會刻意教孩子正式的文法。他們較關心讓小孩成為一個好的語言使用者，而不是語言結構的學者。

　　有一個教文法的方式即提供兒童玩語言結構遊戲的機會，就好像他們玩文字的聲音遊戲一樣。可以給兒童一些簡單的句子，並請他們以各種方法將之轉變成其他的形式。給兒童一句陳述句，可以讓他們改成用問句或命令句說出。他們可以在名詞或動詞片語上加上修飾詞，這樣他們所使用的語言就會比較精確。也可以請小孩調換字的次序，試著改變句子的意思，或是讓小孩對文法及非文法結構更敏感。

　　老師必須注意到語言之美，而這可以從兒童的表達方式中發現。通常大人會制止幼兒說一些怪異的語詞，因為這些表達方式不正確。次文化團體會有一些能豐富我們語言的表達方法，然而

在學校裡我們通常會排除這些表達的方式。老師應該要支持及珍視這些差異，而不是試著排拒他們。當溝通是一種個人的陳述而不是一系列老套的語詞時，語言之美就會被提昇。

閱讀

閱讀及寫作的指導應該一起進行。讓兒童及早開始學習寫字與許多教導閱讀的方法理念一致。這也可以幫助老師發展出一個整合的方法來教導語文。

兒童不只要學習閱讀，也要學著喜歡閱讀。閱讀應該變成一個有意義及個人滿足的經驗，而且也只有當兒童因為想要（而不是因為必須）閱讀時才會發生這種經驗。當兒童開始被書本吸引時，可以在他們的閱讀經驗中儘早提供書本。兒童應該要有機會自由的閱讀及瀏覽；也應該要能決定他們想讀什麼、什麼時候要讀及讀多久。即使是幼稚園的兒童，在被要求學習閱讀之前也需要有機會看看書及感覺書本的存在。一旦兒童發展出閱讀的技巧後，就應該要有更多獨立學習的機會。

教室中可以取得的書籍其主題及程度應該要廣泛。如果一本書很有趣，兒童無論程度高低都能閱讀。兒童需要坐下或伸展的場地閱讀，同時不會受干擾。在閱讀區不應限制兒童的對話，因為真的對一本書感興趣的孩子會很想與他人分享書的內容。如果學校有圖書館，則必須為兒童安排時間在館內閱讀或選書。但是，學校的圖書館只應補充教室圖書館，而不是取代它。兒童需要暢通的管道來取得圖書。如果他們已能獨立閱讀，那麼登錄系統將可使老師及兒童記得他們曾讀過的書。

兒童藉由觀察老師的行為而學會許多知識。想要教兒童享受閱讀的老師自己一定也是一位愛讀書的人，這樣才能和他們分享閱讀的樂趣。說故事就是表達這種樂趣的方法之一。最重要的是，教室的氣氛及老師行為所反映的價值觀將會決定語文教學的本質。同一間教室中的同一份教材可能是一個枯燥的情境，也可以是一個兒童渴望學習、聽、說、讀寫的有趣環境。這都是要看老師

如何運用手邊的教材了。

結語

　　為了給兒童最好的學習效果，老師應該要將語言視為一個整合的整體，包括接受及表達、口語及寫作。因為聽、說、讀及寫是相互交織而成的。在幼稚園中，老師要多強調口語的學習，並且也要替兒童以後能成功的學習寫作打基礎。他們應該幫助兒童不只是在口語和寫作上都能勝任，更要成為在語言活動中快樂的參與者。

參考書目

Bellugi, U., & Brown, R. (1964). The acquisition of language. *Monograph of the Society for Research in Child Development, 29*(2).

Blank, M. (1973). *Teaching learning in the preschool.* Columbus, OH: Merrill.

Blank, M., & Solomon, F. (1969). How shall disadvantaged children be taught? *Child Development, 40,* 47–63.

Bloom, L., & Lahey, M. (1978). *Language development and language disorders.* New York: Wiley.

Bloome, D., & Solsken, J. (1988, November). *Cultural and political agendas of literacy learning in two communities: Literacy is a verb.* Paper presented at the annual meeting of the American Anthropological Association, Phoenix, AZ.

Bontempo, B., & Iannone, R. (1988). Creative drama: A special kind of learning. *Teaching K–8, 18*(6), 57–59.

Cassady, J. K. (1988). Beginning reading big books. *Childhood Education, 65*(1), 18–23.

Cazden, C. (1968). Some implications of research in language development. In R. Hess & R. Bear (Eds.), *Early Education* (pp. 131–142). Chicago: Aldine.

Chomsky, C. (1971). Write now, read later. *Childhood Education, 47,* 296–299.

Chomsky, N. (1957). *Syntactic structure.* The Hague: Mouton.

Council on Interracial Books for Children. (1980). *Guidelines for selecting bias-free textbooks and storybooks.* New York: Author.

Cullinan, B. E. (1989). *Literature and the child.* Washington, DC: Harcourt Brace Jovanovich.

Dickinson, D. K. (1987). Oral language, literacy skills, and response to literature. In J. R. Squire (Ed.), *The dynamics of language learning: Research in reading and English* (pp. 147–183). Urbana, IL: ERIC/RCS.

Durkin, D. (1987). *Teaching young children to read.* Boston: Allyn and Bacon.

Dyson, A. A. (1986). Children's early interpretations of writing: Expanding research perspectives. In D. B. Yaden & S. Templeton (Eds.), *Metalinguistic awareness and beginning literacy* (pp. 201–218).

Exeter, NH: Heinemann.

Edelsky, C. (1990). Whose agenda is this anyway? A response to McKenna, Robinson, and Miller. *Educational Researcher, 19*(8), 3–6.

Edmonds, M. H. (1976). New directions in theories of language acquisition. *Harvard Educational Review, 46,* 195–198.

Fillion, B., & Brause, R. S. (1987). Research into classroom practices: What have we learned and where are we going? In J. R. Squire (Ed.), *The dynamics of language learning: Research in reading and English* (pp. 201–225). Urbana, IL: ERIC/RCS.

Gillet, J. W., & Temple, C. (1990). *Understanding reading problems: Assessment and instruction.* Glenview, IL: Scott Foresman.

Gingras, R. C. (1983). Early childhood bilingualism. In O. N. Saracho & B. Spodek (Eds.), *Understanding the multicultural experience in early childhood education* (pp. 67–74). Washington, DC: National Association for the Education of Young Children.

Goelman, H., Oberg, A. O., & Smith, F. (Eds.). (1984). *Awakening to literacy.* London: Exeter.

Goodman, K. S. (1986). *What's whole in whole language?* Portsmouth, NH: Heinemann.

Goodman, Y. (1986). Children coming to know literacy. In W. H. Teale & E. Sulzby (Eds.), *Emergent literacy: Writing and reading.* Norwood, NJ: Ablex.

Gundlach, R., McLane, J., Scott, F., & McNamee, G. (1985). The social foundations of early writing development. In M. Farr (Ed.), *Advances in writing research, Vol. 1: Children's early writing development.* Norwood, NJ: Ablex.

Haas, C. B. (1986). Getting ready for school: Make your own board books. *Day Care and Early Education, 14*(1), 40–42.

Harris, A. J., & Sipay, E. R. (1990). *How to increase reading ability: A guide to developmental and remedial methods.* New York: Longman.

Hobson, A. B. (1973). *The natural method of language learning: Systematized.* Tucson: Arizona Center for Educational Research and Development.

Holdaway, D. (1986). The visual face of experience and language: A metalinguistic excursion. In D. B. Yaden & S. Templeton (Eds.), *Metalinguistic awareness and beginning literacy* (pp. 79–97). Portsmouth, NH: Heinemann.

Jacobs, L. B. (1972). Providing balanced contacts with literature for children. In L. B. Jacobs (Ed.), *Literature with children* (pp. 5–8). Washington, DC: Association for Childhood Education International.

Jaggar, A. M., & Harwood, K. T. (1989). Suggested reading list: Whole language theory, practice and assessment. In G. S. Pinnell & M. L. Matlin (Eds.), *Teachers and research: Language learning in the classroom* (pp. 142–177). Newark, DE: International Reading Association.

Lenneberg, E. H. (1967). *Biological foundations of language.* New York: John Wiley.

Marcus, G. F., Pinker, S., Ullman, M., Hollander, M., Rosen, T. J., & Xu, F. (1992). Overregularization in language acquisition. *Monographs of the Society of Research in Child Development, 57*(4, Serial No. 228).

Martinez, M., & Teale, W. H. (1988). Reading in a kindergarten library classroom. *The Reading Teacher, 41*(6), 568–572.

Meinbach, A. M. (1991). *Sources and resources: Ideas and activities for teaching children's literature.* New York: Harper Collins.

Morrow, L. M. (1993). *Literacy development in the early years: Helping children read and write.* Englewood Cliffs, NJ: Prentice Hall.

National Council of Teachers of English. (1954). *Language arts for today's children.* New York: Appleton-Century-Crofts.

Nedler, S. E. (1970). Early education for Spanish-speaking Mexican-American children. Paper presented at the annual meeting of the American Educational Research Association.

Nedler, S. E. (1975). Explorations in teaching English as a second language. *Young Children, 30,* 480–485.

Nelson, O. (1989). Storytelling: Language experience for meaning making. *The Reading Teacher, 42*(6), 386–390.

Parker, R. (1983). Language development and learning to write. In R. Parker & F. Davis (Eds.), *Developing literacy: Young children's use of language.* Newark, DE: International Reading Asso-ciation.

Pflaum, S. W. (1986). *The development of language and literacy in young children.* Columbus, OH: Merrill.

Reeback, R. T. (1970). *Teacher's manual to accompany the oral language program* (3rd ed.). Albuquerque, NM: Southwest Cooperative Educational Labo-ratory.

Rogers, D. L. (1987). Encouraging extended conver-sations with children. *Day Care and Early Educa-tion, 15*(1), 23–27.

Saracho, O. N. (1986). Teaching second language lit-eracy with computers. In D. Hainline (Ed.), *New developments in language CAI* (pp. 53–68). Becken-ham, Kent (London): Croom Helm.

Saracho, O. N. (1990). Developmental sequences in three-year-old children's writing. *Early Child Development and Care.*

Saracho, O. N. (1993). Literacy development: The whole language approach. In B. Spodek & O. N. Saracho (Eds.), *Language and literacy in early childhood education: Yearbook in early childhood education, Vol. 4.* New York: Teachers College Press.

Skinner, B. F. (1957). *Verbal behavior.* Englewood Cliffs, NJ: Prentice Hall.

Smilansky, S. (1968). *The effects of sociodramatic play on disadvantaged preschool children.* New York: Wiley.

Smith, F. (1988). *Understanding reading. A psycholin-guistic analysis of reading and learning* (4th ed.). Hillsdale, NJ: Erlbaum.

Smith-Burke, M. T. (1987). Classroom practices and classroom interactions during reading instruc-tion: What's going on? In J. R. Squire (Ed.), *The dynamics of language learning: Research in reading and English* (pp. 226–265). Urbana, IL: ERIC/RCS.

Stahl, S. A., & Miller, P. D. (1989). Whole language and language experience approaches for begin-ning reading: A quantitative research synthesis. *Review of Educational Research, 59*(1), 87–116.

Sutherland, Z., & Arbuthnot, M. H. (1991). *Children and books.* New York: Harper Collins.

Taylor, D. (1983). *Family literacy.* Exeter, NH: Heine-mann.

Teale, W. (1986). The beginning of reading and writ-ing: Written language development during the preschool and kindergarten years. In M. Samp-son (Ed.), *The pursuit of literacy: Early reading and writing*. Dubuque, IA: Kendall/Hunt.

Thomas, J. L. (1987). Magazines to use with children in preschool and primary grades. *Young Children, 43*(1), 46–47.

Trachtenburg, P., & Ferruggia, A. (1989). Big books from little voices: Reaching high-risk beginning readers. *The Reading Teacher, 42*(4), 284–289.

Vygotsky, L. (1978). *Mind and society*. Cambridge: Harvard University Press. (Originally published in 1935).

Wagner, B. J. (1988). Research currents: Does classroom drama affect the arts of language? *Language Arts, 65,* 46–52.

Whitmer, J. E. (1986). Pickles will kill you: Using humorous literature to teach critical reading. *The Reading Teacher, 39*(6), 530–534.

Wishon, P. M., Brazee, P., & Eller, B. (1986). Facilitating oral language competence: The natural ingredients. *Childhood Education. 63*(2), 91–94.

12

幼兒的語文和讀寫能力⑴

本章綱要

◇閱讀的定義

◇閱讀和語言的關係

◇閱讀的過程

◇指導閱讀的方法

◇指導臨界學生閱讀的方法

導論

　　閱讀通常被認為是低年級課程中最重要的科目。在學校中是否有成功的表現，完全取決於閱讀的能力，不只是在小學甚至在往後的教育中也一樣。雖然美國幾代以來全民識字已經成為大眾教育的目標，但是這個目標卻從來沒有全然達成。事實上，有些小孩雖然受完學校教育，但卻沒有學會基本閱讀的技巧，有些甚至有閱讀學習上的困難，這些事實導致大範圍地去研究何時應開始閱讀教學、要運用何種教學計畫，以及閱讀如何與幼兒教育的整體計畫產生關聯。

　　閱讀教學日漸被視為是語文教學計畫中完整的一部分。最近在認知發展、語言習得、早期閱讀及學齡前幼兒學習書本、印刷和寫字等方面的研究，已經改變了幼兒教育教學策略及讀寫能力發展的觀念。直到最近，聽、說、讀、寫才被視為個別獨立的技巧，應該分開來教。師資培育計畫已傾向於將閱讀教學的科目從語言文學課中獨立出來。現在我們了解到：讀寫能力和所有的溝通技巧都有關，而且當我們同時學習這些技巧時，它們會相互增強。

　　為討論幼兒閱讀，本章提供了許多關於閱讀的不同定義及閱讀過程的概念，也討論在其它語文活動脈絡中的閱讀教學。最後，本章提供了一個幼兒教育閱讀計畫的概念：在擬定這個計畫時，我們必須分二部分討論：閱讀是成熟的過程及學習閱讀。就好像

一個優秀的腳踏車選手不會做初學者必須做的事，所以一個成熟的讀者的閱讀方式，也一定和生手不同。閱讀分析有助於瞭解閱讀教學的目標，不過在成熟的讀者和初學讀者之間的差異便意味著達到幼兒教育目標的方式不能直接從這種分析中去推斷。

閱讀的定義

有些關於閱讀教學的爭論起因於定義閱讀過程的不同方式。一些教育學者認為閱讀基本上是一個解碼過程，也就是說學習書寫符號及口說語音之間的關係。一旦學會連結兩者，兒童就可以稱作一個讀者。因為幼兒已經知道了許多口語的意義及過程，所以剛開始教閱讀的老師不須要擔心這些意義及過程。根據此一觀點，閱讀教學的目標是提供關鍵的字—音連結，它除了可解開文字訊息外，也讓兒童把他們所能了解的書寫語文和口說語文相互連接。

雖然大多數的人同意成功的閱讀初學者必須學會字音連結，但是閱讀的過程是比解碼還要更複雜。許多專家擴展他們對閱讀過程的解釋。一些教育學者宣稱閱讀是從印刷文字中獲得意義。這個定義說明了解釋字—音連結關係也是閱讀的一部分，並且應該被包含在任何教學計畫之內。在所有的閱讀教學計畫都應該強調從印刷文字中獲得意義，而不是靠解碼。也有一些其它的教育學者建議閱讀過程是智力過程的延伸，因為解釋意義也是閱讀中十分重要的部分。批判性閱讀、解決問題及其它複雜過程也都應該包括在閱讀計畫之中。

Frank Smith (1988) 將**閱讀（reading）**視為從印刷文字中獲得意義。他指出達成閱讀的理解有兩種方式：其一為直接理解，這是指直接從字的外形特徵就想到意義；其二為間接理解，意指兒童之前已學會字的發音。兒童必須發出字音來了解這些字，在口語及書寫語文之間反覆搜尋。熟練的讀者閱讀時基本上是藉由直接理解，利用選擇性的資訊來源來加速過程的進行。這個資訊

閱讀

從文章中獲得意義的過程。

是來自文字的形式、句法結構及文字的內容。只有當遇到困難時，熟練的讀者才會使用間接理解。不會使用直接理解的讀者就可以使用間接理解法。

基模理論

　　心理學家及教育學者一直都十分注意閱讀理解。老師會假設閱讀教學是基於普通常識，因爲他們將閱讀視爲連接書寫和口語文字的過程，所以他們讓小孩用讀出字音的方式來學習閱讀。Garner（1987）從閱讀的理論方法來描述一些閱讀理解力的觀點，做爲處理文字內容的典型互動模式。在這些理論中基模理論是最廣爲接受的觀點。

基模
對事物預設一連串的期望。

　　基模（schema） 是指當個體重述對事物的經驗時，會對新事物產生某種期望。它是一種保留在記憶系統中的抽象知識結構，並且通常都被用來解釋新的資訊（McNeil, 1984）。合於個人期望的資訊會編碼成個人的記憶系統，無法符合期望的資訊就不能被編碼或是可能被曲解。這種支配資訊編碼的期望也可以管理訊息的檢索（Anderson, 1984）。

　　有一個關於基模的例子，是描述一艘船的命名典禮。有經驗的人或是知道如何爲船命名的人對此事件懷抱一些期望。他們期待舉行一個慶典，一個以一艘新船爲主的典禮，並在船頭將一瓶香檳打破等等的儀式。這些不同的期望在下列的段落中以特定的訊息呈現：

> 伊莉莎白女王昨天在蘇格蘭參加一場延期很久的新船下水儀式。雖然，此時在長期罷工之後仍有一些悲痛存在，但在此情況下，當帝軍艦的綵結滑落水中時，幾百個碼頭工人成群地與達官貴人歡呼慶賀。

　　這段落的新訊息和新船命名基模的舊訊息是一致的（Anderson & Pearson, 1984）。綵結代表新船的角色，而伊莉莎白女王

則提昇慶典的地位。雖然沒有提到在船頭打破香檳，但我們可以很容易地推論它確曾發生，因爲這是很明顯的基模要素。像這種推論可能發生在訊息的編碼與檢索時各種的情況中。

閱讀即思考

閱讀是思考及理解的行爲，而學習閱讀是一個建構性的解決問題的過程。閱讀教學應該著重於兒童自己對於接觸、學習及記憶資訊的思考方式（Mason, 1986）。讀者藉由檢閱文章的意義、目的和特徵與作者產生互動，因此，他們開始和作者溝通。爲了成爲一個有知識的人，兒童必須意識到溝通的必要性，例如以書寫方式和他人分享自己的想法或閱讀他人的作品。

缺乏閱讀過程經驗的兒童可能在理解力的發展上會有問題。舉例來說，如果沒有人曾唸書給他們聽，他們就可能較專注在字的唸法上而較忽略通篇意義的連貫。讓兒童有一個豐富的相關經驗的背景，像是有人唸書或說故事給他聽，都有助於初學者建立閱讀和思考過程之間的關係。

在十一章曾提到，閱讀故事書對於啓發兒童的讀寫能力是很重要的。當小孩看書時，McIntyre（1990）針對兒童獨白閱讀時研究他們的閱讀策略。她發現當小孩在教室中的圖書區閱讀時，他們會使用不同的策略來了解書中的內容：

1. 用類似口語的語言讀圖
2. 用類似文字的語言讀圖
3. 依記憶來敍述內容（幾乎是逐字背誦內容）
4. 依記憶來讀文章（眼睛專注於書本上並逐字背誦內容）
5. 閱讀文章但是會跳字
6. 閱讀文章
7. 重複閱讀（轉述他人的敍述）
8. 瀏覽

明顯的可以看出幼兒閱讀的環境及他們與生俱來的發展模式深深的影響到他們閱讀策略的運用。

讀寫能力需要表達的技巧，兒童從嬰兒時期就學習這些技巧，並持續不斷的發展這些技巧。寫在書上的文字需要兒童指出符號所象徵的意義。文章的視覺意象可以讓讀者去解釋意義。大部分閱讀無礙的兒童都有很好的理解能力。他們可以藉著使用許多不同的資源來了解書中的意義，像是文字的型式、句法結構及文字的內容。成熟的讀者使用豐富資源的事實，可以解釋為什麼強調不同閱讀技巧的各種教學計畫在教導閱讀初學者時都成效卓著。因為每一種閱讀的課程都會提供一種以上的閱讀方法，所以重複之處多過差異之處。

關於不同的閱讀教學計畫的論證都提供了我們幾種選擇。事實上，大部分閱讀教學計畫之差異只在於他們所強調閱讀附屬技能的程度，或是從讀者語言的背景及文章的內容中獲得意義的程度；幾乎所有的課程計畫都包括這兩種取向。而且，大部分的閱讀專家都會建議綜合這兩種選擇做為閱讀教學的基礎。

如John Carroll（1978）所言，閱讀是從文字改變成類似語言的內在表達中獲得意義（或語音）的過程。這種將視覺訊號轉變成語音的過程是間接理解的基礎。其實一個人對於書寫語言跟口說語言的理解力是一樣的。讀者從文章中獲得意義的工具包括：他們語音以字母表達的知識、認識字彙、語言中的文字排列、以及在不同情況中言辭的意義。根據Carroll的說法，了解語言可分成音位、音節及單字等部分，以及具有使用這些語言單位的能力對學習閱讀來說是很重要的，就像練習對獲得閱讀能力一樣重要。

閱讀和語言之間的關係

語言包括了四個溝通的模式：聽、說、讀、寫。語言學家是將書寫文字視為表達口語的視覺符號來研究。作家將口語編碼成一系列的文字，而且可以將它解碼以了解其意義。

將語言編碼的方式不勝枚舉。在一開始用書面溝通時，人們以圖畫來描繪他們想傳達的事物。有些民族也發展出這些圖畫的

抽象概念，用一系列的符號來代替它們，每一個符號都反映出一個觀念。這種表意文字的優點是，這些符號可以組合以表達抽象觀念及行動。傳統的中國文字就是這樣組合而成的。雖然在觀念上書寫文字和口說語言相關聯，但在語音和文字之間却甚少有關聯性。這種書寫文字系統的優點是它可以讓人透過語言及方言溝通，而不見得要擁有共同的口語語言；它的缺點在於人們必須學習建立大量的基本讀寫能力，更遑論一個學者所需具備的文字涵養了。

在字母的文字系統中（例如：美國），書寫文字用符號來表示口說語言的語音，而非代表物體或觀念。藉著熟練地運用二十六個符號及它們多重的語音關係，不論有多麼地複雜，我們都可以閱讀任何的英文資料。因此，理解字—音關聯的這種需要就變得很明顯，因爲除非文字符號和他們口語可產生對應，否則本身是不帶有任何意義的。一些研究閱讀的專家提出，學習閱讀最主要的問題起源於兩個事實：一種發音可以由一個以上的字母所表示及字母或字母的組合可以出現許多種發音。再者，在語音的符號及視覺符號之間有高度的相關性。

閱讀需要將文字符號解碼。我們的文字是來自所說的話，但是却不表示讀者必需逐字翻譯他們所聽到的；反而是，一旦他們學會閱讀技巧，每個人就有兩種接收語言的平行方式：口語的及文字的。在幼兒的學校教育中，他們可以理解意義之前，必須從兒童小說中的文字符號轉換成更熟悉的口語符號。就這一點來說，從書寫文字中所獲得的意義，通常是兒童已經學會說的話。只有當孩童日趨成熟時，他們的閱讀字彙才會超過所聽過的字彙。爲兒童所設計的書本中，幾乎所有的字彙都是他們聽過的。

啓蒙閱讀的課程應強調兒童對整體概念的瞭解，而不是強調單獨的閱讀技巧訓練，像是字音關係及解碼。雖然曾學過字母及發音關係的兒童比其它的兒童有較好的開始，但也有證據顯示，教許多的發音規則對兒童學習閱讀來說並沒有多大助益，因爲大部分的規則其實並不規律。一旦兒童知道那些有規律的規則後，

修正並延伸它們最好的方法就是給兒童反覆閱讀的機會。不論是教或是學字母、字母及發音關係及解碼的技巧，這些都只是閱讀指導的一小部分。花在這些技巧上的時間應該減到最少，並且指導的策略要適合幼兒的學習。

光是定義閱讀的過程並不能解決閱讀教學上長久以來的問題，雖然這是必要的第一步。較關鍵的問題是兒童要如何將閱讀的過程學得最好。有意義的教材和無意義的教材，哪一種對解碼系統的教學最有效？這甚至是提倡「聲韻學至上」或語言學方法的人所提出的問題。另一個是關於從文章中獲得意義的方法，即除了字——音連結之外，使用提示的合適性問題。而其它的問題是和閱讀教學的形式、組織及教材有關；其中一些問題可藉由閱讀過程的描述予以闡明。

閱讀的過程

即使是最簡單的形式，閱讀過程仍包含大範圍的知覺、聯想及認知要素。雖然這些過程可能被個別分析、解釋，但是它們是相互關聯的，因此，當我們閱讀時，我們不會將它們分開來練習。閱讀也絕對不只是在作一系列的字——音連結。幼幼班的兒童信步走在超市走道時，可以認出及唸出包裝上的品名，因為它們透過電視廣告使兒童耳熟能詳。雖然這可能不是「閱讀」，但是早期的閱讀似乎就是這個過程；在試著從文章中瞭解意義時，幼兒會使用許多種的方法及線索。

幼兒可以不須使用任何分析性的技巧學會適量的單字。用於「看見即說出」方法中的聯想學習技巧證明是成功的，且應該是稚齡幼兒能讀出商品標籤的原因。電視上反覆出現產品的圖片及其名稱，有助於兒童學習這個字而且再次看到這個符號時，就可以喚起記憶。

閱讀教學計畫的要點

1. 兒童必須知道他要學的是何種語言。
2. 兒童必須學習把口語文字分解成構成語音的分子。
3. 兒童必須學習認出及區別不同形式的字母。
4. 兒童必須學習由左至右的拼字原則,並按順序放在一個連續性的文章中。
5. 兒童必須學習在字母及發音之間有極高的相關程度。
6. 兒童必須學習不論從何種他們可使用的提示中辨認出印刷文字。
7. 兒童必須學習印刷文字是口說文字的符號,而且它們的意義相似於口說文字。
8. 兒童必須學習推斷以及思考他所閱讀的東西。

　　資料來源:J. B. Carroll, "The Nature of the Reading Process," in D. V. Gunderson (Ed.), *Language and Reading* (Washington, DC: Center for Applied Linguistics, 1970), pp. 31-33.

　　還有其他可用來聯想視覺提示和字音的技巧,像是字首、字尾的字母形狀。利用這些視覺提示,可以幫助兒童在書寫符號和口說文字之間做聯想,他們也可以學會用字的前後關聯作為閱讀的線索。語言的結構及片語的意義有一定的規則,這使得利用前後文線索來閱讀的方法效果卓著。

　　當兒童開始學習閱讀時,他們也學其它認字的技巧。結構分析是很重要的一種,它是把長字分解釋義。語音學分析是另一種重要的技巧,它指的是一種兒童可以由此辨認字——音聯想的技巧;不過這不是唯一學習閱讀的方法,也沒必要先學。老師應該提供兒童許多不同的方法來打開書寫文字的奧祕,因為許多這類

的技巧結合可以造就一個成功的閱讀者。

認字雖然很重要，但卻只是剛開始閱讀的一部分。兒童也必須很快地掌握字義；他們要能連結書寫文字及口說文字，並且要能很快地從閱讀符號轉換成閱讀觀念。

指導閱讀的方法

現在有許多不同的閱讀教學計畫；其中有些在方法上很相似，但是又各有各的強調之處，有的是強調字——音關係的教學，有的則是如何將閱讀指導用於整個語文教學計畫之中，也有的是強調組織架構。在每種教學計畫的閱讀過程中也可以發現不同的概念。

M. J. Adams、Richard Anderson及Dolores Durkin（1978）曾建議：閱讀教學計畫的基礎不外三種觀念。有些教學計畫是以資料引導，而有些是用觀念引導，有些則是兩者的交互作用。在運用資料引導的課程中，讀者會注意印刷的字母，並且從一字一字用心讀的單字中發展出期望。當他們處理較大的單位時，就會依賴這些期望，從字到片語再到句子。這些教學計畫是採取由下到上的過程。

不同的閱讀指導課程都有不同閱讀過程的模式。舉例來說，Philip Gough（1972）提出一個線性的閱讀過程模式，這可以視為「資料引導」的一種。閱讀者從認字母到將這些字母形成單字，再進步到依聲音辨字。然後他們應用造句及語意規則在這些詞意的表達上；這樣的過程就是線性發展模式的一種，而且這條發展線上的每一個階段都是照順序來的。Gough的閱讀模式提供了一種指導閱讀的教學計畫，它主要著重於透過聲學及結構的分析來教導解碼策略。

在「觀念引導」的課程中，讀者藉由驗證文章中的假設，以他們的語言知識進行閱讀工作。一個段落的上下文及讀者的造句知識為發展假設提供重要線索。這種心理語言學的方法其特色是由

上至下的過程。Kenneth Goodman（1968）曾提出這種閱讀模式，讓兒童透過三個階段或是較熟練的階段來學習；在此模式下，閱讀偏重於直接從片語及句子等複雜的要素中導出意義，並把意義填入他們無法解讀的小單位中。此模式將閱讀教學視為幫助兒童了解書面訊息，即使他們無法辨別及分析所有訊息中的要素。

對於閱讀過程的第三種觀點是認為：由上而下及由下而上是同時發生的這種過程即交互作用。依此觀點，讀者相當依賴本身已具備的知識及作者在文章中所設的線索來獲得文章中的意義。David Rumelhart（1976）曾發展出一個這樣的互動模式；此模式將閱讀設想為同時利用由上而下及由下而上的過程，但是不強調抽象的識字，反而是從周圍的字中去找出字的意義。這樣一來，造句及語意規則的知識就可以協助讀者判斷出他們應該理解哪些字，而達到辨字的效果。文字符號的詮釋是取決於此符號在上下文中的位置。概念引導及交互作用的概念都認為閱讀過程不只是解碼，但是資料引導的觀念卻是視閱讀為將書寫文字轉換成口語的過程，即把意義嵌入口說語言中。後兩種閱讀模式與閱讀的全語言（或語言經驗）學習法一致。

全語言學習法

全語言或是語言經驗學習法是把讀、寫、聽、說視為幼兒生活中一個統一、整體的語言經驗。全語言學習法可以讓兒童用自然的方法學習閱讀，就好像他們在學說話時一樣。學習閱讀的欲望是起自於幼兒在文字及言語溝通方面的需要。在課堂上閱讀和寫字是齊頭並進的，通常是從兒童閱讀自己所寫的東西開始。這種方法可以讓兒童同時運用口說語文的理解力和他們對文字的了解。

當兒童寫字時，他們會發展出拼字的規則、發明拼字法，並且會慢慢地朝標準的拼法邁進。他們在寫字時學到的知識可應用到閱讀上。當兒童在看故事書或是對他們很重要的文章時，他們會學習理解文字的策略方法。因此，兒童會產生語音規則、區別單字

及其意義。他們是用間接的方式學習語音及字彙的 (Goodman, 1986)。兒童學習閱讀的情況如下:

1. 參與閱讀。教師應該鼓勵兒童閱讀整篇有意義的、相關的文章。
2. 會嘗試著去解釋內容。教室應營造鼓勵兒童大膽嚐試閱讀的氛圍,即使他們不確定內容所要表達的意念。
3. 教師及兒童共同嘗試著去理解書寫文字。這樣一來兒童會更有閱讀的動力。

使用全語言學習法的老師應該要找出兒童已經具有多少閱讀方面的知識,並以兒童現有的知識、能力爲依據。教師也必須創造出一個充滿豐富的書面教材的環境,並實際利用這些書寫語文。像這樣的教室中將包括許多老師和學童使用的圖表、海報及標語等等,也有各式各樣的書籍供兒童閱讀。每天大人和兒童都參與許多語文導向的活動。玩遊戲可以提供發展讀寫能力的基礎,而閱讀可以和學校中所有的科目配合進行,並和其他的語文範疇結合。閱讀經驗將反映出一連串的語言功能 (Goodman & Goodman, 1979)。爲了樂趣、爲了收集資料和爲了回憶事件而閱讀,都是很平常的閱讀目的。

全語言學習法所發揮最大的功效是使課堂充滿了刺激學習的機會。當兒童投入教室中的活動時,他們就會感到溝通的需要。早期的溝通是用聽、說的方式,之後,會自然地轉換成閱讀及書寫。兒童第一次向老師述說他們經歷的故事時,老師便把它們寫在圖表上;而兒童就是從這些圖表中去學習閱讀的。

也應該趁早鼓勵兒童寫字。這樣他們才可以及早開始寫自己的故事,而不是都讓老師幫他們寫。這些故事都變成兒童閱讀的內容。一旦他們開始寫東西,他們很少遇到字彙上的問題,因爲他們甚至連很難的衍生字都記得。另一個轉變是從閱讀自己所寫的到閱讀別人所寫的東西,並且也要鼓勵兒童去閱讀班上其他兒童所寫的東西,以及教室中的故事書。寫故事及經驗圖表也可以透過小組合作來完成。

全語言學習法需要使用大範圍的教學策略。在寫字的活動中，兒童通常需要開個班會去計畫、編寫並修改。兒童每天都要閱讀相關的資料，像是課外讀物、報紙及其他小朋友所寫的東西。兒童要為他們的學習負責；因此，課程要依照兒童的興趣來設計。只有當兒童需要個別學習某項閱讀技巧時，老師才會直接指導（Smith-Burke, 1987）。全語言學習法是以兒童為中心並且較不具結構性的課程。許多教育學者批評此教學法的原理原則，這些批評認為兒童需要接觸比學習閱讀、寫字更多的事。他們相信一些直接的指導是必須的。Kenneth Goodman（1986）及其他的全語言學習倡導者則堅信全語言是一種整體教學，不能分頭進行。

在理想的支持條件下，寫字及閱讀能力不用指導也會提昇，但是許多兒童無法依此方式學習（Dickinson, 1987）。討論全語言學習法的研究只提供了課堂描述（Smith-Burke, 1987），而不是教學效能的實證研究。比較過傳統的學習法及全語言學習法的研究者會發現：全語言學習法和傳統的基礎閱讀教學計畫都很有用。Stahl及Miller（1989）回顧了五十一份這方面的研究，並且發現較嚴密、較近期的研究顯示出傳統的課程比較有效，特別是當使用在瀕臨危險的兒童身上時。全語言學習法在讀寫能力和起初的閱讀課程中似乎能發揮功效。Stahl、Miller（1989）及Harris、Sipay（1990）建議，如果使用全語言學習法也要輔以有系統的認字及解碼的教學。全語言學習法可以幫助兒童了解閱讀的目的，以及教導他們有關於出版品和把閱讀當做溝通的觀念。老師應該直接教兒童認字及解碼的技巧，這樣他們才可以順利的瞭解文章內容。

閱讀教學的模式

在大多數的初級課程，閱讀課都是集體教學，而且通常使用基礎的閱讀叢書。另外有一些課程則會使用個別的方法來指導閱讀。兩者是最普遍的閱讀教學的結構類型。

基礎的方法包括透過一系列的編序教科書來指導閱讀。配合這些教科書（通常都是來自同一家出版商），也常會有一些練習手

冊或是一些教具，像是閃視卡片、圖片、影片、錄音帶、幻燈片。在大部分的教室裡，會依照兒童的閱讀能力分成幾組；一個是高能力的，一個是低能力的，另外通常中間組會是最大的一組。這個分組會界定每一個教學單元裡的能力範圍。

大部分的基礎閱讀教學計畫，都是經過審慎規劃的；廣泛地包括均衡的活動，以提昇閱讀技巧及理解能力。像這樣的教學計畫會提供老師一本詳細的指導手冊，說明課程的內容以及所運用的活動，而且也詳細的指示老師應該要如何使用教科書以及相關的活動。此外，這些書都經過謹慎的分級，這樣老師只需要透過這些書本和練習就能實行此教學計畫。一般說來，所有的組別都會接受同樣的閱讀課程，只不過教學的進度不同而已。

基礎閱讀教學計畫的用書每版次都做修改，這樣才能反映出閱讀教學理論及教學內容的改變。今天的基礎讀本，會比幾十年前的讀本具有更多的文學基礎。基礎讀本內容的改變也可以反映出社會現象的變遷，許多讀本已經開始修改其中的插圖以反映出社會中多元文化的本質。這樣的特質現在更反映出性別及文化的多元化。其他的改變包括了新版面的基礎讀本叢書，特別指的是小書及整合式教具的使用。

大部分的基本閱讀叢書一開始只提供學童一見即知的單字或事故中人物的名字。書中的單字經過仔細篩選，並會不斷的重複出現。當此課程中一見即知的單字增加時，就會介紹各種的辨字技巧，包括了語音及結構分析的技巧。然而，在基礎讀本叢書中，其方法學的重點和教科書的內容仍有相當的差異性。

個人化的閱讀課程目的是處理不適當的教學課程，以適應兒童不同的需求。每一個組別中的兒童都有不同的技巧、學習型態、興趣及閱讀能力。然而，能力的分組可能會排除某一領域的差異，但差異仍繼續存在於其它的領域之中。個人化的閱讀教學既不是提供單一的方法，也不是提供一個單一的教學組織架構。相反的，它提供兒童各種書籍，包括課外讀物及基本礎讀本。課外讀物有許多不同的主題以及程度，這樣一來兒童就可以選擇適合自己學

習進度的書籍閱讀了。

個人化閱讀課程的組織中心是師生研討會。每週老師都會和兒童做好幾次的討論。研討會可用來檢視兒童的閱讀進程並計畫未來的新工作。老師通常會請兒童大聲的朗誦並問一些能查驗兒童理解程度的問題。

個人化的教學計畫需要大量的記錄及計畫。老師將記錄寫在兒童已經讀過的書上或研討會的內容上。這些記錄可能包括兒童在閱讀上的進步以及需要處理的問題。計畫囊括了選擇並提供書籍，並且建議特殊兒童看特定的書。

如果有一個以上的兒童需要閱讀技巧方面的特別指導，老師可為教學目的把他們分成一組。這個組別是為了特別的任務而設立的，並且可以包括不同閱讀能力的兒童，只要他們有相同的學習需求。當這樣的教學任務完成時，就可以解散此小組。閱讀技巧的練習也可以透過練習卷及其他的教材。一些老師也可以用個人化課程來引導指導，但是這樣的課程通常是由某些團體教學的形式中延伸而來，當兒童表現出閱讀技巧的能力時，就可以給他們更多閱讀上的自由。

電腦輔助教學

近幾年來，校內微電腦使用率的增加促使幼兒教育中許多課程亦採用電腦。

電腦輔助教學(computer-assisted instruction, CAI)是一種個人化的教學模式，學生與電腦之間產生互動。CAI閱讀教學計畫以下列三種互動形式之一為其特色：訓練與練習、個別指導以及對話式互動。在訓練與練習的教學計畫中，習題呈現在螢幕上，學生只要在鍵盤上按鍵回答即可。以此方式提供給兒童的教材大體上與作業簿類似。但是，電腦給予學生的回答以立即的修正，且老師可從記憶體的記錄中檢閱學生的錯誤。

CAI的個別指導模式讓電腦呈現一種概念或技術，提供家教式的協助來幫助學生了解概念及修正其答案。這種教學計畫是讓

電腦輔助教學
（CAI）
是透過電腦所產生的教學型式。

電腦教兒童技術或概念而非僅要孩子們練習已學過的東西。對話式模式則讓學生和電腦一起探討課業。對話式教學計畫讓孩童以更精巧的方式和電腦程式產生互動。在電腦上所呈現給孩童的乃是由先前的回答來決定。這種方式可以教導孩童較高層次的思考技能，例如解決問題的方法。豐富的資料和所有可能的反應都必須納入電腦程式中並在對話式模式中發揮功用 (Saracho, 1982)。

多數CAI閱讀教學計畫都使用訓練與練習模式。較現代化的CAI法則是使用問題解決的模式。這些教學計畫很有潛力去幫助兒童成為讀者 (Clements & Nastasi, 1993)。文字處理的教學計畫也已被有效地運用在幼稚園和低年級兒童身上。

閱讀教學評估法

就開始進行閱讀教學的可能方法之數量，以及每種方法中可獲得的教學計畫之數量而言，教師們很難決定以何種教學計畫做為開端。在許多學校系統中，老師個人的決定權很小，因為行政單位或教務會議業已做了決定，通常是選定一個閱讀教學計畫並在各班級使用。

有些老師在課程及教科書的挑選會議中亦參與教學計畫篩選程序。所有的老師也可以補充其他曾被採用過的課程，亦即在自己班上加入其他教材。在決定採用何種教學計畫時，選擇應二選一，考慮教學計畫效能的證據、實用性、內容，以及老師採用此教學計畫的意願。第九章即討論如何評估教學計畫。

一年級的閱讀研究 (Bond, 1966) 是依據各種閱讀教學法的效能所做的一系列研究，它提出啟發閱讀最好的效果乃是使用結合不同方法之教學計畫。許多低年級老師覺得在設計基礎閱讀系列時很愉快，他們可以補充語音教材的課程，即使這種教學並非系列課程的一部分。為了使課程豐富，老師們可以納入全語言學習法的要素——例如讓兒童寫故事或利用為教學目的而設計的經驗圖表和團體說故事活動。多數能巧妙運用已出版之教材的老師可

以實施此類整合法。

　　合併法不應只是在基礎閱讀課程中一開始使用一些圖片故事和給學生一些普通故事書閱讀以填滿時數。課堂活動的機動性應該是很高的。合併課程並非基礎課程，但會使用基礎閱讀教材。

閱讀教學計畫之起點

　　閱讀教學計畫應早在兒童企圖讀懂第一本初階讀本之前就開始。閱讀乃語言過程之延伸，所以閱讀教學應在嬰兒牙牙學語階段即開始。對多數兒童而言，第一位閱讀老師通常是其父母親，他們幫助孩子發展語言技能，提供閱讀和書寫的環境，並引導孩子學習閱讀的動機。

　　但是，多數學校都等到兒童入學後才開始正式的教學。幾歲應開始正式的閱讀課程仍有爭議，且一致的年齡限制是否適合所有兒童也令人懷疑。

　　閱讀教學應從何時開始？在美國，傳統上開始閱讀課程的年齡是6歲。一些國家延後閱讀教學的年齡至7歲，然而亦有5歲即開始的。一般而言，兒童學習閱讀的年齡和多數社區兒童進小學的年齡相關，不過幼稚園也常提供一些閱讀教學。

　　許多討論幼兒教育和開始閱讀教學的書籍都提到：兒童在六歲六個月的智力年齡之前，都無法從閱讀教學中得到益處。這項建議在許多年前芝加哥市郊所進行的研究中被推廣開來，他們發現：在維妮卡小學裡，平均六歲六個月大的兒童能從閱讀教學中獲益（Morpell & Washburne, 1931）。但是，不多久，Arthur Gates（1937）進行一項研究，發現開始閱讀教學的必要智力年齡並非是絕對的，倒是與團體大小和課程彈性有關。

　　何時開始閱讀教學，首先端看兒童的成熟度、智力程度以及語言背景和能力而定，同時也要考慮閱讀教學的特殊課程設計和其統合方式。例如：或許可以引導幼兒進入有彈性、互動的課程中以激發個人的能力和技巧，但不期望所有的兒童遵循學習活動

的單一結果。並非所有的教室情況或教師都可以提供在早期閱讀課程中所需的個別指導和彈性教法。孩子何時可以開始正式閱讀教學？最好的答案就是依個人情況而定。當兒童似乎最能接納個別或小組教學時即提供之，這可能是配合學生能力的課程設計上最好的方法。

老師可以多種方法評估兒童從此種教學中獲得效果的快慢。其中一種方法就是閱讀準備度測驗。雖然它與一年級的兒童群其閱讀成就測驗之成功結果密切相關，但這些測驗尚未精確到可預測單一兒童的成功。老師也可以做自己個人的兒童閱讀反應評量表。Spache和Spache（1986）建議老師觀察兒童是否有好的想像力、語言能力、聽力、社會與情緒行為以及學習閱讀的興趣，做為準備度的指標。Schickedanz（1982）的研究報告指出，老師可能也希望評估孩子們對於印刷品特色、閱讀過程及目的、印刷品中文字的特點以及音位的知識，以便提供一些方向讓兒童可以從閱讀教學中獲益。老師可以挑選或設計名冊和等級表，像第九章所述，做為評估過程之輔助。Leslie Morrow（1993）提供了一份發展領域表，做為評估並測定學生從正式閱讀課程中獲益的多寡。

有助於評定兒童開始閱讀教學的準備度之發展領域一覽表不斷進行著。常常老師會假定孩子在進入正式閱讀教學之前就能掌握表上所有的行為。很遺憾地，有些幼稚園老師並未鼓勵那些還不熟練跳躍、小跑步或快跑的兒童。教師堅持訓練其機械化的技能，導致父母抓狂，小孩哭嚷。幼稚園兒童在課堂上跟著老師的節奏「踏─跳，踏─跳，踏─跳，踏─跳」來接受跳躍訓練的情況仍在所多有。但是，教育學家已警覺到測驗準備度的方法不夠純熟。閱讀成就的成功並不僅與成熟度相關，也跟特定的學習技巧，像視聽辨識力，語言和出版品熟稔度以及字母名稱的認識等有關。兒童必須在引導進入正式閱讀教學之前先學會這些技巧。單以成熟度來判定閱讀準備度在今日已完全不適用了。

專欄 12-2

閱讀教學初始重要的發展領域

1. **社會與情緒發展**：兒童
   a.分享；
   b.與同儕和成人合作；
   c.表現自信、自制以及情緒穩定；
   d.達成任務
   e.盡責

2. **生理發展**：兒童
   a.表現整體運動神經之控制能力，能夠跑、單腳跳、跳躍、小跑步、快跑、跳遠及走直線；
   b.表現手眼協調；
   c.能寫名字、學寫字母、畫出人的輪廓；
   d.平時健康、有活力；
   e.表現出無視覺或聽覺障礙；
   f.已建立支配能力（手、眼、腳）

3. **認知發展**：兒童
   a.表現出可辨別熟悉聲音、不同聲音、認出韻母、辨別首尾子音的聽覺辨識力且擁有聽覺記憶。
   b.表現出能了解閱讀時眼睛由左至右的移動過程，能辨認相似與不同，具有辨別顏色、形狀、字母、字彙等視覺辨識力，並擁有視覺記憶和看出背景圖案的能力。

資料來源：Leslie M. Morrow, *Literacy Development in the Early Years: Helping Children Read and Write* (Englewood Cliffs, NJ: Prentice Hall, 1993), pp. 70-71.

給予幼兒機會來發現可以輔助他們啓蒙讀寫能力的書籍。

設計啓蒙讀寫能力的課程

啓蒙讀寫能力反映出讀寫能力是從兒童獲得口語能力開始逐漸發展的觀點。

「閱讀準備度」這個詞已被「啓蒙讀寫能力」所取代。Marie Clay (1966) 首先以此字表示早期的讀寫能力。**啓蒙讀寫能力 (emergent literacy)** 可說明兒童發展讀寫能力的初期階段；它是傳統上閱讀文章的前身 (Clay, 1979)。讀寫能力的發展於人生早期即已開始並在家中和社區中每日持續發展。每個年齡的孩子都具備某種程度的讀寫技能，並發展爲成熟的閱讀和書寫能力 (Teale, 1986)。啓蒙讀寫能力的支持者認爲兒童在紙上的塗鴉是種書寫文字，即使認不出是任何字母。但是，可以確認塗鴉和繪畫差別的兒童卻能認出書寫和圖畫的差異，這和在閱讀中產生印象是類似的能力，好比當兒童看到圖片和文章時，就能口述一本熟悉的故事書。雖然這種辨識力在傳統觀念上不能稱爲閱讀，但這種活動被認爲是合理的讀寫行爲 (Morrow, 1993)。

幼兒閱讀的研究者曾提出幼兒讀寫能力發展的教學策略。讀寫能力整合了所有的溝通技巧：讀、寫、聽、說。每種技能相得益彰，同時習得。因此，在溝通技巧中存在著動態的關係。Leslie

Morrow (1993) 擬定四種鼓勵啓蒙讀寫能力的情況。

1.**閱讀乃透過社會互動和仿效行為習得**。讀寫能力是兒童參與由其他識字者傳達閱讀活動的結果 (Teale, 1982)。社會互動教導兒童閱讀的目的及其在社會中的傳統。兒童也將閱讀和愉快、滿足連結起來，因此渴望參與讀寫活動。社會關係內化了高層次的心智功能。兒童喜歡參加閱讀活動，因為可使他們與更多知識分子互動。Holdaway (1979) 的讀寫能力發展理論指出：

> 具有影響力的成人被情感和常識所鼓動，為達到運用最健全的教學原則以密集的測驗來介入兒童的發展。父母不提供關於一項技能應如何實行的文字教學，而是建立已實行之技能的效仿模式並誘導兒童在活動中趨向使用此技能。兒童最早的意圖是做一些類似他希望模仿的技能。這項活動不久以立即獎賞而「成型」或修正。……從這個觀點而言，所謂「自然」的學習事實上須仰賴較高品質的教學介入，這在一般學校情境中很難做到。(P.22)

Holdaway相信這種發展教學的形式適合以學校為基礎的讀寫教學。他的研究乃依據家庭環境的觀察，那裡是兒童不須直接教導便已學會閱讀的場所。

2.**兒童由生活經驗上習得閱讀能力**。很多孩子很小的時候就會閱讀，因為他們在入學前未受正式教學即習得語言和讀寫能力。一個充滿知識的環境對讀寫能力發展有益。即使三歲小孩也能認出周遭常見的字，例如：Burger King, McDonald's, Exxon 和Sugar Pops (Hiebert, 1981; Mason, 1980; Saracho, 1984, 1985a, 1985b)。很顯然地，幼兒會去注意印刷品、字母和字彙且有能力辨認熟悉的印刷符號。生長在讀寫環境中的孩子會發現印刷品的目的、類別和功能。兒童的閱讀能力應藉由運用其閱讀的知識工具和強度而獲得發展。

3.**若兒童在學習閱讀技巧的過程中了解其目的和需要即可提**

高學習效果。兒童必須知道讀、寫和說是有目的、有用的。幼兒首先透過實用目的之使用習得讀、寫的資訊（Goodman, 1980; Heath, 1980, Mason, 1980）。兒童每日遇到的實用書面資料包括超商傳單、包裹的地址、收據、電話留言、學校通知、菜單、郵件、電話號碼以及信函。學習閱讀對兒童必須是有意義的。

4.**聽人閱讀在閱讀能力習得中扮演重要角色**。為孩子誦讀可以提昇他們的讀寫能力、讓他們對書本和閱讀有興趣並對故事架構有概念。一篇架構完好的故事會提供背景（開始的時間、地點以及人物介紹）、主題（主角的問題或目標）、情節插曲（主角嘗試解決問題或達成目標的一連串事件）以及結果（目標的完成或問題的解決和結局）。注意故事結構要素的兒童在不熟悉的故事中也能預知下一步會發生什麼事（Morrow, 1985）。

為兒童誦讀

研究人員（Morrow, 1986; Saracho, 1985a, 1985b, 1987; Smith, 1978; Sulzby, 1985; Yaden, 1985）認為為兒童誦讀在許多方面可助其發展讀寫能力。重複誦讀相同故事給孩子聽是一項重要的技巧（Morrow, 1986; Sulzby, 1985; Yaden, 1985），因為兒童會去學習了解印刷品的功能、印刷品如何被使用、當人們閱讀時是怎麼做的（Smith, 1978）。讀故事書的經驗會教導孩子如何掌握一本書從頭到尾的過程；知道故事有開頭、中間、結尾並對故事來源有概念（Clay, 1979; Torvey & Kerber, 1986）。聽故事可幫助孩子注意印刷品的功能、形式及慣例，並發展其關於閱讀工作的後設認知知識以及發展自己與師長、父母之互動（Mason, 1980）。**後設認知**（metacognition）是個人自己對學習產生方式的注意。自覺個人的心智發展過程可使其更有能力學習。

常常，當兒童模擬並逐漸熟悉所聽的書中的字彙和句法結構時，他們的理解能力會愈來愈強。較常及較早聽書的孩子傾向於比其他孩子更早、更容易閱讀（Clark, 1984; Durkin, 1966; Hiebert, 1981; Schickedanz, 1978）。而且，在學校或在家為孩子誦讀通

後設認知
用以探討一個人如何獲得知識之過程的認識。

常可引導他們將閱讀視為樂事（Saracho, 1987）並提供他們閱讀的模式。事實上，當孩子開始自己閱讀時，他們常常選擇之前聽過的書。在一個四歲小女孩聽過《小引擎做到了》（*The Little Engine that Could,* Piper, 1954）的故事後，她說：「給我看看它說：『我想我做得到，我想我做得到。』我想看它在書中的哪裡。」她繼續在書中其它頁中尋找，每次她發現這句「我想我做得到，我想我做得到」時，她都很興奮地唸出來。

正規的閱讀教學應被視為啟蒙讀寫能力課程的延伸，因為它提供孩子在正規閱讀教學中所運用的知識和技能。有些孩子上學時就已知道什麼是必要的，這些是由兄姐、同儕、父母所教導或自己獲得的知識。學校必須設計教學計畫來培養那些缺乏此項能力的孩子。但是，所有的兒童都應接受啟蒙讀寫能力課程，這些課程乃基於他們的語言強度而設計並符合他們的需要。

老師與一小組兒童上課時，可以儘量教他們字—音聯想法。

正式的閱讀教學

　　進入正式閱讀教學的步驟應該是漸進、幾乎察覺不到的。如果兒童已經會寫故事和畫圖表，那麼他們可以很容易地開始讀簡單的圖表。當單一或分成小組的孩子能從閱讀教學中獲得效果時便能開始這項活動。這樣的開頭端賴每個兒童已擁有的語言知識且不使閱讀看來像奇特的技巧。當每個孩子進步時，圖表可以變得長一點、複雜一點。教師應讓孩子在較小張的紙上寫下自己的故事，而非在一大張紙上詳記所有的故事。老師也可以讓孩子開始讀書本。

發展識字技能

　　許多識字技能可連同經驗圖表一起進行教學。因為圖表內容和兒童的經驗很接近，用來教他們運用上下文的線索似乎是很自然的。他們對句子結構的直觀知識以及在經驗中分享的事實記錄在圖表上而使這種技術變得很有效。經驗圖表具擴增有限字彙的優點。兒童的經驗和興趣是如此的廣泛，他們無法以少數的字詞來描述，所以兒童的寫作會包含零星的深奧、複雜的字，不過並非所有的兒童都能完全學會這些字。

　　除了經驗圖表之外，老師還可提供更多系統化教學在閱讀的附屬技能上，包括**字─音聯想法**（phonics）及結構分析。許多教育家認為音位教學在協助兒童學習閱讀和拼字方面很重要，但也有許多心理語言學家懷疑它的價值。音位教學從1950年代中期以來一直存在著爭議。大部分的老師覺得如果不在基礎讀本或拼字書上教音位技巧會有罪惡感，雖然掌握了音位技巧並未顯示就能閱讀教科書（Mannig, Manning, & Kamii , 1988）。兒童會以自己的方式學習拼字。同年齡的孩子常會犯相似的拼字錯誤（見第11章）。無論有無證據，應否教授音位給閱讀和拼字的初學者的爭論仍持續著。目前音位教學研究的結果所得之證據少之又少。

字─音聯想法讓兒童了解字母及語音之間聯結的關係。

運用基礎閱讀叢書

大部分低年級的教師會以基礎讀本 (basal reading series) 做爲設計閱讀教學計畫的依據。基礎讀本是教師教案中所運用的一項資源，但其本身並非是一套教學計畫。教師應避免受役於教師手冊及傳統的團體練習。

教師在計畫閱讀課程時應考量學生的能力。聰明的孩子似乎在個人化的課程中表現較佳，而學習慢的孩子似乎較能接受基礎的閱讀法。聰明的孩子很快地發展出基本的閱讀技巧，應讓他們在老師的指導下自由的選書閱讀。需要幫助的兒童才提供基礎讀本給他們，並給予機會使用他們能掌握的字彙。但即使在這種情況下，老師也應彈性地選擇其中一種資源。

兒童應有機會討論他們讀過的書。

當老師使用基礎讀本時，不須實行傳統上「今天三個閱讀小組的每個人都大聲唸」的形式。即使閱讀課程並非完全個人化，教師也可提供默讀的機會並運用學生——老師研討會的形式。任務

分組可取代能力分組。正如第六章所述，任務分組是依特殊概念和技巧所做的暫時性分組，對有些兒童來說那些是必須學習的。

教師也不應按部就班的遵循練習簿。閱讀準備度的技巧以經驗來教導最好，如同兒童藉由人類環境的互動學習使用語言技巧一樣。兒童在教育需求和學習模式上都有差異。技能學習和練習應是閱讀教學初始的一部分，但兒童不須系統化地進行一整套指定的練習題，Spache與Spache（1986）提出與其使用單一本練習簿，老師們應訂購許多不同的練習簿及技能練習紙數本。這些可以被組合成一連串於每個技能領域中相關的練習；它們可被置於檔案夾中以便兒童圈選答案，且其他小朋友也可使用相同的教材。

利用教室圖書館

教室圖書館是相當重要的。如果兒童準備學習閱讀，他們不只必須學習基本技能，也要學習閱讀的運用。兒童讀的愈多，他們愈能掌握書面文字意義的規則。大部分的閱讀是基於個人興趣和知識需求的個人模仿經驗。課堂閱讀應反映此事實。一旦孩子已掌握了基本的字彙，他們應該開始讀各種不同的書，很幸運地，即使一年級的兒童也能自己讀的書不難取得。不認得書中所有字彙的兒童可練習發展識字能力。老師應該謹慎選書，在教室中隨時都放一些書，並全年不斷地更換選書。

將閱讀運用在其他科目上

當文學欣賞成為閱讀課程中重要的一部分時，閱讀便有其他的功用。在特殊科目領域中針對特別目的的閱讀可增進兒童的理解力並有助他們學習靈活運用閱讀技巧。許多在各科目領域的資料性書籍（工具書）都很方便取得，且以低年級程度書寫。

此外，低年級兒童可以開始使用參考書。百科全書、字典、圖鑑以及其他參考書均有簡化的兒童可讀的版本。使用參考書是希望兒童學習查詢資料的技能。字母順序變得很重要，因為標題通

常依字母順序排列。兒童也必須學習使用書本的目錄及索引。老師也可教孩子藉由發問來使用工具書以達引導閱讀的目的。一開始這些問題可能和書本的特殊內容相關。當孩子在發展閱讀資料的技能時，更多關鍵的因素應被囊括在問題中，如此孩子們才能學習仔細閱讀並判斷他們所讀的東西。通常，要求兒童閱讀並比較相同主題但兩種不同來源的資料是很有幫助的。

教導閱讀並非一項簡單的活動。很多孩子學習閱讀的確很容易，有些甚至不須老師的協助。但是有多數的孩子在學習閱讀上有困難。教導孩子閱讀需要的不止是在某些程序上簡單的介紹性學習活動。教師必須使用兒童現有的語言、能力並注意任何可能抑制學習的障礙。最重要的，他們必須察覺引發兒童渴望閱讀的力量。若給兒童閱讀不切題、乏味或甚至是侮辱性的教材，可能在閱讀教學的過程中不易進步。然而教師常把市郊、中產階級的資料給都市的藍領階級兒童閱讀，或把女性傾向的資料給男孩閱讀。教師有時會對孩童做出不必要的要求，（為了閱讀方法而非閱讀過程）因而造成了不安或困惑。教師有時會要求學生以方言或外語唸誦，這種要求綜合了學習閱讀的問題，因為兒童必須消化一種新的語言和新的譯碼系統；他們從前用來理解語言的提示便不再起任何的作用。老師不僅必須了解教學方法還須了解孩童——他們的能力及背景。他們必須對有特殊需求的孩子採取特別的措施。

為瀕臨危險的學生誦讀

當大部分孩童在學校學習閱讀時，有些孩子卻被認為有學習閱讀的障礙。在過去，這些孩子象徵性地會順利完成低年級的標準閱讀課程。如果他們無法充分地學習閱讀，他們之後會被安排上矯正閱讀課程。但是這些孩子總是繼續在閱讀能力上遠遠落後。最近，一項教學計畫被設計出來，它指出這些孩子在閱讀初期階段所遇到的問題，並在學校中實施。這項計畫被稱為**閱讀復**

閱讀復元術

是專爲臨界兒童所設計的一種輔助閱讀教學計畫。

元術（reading recovery），是一種早期的介入課程。它是基於紐西蘭心理學家Marie M. Clay的讀寫能力學習理論發展而成。在美國（42州）和加拿大（4省）已被採用和測試長達八年。

閱讀復元術課程彌補了兒童在一般課堂上閱讀教學的不足（Clay, 1985）。在閱讀復元術課程中的兒童屬於低成就讀者，他們暫時接受個別的指導。一開始，是以觀察這群孩童讀、說、寫的能力來鑑定他們，運用的觀測工具由下列六項個別組成：字母辨認、文字測驗、印刷品概念、字彙書寫、聽寫、課本閱讀的粗記。從所有的評估中所獲得的資料可用來建立教師和孩童的起跑點。在閱讀復元課程的前十天，兒童努力地學習閱讀、書寫和語言活動，因此老師可評定他們的知識。在此階段，教師避免給予新的學習，除非孩童對於所知的東西覺得已經運用無礙。教師要鑑定在開頭評估時未被確認的能力。有一項代表性的活動就是合作寫書，補充孩子會寫的字彙或字母，老師也寫其餘的部分。這些評估和課堂上老師的評量被認爲是准許兒童編入此課程的入門標準。這項觀測程序提出一個有用的、系統化的方式來鑑定學生的能力。一名中立的評估員可協助教師衡量額外輔助的需要性或何時要終止此計畫。

只要孩童在上閱讀復元課程，他們便要參與自己每天的密集讀寫活動的個人課程。一名受特別訓練的老師會在課堂外提供30分鐘每日的個別閱讀教學。個別教學只維持一小段時間，約12至20週之間，視孩童進步而定。一旦孩子的閱讀行爲顯示他們已經習得策略的獨立系統，能使他們在學校或班上跟得上一般學生的讀寫能力，他們便不再接受閱讀復元課程的教學。閱讀復元術30分鐘的課程包括閱讀和書寫活動：⑴重讀學生之前讀過的書；⑵讀一本前一陣子的新書，老師在旁做粗略記錄；⑶作文並寫一篇簡短的故事或信息；⑷重組相同信息的片段敍述；⑸鼓勵兒童嘗試讀新書。此課程亦包含教師──學生間的對話。在閱讀復元課程中，教師要選擇最能幫助孩童努力解決問題的策略，同時也顧及理解力和熟練度（Pinnell, 1993）。

結語

　　啓蒙讀寫能力的概念有助於我們了解幼幼班和幼稚園的語言活動以及在低年級的正式閱讀課程之間的關聯性。學習閱讀應是幼兒課程中其他語言活動一項自然的延伸。老師們應該敏銳觀察兒童語言能力的強度及需要，以便能在閱讀教學中因材施敎。

參考書目

Adams, M. J., Anderson, R. C., & Durkin, D. (1978). Beginning reading: Theory and practice. *Language Arts, 55*(1), 19–25.

Anderson, R. C. (1984). Some reflections on the acquisition of knowledge. *Educational Researcher, 13,* 5–10.

Anderson, R. C., & Pearson, P. D. (1984). A schema-theoretical view of basic processes in reading comprehension. In P. D. Pearson (Ed.), *Handbook of reading research* (pp. 255–259). New York: Longman.

Bond, G. (1966). First grade reading studies: An overview. *Elementary English, 43,* 464–470.

Carroll, J. B. (1970). The nature of the reading process. In D. V. Gunderson (Ed.), *Language and reading*. Washington, DC: Center for Applied Linguistics.

Carroll, J. B. (1978). Psycholinguistics and the study of reading. In S. Pflaum-Connor (Ed.), *Aspects of reading education*. Berkeley, CA: McCutchan.

Clark, M. M. (1984). Literacy at home and at school: Insights from a study of young fluent readers. In H. Goelman, A. Oberg, & F. Smith (Eds.), *Awakening to literacy*. Exeter, NH: Heinemann.

Clay, M. M. (1966). *Emergent reading behavior*. Doctoral dissertation, University of Aukland.

Clay, M. M. (1979). *Reading: The patterning of complex behavior*. Exeter, NH: Heinemann.

Clay, M. M. (1985). *The early detection of reading difficulties*. Portsmouth, NH: Heinemann.

Clements, D. H., & Nastasi, B. K. (1993). Electronic media and early childhood education. In B. Spodek (Ed.), *Handbook of research in early childhood education*. New York: Macmillan.

Dickinson, D. K. (1987). Oral language, literacy skills, and response to literature. In J. R. Squire (Ed.), *The dynamics of language learning: Research in reading and English*. (pp. 147–183). Urbana, IL: ERIC/RCS.

Durkin, D. (1966). *Children who read early*. New York: Teachers College Press.

Garner, R. (1987). *Metacognition and reading comprehension*. Norwood, NJ: Ablex.

Gates, A. (1937). The necessary mental age for beginning reading. *Elementary School Journal, 37,* 497–508.

Goodman, K. S. (1968). *The psycholinguistic nature of the reading process*. Detroit: Wayne State University Press.

Goodman, K. S. (1986). *What's whole in whole language?* Portsmouth, NH: Heinemann.

Goodman, K. S., & Goodman, Y. M. (1979). Learning to read is natural. In L. B. Resnick & P. A. Weaver (Eds.), *Theory and practice of early reading*, Vol. 1. Hillsdale, NJ: Erlbaum.

Goodman, Y. (1980). The roots of literacy. In M. Douglas (Ed.), *Claremont Reading Conference forty-fourth yearbook*. Claremont, CA: Claremont Reading Conference.

Goodman, Y. (1986). Children coming to know literacy. In W. H. Teale & E. Sulzby (Eds.), *Emergent literacy: Writing and reading*. Norwood, NJ: Ablex.

Gough, P. B. (1972). One second of reading. In J. F. Kavanaugh & I. G. Mattingly (Eds.), *Language by ear and eye*. Cambridge: MIT Press.

Harris, A. J., & Sipay, E. R. (1990). *How to increase reading ability: A guide to developmental and remedial methods*. New York: Longman.

Heath, S. B. (1980). The function and uses of literacy. *Journal of Communication, 30,* 123–133.

Hiebert, E. H. (1981). Developmental patterns and interrelationships of preschool children's print awareness. *Reading Research Quarterly, 16,* 236–260.

Holdaway, D. (1979). *The foundations of literacy*. Sydney: Ashton Scholastic.

Manning, M., Manning, G., & Kamii, C. (1988). Early phonics instruction: Its effect on literacy development. *Young Children, 44*(1), 4–8.

Mason, J. (1980). When do children begin to read: An exploration of four-year-old children's letter and word reading competencies. *Reading Research Quarterly, 15,* 203–227.

Mason, J. (1986). Kindergarten reading: A proposal for a problem-solving approach. In B. Spodek (Ed.) ,*Today's kindergarten: Exploring the knowledge base, expanding the curriculum* (pp. 48–66).

New York: Teachers College Press.

McIntyre, E. (1990). Young children's reading strategies as they read self-selected books in school. *Early Research Quarterly, 5*, 265–277.

McNeil, J. D. (1984). *Reading comprehension: New directions for classroom practice*. Glenview, IL: Scott Foresman.

Morpell, M. V., & Washburne, C. (1931). When should children begin to read? *Elementary School Journal, 31*, 496–503.

Morrow, L. M. (1985). Reading stories: A strategy for improving children's comprehension, concept of a story structure and oral language complexity. *Elementary School Journal, 85*, 647–661.

Morrow, L. M. (1986). Promoting responses to literature: Children's sense of story structure. Paper presented at the National Reading Conference, Austin, TX.

Morrow, L. M. (1993). *Literacy development in the early years: Helping children read and write*. Englewood Cliffs, NJ: Prentice Hall.

Pinnell, G. S. (1993). Literacy programs for at-risk children: Reading recovery. In B. Spodek & O. N. Saracho (Eds.), *Language and literacy in early childhood education: Yearbook in early childhood education*, Vol. 4. New York: Teachers College Press.

Rumelhart, D. E. (1976). *Toward an interactive model of reading*. San Diego: Center for Human Information Processing, University of California at San Diego.

Saracho, O. N. (1982). The effects of a computer-assisted instruction program in basic skills achievement and attitudes toward instruction of Spanish-speaking migrant children. *American Educational Research Journal, 19*(2), 201–219.

Saracho, O. N. (1984). Young children's conceptual factors of reading. *Early Child Development and Care, 15* (4), 305–314.

Saracho, O. N. (1985a). The impact of young children's print awareness in learning to read. *Early Child Development and Care, 21*(1), 1–10.

Saracho, O. N. (1985b). The roots of reading and writing. *New directions in reading research and practice*. 1985 Yearbook of the State of Maryland International Association, (pp. 81–87).

Saracho, O. N. (1987). Evaluating reading attitudes. *Day Care and Early Education, 14*, 23–25.

Schickedanz, J. A. (1978). "Please read that story again!" *Young Children, 33*(5), 48–55.

Schickedanz, J. A. (1982). The acquisition of written language in young children. In B. Spodek (Ed.), *Handbook of research in early childhood education*. New York: Free Press.

Smith, F. (1978). *Psycholinguistics and reading*. New York: Holt, Rinehart & Winston.

Smith, F. (1988). *Understanding reading*, New York: Holt, Rinehart & Winston.

Smith-Burke, M. T. (1987). Classroom practices and classroom interactions during reading instruction: What's going on? In J. R. Squire (Ed.), *The dynamics of language learning: Research in reading and English*. (pp. 226–265). Urbana, IL: ERIC/RCS.

Spache, G. D., & Spache, E. B. (1986). *Reading in the elementary school* (5th ed.). Boston: Allyn and Bacon.

Stahl, S. A., & Miller, P. D. (1989). Whole language and language experience approaches for beginning reading: A quantitative research synthesis. *Review of Educational Research, 59*(1), 87–116.

Sulzby, E. (1985). Children's emergent reading of favorite storybooks. *Reading Research Quarterly, 20*, 458–481.

Teale, W. (1982). Positive environments for learning to read: What studies of early readers tell us. *Language Arts, 55*, 922–932.

Teale, W. (1986). The beginning of reading and writing: Written language development during the preschool and kindergarten years. In M. Sampson (Ed.), *The pursuit of literacy: Early reading and writing*. Dubuque, IA: Kendall/Hunt.

Torvey, D. R., & Kerber, J. E. (Eds.) (1986). *Roles in literacy learning: A new perspective*. Newark, DE: International Reading Association.

Yaden, D. (1985). Preschoolers' spontaneous inquiries about print and books. Paper presented at the National Reading Conference, San Diego.

13

幼兒時期的科學教育

本章綱要

◇幼兒科學教育的概念。

◇幼兒科學教育的現代觀。

◇為幼幼班、幼稚園及低年級學生選擇科學教學計畫的標準。

◇支援教室中科學學習的方法。

◇整合科學與其他課程領域的方法。

導論

　　幾乎是從出生開始，幼兒便藉由他們的感官，以接觸四周的物體來獲得有關於這個世界的訊息資料。起初，他們對物質世界的瞭解會受限於他們自身的知覺，即感官無法感覺到的物體便表示是不存在的，而對於所能感覺到的物體，似乎也並沒有特別的解釋，換言之，他們是透過動作和感覺來瞭解這個世界。

　　當兒童較為成熟之後，他們的經驗也增加了，他們開始意識到世界存在著秩序，也有一些很明顯的因果關係存在，先前看似毫無關聯的事物，也可以與其他相似的事物歸類在一起，並一視同仁。當沒有「秩序」存在時，兒童甚至於會嘗試著去創造出新秩序。他們發展出對於這個世界的物理性與社會性概念，這些概念會促使兒童由經驗中累積知識並且培養新的理解力。

　　我們可以容易地去瞭解早期兒童發展領域的觀察家們，如G. Stanley Hall（參閱第二章），他是如何遵循文化發展的模式來建構兒童的智力發展，如此平行的形式是十分令人詫異的；早期的人類也是將一些無法解釋、抽象的現象改變，歸因於難以理解的神奇力量，人類社會經歷一連串的進化活動，藉由發展中的種種概念，人們開始能夠解釋、理解現象並在某種程度上面對這世界中的人、事、物。這些概念將所有物類視為同一，然後可發展出概

念間規則關係的通則，而知識的系統便是由概念與通則連結而產生。創造符號的能力讓我們可以保留抽象的知識，並以書面記錄我們所知道的。

知識可以累積並且代代相傳，隨著時光推進，知識系統變得複雜且分門別類，以便做為更專業的探究與有效地系統化貯存、檢索。這些專業化的知識，即我們今日所知的學術科目，它們依照主題而分類，各有其基本的假定、一致的累積知識的方式和經證實認可的知識。

學校教育的基本目的之一便是將知識最有意義的部分傳遞給下一代，如此的薪火相傳，使每一代都能對掌握上一代已知的知識並有效地運用，將新的知識建立在既有的知識之上，而逐漸累積更多的知識。

學校科目——科學、社會學科、數學與其他——這些科目十分類似於學術學科。科學、社會學科與數學乃是人類探索物理環境及社會世界時智力運作過程的結果。科學乃是探索世界及因應物理特性的一個重要方法，它可以將這些物理特性加以整理、定義它們彼此間的關係，並建立一些可用實驗性的方式來驗證的理論以解釋這些關係；這些理論促使我們預測事件及行動的後果，並發展出可以駕馭自然界現象的科學技術。哲學、文學與宗教則為其它少數可以增進我們對世界瞭解的工具，但它們和科學不同，它們較屬個人性質，往往無法建立通則，這類的知識是無法訴諸公眾、實驗性驗證來確認的。

幼兒與科學學習

在幼兒教育中提出科學教學計畫時，有一個問題必然會被提及：幼兒是否能發展科學概念？換句話說，在幼兒階段，科學教育是否能獲得適性發展。科學的探究是相當抽象的，且發展中的科學知識與科學方法的使用也是需要較成熟的思考。

Paul Hurd和James Gallagher（1968）曾指出，欲理解科學，

需要具備下列能力：

　　1.在一連串的觀察中，能掌握中心命題；

　　2.能由各種不同的有利觀點來檢視資料；

　　3.能認出改變一項變因之後的結果；

　　4.能減少資料中不相干的問題，著眼於有用的層面；

　　5.能將有用的假設公式化並且加以驗證；

　　6.能搜尋求新的證據；

　　7.能從一個模式中做邏輯性推理，有好的想像力也是很有幫助的（pp. 5-6）。

　　這些技巧代表了高層次的智力發展，它們是透過一長串成熟化的階段與先前的經驗而來。科學化思考的能力須由幼年期便開始孕育培養。Piaget的理論和學習理論提供了一個架構使我們了解幼兒科學概念是如何發展的。在現今的科學教學計畫中，其課程發展模式與兒童可學些什麼、如何學的理念相類似，此項科學教育發展的基礎乃是認為學校應該把科學教育當做智力活動。

　　多數有關兒童科學概念發展的研究都採用Piaget式的架構，此一架構認為兒童為了學習科學必須先發展到認知發展的具體操作期（參閱第二章）。而Ann C. Howe（1993）探討這項研究並認為，學習科學的概念與過程的能力並非達到發展的具體操作階段決定性的因素。然而，呈現給兒童的概念應該與兒童學習的能力相當，科學的教育也應該奠基於兒童的經驗與他們在這些經驗中觀察科學過程的能力。這個研究指出幼兒科學教育應著重於動手做的經驗且兒童應透過操作物體及操作的過程來驗證自己的理解力。僅僅告訴兒童科學現象是不夠的，甚至於會導致他們發展出錯誤觀念。

過去的科學教育

　　自二十世紀以來，科學就在小學與幼兒教育課程中佔有相當重要的地位。John Dewey（1956）便是極力主張將科學納入幼教

的學者，而位於美國的芝加哥大學實驗學校則爲早期幼兒科學教育的中心。

　　有關科學教育的內涵在較早期的幼教計畫中便可以發現，只是未被定義爲科學教育罷了。在Robert Owens十九世紀時所設的幼兒學校中，兒童被帶往田野觀察大自然，取自大自然的標本與仿造自然的模型也放在教室中以供觀察。在Froebel的幼稚園中還包括了自然科——觀察大自然的現象，不過欣賞的目的勝於對自然現象的理解。教師提供一個花園讓兒童栽培植物，兒童學著照顧小型的動物，同時，老師也會帶來一些石頭和樹葉，擺在桌上讓兒童觀察，閱讀關於大自然的小故事並展示陳列圖片，提供兒童進一步的學習。這些活動的主要目的是發展兒童對大自然的尊敬和欣賞大自然的奧妙。對於都市中的學校而言，自然學科更是特別的需要，因爲都市中的孩子，較少有與大自然接觸的機會。

　　1925年之後，科學的學習開始取代了小學與幼教課程中的自然學科。在小學中的附幼可能是擴大小學課程超越3Rs的一大助力；較新式的科學教育比較不偏重欣賞自然現象，而較重視科學概念的理解與科學化的方法，即使是在幼幼班上亦同。不過自然科的一些內容在今日的幼教課堂中仍可以發現，例如教師展示自然的素材和說一些神人同形等擬人化的自然界故事。

　　雖然教導欣賞大自然與提供觀察大自然現象的機會都是很有價值的活動，然而却不足以形成科學教育計畫。例如，教師應該設計可以改善兒童觀察技巧的活動；在欣賞大自然的同時也應該教導保育大自然的觀念及科技對於大自然的影響。

　　知道什麼是科學，可以促使教師利用日常教室中所發生的事件來建立科學教學計畫。仔細的觀察、描述並加以測量、擬定與驗證假設，接受事件的多重解釋——這就是形成科學教育計畫的要素。

　　事實上，在1960年代以前，小學所教授的科學課程非常貧乏（Howe, 1993）。爲幼兒所設計的新科學教育計畫約於1960年代發展開來，它可說是改革學校課程較大的運動之一。促成此一改

變的因素之一是Jerome Bruner於1960年所提出的一項假設:「任何一科目,都可以某些純粹依憑智力的形式,有效地教導任何發展階段中的每一位兒童」(p. 33)。課程發展的蓬勃時期於焉展開,但多偏重於幼稚園階段以上的兒童,然而,基於當時對於Piaget架構的興趣,使得大家仍接受在幼幼班階段即學習科學的作法。幼兒可以透過具體的經驗,以直觀的方式來接觸科學的知識。

幼兒科學教育的概念

科學如何被教授與科學如何以言詞表達有莫大的關係,在現代的社會裡,科學教育被視為普通教育的一部分,因為,所有的人都應該具備科學知識,以便應用在日常的活動中。他們應該對科學探究的本質有所瞭解並明白科學在當今社會中所扮演的角色。所以,對所有兒童而言,學習科學領域的讀寫能力乃是教育目標之一。

科學是知識的系統

科學,有時候被認為是物理世界知識的總體,由這個角度來看,科學教學計畫應該包括了對兒童和成人最有用的科學事實,以便兒童能在求學生涯中累積知識。此一取向最大的問題在於,如何自大量且不斷積累的科學事實中選擇最具意義的項目,這並非易事。個體所須學習與記憶的事實的數量,將會是科學教育中一項艱難的任務,教授兒童科學事實的全部不僅是累贅、永無止境任務,其最終價值也令人質疑。

以上的科學教學取向漸漸被摒棄而轉為視科學為一套組織化的概念和通則的觀點。科學資料可以組織為系統性的概念,這些概念賦予事實意義,讓人們將片斷的資料與關於世界的知識系統相連結。

科學同時也被視為是產生與證實知識的方法,科學家用以觀

察現象、驗證假設、控制變項、仔細地做報告與重複地實驗等方法都是科學結構的部分。教導此一結構成為新近科學教育計畫的目標。

　　將科學內容組織成為一概念性的結構並非全新的構想理念。Gerald Craig（1927）發表了一份針對1920年代科學教育的研究，目的是超越個別的科學訓練界限，為兒童設計一個統一的科學教育計畫。這項研究也發展出科學教育的概念架構並沿用至今：

　　1.宇宙是浩瀚無垠的——空間

　　2.地球是非常古老的——時間

　　3.宇宙持續不斷變化著——改變

　　4.生命是由環境中適應而來——適應

　　5.宇宙蘊藏了極大的變異——變化

　　6.生物之間是相互依存的——相互關聯性

　　7.力量間的交互作用——均勢與平衡（Craig, 1958; pp.93-101）

1966年，Paul Brandwein與他的同僚發展出相似的科學教學的概念架構：

　　1.當能量由一種形式轉變為另一種形式時，總能量仍維持不變。

　　2.當物體由一形式轉變為另一型式時，其質量不變。

　　3.生物彼此之間以及生物與環境之間是相互依存的關係。

　　4.生物乃是遺傳與環境的產物。

　　5.生物不斷地在改變。

　　6.宇宙唯一不變的就是改變。

　　在這個架構中，Brandwein和他的同僚們為幼稚園到小學六年級的兒童設計了一整合性的科學教育計畫。

　　如此的概念結構有效地將資料整合為有意義的概念與通則。此外，幾乎所有的科學資料與知識都可以劃分至適當的類別，不同年級的教學計畫也可以和另一年級的教學計畫相通；將每一次的科學經驗結合一種概念，然後決定教授的年級，如此，學校科學教育所有的內容都將獲得整合。換言之，在幼稚園所教的，可與三

年級所教的相關，但在各年級之間，却鮮少有教學內容重疊的現象。

此一教育取向的基礎論點爲：科學概念主要是知識與資料的一個系統。科學概念是透過反映這些概念的知識元素來教導，這些概念將知識加以整理，並且將其轉換成新的狀態。然而，這個過程無法讓我們驗證這個概念的眞實性或實用性。

其他的科學教育計畫或著重於科學現象，或著重於科學概念，或重視科學探究的過程勝於了解科學的知識，各有偏重。美國科學促進協會 (the American Association for the Advancement of Science, AAAS) 已發展了一項計畫，「科學——一過程取向」 (Science-A Process Approach, S-APA)。美國加州大學則在Dr. Robert Karplus的領導下發展了「科學課程改進研究」 (The Science Curriculum Improvement Study, SCIS)；教育發展中心 (the Educational Development Center) 則發展出基礎科學研究 (the Elementary Science Study, ESS)。Robert Karplus和Herbert Thier在1967年將此三種科學課程計畫的差異做了下述比較；

> …由SCIS所規劃的課程單元與部分來自AAAS的單元可以整合為一完整、統合的課程；而ESS所設計的則是獨立自主的單元，可以透過當地的教學團體將其塑造成課程。另外，他也發現，我們對構成科學課程的三個要素——概念、現象、過程，重視程度亦有顯著的差異。所以，ESS強調兒童投入於現象中並且有自信他們會在參與的過程練習並瞭解有價值的概念，即使這些概念並不明確。至於SCIS則強調概念與現象的重要性，學習的過程只是兒童實驗、討論與分析時的副產物。AAAS乃強調兒童是透過過程來練習，而現象僅為一種媒介物，概念也只是工具。另一項額外的差異是AAAS比其他二個計畫努力嘗試以更系統化且更詳細的方式來評鑑兒童的進步。(p.8)

由計畫的差異可以發現，差異的部分不僅僅只是在所著重的內容上，同時也反映在有關兒童是如何學習、發展等理念以及學校的本質與目的等。這些計畫也有一些共同的特性，即它們都奠基於科學的現代觀念之上，視兒童為主動的學習者，並要求主動參與科學經驗。

Karplus和Thier討論三個科學教育計畫的簡短大綱，應該有助於說明在課程改革運動中所規劃出來的教育計畫間的異同點。這些科學教育計畫也代表了科學課程與教材的主要變革。雖然先前的教材是依據兒童本身的興趣來設計，但這些課程皆以認知發展理論或學習理論為基礎。S-APA、SCIS與ESS不過是今日許許多多科學教育計畫中的三種，之所以會提到它們，乃是由於它們的構思及發展可取，同時，每一個計畫也都陳述了有關於科學是什麼、兒童如何將科學學得最好等主題的明確觀點。

科學——一過程取向 （S－APA）

AAAS （1967），在其初級科學課程S-APA中，認為科學的探究過程乃是兒童最須要學習的科學內涵，其包括了：

1.觀察
2.使用空間－時間的關係
3.使用數字
4.測量
5.分類
6.溝通
7.預測
8.推論

此教育計畫的首要目標是在低年級階段即發展出仔細且系統化地運用上述探究過程的技巧，以做為往後理解更複雜的科學學習之必要準備。這些較複雜的過程，包括了陳述假設、解釋操作、控制變項、實驗、陳述模型，和解釋資料等。

S-APA初級教學計畫的活動設計是用來教導兒童上述八個過程，幼兒透過觀察物體而區辨顏色、形狀和質地。他們或觀察天氣現象、或觀察植物的各部位，然後描述他們的觀察。至於時空關係的範圍，兒童則學習區辨二度和三度空間的形狀和角度，以及速度的概念。數字的學習則包括分辨和比較數字、兩數的總合和數字間的關係。兒童藉由比較和使用測量的標準單位去探索長度、重量、面積和體積。老師可提供兒童特殊的經驗以協助他們經由可觀察的特性將物體分類，並從單一條件的分類進展到多重條件的分類。傳達訊息則要求兒童辨識物體和命名、使用圖表，並向其他人描述實驗。兒童也要學習做出預測並加以驗證，同時從資料中推論並說明它們可如何加以驗證。

　　這個教學計畫具有層級的結構，由較簡單的活動一直到較複雜的活動，同時它也是線性的，因此兒童在某項特定活動中所必須知道的知識，會在較早的活動中教過。例如在觀察方面，較早先的活動安排了辨別物體與指名物體的特性——它是粗糙的或是平滑的，大的或是小的，是基本色（三原色）或是等和色（由等量的二原色混和而成）？之後，兒童則須對同一物體分辨和指出更多的特徵，如：它是既粗糙又小的。相同的，早些時候，兒童也學著區分二度或是三度空間的形狀，然後，他們就會被要求在一個三度空間的物體中區分出二度空間的形狀。

　　這個取向是將科學教育視為教導科學探究的過程，而這些過程和科學的工作一致。雖然科學的事實與技術層面不斷在改變，但科學探究的基本過程是較恆定的，就某些角度來看，S-APA設計者的觀點乃是把科學當做是科學家所做的事。

　　這種教導科學過程的方法相當傾向於學習理論。準備度被定義為預先學習的成績。一旦技巧的發展在某一階段達到成功，兒童才能進入下一個階段；兒童所能學習的與他們已經知道的知識密切相關，如果他們無法掌握某一科學過程，則必須重新熟練先前的技巧。S-APA計畫的目的乃為達成特定的、可觀察之行為目標。在每一堂課中明確定義兒童將要達到的目標，如果教師可以

直接觀察這些行為，那麼他們便能做立即的評量。

　　對此取向所提出的批評是，雖然它傳授某些科學的基本過程，但忽略了其他重要的部分，如：對現象的創造性思考、發現概念以及發展出對於世界的觀點有不同的見解等；同時，未考慮兒童智力發展的階段，這也是受到批評的地方。

　　S-APA的教材可經AAAS處取得，地點在美國Washington，DC20005。

科學課程改進研究

　　科學課程改進研究（SCIS）乃是由美國加州大學所完成的科學教育方法，可以協助兒童形成「一個概念架構，讓他們以較有意義的方式去感覺現象。這個架構將會協助兒童將他們的推論整合為一個通則，它比兒童以自己的方法所形成的通則更有價值。」（Karplus & Thier, 1967, pp. 20-21）。

　　SCIS計畫的主題反映了科學的基本概念和一Piaget式的智力發展概念，計畫中的第一階段與認知架構中由前操作期轉換至具體操作期兩相呼應；第二階段則反映出具體操作期的思維；第三階段則反映出由具體操作期至形式運思期的轉變；第四階段則須要具有形式運思期的能力。此科學教育計畫所提供的教材、活動與概念，皆與幼兒每一發展階段的推理能力相吻合，而科學之學習也被視為是在個人的探索和對世界的詮釋與科學概念的理解之間搭建了一座橋樑。

　　SCIS計畫的單元是以一特定的順序來教授的。每一個單元包括了許多的主題和發明與發現的課程。發明課中教師為新的術語和概念下定義；在發現課中則讓孩子們應用這些新觀念。課程中提供的活動是可以選擇的，並且每一堂課都有特定的教材與器具，同時也要求兒童進行實驗。教室中所有的兒童通常都從事相同的實驗操作，無論是個人獨自操作或是分組實驗。有一些課程是屬於完全開放式的型態，有一些則純粹是教室中的課堂討論，通常我們會建議教師以開放式的問題來引導討論的進行，例如

「告訴我們，在你的實驗中發生了什麼事？」或是「這東西（物體）是怎麼改變的？」因為不同的推論可能從任何一組實驗中合理的產生，所以我們也可預測計畫中所提供的實驗可導致一連串的結果。而科學的概念、科學過程的瞭解和計畫的目標，都要經過長時間的積累才能達成。

欲查詢SCIS的資料可至下列地址索取：Lawrence Hall of Science, University of California, Berkeley, CA97420。

基礎科學研究

基礎科學研究（ESS）提供了一套教學單元，每一個單元都可以分別在各年級中教授。前ESS總監David Hawkins將科學教育定義為三個階段。第一個階段是「隨意操弄」，即自由地探索物品，同時在一個非結構化的環境中自由自在地發現學習。

在第二階段，雖具有外在指導但仍相當個人化，它是透過「多重設計」的教材——即依照主題的順序以文字或圖畫引導學童設計富於變化的活動。因此，幾乎是所有的方法皆可以讓兒童的學習進步，而教材可以做為輔助工具。

第三階段的科學教學，則是將兒童的具體理解能力導向抽象概念化的能力。此理論化的階段必須奠基在經驗與實驗的基礎上，不過抽象化的發展也受到特別的注意。每一階段的敘述代表該階段的中心取向，但是在每一階段中都包括了可以反映其他階段的活動（Hawkins, 1965）。

在第一個「隨意操弄」的階段中，可藉由Geo積木教師手冊（the Teacher's Guide for Geo Blocks）所提供的引導來說明，如提供兒童一組比傳統幼稚園的單元積木還要小的積木，這小積木被設計為小單位，所以許多小積木可以組合成和大積木一樣的大小。當給兒童許多小積木和一些大積木玩時，兒童的均等概念便會因而產生。這些積木可用來組成塔、坡道與三度空間的地圖和其他的建構。提出一些特定的問題，讓兒童透過這些積木來解決。教師必須觀察兒童的操作，即使他們在為了解釋這些積木的

功用時做了一些非正式的建議，但也不能去干預兒童早期的探索。之後，當兒童進展到第二階段時，教師可以問一些問題，以激勵他們更直接地使用這些積木，這些問題可與建築物、數數、形狀、坡度、分類、表面積和體積有關。

除了Geo積木之外，ESS還準備了許多其他的單元課程，有些是適合幼兒的，有些則是為中年級所設計的。單元包括了小東西、成長中的種籽、電池與燈泡、鏡面反射、以及光與影等等。有關ESS的資訊可洽：Delta Education, Inc., P.O. Box M, Nashua, NH03061。

當S-APA與SCIS計畫傾向於以整個班級來進行活動時，ESS的單元則可以運用在小團體中。ESS計畫也比前二者更重視利用發現學習的技術當做教學策略。兒童直接置身於教師所提供的最小結構的科學現象中，教師在協助兒童建立科學概念時扮演著主動的角色，在學習情境的第一階段中，此一角色乃將環境組織化以促進兒童的發現。在學習情境的第二階段，教師則以問問題的方式來造成兒童認知上的衝突，並且協助兒童以不同的方法來觀察現象。在第三階段，教師則提供較具結構性的學習情境，並協助兒童建立理論來解釋他們所觀察到的現象。

科學教學計畫的選擇

S-APA、SCIS和ESS所呈現的只是當今眾多科學教育計畫的一小部分而已。這些教學計畫一般都包含了最新的科學內容，同時也提供兒童一個主動參與的學習過程，如此的科學教育要比背誦式的科學教育好太多了。Barbara Waters (1973) 提出了六種不同的幼兒科學教育計畫，以供老師在選擇時分析比較。雖然她的著作迄今已超過二十年，卻仍然是十分有用的資源。除了課程改革運動中所擬定的教學計畫外，專門出版教科書的出版公司也針對幼稚園與低年級學童設計了許多科學教學計畫，通常還附帶了教師手冊以及教材。有關這些教材和其他幼教科學教材的相關

資料可以在1988年由美國國家科學資源中心（National Science Resoure Center）所出版的*Science for Children: Resource for Teachers*中找到。

選擇科學教學計畫的第一步驟便是決定把科學帶到教室中。幼稚園與小學教師太常著重在語言及讀寫能力的教導，以致於他們把所有的時間都花在這個領域中。藝術課程或許只排在星期五下午，體育則變成了只為消耗兒童過多的精力，科學與社會學科也可能只是粗淺地在課堂上帶過。此外，有一些幼幼班的老師害怕對兒童的思考造成太大負擔，他們寧願將教學計畫奠基於兒童的遊戲上，並提倡所有的活動以兒童為出發點。另一個選擇則是掌握兒童的興趣來選擇科學與其他的活動。此外，教師有責任幫助幼兒對他們尚未知的事物產生興趣；兒童的發展，包括智力發展，必須由成人及其他兒童一起來擴展他們的理解力，和證明他們看待世界的方法。

已有足夠的證據顯示現行的科學教學計畫對於兒童的思考和學業成就有重要影響。IQ分數與成就測驗分數的上升已被視為兒童熱中科學教學計畫的結果。Mary Budd Rowe（1976）針對許多詳述這些正面結果的研究做一結論，她指出最常由科學教學計畫中獲益的是往往是先前被排拒的一群，包括貧窮和失能兒童。如果，教師能在兒童的幼兒期便提供豐富的教育機會，那麼，這些孩子在較高年級中遭遇的學習困難也會減少。

一旦教師決定在課堂上納入科學課程，他們必須選擇一個教學計畫。教師可以決定以系統化的方式來教學並使用構思完整且設計優良的計畫。欲選擇這樣的教學計畫可先分析目前有哪些教學計畫、其內容重點為何（如：是否強調事實、概念或技巧），和教學時的一些條件，例如：所需要的資源和老師要成功教學所須具備的知識。教師也可以針對計畫中所提有關兒童學習和發展的假設加以分析，並且考慮這些假設是否與自己和學校的幼兒教育取向相吻合。

一個科學教學計畫應該要能夠與其他的課程相容，例如，S-

APA計畫，會比較適合於較正統且行為取向的教室來使用。自認知發展的構成主義觀點導出的SCIS與ESS計畫則可由支持此種觀點的教師來實行。這些計畫都不適合應用在以教科書為取向的課堂上，在這類的教室中，兒童被期待以閱讀書籍、聽課與觀看教師示範書上的科學活動；而上述的計畫都是要求兒童去「做」科學，去從事探究取向、動手做的活動。如同Eleanor Duckworth和她的同事（1990）所提出的，科學教育計畫也應該使用「動腦取向」（minds-on），要求兒童去思考他們所做的和解決教師所提出來的問題。

　　許多針對幼稚園與低年級設計的科學教育計畫都發展得很完整，它們具有提供幼兒重要科學學習的潛力。往往一個計畫的決定權在於學校體系，它可能採用單一教科書系列或教學計畫，以確保各年級的課程可以連貫。但即使教師使用的教學計畫是由他人決定，老師仍能自行斟酌來選擇最適合他自己班上兒童能力的計畫。學齡前學校的教師在選擇和創造科學教學計畫有更大的空間，然而能協助此一階段教師的資源却不多。

幼稚園與托兒所的教學計畫

　　托兒所與幼稚園的教師在選擇科學教學計畫時，比小學老師缺乏可供參考的指導方針。有些教師則修正專為較大年齡兒童所設計的科學教學計畫用於自己的班上。然而，這類的活動，可能彼此並不相關，且有可能實驗預期的結果已超出兒童的學習能力。有些老師或許繼續採用昔日的自然學科方法，在教室中陳列展示葉子、石頭、小動物或是其他科學教材，以及與兒童談論天氣與四季的變化。其他教師則為兒童提供有關日常生活現象的科學化分類。

　　觀察與欣賞大自然是很重要的，但單是以此來學習科學是不夠的。科學教育的關鍵在於當兒童在觀察自然世界時給予協助，並且鼓勵他們去思考他們所做的事。上述三個科學課程方案能夠為托兒所程度的學童提供指導方針並建構出科學教育計畫，因為

根據顏色、大小和形狀將物體分類可讓兒童學會注意物體的屬性。

它們似乎都有一個共通的先決條件，即每一個計畫都要求兒童能夠動手做、描述對物體的觀察、由某些屬性去分類物體，並依種類區別兩堆物體。一個有意義的教育計畫，應該建立在經驗上，以協助兒童觀察與分類物理現象。這些活動應要相互平衡，兒童在這些活動中可自由探索科學化教具以及它們在各種教室經驗中的用途。

探索與描述事物的屬性及作用

每一個人都是透過五官（視覺、聽覺、觸覺、味覺與嗅覺）來接受關於外在世界的資訊。這些資訊是可以被定義與分類的；事物的視覺特質可以用大小、形狀、顏色與其他特質加以辨別；聲音可藉音調、強度音質與韻律來分別；觸覺則可以用軟或硬、粗或滑、溫或冷、尖或鈍來描述；至於味覺與嗅覺的特性雖然沒有辦法十分精確地定義，但是却可以加以分辨。

學齡前科學教育的取向主要是探索物體的屬性和作用，這與

Constance Kamii及Rheta DeVries（1978）所提倡的物理知識相近，同時也和Montessori教學法中所主張的感覺教育相似；當教育目標相同時，差異之處就在於科學教學計畫並未企圖將物體的單一屬性分開討論，反而以系統化的方式來教導這項屬性（參閱第二章），同時，也不必為此一教學計畫購買特殊的教具。此外，語言的學習也應該和探索及描述物體屬性的步調一致。

幼兒不只可用五官能力來學習，他們也可以透過一些簡單的器材來擴展觀察力。例如，利用聽診器便可以聽到一般肉耳聽不見的聲音；使用放大鏡則可以發現肉眼所看不見的東西，或是看見它們變大的樣子。Carolyn Herman（1987）也建議讓幼兒使用放大鏡來協助他們探索光的屬性，透過放大鏡的雙凸透鏡，可以看見光的折射現象；他們可以多種方式利用放大鏡來做實驗：看見物體的上下顛倒，需要將放大鏡拿離物體多遠才會有適合的焦距產生。孩子也可以比較用肉眼觀察與使用放大鏡和透明的裝水容器（例如水杯或水族箱）看東西時之間的差異為何。

對每一種感官而言，都有操作性的活動與相關的語言經驗可以協助兒童辨認、分類和區別不同的經驗並開始根據其感覺特性來描述物體。這個過程便是科學思考的起點，兒童也必須學習描述性的語言，將他們的感覺經驗符號化並表達出來。

其他的烹飪經驗也可以用來協助幼兒的科學學習，相關書籍如Jeanette B. Endres和Robert Rockwell的《食物、營養與幼兒》（*Food, Nutrition, and the Young Child*），Mary T. Goodwin和Gerry Pollen的《兒童的創造性食物經驗》（*Creative Food Experiences for Children*），和Nancy Wanamaker, Kristin Hearn與Sherrill Richarz的《不只是全麥餅乾》（*More Than Graham Crackers*）等，都提供了十分有用的點子。Beverly Boals（1992）建議，如果教室夠大的話，可以設置一個永久的烹飪中心，烹飪中心應包括一張大桌子、椅子、工作空間和貯藏空間。

教學小故事：幼稚園的科學課

老師開始和一大群兒童討論「觀察」。她問：「觀察是指什麼意思呢？」
Destinee回答：「它是指看東西。」

Derek補充說：「也表示摸一摸東西。」

老師便加以詳細地說明：「當我們在觀察的時候，可以用我們的五官來感覺，我們可以摸一摸、嚐一嚐、聞一聞、聽一聽和看一看。」接著，她讓孩子們與指定的同伴一起做觀察的活動。她發給每一組一個棕色的午餐袋，裡面都裝了不同種類的義大利麵條，並告訴孩子們，他們要以他們自己覺得最恰當的方式來觀察麵條。

有一組學童馬上大叫：「哇，這看起來好像是領結哦！」老師給予肯定的回應，然後請孩子們安靜地與同伴一起觀察。幾分鐘之後，她喚起孩子們的注意：「請與我及其他同學一起分享你們觀察麵條袋的發現。」

孩子們爭先發表意見。Tiffany說：「我們的麵條都是硬的。」

Jonathan說：「我們的麵條有紅色、綠色和黃色。」

老師問：「有人試著嚐一嚐嗎？」

一個女孩說：「有啊，我們試著吃了一下，可是味道很噁心。」

「什麼是好『噁心』啊？」老師問。

「嗯…，好噁心啊，它是一種令人討厭，而且嚐起來不像任何東西的感覺。」女孩回答。

「有人聞過它的氣味嗎？」老師問。

沒有人回答，於是老師就請孩子們聞聞看。她稱讚孩子們都是很棒的觀察者，接著問：「如果我們把麵條放到熱水裡面的時候，會發生什麼事？」

有個男孩很快地舉起手並大叫：「它會變成通心麵。」

老師說：「很好，這是一個不錯的線索哦，明天我們把麵條放到熱水中，然後來觀察看看會發生什麼事，我們可以嚐嚐看、聞聞看、摸摸看並觀察它，或許有人想要聽聽看煮麵條時會發出什麼聲音。」於是課程結束，轉換為另一個活動。

在烹飪中心裡兒童除了嚐與聞材料之外，應該要有機會觀察不同的烹調過程和烹調對材料的影響。加熱、冷卻與冷凍都是可以被觀察得到影響食物的烹調方式，相同地，拍打與混合食物也會產生不同結果。添加一些如酵母或是醱粉等烘焙用的材料也會使麵粉、水及其他成分的混合物產生一些明顯的變化，當兒童在烹飪中量取材料時，可以適時的提供數學概念，除了這些學習之外，烹飪經驗也可以提供兒童一個很好的機會來討論食物營養及健康成長所需的要項。

兒童可以由觀察與描述的結果建立通則，例如，食物在加熱後，會產生變化。如果一個通則對於教師而言是錯的，然而却符合兒童的觀察時，這條通則應該被接受，教師可於稍後提供一些較為深入的觀察經驗，以期使一條新的、較為精準的通則產生。

操作許多不同教材的經驗有助於兒童對於物體屬性有所察覺。如提供兒童形狀相似的鉛製品與鋁製品，可幫助他們分辨輕與重的物體；也可在觸摸板上同時覆蓋砂紙、絲絨、脫脂棉、鋁片與其它的日常物品，以展現各種不同的質地；做一個「感覺箱」（feeling box），看不見裡面的物體，但可以用手去觸摸，如此可讓孩子的注意力集中在觸感上；教師可以和兒童討論物體的顏色和形狀，拿一些塗有三原色和特殊形狀的樣本到課堂上並利用學校周遭的日常物品來教學。積木的結構可與其他的積木結構進行大、小、寬、窄等的比較。

兒童可以在遊戲情境下或自由且非結構性的活動中嚐試不同的感覺，也可在特別設計較具結構性的活動中學習某一特定類別或學習指名其屬性，一旦兒童學會了數種物體屬性，便能夠幫助他們做愈來愈細的區分工作並開始藉屬性來分類。例如，可發給一羣兒童一盒鈕釦，依照顏色、大小或是材質而進行歸類活動。

觀察與描述物體的物理屬性和將這些觀察以有意義的方式組織起來，只不過是幼兒科學教育計畫的一部分，另一部分則與觀察和描述物體的作用，以及在不同情況下，每一物體與其他物體間的交互作用情形有關。

活動／味道、質地與氣味的探索

在點心時間以各種不同的食物來取代傳統上的牛奶或是果汁，孩子們可以品嚐這些食物並討論它們的氣味、味道和感覺。水果是很好的例子。試著提供一些孩子們很少生吃或很少看見其原狀的蔬菜，例如胡蘿蔔、馬鈴薯、芹菜、大頭菜或是菠菜；這個方法也可用在水果上，如奇異果、亞洲水梨、芒果等等。另外也可以提供一些不同的麵包與餅乾，如全麥麵包，或者許多其他的食物均可包含在內。

當兒童品嚐這些食物時，請他們說一說感官上的經驗，並且集中在味道、質地與氣味方面。你可以用各種方法來將這些食物分類，如甜或鹹，軟或硬、粘稠的或是酥脆的。可以做一張圖表陳列在佈告欄上，依據種類來排列食物；每一項種類的名稱可列在每一欄的頂端，再把食物的圖片可以貼在下方欄內，有些食物未必只出現在某一分類欄中。

或許，你想要烹煮其中一些食物，特別是生的蔬菜，以協助兒童觀察加熱後的變化。煮過的菠菜看起來和生的時候不同，煮過的胡蘿蔔也和生的摸起來不一樣，即使將它們混在一起，由它們的外觀、味道、觸感也會發現有顯著的差異。糖溶在水中，嚐起來仍是甜甜的，但是沒有顆粒的感覺，麵粉混合液體之後，濃稠度也改變了。食物可以應用在各種不同的方法中，老師可將討論結果做成一張描述改變的圖表，此類的圖表稍後會提及。

1978年時，Constance Kamii與Pheta DeVries以「物理知識」（physical knowledge）這個詞來區別他們認為陳腐的科學活動與設計用來協助兒童發展科學過程的心智結構活動之間的差異。許多科學教學計畫和科學教育者如SCIS和ESS計畫，與Eleanor Duckworth（1987）、C. Chaille和L. Britain（1991）的研究，都在類似於Piaget式的架構中構思其科學教育；在Kamii與DeVries

（1978）的《學齡前教育的物理知識》（*Physical Knowledge in Preschool Education*）一書中，描述了一些幼兒可做的活動，以協助他們了解物體的活動及物體間的相互作用，譬如說，提供幼兒滾筒以及平板，則可讓他們玩一些有關於平衡與動作的實驗活動。佈置一個具有各種大小、形狀的瓶子、杯子、管子及漏斗的玩水區域，給予兒童探索水的性質之機會，如把水由這個容器倒入另一容器時的操作，或是讓水流過一根管子等。當兒童對於所發生現象可做描述以及試驗性的解釋、將其觀念相互驗證或與老師共同討論，並在相似的現象中對象進一步的發現時，教師可提供其他的遊戲活動，讓兒童探究其餘物理世界的層面。

額外的科學活動（additional science activities）

幼兒的科學教學計畫事實上可以超越上述活動。自然學科的內涵依然可適用於幼兒教育的目標，到公園、林區、自然保育區的戶外教學是值得採用的方式，因為這些都是學習和練習觀察技巧的機會，且有助於兒童學習對大自然的欣賞與好奇心。此外，像《抱一棵樹和其他東西來和幼兒做戶外活動》（*Hug a Tree and Other Things to Do Outdoors with Young Childeren*, Rockwell, Sherwood,& Williams, 1983）等這類書籍，也有相當不錯的建議，可提供教師用在幼兒的活動中。

即使只是在校園，或是校園附近的街道上從事戶外教學，也能給予幼兒欣賞大自然與學習的機會。在不少地方都可以發現許多乏人照料的植物，如欄杆周圍、人行磚道上的縫隙，這些植物也是值得研究的對象，將植物、石頭與其它自然界的素材帶到教室中做近距離的觀察也是十分有助益的，老師可把它們放在科學桌上以供持續的觀察。把收集到的物材做個植物箱或昆蟲箱（利用罐子或是大的玻璃容器）。若每個孩子以不同的素材做不同的飼養箱（如以沙子取代土壤）或對不同的飼養箱做不同的照顧（如控制光線、水分的量），則兒童可觀察環境條件對於植物的影響。

專欄 13-3

教學小故事：學前學校的科學課

在團體討論的時間快要結束時，教師問兒童他們在家是如何照顧小鳥的。

Lisa說：「我媽咪幾乎每天都放向日葵的種籽到飼料盒裡面。」

Tommy回答說：「我爸爸說在前院養小鳥兒是不好的，因為那會把院子弄得一團糟。」

Ryan說：「我們為鳥兒在院子裡面種了一棵樹，並且在樹上放花生醬。」

老師宣佈今天班上要為小鳥們做一件特別的禮物，他說：「我希望你們回到每人的工作桌上。你會注意到桌上舖了一張報紙，請小心別將報紙推落桌面。」

等兒童坐定位後，老師發給每位幼兒一粒松果，每一粒松果頂端都繫有一條線。他說：「每一個人都可以拿到一小杯花生醬、一小杯鳥兒吃的種籽和一支冰棒的棒子。首先，你們要把花生醬塗滿整個松果，然後撒上種籽，就好像冰淇淋球一樣，上面的種籽撒得愈多，鳥兒就愈喜歡。」

孩子們之間開始傳出了聲音，似乎急著想要開始進行他們的作品。在動手之後，他們談論著他們要在何處掛放鳥兒的飼料盤，老師則提醒他們選擇一個安全的地方來安置鳥食，以遠離會搶食的餓貓或是松鼠。

科學對於幼兒來說不應一直是抽象的觀念，應讓他們去學習科學是如何與我們的日常生活產生關聯。如先前提到的烹飪活動，便是讓兒童學習有關營養知識的好機會；而到鄰近地區進行戶外教學也是生態環境課的起點。或許孩子們並不瞭解均衡飲食與保護環境的原則，但老師能幫助他們知道哪些食物較有營養價值，或是保護周遭環境的重要性與維持清潔的重要。

活動／到鄰近遊戲場或公園進行戶外教學

　　帶領兒童到附近可以觀察與收集自然素材的遊戲場和公園，發個紙袋讓他們裝收集到東西。每一次的戶外教學都選定一個主題，例如這一次以觀察和收集石頭為主，下一次則以葉片為主。出發前，先和孩子們討論戶外教學的目的以及收集材料時應有的行為，同時也要為收集的活動設定一些限制，如只收集比他們拳頭還小的石頭或每一種物體只找一個樣本等；所以，兒童可能會尋找一些形狀不一、顏色不同的葉片，或是收集到一些不同大小、形狀、質地與顏色的石頭。

　　回到教室後，讓兒童依照班上討論所得到的分類標準來歸類與整理所收集回來的標本，如石頭可以依照大小、形狀、質地與顏色來分類；也可由最大的排到最小的，或是最粗糙到最光滑的。如果兒童想要創造一個不同的分類法，那麼就接受他的分類並請他（她）為班上的其他孩子說明。課堂上應該討論大家收集到哪些東西，並且可以在每一位兒童的收集中挑選出一些放在班上展示。兒童也可以利用自己收集到的素材從事美勞活動；例如描繪樹葉或做拓葉畫，也可在美勞拼貼時以小石子、小葉子做成小型的石頭花園，或許，也有必要準備一本參考書來查閱有關兒童所收集的植物或石頭正確的名稱。

在教室活動中採用科學教材

　　教師應該設計一些遊戲活動，讓兒童發現及利用物體的特性與彼此間的關係。如在積木區設置一個滑輪系統，讓兒童在建造積木時使用，這可以幫助他們瞭解力量，如何增加力量和改變力量的方向。讓兒童以他們自己的方式用言詞表達這項經驗，這樣的學習，乃透過經驗直觀地學習滑輪較容易把物體提起，這經驗所學到的，比背誦專有名詞如摩擦力、慣性，或機械利益等來得有意義。

　　在家事區中若有裝電池的門鈴和蜂鳴器，則可以促使戲劇表

專欄 13-5

活動／教室中的生態教學

　　在教室中開始施行回收計畫。查出學校所在的社區中回收哪些物品和如何回收。將回收桶放在教室中方便可及的地方，讓兒童把收集來的物件（如紙張及玻璃器皿）放到這些回收桶中或待收集一定數量時，再定期送到回收中心；如果社區中有資源回收中心，不妨安排一個參觀旅行。

　　和兒童討論他們可以如何再利用這些材料而不要丟棄它們。報紙可以用來畫畫，硬紙蛋盒可以切割成一小片一小片以做為美勞拼貼的材料，其它的材料也可以用來做美勞活動。

　　如果學校中有花園，可以在堆肥箱中開始做一混合堆肥，並解釋說明施肥之後，會有什麼結果。兒童可以將葉子、斷枝、食物碎屑放到堆肥箱中，經常地翻動，當這些東西成為堆肥時，讓兒童觀察以及談一談在製造堆肥過程中材料的變化；當班級在春天種植花草時，便可利用這些堆肥來為花園中的植物施肥。

演；當有人進出時，兒童可以發現電的效能，以及操作電氣化設備所需要的電路設計；電池發電的電燈和開關可以安裝在遊戲屋中；也可在一個箱子裡放一些燈泡、電池及一截電線，以便讓兒童可以自由的操作及探索。磁鐵、放大鏡和其它物品可以提供孩子「隨意操弄」的機會，或是納入遊戲中。

　　教師可以在兒童使用這些器材時，要求他們解釋說明發生的現象以促進科學的學習。回答並不須很形式化或很精確，而是以兒童自己的觀點來做合理解釋，老師會因而瞭解兒童已理解或是感到困惑的部分。隨後，教師必須決定是否暫時不糾正孩子充分的解釋（儘管是不正確的），或讓兒童參與其他可以讓他們自行發現錯誤的活動。團體討論往往讓兒童有機會去驗證自己的認知和由其他人的理解中，對照自己的想法。

　　兒童也要有機會可以用種籽、球根和插枝來種植。如果班上沒有自己的花園，可以種在窗台上的植木箱或花盆裡。兒童也應該可以描述植物的生長過程及協助植物生長的條件，等到植物發芽時，就可以每週測量一次植物，並做一張植物成長表，也應讓兒

在教室中放置一水族箱，可讓兒童觀察生物。

童描述他們如何照顧植物。另外，也可以提供小魚兒和小動物把牠們放在魚缸中或籠子內飼養。

在所有的科學探究中，應給予兒童機會讓他們針對其所見所聞發問並學習如何尋找答案。有時候，他們提出來的問題是無法回答的，如「什麼是電？」最好的回答可能是：「我不知道，不過我們可以看看一些電力所能做的事。」回答問題最好是誠實以告，而不要以不正確或半想像式的說法來回答。

在利用教室中日常活動來做進一步的科學教育計畫時，教師須打破學科之間的人為的界限。像大部分的社會性問題並非純屬「科學化問題」或「社會科學問題」，而是混雜在許多學科的範圍之中；而生態學的議題，或許以生物學為基礎，但解決問題的工具卻來自於經濟學與政治學的知識。

科學活動也可以提昇語言教學計畫的效果。在科學活動中的觀察與描述，可以使兒童有效地使用詞彙，兒童的描述會愈來愈生動與精確，字彙會增加，也會用更多的副詞與形容詞。在科學中所使用的測量，也有利於數學教學計畫；而繪製觀察圖表與塑造模型也使得科學與藝術彼此連繫；科學與社會學科的單元設計則可提供主題以促進幼兒教育計畫的整合。生態保育的概念就是結合社會與科學探究的例子。

輔助教室中的科學學習

教師必須將他的班級組織化，如此才能在一個可辨識並有某種程度隔離的區域中進行科學學習。科學中心應包含或是靠近一個封閉式的貯藏空間，如櫃子，以方便放置一些目前尚未使用得到的器材教具。教師可以在發現孩子們的興趣時，隨時取得這些相關器材，進行兒童感興趣的主題，因而提升他們個人的學習動機；如果教師一時沒有多樣的器材可供使用，則他們可能必須延緩此一學習經驗，而使得學習上的契機因而消逝。

除了貯物櫃之外，科學中心也應放置一些開放式的架子，以

使兒童容易拿到器材。同時，也要留一些地方讓兒童操作活動，如果這個空間是較獨立的，那麼教師也可設計一個問題，讓兒童獨自或是小組來研究。由於科學探究過程是科學教育重要的目標，故大多數的科學工作都應該由個人或是小團體來完成。

利用展示與示範

在幼年時期，光用一個簡單的展示來做科學教育是不夠的，展示的主要效能在於如何使用它。教師應該以兒童使用的目的來安排展示，他們可把公佈欄佈置成說明一科學觀念的地方。例如，同種類樹木與不同種類樹木的葉子可以釘在佈告欄上以顯示植物葉片的不同；一棵植物在各種不同生長時期的圖片，可說明生長的過程；不同大小的物體則顯示了較大或較小的概念，相同地，科學桌上的器材也可加以組織化，使得兒童能確實使用它們，兒童可能會透過質地、顏色或形狀來歸類一組石頭；他們可以透過不同類型的透鏡來看物體並探索物體的外觀大小如何改變；兒童也可藉磁鐵來探索哪些物體具有磁性。展示可以根據許多方法來

科學展覽有助於科學學習。

加以組織，重點在於兒童能否在學習中利用展示發展出科學思考的模式。

欲使展示發揮功效，必須定期變換，如果展示的內容反映出兒童在科學探究中對特定領域的關注，那麼就可以依此改變，以配合教室中科學學習的焦點轉移。

真正的實驗，就傳統觀點來看，（包括實驗室對照標準的使用）極少在教室中操作。在使用相同器材的情況下，對照實驗的結果通常也能在較自由的實驗中獲得，但老師往住以示範來取代。

示範是一個不錯的方法，可以告訴兒童或詢問兒童關於科學的知識，如果示範只是伴隨著解釋，那麼它就只能算是一種舉例說明。若示範能引發詢問與討論，那麼它便導向了科學探究。教師可以激發這類討論，如：「發生了什麼事？為什麼會發生？你怎麼會知道？你還看到別的現象嗎？你能想出其他的方法來解釋嗎？我們如何分辨我們的解釋是正確的？」如果這些問題是實際探究的一部分，兒童就必須獲得他們想要驗證的結論之有關資料，如果他們無法直接觀察一個過程，那麼他們的反應將會比較趨於空洞神奇式的，而不是科學化的。

舉例來說，如果你告訴一個孩子，罐子裡的燭火熄滅了，是因為缺乏氧氣的結果，由一個科學的角度來看，這並非一個有用的說法，因為氧氣是否存在，並無法示範給孩子看，換言之，如果解釋是基於服從而被接受，那麼它本身就不科學了。老師應該避免示範孩子無法觀察的現象，以免孩子只能依賴老師的解釋。

示範是協助兒童集中注意力觀察的作法，以使他們能較瞭解一個現象；如果兒童可察覺一個事物或動作，他們便能夠把他們觀察自物理世界中的觀念抽象化，並因而瞭解這些現象；若是兒童無法回答老師的問題，那麼表示如此的示範尚未達到它的目標，可能是超過了兒童的理解能力或是此一觀念的表現方法太過混淆不清或模糊所致。

記錄研究的結果

　　科學探究的過程和結果應該被記錄及傳達出來，這樣才能習得觀念且不同方式的探究結果也才可以相比較。較高年級的兒童可以有足夠的能力在科學筆記上記錄其科學活動，教師可以設計許多方法幫助幼兒記錄他們的科學活動。例如，兒童可以將材料以口述的方式記錄在錄音機中或是讓老師記錄於活動表中或個人的筆記本中；也可以使用繪畫等符號方式來記錄他們的經驗。教師應該另外提供時間做討論和記錄，因為對於兒童持續性的學習來說，記錄科學觀察的語言與符號是十分重要的。

　　為科學活動所發展的記錄提供了一個整合學科領域的方法。協助兒童正確的畫出物體或使用準確的字詞來表達觀察，將有助於孩子成為較具創造力的藝術家或作家，當他們熟練記錄及呈現觀察和經驗的方法時，他們將會更靈活運用他們所使用的媒介工具；他們也學會了記錄的用途，因而讀與寫就變得更有意義了。

記錄觀察的結果是科學探究的一部分。

安排戶外教學

　　除了利用教室資源來從事科學活動之外，老師應計畫一些校外的戶外教學，有些可以是很簡單的，如先前提及到公園或是遊戲場。Mark Jenness (1987) 提出校園健行也可輔助科學教育；一個班上年齡較大的兒童、教師或家長都可以扮演一個觀察記錄者，記錄所觀察到的資料。例如舉行一趟形狀之旅，可以幫助兒童探索環境中的橢圓形、球形、方形、新月形等形狀的事物；觸覺之旅，就可以讓孩子尋找摸起來柔軟的、堅硬的、粗糙的、平滑的、崎嶇不平的、油滑的或有砂礫的物體。徒步旅行也可以用數字、顏色或聲音為主題。一旦回到學校，兒童可以回顧他們的觀察，並且記錄在觀察表中，這些表可以張貼於佈告欄上展示。

　　其他的戶外教學範圍可以較為寬廣。一次農場之旅或公園之行對於觀察四季變化是十分有助益的；老師也可率領班級到農場、動物園，或是動物之家觀察動物。教師所計畫參觀旅行的性質，一部分是依據附近可得的資源來決定。在美國有一種正在發展的資源，即兒童博物館或是大型博物館中的兒童展覽。Victor Danilov (1987) 列舉了一些大城市中的博物館，如芝加哥的自然歷史田野博物館 (the Field Museum of Natural History) 和科學與工業博物館 (the Museum of Science and Industry)、紐約的自然歷史博物館 (the Museum of Natural History) 和位於華盛頓特區的國立自然歷史博物館 (the National Museum of Natural History)。此外，他也描述了一些在社區中以兒童為對象的博物館，包括了三藩市的探索館 (Exploratorium)，在印第安那波里的波士頓兒童博物館 (the Boston Children's Museum) 和兒童博物館 (the Children's Museum)。這些博物館都是為各個年齡層的兒童所設計的，其中有許多都可以讓兒童探索科學現象。其他小型的社區博物館也有適合幼兒的展覽。博物館的館長對於展覽項目都會仔細地去評量是否具有教育性 (Ault, 1987)。班級的參觀活動也可以安排到這些博物館參觀，但必須事先計畫。

科學活動與其他課程領域之整合

科學活動本身很重要，然而，兒童學到的科學知識和科學實驗的方法是可以與其他課程範圍相結合的。Maryann Ziemer（1987）主張，由於所有的事物在某一些方面，彼此都會有所關聯，所以，科學活動也可融入藝術、音樂、數學、文學及其它幼兒課程領域之中。科學與數學之間的關係是顯而易見的，多數的幼兒在科學活動中需要做與數量有關的事，如計算或測量，比較與對照物體的形狀。但是，科學和其他學科間的關係也同樣重要。

語言及讀寫能力對於幼兒科學教育是十分重要的，兒童必須學習描述、記錄他們所觀察到的事物，時常做觀察記錄並與其他兒童的觀察記錄做比較，他們學著表達他們活動的結果，學習更精確地使用語言與發展副詞及形容詞的字彙。兒童也應該有些適合他們閱讀能力的優良科學書籍。1987年九月號的《幼兒》（*Young Children*）雜誌提供了一份可供兒童閱讀的科學書籍的書單，Marguerite C. Radencich和Gerry Bohning（1988）也針對幼兒，建議老師使用自然科學的動態書，這些書，以可移動的3-D形式協助兒童明白特定的科學概念，並且兒童在使用時會覺得十分有趣。Radencich和Bohning也提供了一份書單，以協助教師為孩子們選擇這方面的書籍。

藝術也可以和科學結合。當兒童學習音樂時，他們也許會好奇音樂是怎麼來的。他們可以探索聲音，問一些問題：「不同的聲音是如何形成的？它們是如何傳出來的？如果你撥弄不同粗細的弦時會如何呢？你若是輕輕敲打相同大小的玻璃杯，但是裡面裝的水不一樣多的時候，聲音會變怎樣呢？」。在視覺藝術的領域中，兒童可以混合不同顏料而得到新的色彩並記錄他們的觀察，也可以比較顏料的混色和光線的混色有何不同，還可藉由手電筒來照射不同顏色的透鏡或玻璃紙以觀察色彩的變化，及如何混合光線的活動。當兒童學習光與影的單元時，可以做一些影子遊戲，

研究如何製造出較長或是較短的影子，利用此種實驗，可以做如下的影子遊戲；以一大張床單做為簾幕，在床單後頭操作小玩偶，透過光的照射，玩一玩影戲。Paul Joslin (1988) 敘述了數種可在室內、室外玩的影子活動，包括了在一天中不同的時間，於戶外追趕兒童的影子，或是在帳幕之後操作熟悉的物體，讓兒童依據影子來猜測。他也建議提供一系列的問題，讓兒童帶回家去繼續探索影子；此外，由於兒童須描述他們在科學活動中所做的觀察，他們可以採用繪圖及記敘的方式。

結語

本章強調科學教育應要求兒童能主動地探究，科學並非一組標籤或概念，而是理解世界的一種方法，即思考事物的一種方式；所以，以科學課程中的每一個觀點來看，兒童應該與構成世界的元素有直接的接觸經驗，並應主動地思考他們的經驗，如此他們對於物理與自然現象的思考過程才會相等於所學的科學知識。教室活動必須加以組織化，兒童才能夠著手操作器材及實驗並得到他們自己的結論。此種主動參與必須將大部分的活動分成個別的或是小團體型態來進行，教師不宜花費許多時間來告訴兒童有關於科學的知識，而應該不斷提供機會讓他們自己去發現。

在此取向中，教師不但要敏銳地去察覺兒童的思考過程，也要觀察他們在班上做些什麼。科學學習的要素並不一定是科學探究的產物——兒童所得到的結論，或是他們所發展出來的分類——而是他們產生此一結論的過程和發展此種分類的理由與方法。這個取向應該有助於教室所呈現的大量多樣化——成就、目標與活動的多樣化。

一個好的幼兒科學教育計畫要求的並不只是一組設備或一些指導，它需要的是一個能擴及全班的探索研究風氣。Lazar Goldberg (1970) 將此種班級風氣定義為：

反權威主義而民主的；對於異議、爭論、錯誤和失敗具有高度包容性；不存恐懼與羞辱；強調合作而不是競爭；重視動手操作和智力努力的成果；和包括如上條件之有趣與重要的活動；它並非一個「任何事情都可以做」的風氣，而是符合人性且合理的；它是一種能讓兒童在選擇信念時，培養有效準則的風氣（pp. 14—15）。

如此的風氣，可以幫助幼兒達到「以理性為基礎的自主性」(autonomy based upon reason)（Dearden, 1968）。

參考書目

American Association for the Advancement of Science. (1967). *Description of the program: Science—A process approach*. New York: Xerox Educational Division.

Ault, C. R., Jr. (1987). The museum as science teacher. *Science and Children, 25*(3), 8–11.

Boals, B. (1992). Cooking in the classroom. *Dimensions, 20*(2), 19–24.

Brandwein, P. F., Cooper, E. K., Blackwood, P. E., & Hone, E. B. (1966). *Concepts in science* (Grade I, Teacher's Edition). New York: Harcourt Brace Jovanovich.

Bruner, J. (1960). *The process of education*. Cambridge: Harvard University Press.

Chaille, C., & Britain, L. (1991). *The young child as scientist: A constructivist approach to early childhood education*. New York: Harper Collins.

Craig, G. S. (1927). *Certain techniques used in developing a course of study in science for the Horace Mann Elementary School*. New York: Bureau of Publications, Teachers College, Columbia University.

Craig, G. S. (1958). *Science and the elementary school teacher*. Lexington, MA: Ginn.

Danilov, V. J. (1987). Discovery rooms and kidspace: Museum exhibits for children. *Science and Children, 24*(4), 6–11.

Dearden, R. F. (1968). *The philosophy of primary education*. Boston: Routledge & Kegan Paul.

Dewey, J. (1956). *The child and the curriculum*. Chicago: University of Chicago Press.

Duckworth, E. (1987). *The having of wonderful ideas and other essays on teaching and learning*. New York: Teachers College Press.

Duckworth, E., Easley, J., Hawkins, D., & Henriques, A. (1990). *Science education: A minds-on approach for the elementary years*. Hillsdale, NJ: Erlbaum.

Endres, J. B., & Rockwell, R. (1990). *Food, nutrition, and the young child* (3rd ed.). Columbus, OH: Merrill.

Goldberg, L. (1970). *Children and science*. New York: Scribner.

Goodwin, M. T., & Pollen, G. (1980). *Creative food experiences for children* (rev. ed.). Washington, DC: Center for Science in the Public Interest.

Hawkins, D. (1965). Messing about in science. *Science and Children, 2*(5), 5–9.

Herman, C. (1987). Through the magnifying glass. *Science and Children, 25*(3), 36–38.

Howe, A. C. (1993). Science in early childhood education. In B. Spodek (Ed.), *Handbook of research on the education of young children* (pp. 225–235). New York: Macmillan.

Hurd, P. D., & Gallagher, J. J. (1968). *New directions in elementary science teaching*. Belmont, CA: Wadsworth.

Jenness, M. (1987). Schoolyard hikes. *Science and Children, 24*(6), 23–25.

Joslin, P. (1988). The shadow knows. *Science and Children, 26*(2), 16–17.

Kamii, C., & DeVries, R. (1978). *Physical knowledge in preschool education*. Englewood Cliffs, NJ: Prentice Hall.

Karplus, R., & Thier, H. D. (1967). *A new look at elementary school science*. Skokie, IL: Rand McNally.

National Science Resource Center. (1988). *Science for children: Resources for teachers*. Washington, DC: National Academy Press.

Outstanding science trade books for children. (1987). *Young Children, 42*(6), 52–56.

Radencich, M. C., & Bohning, G. (1988). Pop up, pull down, push in, slide out. *Childhood Education, 64*, 157–161.

Rockwell, R. E., Sherwood, E. A., & Williams, R. A. (1983). *Hug a tree and other things to do outdoors with young children*. Mt. Ranier, MD: Gryphon House.

Rowe, M. B. (1976). Help is denied to those in need. *Science and Children, 12*, 323–325.

Wanamaker, N., Hearn, K. \ & Richarz, S. (1979). *More than graham crackers*. Washington, DC: National Association for the Education of Young Children

Waters, B. S. (1973). *Science can be elementary: Discovery-action programs for K–3*. New York: Citation Press.

Ziemer, M. (1987). Science and early childhood education. *Young Children, 42*(6), 44–51.

14

幼兒的數學教育

本章綱要

◎幼兒適合學習何種數學
◎運用非正式經驗教授數學的方法
◎運用正式經驗教授數學上不同主題的方法
◎利用測量活動增進數學理解的方法
◎結合數學與其他課程的方法

導論

　　正如同兒童入學後學會許多的口說語言及了解物質世界一樣,他們在學校中也學得不少有關數學的經驗。兒童也活在「量」的世界中,他們曾體驗過「太小」、「太大」及「全沒了」,他們的父母親在其進入托兒所之前可能已經教他們數數。兒童也可能具有了解數學過程及解決數學問題的本能。

　　數學是一種思考事物的方式,也是一種組織經驗。它的目的是尋求秩序和模式。它需要邏輯和解決問題的能力 (Steen, 1990)。數學知識是由概念知識和程序知識所組成 (Carpenter, 1986)。概念知識包括數學概念及理解力。程序知識是對數學過程的認識,或是應用概念知識的方式。幼兒在學習數學時必須學會這兩種知識。

幼兒與數學

　　幼兒的數學教育一直遵循著兩大研究派別:資料處理理論 (如,參考Price, 1989) 以及構成主義理論 (例如,參閱Baroody, 1987; Kamir, 1982)。應用於幼兒數學的資料處理理論,著重於討論兒童的運作記憶及其限制以及資料熟悉度如何影響兒童的表現。此領域之研究指出幼兒班的老師應著重於數數,讓兒童熟悉

數字，這樣他們才能應付較高層次的處理過程。它還建議老師們應區分下列四種文字問題：連結問題——兩個量結合在一起；分配問題——單一項目被切割爲二；組合問題——許多的實體被組合起來；以及比較問題——兩個實體相互比較。兒童可使用不同的策略解決不同的問題 (Price, 1989)。

以構成主義架構研究數學教育的人士認爲兒童是在建構或「發明」數學。當兒童與物質及社會環境產生互動並思考這些互動時，他們便會主動地建構數學知識。兒童在解決問題時，能夠進而了解他們所使用的過程及使用原因。由於幼兒將數學活動應用於客體上，所以他們創造了自己所發現的數學秩序架構。

在兒童進幼稚園的時候，他們已經具備了大量關於數學的程序及概念知識。Robert Rea 及Robert Reys (1971) 曾研究幼稚園入學兒童的幾何、數字、金錢和測量的知識，他們確認了這些兒童大範圍的能力。將近四分之三的兒童能正確辨認數字1、2、3、4、5，百分之五十至八十的孩童能在聽到數字1～8時，正確指出對應的數字。當1、2、3或5、6、7這樣的數序出現時，約九成的兒童可以說出序列的下一數。一半以上的兒童可將盤子分成三個和七個一組、數出圖卡上的項目達五個之多、辨別一堆東西的項數達到八項以及問及序列的首項和末項時能明確指出。約七成五的兒童也能比較兩堆東西的項數（每堆最多包含四項物品）。

Rea和Reys (1971) 還發現多數兒童可辨認便士、五分鎳幣、一角硬幣並區別1元、5元和10元紙鈔。一半以上都知道硬幣中最小的是便士，最大是五角，所有的紙鈔中10元能買的東西最多。這些兒童也具備廣泛的幾何知識。

Herbert Ginsberg (1980) 在回顧幼兒的算術知識研究時，也提出結論：兒童在入學前已經獲得了相當程度的算術知識。他發現學齡前兒童能數數並算出簡單的加法問題。Thomas P. Carpenter (1986) 也指出很多孩童在入學前就會用非正規的方法解決數學問題。Ginsberg (1980) 建議兒童一旦入學後，不必總是做老師所期望的算術問題，他較贊成以直觀策略取代標準算術法。無

論如何，兒童帶進學校的非正規數字和數學過程的觀念能使數學教學計畫更完備。

決定教學內容與教學方法

Jean Piaget（見第三章）的研究被用來闡述幼兒在數學方面的能力多過用在任何其它的課程領域，部分原因是因為數學運算與Piaget及其同事所指出的正規心智運作最相關。

Constance Kamii（1973）曾賦予可做為幼兒課程基礎的演算兩項特徵：**邏輯數學及時空知識**（logico−mathematical and spatio−temporal knowledge）。兒童從自己的行動以及對這些行動的邏輯觀念中建立這兩種形態的知識，運用類化及調適的過程而得到知識的新平衡。因此，兒童本身建構了這些知識。邏輯數學知識包括了三大領域：分類（找出物件中的相似與不同並分類之）、排序（依據相關差異排列事物）以及計算（判定相同、較多或較少及量的不變，或了解事物不會因形狀改變而改變數量）。關於時間和空間，兒童必須建構時間序列並在具象層次上發展位相數學的架構，稍後將討論之。這些是兒童接觸學校的數學教學時所必須具備的心智運作。Kamii（1982, 1986）從事一連串的研究並描述兒童如何了解數學的世界。

雖然許多數學教育家不再堅守傳統上對兒童學習所採行的Piaget式取向，但Piaget理論中認為兒童應該透過雙手去學習而與環境產生作用、兒童應以與心智運作平行的方式操作具體的教材以及學習解決數學問題等觀點仍被視為是好的教育方式。然而，縱然皮亞傑的智能發展階段在判斷兒童的學習能力方面是很好的指標，它還是相當被質疑的。很多孩童在能夠處理問題之前便學習以數學方式思考。充其量，也許智能發展階段確實存在，但這些階段並非普遍適用於各知識領域。甚至，他們只和特定不同的知識領域相關（Baroody, 1993）。因此，一個人若在某一領域具高能力便有高水準的表現，反之亦然。

邏輯數學知識
由理解資料的過程所組成。

時空知識
由理解關於時間與空間資料的過程所組成。

幼兒數學課程教學內容的決定不能只以智能發展研究為基礎，更必須了解科目本身的性質以及哪些孩童能夠學習特定的教育內容。1989年，全國數學教師會議公布了學校數學課程與評量標準。此份文件呼籲數學教學法的改變，它建議：兒童必須了解數學的過程而非只是記誦它；老師在教數學時應運用解決問題的方法等。尤其是低年級班上，它建議兒童應討論日常事件、操作性教具、圖畫表現以及數學概念和符號之間的關聯性。

Arthur Baroody（1993）以此份文件為基礎並廣泛地回顧幼兒數學教育的報告，他建議低年級數學課程應著眼於數字觀念的發展，包括數量的估算、測量以及計算。他建議課程也應該納入二度及三度空間的幾何學、空間及測量，此外，還可包括非正式地介紹機率及統計。

Douglas E. Cruikshank, David L. Fitzgerald以及Linda R. Jensen（1980）提出數學教學計畫的起點應著重在數字概念的理解，就像兒童在物體之間和集合之間發現數學關係一樣。兒童必須學習數字的意義及數字的符號，他們也應該能夠學習基本的數字實例和數字運算。兒童也可以開始了解空間概念，包括位相數學和歐幾里德幾何學，並透過測量將數字應用於空間上。歐幾里德幾何學是大部分人最熟悉的幾何學。當我們談到形狀，像圓形、正方形和三角形，或當我們談到角時，都會應用歐幾里德幾何學。位相幾何學處理的概念包括近接、區隔、排序、封閉及連續性。兒童也可以發展解決問題的技巧。這套為幼兒所設計的數學主題，如同Baroody所建議的，與幼兒的數學能力研究並行不悖。

和在數學教育中所涵蓋的主題一樣重要的是——兒童被期望探討這些主題的方法。為努力確保重要的數學學習都在學校中習得，許多小學、幼稚園甚至幼幼班都採用以練習本和教科書為基礎的教學計畫。可惜，這些課程只透過文字，最多透過圖文傳達數學概念給學生。然而，就我們所知，幼兒的思考在進入抽象表達之前必須先經歷具體的事物。圖畫雖然比口說及印刷文字較具體些，但仍是抽象的表達。僅僅依賴圖畫和文字給予兒童數學的經

驗只是加重幼兒額外的負擔而已。

此外，大部分以教科書為主的課程都把數學和兒童的經驗分隔開，使得兒童很難將所知的量的世界應用於數字、數字關係與數字運算的理解上。Constance Kamii（1982）確切聲明「測驗卷對一年級的算術發展有負面影響」（p.6）。多數練習簿和測驗卷都是以反覆練習的方式教學。它們著重於讓兒童練習他們可能了解或可能不了解的過程，而非幫助兒童解決問題或了解數學過程，因此記憶取代了思考。

即使測驗卷長久以來都遭到批評，但它們在學校還是很受歡迎。Janet I. Stone（1987）相信它們之所以流行是因為老師們覺得測驗卷比操作教具來得方便。它們也證明老師已盡到責任與義務，因為測驗卷提供具體證據顯示兒童做了豐富的活動。此外，使用測驗卷是一種教室管理的計策，有助於製造一個安靜、可控制、有架構的環境。Stone建議可將測驗卷變成遊戲卷。老師可以在操作教具的探討活動之後使用它們。如此，所謂的「測驗卷」就變成了兒童記錄其操作教具活動的設計。

重點是兒童不應透過迂腐的活動學數學。甚至，老師們應幫助兒童學習使用其直觀知識做為邁進較正規學習的跳板。老師們可以運用動手做的方式並以兒童經驗為基礎發展以教科書為主的課程。「數學自己來」（Baratta-Lorton, 1976）正是如此一個為低年級設計的課程。

為了不依賴練習簿和測驗卷，老師們應在兒童的環境中發掘疑問，幫兒童確定問題並尋求解決的方法。Kamii建議發生在學齡前和幼稚園兒童生活中的許多情況都可用來協助數字與數字關係的教學，她還建議為達此目的可和兒童進行多樣的團體遊戲。

在教室的一隅組一個數學中心有助於操作性教具的經常使用及數學學習遊戲的進行。應讓兒童了解使用操作性道具的指示，這樣個人和小團體不須依賴老師即能參與活動。Richard Copeland（1976）為組織及設置數學實驗室提出建言。他認為兒童可在遊戲中使用大量的操作性教材來獲得數字、大小、形狀等經

驗。不同結構的數學教具，例如斯坦恩積木、庫甚奈爾小木棒或蒙特梭利數學教材都可用得上。使用幾何形狀插入的拼圖、小木椿及珠線組合可用來數數、顯示數字及排出圖案。每個教室都可提供無限的機會讓兒童學數數、比較和測量，使他們擁有豐富的數學學習資源。

在兒童環境中的實物經驗，若使用合宜，可讓兒童發覺數學與其生活相關連。看到一些孩童每天到商店為家人購物、付帳並數零錢、確實地核對交易以免受騙，可是他們在學校中却被認為無法理解數學，這真令人遺憾，其實，這才是數學教學的方向，數學的本質並非製造孩童學習上的困難。

教導幼兒基本數學概念

雖然要訂定幼兒數學學習的範圍及分配各年級的學習主題習並非不可能，但這種作法成效不彰，因為在決定教學內容時，對某一主題的興趣及運用所學的機會和順序一樣重要。Delbert W. Mueller（1985）提出一策略來定義幼兒數學課程的範圍和順序：

1.在無壓力、無指導、探索性的環境中提供新的數學經驗。

2.運用操作性教具提供指導與無指導的經驗

3.配合兒童的智能經驗程度設計直接的經驗。

4.從具體表達到圖畫再到符號表現。

兒童應學習描述、分類、比較、排序、相等、連結及分配量數。他們也應注意物體的屬性，包括顏色、形狀、大小及體積。

上述四點有助於老師決定教學內容，但它並沒有提供介紹主題順序的指引。老師們在班上回應各個學童時應該在腦海中記住這些大前題。他們也應注意觀念不是以「全有或全無」的形式學習。一開始即配合兒童對環境的本能反應，他們便能經歷一連串近乎成熟的觀念。他們第一次的數學概念學習經驗應該是非正式的。提供一個觀念的連續性經驗，如：此觀念可能出現在不同情況中，並給予許多不同的相關實例，以幫助孩子更深入地了解這

項觀念。因此，本章不贊成以年齡或年級來區分主題。老師必須察覺兒童的理解程度以及理解特殊概念的先決條件。

　　評估兒童的理解程度比評估他們產生特定反應的能力還要難。有一種評估他們理解程度的方法即看他們是否能將所學應用於其他情況中。老師們可從仔細聆聽兒童對問題的回答中得到重要的線索。不正確的回答可能是不專心的結果，但經常是反映出兒童無法掌握觀念。老師們可以診斷兒童的疑難，並設計出可修正錯誤觀念的活動或調整本身的教學，使其更接近兒童的理解能力。

非正規教學

　　兒童可從非正規活動中學得許多關於數學的知識。非正規活動並非以無系統的方式進行。相反地，老師們應有系統的計畫以便在不同活動中融入數學概念。

　　學齡前兒童可以藉由比較事物並判斷一個物體是否比另一物體較大、較小、較長或較短來學習量的觀念。他們也可以玩一堆東西，由1個、2個或3個物件組成，適時加入或拿走一個物件，如此他們便了解加法和減法的運作過程。他們也能藉由分糖菓的方式學習平均分配的概念，例如，輪流發給每個小朋友一顆糖直到發完為止。他們也了解全部比其任何一部分大的觀念。許多類似的活動可以在課堂上的例行事務中穿插進行。

　　烹飪是練習非正式數學一個很棒的活動，不僅可以整合科學知識以教導兒童營養的觀念也讓孩童借助食譜學烹飪。他們應注意不同的測量器具：量杯、湯匙等等。孩童們應學習仔細地將杯子和湯匙裝滿，算出食譜中所需的正確數量。除了可吃的食物外，兒童也可以玩麵糰、指畫及依據食譜中其他的材料創造遊戲。

教學建議

讓兒童借助例行事務

　　許多的課堂例行事務都經常要求兒童處理量的問題。讓孩子們參與其中吧！

- **點心時間**。安排一下點心時間的桌子，使一小羣孩童圍繞一張桌子坐下。分發餐巾、杯子以及其他吃點心需要的用具。讓兩個小朋友一組輪流佈置餐桌，讓他們確定每個位置上有一張餐巾、一個杯子或其他所需物品。讓他們數一數每張桌子的座位數，並互相檢查彼此的工作。過一會兒，改變每桌兒童的人數，並讓孩童配合座位坐下。同樣的活動也可以在午餐的餐桌佈置時進行，如果午餐也是活動的一部分的話。

- **出席**。設置一個有掛勾的出席板讓兒童可掛上自己的名牌。把掛勾排成二列，每個距離相等。爲每個孩子做一個名牌。在學期開始時，可放孩童的照片或其他兒童可辨認的圖片、符號在名牌上。不久，在上面寫上兒童的名字，之後，再換上只有孩童名字的名牌。在孩童進教室時，讓他們把名牌拿出來並放在掛勾上。女生一排，男生一排。老師可以問：「今天有幾個小朋友來上課？有幾個小朋友沒來？今天來的女生多還是男生多？你怎麼知道？來的小朋友比較多還是沒來的比較多？」老師也可以把這些每天出現的數字列在一張表上。久而久之，有些兒童可以自己參與這種計算及比較活動並在班上報告出來。他們也可以靠自己把出席情況記錄下來。

- **活動準備**。許多活動中心每天都需要一定數量的教具。讓孩童借助這些任務，例如算出顏料罐或蠟筆盒的數量，把它們從架上拿出來並放在桌上，讓兒童互相檢查彼此的工作以確定他們選的數量正確。

正規教學

除了善用課堂上自然的日常事件外，老師們也應該安排特別設計的經驗幫助兒童了解數學。以下是一些應涵蓋的主題。

分類

要發展幼兒對量的概念，老師可以在一開始時讓孩童將物件分類。他們可以把鉛筆盒中的鉛筆、一盒珠子裏的紅珠、拼圖的圖片、牛奶盒或教室裡的小朋友分類。這種分類可由不同事物組成，但在起初應用具有相同元素的物體比較不會使兒童產生混淆。

幼兒也可以開始藉由對應另一堆東西的物件項目來比較一堆東西裡的物件數，例如在點心時間時佈置餐桌，兒童可以比較擺出的餐巾數和吸管數。在配對中，他們可以發現相同數量的餐巾和吸管，或者，如果數量不符，他們必須使它們相等。孩童必須在能夠判斷「多多少」或「少多少」之前學會「較多、較少」及「一樣多」的概念。這種分類是讓兒童獲得實際應用，使得數學的應用對他們而言更爲清楚，因爲他們現在必須以日益增加的數學知識爲基礎來調整他們的周遭情境。（例如，提供更多的餐巾或更多吸管）。

兒童也可以從圖畫和圖表中配對物體以學習一對一的對應。但是，他們首先要用實物去操作。透過操作物件，他們可以排列出二組物件，每組物件一一對應，這種活動甚至在他們能夠數數前就能進行。

數數

兒童常在進托兒所或幼稚園時就「知道如何數數。」其實常被以爲是數數的只是照順序背誦數字的能力，兒童並不了解如何對應一個被指定的數字或數字的名稱。

幼兒需要經驗幫助其連結數字的名稱和符號。在數字的有形

表達和抽象概念之間，孩童只發現極少的相關性。他們也可藉由上述的分類經驗幫助他們產生聯想。首先，可發給兒童操作性教材並要求他們二個和三個一組放一起，之後他們可以四個或更多個分成一組。如果他們能以一個標準對應其分組，例如一張物件組合的圖片或另一組操作性教材，那麼他們便能很容易地檢查出其分組是否正確。運用文字來表達數字有助於兒童將他們所聽或所說的字和一個特定數量相連結。當兒童開始學寫字時（數目字和字母），他們可以開始將所寫的數字和一組相同數目的物件相配對。

依此觀點，兒童開始在已建構的分組中多加一個物件或拿走一物件以構成新的分組。這些程序讓兒童逐漸了解加法及減法的數學運算。兒童也可以依據每一組的物件數排順序。透過一連串這樣的經驗，兒童將學會數字1到10剛好符合從最小到最大量的特殊順序。這是理解數數和了解序數的開始。許多教材都可用來幫助兒童進步，從0到10的數字排列也能有助於他們學習排序。

運用具體教材幫助兒童了解數數。

習作卡：數數兒

> 數一數教室裡窗戶的數目。
> 有幾扇窗戶可以被打開？
> 有幾扇是關著的？
> 開著的窗戶多還是關著的窗戶多？

數字系統

一旦兒童開始數超過9的數且能寫下這些數字時，他們必須要了解我們的計算系統。兒童已由符號或阿拉伯數字知道數字的名稱，從0到9。（兒童可能必須學習零的概念，因為它很重要。）他們現在必須學習以10為基礎的計算系統以及每個數字的位數即代表其數值的觀念。因此，孩童必須學習一個阿拉伯數字的數值不只是由其本身的數字決定，還要看它在整個數目字裡的位置。因此，阿拉伯數字2可以表示2，20或200。

Constance Kamii（1986）發現給一年級學生一個數字16時，他們可以很容易地數出正確數目的小花片且能區分16和61的大小，或記得10加10等於20。然而他們很難理解位數的數值。她指出兒童會有這種困難是因為位數值非僅表數而已。兒童必須經歷建立數字系統的過程，學習算10位數字來理解以十進位為主的數字系統。

不同的活動可以協助兒童學習數字系統。學習以10個單位的元素（小棒子、珠子、小花片或書籤）取代一個數值為10的元素，可以幫他們發展相等的概念。然後，他們可以利用分欄紙或袖珍圖表學會位數與數值之間的關係。二位數字的記數法也可在此時出現。

三位數字及其它標示數目的方式應稍後再教。一位數字可以容易地以方塊和一組排列到10的方塊（或小木棒、珠子）表現之。

運用數數棒可教兒童10個1等於一個10。

二位數字可以相似的方式呈現，以一種小木棒代表個位數，另一種代表十位數。10根一組的小木棒，每個代表10位數，加起來便等於100。

較大的數目若以具體實物表現會變得很累贅。Montessori的黃金珠代表了一千，它是一個長、寬、高都由10顆珠子組成的正方體。兒童很快地了解需要用更有效率的方法來表達數目，尤其是大數目，他們也已準備好要表達並以阿拉伯計數系統來讀大數目。

數的運算

兒童可以從數數、比較和記數而進入基本的數字運算：加、減、乘、除。兒童可以藉由順著數或倒著數而發展出基本的加減概念。幾世紀來，人們便用順數和倒數做為加減法的基礎，算盤的使用便是一例，以這種精巧但簡單的方式，人類便能靠數珠子來處理複雜的數學運算，相同地，一開始學加減法問題也可使用數物件的過程。但要等兒童了解這種過程時，他們才能進步到使用較簡捷的過程——**演算法**（algorithms）。在完全理解後，實際

演算法
是解決特定問題的特殊計算方法。

活動可用來改善計算技巧。

　　應給予兒童許多情況讓他們能把一組組的物件放在一起以建立加法的實例並對過程獲得直觀的了解。因此，加法的過程可予以形式化並介紹適當的數學語言給兒童。太早強調算術的正式層面會阻礙兒童在觀念和運算上的直觀學習。持續的練習運算將使他們更熟練。

　　相似的方法也可用在減法教學上，一開始也從實物堆中取出其中的物件並看看還剩多少。然後兒童可在算盤或類似的用具上倒數，再把物件分開並比較較多的那組和較少的那組的數目。正確答案馬上便能揭曉。

專欄 14-2

教學小故事：低年級的數學課

　　學生們正坐在靠近黑板的一塊地毯上。老師宣布這堂課要上減法。「當我們要減去東西時，我們會怎麼做？」她問。

　　「我們會把它拿走」Louise回答。

　　老師把減法問題寫在黑板上：6－3＝———。她要求小朋友解這道題目。幾秒鐘後，她問Brendan答案。在他說出正確答案後，她問：「你是怎麼想出答案的？」

　　Brendan解釋道：「我想3＋3＝6呀！」

　　「很好！每個人都聽到Brendan說的嗎？」老師重複了Brendan的回答。然後她讓孩童回到自己的座位並發給每個孩子一套連接方塊。「現在，」她解釋：「我希望你們用小方塊來解答問題。」她打開在高處的投影機並寫下「5－4＝———」。

　　當孩子們可以自行操作時，老師便巡視教室，安靜地幫助那些有困難的孩子。

如果孩子已學會位值的概念並了解一個10等於10個一，那麼從個位數加減進步到二位數加減的運算就變得較容易了，因為這種學習的準備已經發展完成。

乘法和除法通常在低年級即有介紹。這些運算過程也可以用操作性教材解釋並借助之前的數學學習。在介紹乘法之前，他們可能已經學會二個、五個或十個一數。他們也學過加法。例如，如果他們被要求把五組東西放一起，每組兩塊積木，那麼他們便能目睹乘法的過程。類似這樣的具體經驗是很有用的引導。接下來的乘法實例可以用教室裡的桌子當道具。

除法教學一開始可問這樣的問題：「如果我想讓這堆12顆珠子分成三顆一組，我可以分成幾組？」或是「我想給這裡的五個小朋友每人都有一樣多的鹹脆捲餅。我手上有十個。那麼每個小朋友可拿到幾個？」運用實際狀況，讓兒童參與操作具體實物，並讓他們與環境互動，以提供往後數學學習的基礎。

幾何學

幾乎從出生開始，兒童即發展出對空間關係的理解。他們以直觀的構思開始掌握基本的位相幾何概念。Copeland (1984) 提出這種幾何學的形式最好在介紹歐幾里德幾何學（討論圓形、正方形、三角形、角度的幾何學）之前非正式地呈現給兒童。在基本的位相觀念中，可以教給兒童的包括：近接，兩物體之間的距離；區隔，不鄰近的情況；順序，物體在空間中的安排；封閉，或稱環繞，以及連續性，連續不斷的情況。所有玩積木、珠子或其他操作性教材的經驗都可用來解釋這些觀念。當兒童把積木或珠子一個個移開時，他們便是做區隔的動作。他們常常談論物體或人是遠或近。如果老師注意它們並使它們更形明確的話，在課堂上進行的活動都可以教導這些觀念。

模仿珠子、積木或其他操作性教材的排列方式或以某一種模式放置物品，可幫助兒童了解排列的概念。討論「裡面」和「外面」的觀念有助於兒童應用環繞或封閉的概念。（例如：「把蠟筆放在

盒子內，把盒子放在架上其它兩盒中間」）。兒童應動作操作教材，而老師應問他們有關物體之間相互關係的問題以幫助他們將這些概念的理解力加以形式化。

幼兒也可學習辨認和比較基本形狀：正方形，圓形和三角形。矩形和其他較難辨認的形狀可待兒童能比較邊長和角度時再介紹。在辨別這些形狀時，兒童要學習算邊和角的數目。之後，他們也可以比較邊長，這樣他們便能區分正方形和長方形。

再不久，當兒童學習測量時，他們將開始比較不同物體和形狀的周長和面積。手邊有適合的操作性教材並已學會如何著手解決幾何問題的兒童可以試試「哪種形狀邊長最長或需要幾個此種形狀的物體才能鋪滿桌面（面積問題）？」此類問題。兒童也可以學習以形狀分類並發現周遭幾何形狀相似的物體。

John A. Van de Walle（1988）建議老師透過活動利用不同大小、形狀和顏色的教材幫助幼稚園和小學學童參與解決問題。這種活動有助於兒童了解物體的幾何屬性。無論是市面販售的積木或是老師自製的圖形卡，只要有正方形、三角形、長方形等不同形狀、大小和顏色皆可使用。兒童也可以比較哪些形狀相似，哪些又不同。他們可以學習將圖形卡仿照某一形式排成一列。幾何板即有類似用途。這種板子通常是12吋見方，每間隔一吋都釘有小釘子。兒童可以將橡皮筋纏繞在釘子上而做出不同的幾何形狀。也可以給兒童形狀的圖片，讓他們在幾何板上做出反像，之後可用真正的鏡子檢查是否做對了。幾何的具體本質已是幼兒教學計畫中自然的一部分，因為兒童可以處理事情、問問題並測試他們對物質世界種種因素的概念。雖然在教兒童幾何時，正確的辭彙很重要，但語言應該和經驗相符。否則，內容會變得抽象，甚至很可惜地，變得無意義。

習作卡：形狀

在教室中你能找到多少裡面有圓形的東西？把它們列出來。

用10個正方形設計一個圖形。

你能夠排出幾種不同的圖形？

習作卡：面積

用索引卡片把你的桌面鋪滿？

你用了幾張索引卡片？

測量

　　欲整合數學學習以及要使量和空間觀念有意義的方法之一就是測量。測量讓幼兒應用其發展中的數學知識來思考他們直接接觸的世界。幼兒可以單純、直觀地學習測量。教兒童測量一開始是教他們將事物相互比較，再進而以非正式的標準做比較，最後，兒童學習正式的測量，比較事物並使其量化。每一種測量都有其特殊獨到的問題。

測量距離

　　幼兒在很小時即會遇到線性長短的問題。例如，兒童玩堆積木時，他們必須使架構的兩邊高度相同才能搭上屋頂，或者他們可能在建造木工活動時需要找一塊合適的木頭。也可以給孩童一組小木棒，並請他們找出較長或較短的一根，或叫兩個孩童並肩

站著，由第三個小朋友判斷誰比較高。

一些字眼，如「高、比較高，矮（短）、比較矮（短）、長、比較長」都可以適時教給孩童。

較高層次的線性比較是要求孩子比較不能並列的東西：如比較在積木區的兩頭所堆砌之積木長度或是水槽和木工枱的高度。在這種情況下，兒童必須大約記錄測量值並兩相比較之。比較木頭的長度時可以在上面做記號，所以在一個積木建構物上做記號再把它移到另一積木建構物旁，兒童便能目測比較。在進行許多類似以上的經驗之後，便可以介紹正規的測量方法，例如用米達尺或直碼尺。在孩子學數數時，可以教他們認尺上的數字及英寸（吋）的單位。在他們學小數之前，兒童回答長度可以說「在三吋和四吋之間」。在接觸英吋後，還可以教孩子們呎和碼的觀念。可惜，英制的測量單位並非公制，不同的測量單位之間的關係並不規則，（例如，12吋等於1呎，3呎等於1碼，36吋等於1碼）。兒童必須花些時間來熟悉這些關係。

一旦兒童學會測量物體，他們便能做無數的測量，伴隨而來的是無數的加減法練習。地板、牆壁、課桌椅、教具以及人都是可測量的物體。兒童可以比較測量值並以口頭和書寫的方式描述之。

習作卡：線的測量

量量看你桌子的長度。

量量看老師書桌的長度。

哪一張桌子較長？

量一量班上所有男生的身高。

從最高的開始，以身高將男生的名字按照順序排列。

測量重量

　　重量不如長度那麼直接可以被觀察出來。把物體各放在一隻手上來比較重量是不可靠的，因為物體的體積會使我們產生錯覺。例如，一磅的羽毛讓人覺得不像一磅的鉛那麼重。教導兒童比較重量時利用器材來判定是必要的。簡單的天平在協助幼兒做重量比較時是有用的工具。天平可以在教育用品店買到或者用一塊木條、一些線段和兩個錫盤便可做成。如果老師用這種方法，他們應該確定當兩個盤子空著時確實呈平衡狀態。

　　相同地，重量的測量也是由比較物體開始。當兒童把兩個物體分別置於天平盤上時，他們只要看哪邊盤子較低，即可判斷哪個較重哪個較輕。下一步是用可以測量物體重量的標準做比較。這些標準可以是任何東西——大的金屬螺帽、釣絲鉛錘或石頭。之後，再介紹表示重量的單位——一盎司重，半磅重及一磅重。

　　幼兒會覺得重量單位之間的關係很複雜，他們只須選擇性地學隨意學這些關係即可。在兒童進展到用測量單位做間接比較之前如果能先有直接比較重量的經驗是有幫助的。在學校環境中可以稱重的物體是無限的。這些重量可以相加、相減或比較。關於這些活動的陳述可用口語及書寫表達。測量的語言，包括「比較輕、比較重、一樣重」的觀念變得很重要。

測量容積

　　在兒童學習測量容積時，可以給他們不同大小和形狀的容器來盛物，他們可以把相同的內容物倒在不同容器中。使用同樣容積但不同形狀的容器可以讓兒童知道容積不只是隨著容器的高度和寬度而變化。但標準容積的容器仍應介紹給兒童認識：一杯(1/2品脫)、半杯、品脫、夸脫以及加侖。玩沙的桌子和玩水的地區是介紹容積最佳的地方。

習作卡：測重量

放一杯米在天平的一個盤子中，再把一杯珠子放在另一個盤子中。

哪邊比較重？

寫下你所學到的。＿＿＿＿＿＿＿＿＿＿＿＿。

選兩種看起來同樣大小的東西並秤秤看。它們一樣重嗎？

現在選兩種感覺一樣重的東西，但大小不同。秤秤看，它們一樣重嗎？

同樣重和同樣大小，哪一種比較好猜？

脫下鞋子並把它放在天秤上。以最接近的盎司數秤秤看。

記下重量。「我的鞋子＿＿盎司重」。

測量一個容器中所盛裝的液體量有助於兒童了解容積的概念。

習作卡：測量容積

以一杯之量把一夸脫的容器裝滿。
你用了幾杯？

公制測量

在美國敎測量的複雜因素之一是大家雖然傾向於用公制系統。但較爲人們熟悉的傳統單位仍繼續沿用。各州現在都明令學校敎公制系統，不過，兒童在日常生活中仍會碰上磅、呎、夸脫及氣溫用的華氏溫度。他們可能不在意牛奶瓶上標示0.95公升，白乾酪一包227公克重，或是他們的父母駕車不得超過每小時104公里（以上分別是1夸脫、0.5磅以及時速65哩）。雖然在此種兩系統交互使用的期間需要人們學習換算，不過在學校裡最好是直接敎公制測量，而附帶敎傳統的測量單位。

當孩童開始使用公制單位進行測量時，他們需要米達尺而非直碼尺，以公克取代盎司來秤重，華氏溫度改爲攝氏，容器以公升爲基本單位，不再是夸脫和品脫。因爲公制系統是以十進位爲基礎，所以從小到大（例如從公釐、公分到公尺）或從大到小的換算都比我們現行系統不規則的關係要容易多了。然而時間單位不能以公制方法計算，兒童仍須學習複雜的時間單位，不過至少不須換算。

測量時間

我們會在孩子們幼年時特別敎導他們時間的測量。時間是抽象的，對幼兒而言是很難測量的一種特性。事實上，我們不敎兒童測量時間，而是敎他們看測量時間的工具。幼稚園老師似乎做許多和日曆與時鐘有關的工作。

有兩種和學習測量時間有關的過程須另外敍述。其一是讀鐘

面和日曆，其二是測量無法看見或感覺的東西。觀察時間的流逝是很主觀的。我們所有人都曾有過感覺時間無限長或過得太快的經驗。時間是兒童很難掌握的概念。在入學前，他們不常注意到時間，除了日夜的變換以及日常事件的規律性外，例如看電視節目。他們可能曾有希望準時或在某一特定時間做事情的經驗。他們也曾體驗一些季節循環變換。入學後，孩子的生活突然變得按時作息，而且時間在他們心中日益重要。

兒童在看時鐘和日曆方面的許多問題都是因爲他們被要求讀一些相當深奧的教材而不是教他們時鐘和日曆排列的符號和系統。其它的問題來自於時間各分段之間的複雜關係以及兒童尚不了解測量時間所需的基準。常常留給孩童唯一的選擇是背誦所提供的教材而非眞正了解它。

現代科技的反諷之一是電子鐘錶的出現。電子時鐘可能較易直接讀時與分，但指針式時鐘較能看出時間的流逝。傳統鐘錶上的指針，其移動即直接等比於時間的推移。在電子錶面上就沒有這種關係存在。其它的時間測量器，如廚房計時器和沙漏（小型煮蛋用三分鐘沙漏亦利用沙漏原理）亦可在教室中使用，然而看眞的時鐘及計時方法的經驗是很重要的，讓兒童設定時間及看長短針移動關係的模擬時鐘是練習並了解如何看時鐘的好方法。

其他的數學主題

在幼兒的數學課上經常也會提及許多額外的數學主題。雖然通常不像前述的主題般涉及層面較廣，它們仍是重要的項目。它們包含了分數、圖表應用及錢幣。

分數

一旦兒童了解全部的數目後，便可幫助他們了解簡單的分數——均分一個單位的概念。幼兒常有分數的經驗。他們可能會吃到一半的三明治或花一個二分五的硬幣購物。以這些經驗和直覺爲

操作性教材幫助兒童了解分數。

基礎，他們可以學習1/2、1/4及1/3的意義。他們首先要了解一個
單位被分割的數目，而不管它們是否均等。老師將發現課堂上有
許多使用分數的機會，如分配點心，工藝課上分發材料以及兒童
在積木區或木工枱上的活動。

　　這方面的理解，就像在其它領域般，慢慢地在幼兒心中成型。
幼兒對「一半」的概念來自於看見物體被分成兩部分。兩部分相等
的事實是之後才定義的。但是，兒童的理解力是隨著經驗成長，且
在他們能掌握複雜、深奧的意義之前就開始了。

　　Nadine S. Bezuk（1988）建議在幼兒時期應投注大量的時間
學習分數。兒童應學習比較分數以及不同分數的相等值（如兩個1/
4等於1個1/2）。如果早年基礎建立得好，兒童在往後學習做分數
的運算時遇到的問題會較少。Bezuk建議在兒童完全了解觀念後
才使用分數的正確名詞並教他們書寫符號。她還建議運用解釋分
數的操作性教具，並找機會看看分數的實例。分數問題可用處理
實際生活情況的文字問題來引導。分數所涵蓋的主題包括：(1)分

割一個單位成等分；(2)能分辨真分數，如3／4，以及假分數，如5／4；(3)比較分數；(4)衍生相等分數。

圖表

當兒童學習以書寫文字溝通時，他們可能會注意到有些事情不一定要用文字來傳達。地理學需藉由地圖才能做成地形資料的書面報導。同樣地，數量資料最好也以圖表的方式來表達。許多的圖表表現在幼兒時期便能使用。使用圖表一開始可用簡單的方式，以兩欄比較班上的孩童，例如男女生人數比，回家吃午飯和在校用午餐的學生比，或是住平房和住公寓的人數比。一開始做圖表可用三度空間來表現。首先可以用一排的積木或小木塊代表一個羣體，每一個積木或小木塊代表1個人，之後，再介紹二度空間表現法。

然後兒童可進展到較複雜的圖表：孩童的生日（以月區分）、身高、體重、髮色或興趣。曲線圖可用來表示教室內早晨的溫度或室外某一時段之內的溫度變化、每天缺席的學生數，或每隔五分鐘駛經學校的車輛數。製做此類圖表須蒐集資料，因為圖表是從資料發展而成且常成為廣泛研究的一部分。以此形式使用圖表證明它們是記錄和傳達資料一種實用的方式。

習作卡：圖表

用每個人手上的一種積木做一圖表。
表示出班上同學各個月份過生日的人數。
寫一篇關於你做這份圖表的文章。

錢幣

另一個常包含在低年級數學課程中的是錢幣的學習和錢幣的相等值。我們的貨幣系統是以10為單位，如同我們的數字系統一

樣。一旦孩童了解硬幣和紙鈔的相對價值，他們便需要發展出錢幣計算的新知識。事實上，在教幼兒數字系統時運用真正的錢幣或玩具錢幣是很有用的資源。在幼稚教育中，重點是教孩子辨認不同面值的硬幣並適當的找換錢幣。雖然玩具錢幣是有用的教

專欄 14-3

教學小故事：幼稚園的數學課

孩童正圍繞著老師坐著，「我們要繼續談論錢幣。昨天我們說手指頭代表什麼？」老師問。

Tommy伸出五個指頭並說道：「辨士」。

老師點頭贊同他的答案，然後伸出她的五根手指說：「我的每一根手指都是一辨士。我有幾便士？大家一起數數看。」當她指著每根手指頭時，學生便數「一、二、三、四、五、六、七、八、九、十。」

老師說道：「我要你們用自己的手指頭比給我看你有幾辨士，但先在你的大腿上數一數。當我說：『給我看』的時候，你們才把手指頭伸出來。給我看九辨士，但先在你的大腿上數數看。」幾秒鐘後，她說：「現在給我看……嗯，很好。」

「這次讓我看五分錢。」老師說。「先在你的大腿上數一數……現在給我看……好。」

「現在我們要用手指頭變魔術，」老師說道：「我將會說『快變』這個字，並把我的五分錢變成一個五分鎳幣。」當老師說完，她把原本張開的手變成一個拳頭。「這是一個五分鎳幣。幾個辨士等於一個五分鎳幣呢？」在數的時候，她一根接一根地彎下手指頭。「五辨士等於一個五分鎳幣」

「現在我希望你們給我看十分錢。先想想看，然後在你的大腿上數一數……現在給我看看，」老師說道。當孩子伸出手時，他們有不同的方式表現十分錢。Brian伸出兩個拳頭，Erin伸出一個拳頭和五根手指，Jessica伸出十個指頭。老師要每個同學解釋為什麼上面三個答案都正確。

具，但操作真正的硬幣在某種程度上是必要的。在遊戲中使用錢幣的機會對兒童很有幫助，好比在虛擬的超級市場中或在真實情境中，如購物之旅（校外教學）以及購物經驗，製做並販賣物品等。

整合數學與其他課程領域

幼稚園或托兒所充滿了將數學學習融入日常活動的機會。兒童可記錄出席情況，他們可為每個男生和女生做上記號，然後分組或加在一起。其他的日常活動也具有相似的功能。在點心時間負責佈置餐桌有助於了解一對一的對應關係及數數。在積木區活動需要數學概念，做木工及工藝活動也一樣。音樂、舞蹈和遊戲都包含了數數和配對，戲劇表演活動則可提供其它的經驗：如演商店或開公車的戲即包含了用錢，數數及測量。

當兒童上低年級後，課堂上便較少進行想像性的活動。大部分的教室裡都充滿了可以比較、計算、稱重及測量的東西。老師們應給孩子機會親自參與這些操作並遵守指示。習作卡或作業卡都有幫助。

習作卡清楚地說明了兒童可參與的簡單問題或活動。這些卡片適合個別化教學並提供許多不須教師持續監督的學習活動。特定活動都以簡單的語句寫在每張卡片上。也可以用圖畫表示，讓那些不會認字的孩子遵守指示。有時一則謎語、圖文並現都能達到目的。用個小檔案盒便能放入大量的習作卡，可依難度編號或依主題編碼，並把它放在教室中不同的活動中心裡。關於測量重量、線性測量、時鐘機器、數數、寫等式、測量容積以及幾何學都可透過習作卡來教導。習作卡的例子在本章已陸續出現。老師們可以在每一區設計一張習作卡專用表，小朋友可以在上面檢查正在使用的卡片以便簡化記錄。老師也應設計方法以查驗是否做完所有的活動。

有些習作卡可能列出封閉性的習題，即只有一個正確答案。有些習題則可能是開放性的，正確答案不只一個，讓兒童在數學

上有創造及探究的機會。設計優良習題的關鍵在於分析兒童的生活環境以及他們與週遭的人所參與的活動。老師們應尋找場地讓兒童能練習及擴展他們所學的數學技能和概念於更正式的學校課程中，這類活動也製造了連結數學活動與其它科目的機會。因此，孩子可用圖表表現數量，然後再以另一方法表達此觀念，例如寫故事或畫圖。

整合數學與各類活動讓兒童能掌握周遭環境與數學的關係。他們對數學將獲得新的了解並能應用及練習已習得的知識。幾乎所有的幼兒課程領域都提供兒童分類和數有限物體數目的機會。在堆積木區，兒童可藉由兩面積木牆的比較看出一對一的對應。木工區則提供孩子比較木塊長度或數釘子的經驗，同時繪畫和工藝活動也能讓兒童比較黏土的體積或以形狀和其它屬性將紙分類做美術拼貼。玩沙的桌子和玩水區可放置許多的容器以便讓孩子體驗並比較不同的測量法。即使圖書館區也有教數學的機會，例如數書本數目或數其它種類的書籍。

把數學融合到課程中的方法之一是透過一種整合課程的設計。即使沒有完整的整合課程，仍可找到方法從不同的課程領域中整合概念。許多教育家建議透過兒童文學來教數學。Marcus Ballenger 及其同事 (1984) 提出在幼稚園裡用數數本來教數目字。但是，他們提醒老師要先評估這些書以確定兒童正確地使用基數並適當地表達順序位置。解釋應該敘述精確且應清楚。另外，用書及其中的觀念應配合學童的理解力。Ann Harsh (1987) 說明這些標準除了評估數數本外，也可以以他們對兒童闡述數學觀念的方式，應用於其他的兒童書本上。Rosamund W. Tischler (1988) 描述圖畫故事書如何做為數學活動的起點。她建議，使用操作性教材的遊戲可從圖畫故事書中發展而來。她舉出應用《賣帽子》(*Caps for Sale,* Slobodkina, 1984)、《小熊可可》(*Corduroy,* Freeman, 1968) 及《青蛙和蟾蜍是朋友》(*Frog and Toad Are Friends,* Lobel, 1970) 的例子。運用這種遊戲，兒童可練習分類、假設、選擇數學策略以及設計數學問題。

積木區是另一個教數學的重要區域。積木除了是兒童可計數和分類的操作性教材外（Singer, 1988），它也是表現空間的一種方式。因此，兒童可在積木遊戲中的位相幾何學裡發掘概念（Reifel, 1984）。此外，在搭積木時也可體驗二度和三度空間的觀念。

　　雖然在教室裡存在許多學習數學的機會，但老師不能依賴自然事件做爲數學學習的唯一來源。他們必須提供特別設計的活動來提升數學學習。此類活動常依賴運用特殊的數學取向教材。

　　在低年級中，通常可以發現對數學課本和習作簿的依賴。如果靈活使用的話，這些是學習活動中極好的資源。課本可提供老師和學生學習的方向。選擇單一種教科書系列可確保升年級時學習程度的持續性並提供許多教學和練習活動。

　　但是，數學教學必須超越課本。操作性教材透過練習幫助學生了解概念和過程並具體應用他們所學的觀念。大部分這些教材都可從市面上購得，許多老師自製的教材也應包括在內，雖然所提供的數量和形式端視課堂需要而定，但在教室內設一數學中心，在那兒放置及使用數學教材是有用的。教材應方便取得並做好分類，如此清理時才不致造成負擔。

　　無論有多少教材和教具被提供，老師仍是課程成功的靈魂人物。老師必須具備數學知識及數學教學法，但也必須注意學生的需要。老師在爲其他孩童尋找豐富的活動時，也要以其知識架構不斷地設計活動、評估過程、診斷困難並提供額外的學習資源給某些學童。老師們才是使幼兒數學成爲生動、有意義的領域的人。

結語

　　幼兒數學已日益受到重視。幼兒透過許多生活經驗發展出對數字和數學運算的直覺。老師們首先應以非正式但系統化的方法進行數學教學。他們應確定孩子不只是背誦數學名詞，而是已經了解觀念和過程。運用動手做的方法教數學是生動的，可讓兒童

操作具體的教材並思考所做的事。在數學課中當不同的主題必須
要解說時，老師應在課程中找機會讓孩子舉例說明並練習他們的
數學學習。

參考書目

Ballenger, M., Benham, N., & Hosticka, A. (1984). Children's counting books: Mathematical concept development. *Childhood Education, 61*(1), 30–35.

Baratta-Lorton, M. (1976). *Mathematics their way.* Menlo Park, CA: Addison-Wesley.

Baroody, A. J. (1987). *Children's mathematical thinking: A developmental framework for preschool, primary, and special education teachers.* New York: Teachers College Press.

Baroody, A. J. (1993). Fostering the mathematical learning of young children. In B. Spodek (Ed.), *Handbook of research on the education of young children* (pp. 151–175). New York: Macmillan.

Bezuk, N. S. (1988). Fractions in the early childhood mathematics curriculum. *Arithmetic Teacher, 35*(6), 56–60.

Carpenter, T. P. (1986). Conceptual knowledge as a foundation for procedural knowledge: Implications from research on the initial learning of arithmetic. In J. Heibert (Ed.), *Conceptual and procedural knowledge: The case of mathematics* (pp. 113–132). Hillsdale, NJ: Erlbaum.

Copeland, R. W. (1976). *Mathematics and the elementary teacher* (3rd ed.). Philadelphia: Saunders.

Copeland, R. W. (1985). *How children learn mathematics* (4th ed.) New York: Macmillan.

Cruikshank, D. E., Fitzgerald, D. L., & Jensen, L. R. (1980). *Young children learning mathematics.* Boston: Allyn and Bacon.

Freeman, D. (1968). *Corduroy.* New York: Viking Press.

Ginsberg, H. P. (1980). Children's surprising knowledge of arithmetic. *Arithmetic Teacher, 28*(1), 42–44.

Harsh, A. (1987). Teach mathematics with children's literature. *Young Children, 42*(6), 24–29.

Kamii, C. (1973). A sketch of a Piaget-derived preschool curriculum developed by the Ypsilanti Early Education Program. In B. Spodek (Ed.), *Early childhood education* (pp. 209–229). Englewood Cliffs, NJ: Prentice Hall.

Kamii, C. (1982). *Numbers in preschool and kindergarten.* Washington, DC: National Association for the Education of Young Children.

Kamii, C. (1986). Place value: An explanation of its difficulty and educational implications for the primary grades. *Journal of Research in Childhood Education, 1*(2), 75–86.

Lobel, A. (1970). *Frog and toad are friends.* New York: Harper & Row.

Mueller, D. W. (1985). Building a scope and sequence for early childhood mathematics. *Arithmetic Teacher, 33*(2), 8–11.

National Council of Teachers of Mathematics (1989). *Curriculum and evaluation standards for school mathematics.* Reston, VA: Author.

Price, G. G. (1989). Research in review: Mathematics in early childhood. *Young Children, 44*(4), 53–58.

Rea, R. E., & Reys, R. E. (1971). Competencies of entering kindergartners in geometry, number, money and measurements. *School Science and Mathematics, 71,* 389–402.

Reifel, S. (1984). Block construction: Children's developmental landmarks in representations of space. *Young Children, 40*(1), 61–67.

Singer, R. (1988). Estimation and counting in the block corner. *Arithmetic Teacher, 35*(5), 10–14.

Slobodkina, E. (1984). *Caps for sale.* New York: Scholastic.

Steen, L. A. (1990). *On the shoulders of giants: New approaches to numeracy.* Washington, DC: National Academy Press.

Stone, J. I. (1987). Early childhood math: Make it manipulative. *Young Children, 42*(6), 16–23.

Tischler, R. W. (1988). Mathematics from children's literature. *Arithmetic Teacher, 35*(6), 42–47.

Van de Walle, J. A. (1988). Strategy spotlight: Hands-on thinking activities for young children. *Arithmetic Teacher, 35*(6), 62–63.

15

幼兒的社會科教育

本章綱要

◇社會科教學計畫的組成要素
◇幼兒社會科的教學方法
◇運用幼兒社會科資源的方法
◇整合社會科及其他課程領域的方法
◇多元文化教育

導論

　　學校幫助幼兒了解他們自己、周遭世界以及兩者之間的關係。當兒童在物質和社會世界中測試他們的能力時，他們經由外界的反饋來認識他們自己。他們對生活的脈絡變得有感知並且極力嘗試去了解它，在他們定義自身與周遭世界的界限時，也變得更融入於此脈絡之中。

　　幼兒發展對他們每日生活有用處的知識和技巧，並做爲未來學習的先決條件。他們接觸物質世界的方式是直接的，他們經由觸摸、聆聽或觀察來測試他們所知道的有形事物。雖然兒童可以直接地與人接觸並直接地觀察他們的行爲，但重要的是行爲的意義而非可觀察到的行爲本身，而且那種意義並非直接可得知的，不像社會行爲的產物及行爲發生地點的脈絡是較顯而易見的。

社會科教學計畫的構成要素

　　美國社會學科委員會 (The National Council for the Social Studies) 定義社會學科爲課程領域的一部分，它的目標取自於民主社會中公民權的本質及和其他社會團體間的關聯，從社會科學和其他訓練中構成內容並反映出學生的個人、社會及文化經驗。
　　Sunal (1990) 爲社會學科確立了以下的特性：

- 它們包含了對我們生活型態的探索
- 它們是每日人類活動的一部分
- 它們包含了學習的內容和過程
- 它們以資料爲基礎
- 它們需要經過資料處理
- 它們需要做決定和解決問題
- 它們和個人的價值發展及分析有關

因此，在社會學科中我們有來自學術訓練、社會歷程及個人對周遭人類反應的內容組合。我們透過歷史得知我們的背景，經由人類學及社會學而了解我們所隸屬的社會團體，經由哲學和宗教習得我們認爲重要的價值觀，經由地理學熟悉我們住的地方及我們和環境之間的關係，經由政治科學明白我們如何影響他人及他人如何影響我們，以及透過經濟學了解我們如何滿足基本需求和慾望。

在研究各種關於幼兒的社會學科主題時，教師必須協助兒童發展智識的歷程，使他們能夠了解這個世界。教師應協助兒童發展對社會角色及機構的認識並在社會中找到他們的定位。兒童必須了解並發展出一套和社會一致的價值系統；教師亦可幫助兒童發展及認識他們的內在世界及外在環境。

智識的歷程

如同Kamii（1973）明白地陳述及出現於第四章中的Piaget知識架構之運用──包含了物理知識、社會知識、邏輯數學知識及表達能力──人們可以在一個社會科的教學計畫中辨明智識的要素。**物理知識（physical knowledge）**包含世界上物質元素的知識，而這種知識最好可由戶外教學、觀察及訪談等直接的經驗獲得。以符號表達的方式則可透過書籍、視聽媒材，而模擬也是相當有用的。**社會知識（social knowledge）**包含了社會規範、符號、價值觀、儀典及神話方面的知識，同時也包含了公認對的、適當的或禁忌的知識。對與錯的規範可以直接或間接地告訴兒童，且決

物理知識
是研究物體物理屬性的知識。

社會知識
包括社會規範、符號、價值觀、儀式及神話的知識。

定什麼是對的或適合的行為之原因也必須解釋給兒童了解。**邏輯數學知識**(logico-mathematical knowledge)則需要兒童運用他們的思考歷程來處理資料。邏輯數學知識包含對物體、事件的分類及排序，觀察並陳述關係以及在合宜的時間／空間脈絡中放入相關的事物。表達意見及感覺可經由圖片、地圖、圖表、遊戲活動及故事等方式來達成的 (Spodek, 1974)。

社會化

社會化——意即在社會中學習規則和價值觀並找到自我的定位，它是幼兒教育的主要目標之一。社會科就如同其他在學校中的學習機會一樣，對社會化的過程有所貢獻。在教室之中，教師創造情境幫助兒童學習學童的角色及教導學校的規定、期望、慣例及價值觀。教導兒童班級被組成的方式、規則被訂定及執行的方式、自由的程度、活動獎賞的種類及所有日常生活中的慣例等皆對這種社會化有所貢獻，然而，社會化不限於此。有時候要培養班級中的團體合作，而有時兒童也被期望能單獨做事。很快地他們學到分享的重要性，他們會對有形的衝突感到不悅，也會學到以其他方法解決爭端。兒童們也會了解和教師互動及溝通的合宜方法。社會化歷程的課程其實散布在整個教學計畫中。

社會科教學計畫對於幫助兒童在較大的團體中找尋他們的定位扮演了很重要的角色。兒童必須了解社會是如何組織成的，他們必須學習自己社會中共同的價值觀、慣例、符號及神話。學校對於節日、歷史人物及英雄故事、傳統故事閱讀及傳統歌曲演唱的關注也對這個歷程有助益。讓兒童詢問社會現象的活動有助於他們了解社會的組織，進而能以更合宜的方式扮演好自己的角色。

價值觀

所有的教育都和價值觀有關。兒童應該學習的基本社會價值觀，包括：對個體價值的關切、自由及責任的概念、民主式決定的重要性及對人類、財產安全的關注。這些價值觀不能分成個別主

題來教導兒童，因為它們是透過各個課程中教師組織班級的方法及處理個別兒童的方式來傳達的觀念；例如來自少數族羣的兒童在班上所做的貢獻若不被尊重及重視，那麼有關愛國精神的課題就不大具有意義。如果行為的規則是由教師專斷地訂定，則兒童不會了解理性地做決定是發展行為控制的基礎。兒童們經由觀察他們生活中顯著的成人行為推論出什麼是有價值的，他們模仿成人的行為並類化那些他們察覺到的價值標準。除了在科目取向的上課時間外，教師們整天向兒童傳送他們的價值觀。教室中和學校中的社會體系以一種比任何發展價值觀的課程更有力的方式運作著一股教育的推動力。

由於這些價值觀大多是潛移默化而非刻意教導得來，所以教師必須創造傳達的情境。Bernice Wolfson（1967）認為幼兒可以經由角色扮演、創造性戲劇、文學及藝術經驗中學習價值觀。她的結論是，價值觀的發展是藉由提供許多個人選擇的目標、活動等機會以及讓兒童思考行為和自身感受的選擇性及可能的結果而獲得提昇。

除了教導價值觀之外，學校通常也頗重視道德教育，也就是幫助兒童辨別對錯。雖然大部分的美國人有一個共同的道德律，但在美國道德觀的起源不只一個。家庭和宗教機構也與兒童的道德教育有關。教育學者並不能確定學校能多有效地教導觀念，然而在教導某些特別的道德時，教師可以幫助兒童思考他們所做的道德判斷。

我們也須考慮到兒童學習的準備度。Lawrence Kohlberg將兒童的道德發展分為三個層次，每個層次中包含兩個階段（Kohlberg & Turiel, 1971）。Kohlberg的架構就兒童的發展層次提供一個辨別兒童如何判斷道德兩難問題的方法。大部分的兒童在他們早年時約處於第一或第二層，亦即不超越傳統層次的早期階段。老師可幫助這些兒童知道什麼是合宜的行為，但他們卻無法以較高層次的道德紀律的觀點來理解為何它是合宜的。討論道德判斷的理由有助於教師辨別兒童現在的發展層次，而詢問兒童他

們行爲表現的原因則可以協助他們進展到下一個層次。

專欄 15-1

道德發展的階段

● **第一階段：處罰及服從取向**

　　行爲的外在結果決定它是好是壞。避免受處罰並絕對地服從強權本身有其存在價值。

● **第二階段：工具性相對論者取向**

　　所謂正確的行爲包括以方法手段滿足自己欲望和偶而滿足別人需求的行爲。

● **第三階段：保持良好的人際關係及「乖男巧女」型取向**

　　所謂好的行爲就是取悅或幫助他人，並被他人認同。行爲通常是由他的動機來判定。「他的意圖是好的」在一開始是相當重要的。人們藉由表現良好來獲得他人的認同。

● **第四階段：維護社會秩序與權威的取向**

　　有一朝向權威、既定的規則及社會秩序的維持之傾向。正當的行爲包含負責任，對權威表示尊敬及維持約定俗成的社會秩序。

● **第五階段：社會契約的立法取向**

　　正確的行爲傾向於由一般個人權利和標準（法律）的觀點來定義，經由批判審查和社會的同意而來。

● **第六階段：普遍的道德原則取向**

　　「正確」的定義即依照良知所做的決定與自我選擇的道德原則一致。這些原則是抽象而符合倫理的；它們並非如同十誡那樣具體的道德規律。

　　資料來源：E. Turiel, "Stage Transitions in Moral Development," in R. M. W. Travers (Ed.), *Second Handbook of Research on Teaching* (Chicago:Rand McNally, 1973)，pp. 732-758.

自我覺醒

　　所有的教學計畫都應關心孩子的情感發展，尤其是在幼兒階段。教師可以協助兒童探索他們的自我概念，處理自己和他人的情感及發展表達自我和與他人互動的適切方法。這樣的目標可經由討論、角色扮演、說故事及其他可激發兒童表達他們的感情或關懷的技巧來達成。

　　兒童應該學習處理情緒的方法，並且發展高度的自覺，然而教師應該注意不要高估自己的能力而去碰觸連自己都感到棘手的情感問題。這些課程的成功之鑰在於著重教育的成果而非情感抒發。教師所應關心的教育成果包括兒童對於他們在社會情境中角色與關係的察覺、文化價值觀的了解以及他們以與其發展程度一致的方法來思考道德問題的能力。

社會科教學法

　　在過去這些年來，學校教導幼兒社會學科的教學法有許多種。有些教學法是採用符合人類基本需求的方法並依照這些需求而構成教學計畫。幼兒在家中及社區中學習如何去符合這些需求，而較大的孩子則在時空上較遙遠較寬廣的社會、社區中學習如何去迎合這些需求。這種「社區延伸」的方式在學校中仍可見到，換句話說，就是把幼稚園的主題定位在學校與家庭，而低年級則是鄰近地區及城鎮。在這種方法中，教師藉著帶幼稚園兒童去參觀超級市場而使他們知道人們如何去滿足他們對食物的需求，兒童可以觀察人們如何選擇食物及付費。回到學校以後，他們可以利用戲劇扮演表現出他們所看見的並賦予它意義。當兒童大一點以後，他們可以學到食物是如何被運到超級市場、食物是從何而來及它們是如何被養育或種植的。他們也開始學習歷史，看看從前的人們或拓荒時代、殖民時期的人們如何獲取他們的食物。可是，如果這些課程以教科書為主的話，社會化的歷程仍然是抽

象的概念。

　　當教育學者更加了解幼兒學習歷程的本質時，教學計畫也更
能應用兒童的經驗以做爲知識的基礎。這些課程有的回溯到過去
教育改革時代，Lucy Sprague Mitchell在她的著作《小地理學家》
（*Young Geographers*, 1971）之中曾稍有提及，而其他的則在
Spodek的《適性發展的幼稚教育實務》（*Educationally Appropriate
Kindergarten Practices*, Spodek, 1991）一書中有描述到。不管主
題爲何，都需要立即且第一手的經驗來做爲兒童學習內容的基
礎。

教學內容及教學方法的決定

　　當教師在決定教學的內容時，他們必須評估什麼是兒童有能
力學的、什麼是他們已知的及社會認爲他們應學習的內容。正因
社會學習被認爲是由抽象的知識所組成的，有些人認爲這方面的
課程應延遲到小學才教。幼稚園及幼幼班的兒童對於了解時間的
能力相當有限。既然歷史與時間有關，這些評論家認爲歷史也該
被延後教導。同樣地，幼兒對於空間概念的理解亦有困難，他們對
於距離和方向的了解有限，而且以符號的方式表達出來也有問
題。因此，地理方面的學習同樣也被認爲該延後。然而，儘管幼兒
了解的能力相當有限，這些兒童仍然可以學到很多社會學科的事
物。

確認教學目標

　　決定幼兒社會學科教育計畫的內容和教學法的過程包含了設
定目標、確立主題及根據這些目標或相關主題設計畫學單元或教
學計畫。教師必須收集教材及資源並計畫和施行活動，他們也必
須確立鑑定這個教學計畫功效的方法。幼稚園教師或小學教師可
以根據一家教科書出版商或是一種課程方案而設定一個完整的教
學計畫，然而並沒有任何一個教學計畫符合社會科學習的所有目

標。

在許多社會科的課程之中，社會科和社會科學之間的關係深受強調。教學的目標不外乎了解基本概念、通則或是概念的基模，這樣的基模可以被定義成社會學科中的一個整合領域。Paul Brandwein (1970) 曾在社會科學中定義出以下的「認知基模」(cognitive scheme)：

1. 人類是遺傳及環境的產物
2. 人類行為是由社會環境塑造而來
3. 地球的地理性特徵影響人類的行為
4. 經濟行為有賴於資源的利用
5. 政治組織(政府)解決衝突並使人類間的互動更為容易(pp. T-16-17)

其他的概念基模已經被發展成為社會學科中許多的課程指引或教學計畫的基礎，這樣的基模提供了一組不同活動的一統性，它們也幫助老師將一些非計畫中的學習機會融入於課程當中。兒童不學習那些基模，它們是教師所使用的工具。

然而，社會科的目標並不能只以完成概念的學習為目標。Hilde Taba (1967) 指出了目標的四個範疇：(1)基本知識；(2)思考；(3)態度、情感及敏感度；(4)技巧。基本知識包含了基本概念、重要觀念及特定的事實。思考包含了概念的形成、通則的歸納發展、知識和原理的應用。態度、情感和敏感度包含了認同不同文化的人類、自我安全感、開放的心胸、接受改變，容忍不確定或模稜兩可的事物及對民主和人類價值的反應。技巧包含學術上的技巧如：看地圖；研究技能和社會技巧如：工作、計畫、討論及與群體合作發展觀念的能力。

確立學科的主題

傳統上，幼兒社會科課程的主題項目是受到限制的，而幼幼班的社會科參考文獻中甚至連主題都不確定。在幼稚園和小學階段，主題通常會涉及兒童所處的環境之中：家和家庭、學校（包含

教室）、鄰近地區（商店、超級市場、加油站等等）、社區（社區服務、機構和工作者）及運輸和交通。有時候也建議做社區的比較性研究，例如比較城市社區及鄉村或郊外的社區。

近來的課程指引、教科書及課程計畫已經拓展幼兒的學習主題。這些包含遙遠國家，如以色列和日本的家庭生活、更廣泛的比較性社區研究及學習從社會科學得來的概念，例如消費者和生產者及他們之間的關係（這是屬於經濟學範圍），或是從社會學中引出對於人類之間的行為及互動的了解。

關於歷史教學

幼兒們對於學習歷史可能有困難，因為他們不易了解時間的概念。Sunal（1993）回顧一些討論幼兒對時間的理解和歷史學習之間的關係之文獻，該研究指出教師所用的時間語言應和兒童的發展程度相關。幼兒可能會使用他們並不了解的時間抽象名詞，而這種用法可能會造成教師誤以為兒童懂的比他們實際懂的還要多。兒童在約四歲時可以區分出過去及現在，並在五、六歲時了解事件的週期性或連續性的本質。事實上，時間概念最好能和歷史一同教導，而不是做為學習歷史的一個先決條件。因此，介紹歷史事件及觀念給幼兒對他們發展重要時間概念的理解力相當有幫助。因此，就如同Vygotsky（參閱第三章）所說的：教育對於兒童在智力上發展到新階段的能力具有相當大程度的影響。

關於地理教學

討論幼兒對空間了解的研究（Sunal, 1993）指出：幼兒可以發展出地誌研究空間的概念，例如：近接、環繞、連續、分隔及排列。他們也開始了解到空間之中物體的相對關係，而這種知識可能是兒童開始具體了解他們周圍環境的地理觀念之始。他們可以了解他們的周遭環境並詮釋簡單的地圖。

在很多年前，Lucy Sprague Mitchell（1971）曾發展出一套教導從幼稚園到小學階級兒童的地理教學計畫，每一個學習地理

專欄 15-2

活動／利用時間教導有關於個人的歷史

　　幫每位兒童剪一段繩子，一呎代表兒童的一歲。將繩子每隔一呎（一年）做一記號，在一端標明「出生」，而另一端標明兒童現在的年紀。發出家庭通知函，請兒童的家長提供能描述其孩子不同年齡時的照片或紀念品（例如：相片、第一雙鞋子、嬰兒玩具等等），並在紀念品上標明年齡。讓兒童將這些物品繫在繩子正確的時段上，並讓兒童談談他們在不同年齡時是什麼樣子或他們做了什麼事。討論每個兒童如何地改變。

專欄 15-3

活動／建立一個教室歷史博物館

　　讓兒童們問其父母是否有他們童年或祖父母時代的紀念品，而這些紀念品可以是衣物、早期的收音機、家庭用品、人物或地方的照片等。利用一個佈告欄或桌子將這些物品依年代或人物排列，讓兒童或其父母述說關於這些物品的故事並寫下來，然後和物品一同展示。

　　參觀當地的公立圖書館，看看是否有你可以借出或影印的收藏，像是與社區不同年代有關的照片或物品。如果可能的話，將這些物品和較現代化且類似的物品或現今場景的照片一同展示出來。看看是否能邀請一位當地的歷史學家到班上來，問問圖書館員，他們通常會知道社區中的此類人物。讓兒童討論現在的社區和早年的社區有何不同並邀請家長或其他的小朋友來參觀展示品。

的要素皆予以陳述。Mitchell視這個世界為一幫助兒童發展地理學理解力的實驗室。兒童們參加戶外教學，然後回到教室中描述他們所見的事物。她也應用地理區域的模型：放於平盤或架子中用黏土所做成的湖泊、島嶼或半島，如此兒童可以看得見也摸得到。她所應用於教導地理最重要工具之一就是地圖，兒童們可以學習讀圖及製作地圖。給幼兒的地圖是簡單的，而給較大兒童的地圖是較複雜的。

關於地圖及閱讀地圖的技巧包含下列四個相關的重要概念：(1)具象化(2)符號化(3)透視(4)比例 (Hatcher, 1983)。兒童學到許多表達事物的方法，例如：圖畫及文字。地圖即為一種立體的形式，一種特別的空間圖畫。兒童也可以開始利用三度空間來呈現空間。舉例來說：一個積木建構可以代表一棟建築物，而複雜的積木排列則可以代表一條街、一群建築物或是一個鄰近地區。符號化在製作地圖上也是相當重要的。舉例來說：道路地圖利用不同種類的線條代表不同種類的道路，他們也可以用符號來代表城市、機場、休息區等地方。水及陸地也以特別的方式表意。每一個符號所表示的東西也在地圖的一角中用圖例標明出來。可協助兒童以他們自己的方式來標明這些符號或創造一套符號，讓他們在學習畫空間圖或在堆積木結構時能一貫使用。

幫助幼兒了解地圖的透視特性在起先可能會有困難。地圖就如同從鳥類眼中所見景象的圖畫，然而在地圖上，遙遠的地方並不像在圖畫中一樣看起來比較小。幼稚園教師可以藉由讓兒童製做他們房間的平面圖來幫助兒童學習製作地圖及閱讀地圖。一張平面圖就如同一張地圖，只不過它描繪的區域較小。兒童可以從天花板往下看物品的角度來畫室內的物品。兒童可能一開始會畫出從長方形四周以不同方向突出四支腳的桌子，因為他們在房中看到的桌子有四支腳，他們也認為在平面圖中，桌腳應被呈現出來。有一些經驗之後，兒童們會開始了解透視的概念，而且也會以從天花板上看下來的方法來畫平面圖。接著，可以畫學校設施圖，鄰近地區等等的地圖。兒童對於比例的了解比較晚，他們會漸漸

了解到在地圖上物體的尺寸和兩者之間的距離以及實際上物體的尺寸和它們彼此之間的距離有一致的關係。

關於政治過程的教學

　　Sunal（1993）注意到幼兒從觀察中成為直觀的政治思考者，今日許多幼兒對於選舉的過程都十分明瞭。他們知道一些地區及全國性選舉的候選人，他們也知道投票過程的一些事情。教師可以利用社區中的選舉情況來幫助達到兒童政治社會化。當選舉開始時，教師可以在他們的討論中以超越黨派的小心態度談論一些關於選舉的事務及候選人的事情，兒童也同樣可以參與選舉，他們可以在模擬選舉之中投票決定地區或全國性的事務，他們也可以選班級幹部。兒童們可以藉由參與各種不同的投票情境來了解投票，而且全班的投票數也應被紀錄。

專欄 15-4

活動／舉行一次班級選舉

　　讓兒童票選一些課程中的項目（例如：選一則這週所讀過最喜歡的故事，選這一週所唱過的歌中最喜歡的一首或者是他們最喜歡的活動中心）。告訴兒童關於投票選舉的歷程：每個人只能做一個選擇，而且每個人的選擇被視為一票，同時票數也被記錄下來，最多票數的故事或是歌曲就是贏家。低年級的兒童可以採用不記名投票的方式將票投入票匭之中，而這些投票總數由兒童所組成的委員會來計算票數，然後在班上宣布結果。幼兒可以被要求將積木放置於代表該候選人的那一堆積木之上，如此一來，兒童們就能看出他們的投票結果。跟兒童說明並非每一個人都投票給贏家，而最終的結果則反映出班上大多數兒童的意見。

　　在地方、州際或全國的選舉之中，兒童可以利用類似的技巧在班上進行模擬選舉。

關於經濟學的教學

　　研究指出兒童在五歲大的時候就可以學習經濟方面的概念並且利用它們做決定。事實上，在幼兒上學校的時候，他們已經發展出在社會及個人世界中和經濟有關的一些知識。Karen F.A. Fox (1978) 指出兒童會帶一個由經濟態度、未加工過的直接經驗及認知能力所組成的經濟知識「背包」到學校，這種能力使得幼兒了解抽象事物的能力受到限制。學習字彙和發展理解力並不相同，可能存在的錯誤觀念需要被澄清，然而教師可以利用兒童未加工的經濟學經驗來發展出一個有彈性的教學計畫。

　　兒童每天都和經濟過程有所接觸，他們和父母親到商店去購買日常用品，他們觀察交易方法而且了解每一項物品都有一個標價。他們可能會要求父母親買玩具，然而卻被告知那樣玩具太貴了。他們的父母親可能是提供貨物或服務的人，也可能沒有工作。幼兒在某種程度上可以理解這些過程，然而必須對孩子指出這些過程並探索之，他們才會了解。

　　有一些和社區工作者有關的傳統活動可以被用來教導經濟方面的原理。教師可以安排那些工作者來到班上，而來訪者可以談談他們所生產的物品或所提供的服務，以及顧客如何獲取他們所生產的東西。他們也可以展示一些他們工作時所用的工具及他們所需的材料，而教師可以在圖書中心提供一些關於來訪者職業的書籍。兒童也可以在戲劇扮演區中演出各種不同的職業，與該項職業相關的工具、材料及衣物可以收集在道具箱中，而在合適的時間加以運用。

　　Sunal, Warash 及 Strong (1988) 例舉了兩個在幼稚園中發展出的經濟學教學計畫，一個是在大學的實驗學校，而另一個是在鄉村學校中進行。課程活動以四個問題為主：(1)應提供哪些貨物及服務？(2)它們該如何被生產？(3)該生產多少？(4)誰將接受這些貨物及服務？在這個課程的第一部分中，兒童將物品的圖片依它們能被購買到的地點做分類，指出自己的需要，也指明他們自己

或家人所使用的東西，並在貨物和服務之間做出分別。然後兒童將物品和與其相關的工作配對，並調查不同的職務分配。

活動／參觀超級市場

安排帶兒童到超級市場進行戶外教學，事先告知戶外教學的行程並討論兒童應該注意及詢問的重要事項，例如：食物是從哪兒來的？爲什麼某些食物在商店中販售？一個貨品的價錢是如何訂定的？在超級市場中工作的人們做些什麼樣的事情？也許你會想要拿照相機來拍攝超級市場的相片及攜帶錄音機去錄下日後可能用到的對話。

回到學校之後，兒童們可以討論他們在超級市場中所學到的東西，他們也許會想要做一個團體合作的壁飾或是自己畫一張他們在超級市場中所見事物的圖畫。在戲劇表演區之中佈置一個超級市場；於架上或桌上展示收集來的各式食物包裝，也可要求兒童將不同的貨品標上定價。提供一個有玩具收款機和玩具錢幣的櫃台；兒童可以選擇或被指定擔任某些角色：核對員、倉庫管理員或是顧客，這些角色可以隨時更換。在戲劇時間之後，請兒童說出他們做了什麼事及如此做的理由

關於社會機構、角色及過程的教學

Kathy R. Thornberg（1983）發現幼兒對於構成他們家庭的元素及他們在家庭中的角色有某些程度的了解。這些知識隨著兒童的年齡增長而有所不同，但不會因兒童的性別或家庭的大小而不同。這些知識來自於兒童家庭中自身的經驗。Thornberg建議在托兒所、幼稚園及一年級兒童的知識領域中需要一個具體且與兒童目前生活有關的社會教學計畫。

活動／班上的烘烤拍賣會

　　和兒童共同籌組一個烘烤拍賣會，兒童可以烘烤一些餅乾、乾果巧克力糖及其他點心賣給學校中其他兒童。讓兒童們記錄材料的費用，並依據這個費用決定每一項商品的售價。他們可以討論他們在拍賣會中是要賠錢、賺錢或是不賺也不賠。拍賣會應該在公佈欄上貼出告示或利用學校的廣播系統做宣傳（如果有的話），或是利用其他兒童們能想出來的方法做廣告。訂定拍賣會的時間及安排各種不同的角色：誰要當銷售員、誰負責收錢、誰負責找錢等。如果在拍賣會中幼兒需要幫助，可將家長或較大的兒童列入名單之中。在拍賣會結束後，和兒童們共同算出他們是賺錢或是賠錢。如果賺錢的話，兒童們可以決定如何運用這筆錢，舉例來說，為班上添購一些物品、開派對或者捐給慈善機構。

　　當兒童剛入學時，教師應該解說學校組成的方式，這些不同的人是誰、他們做些什麼事及他們的角色為何。兒童可以在校內辦一次戶外教學來看看學校的各個單位及其中所包含的成人，例如：拜訪其他班級的老師、學校辦公室中的行政人員和秘書、參觀廚房和在廚房工作的人員以及其他在學校任職的人，包括那些負責交通運輸及維修的人員。對兒童而言，知道這些人是誰及他們做什麼工作是很重要的。雖然不可能一次就把所有的校規告訴兒童，但孩子們也要學習遵守它並了解原因。

　　兒童也會遇到其他來自不同家庭的學童，傳統式家庭、大家庭、單親家庭、混合式家庭等等，也有和養父母住在一起的兒童。老師必須協助兒童來看出各家庭的不同點，雖然它們有所不同，它們卻發揮了相同的功能及作用。

兒童先前的經驗及對社會世界的具體認知為兒童創造理解力提供了一個基礎，他們對其目前生活的了解也讓他們對社會生活產生更廣泛的理解。藉由了解自己，兒童可以開始了解他人。舉例來說，在托兒所階段的幼兒，當他們探索在家中或在學校中自己和他人之間的關係時，可以開始接觸社會學概念如：自我或團體。他們對這些概念的了解和低年級兒童有所不同。當兒童入學以後，他們開始體驗一個新的機構：扮演各種角色的學校。學童遇到的老師、同學、行政人員及其他與學校有關的人員取代父母、朋友及其兄弟姊妹。當他們本身學習學生這個角色時，他們必須開始發展新的關係。

　　社會科的目標必須和整個幼兒教育的目標有所關聯。教學計畫應該依據兒童的準備度，教師應給予兒童和他們特殊的發展階段一致的合宜教材。教師應該利用兒童的活動來探索概念，而非僅讓兒童從教科書中閱讀或是直接告訴他們某個概念。教師若沒有為兒童的詢問提供第一手的經驗的話，那麼概念的學習將是膚淺而死記的。尤其是當提供給幼兒的主題是關於遙遠的時空時，教師必須確定兒童先前學過必要的知識以建立他們自己的意義，而且他們也有獲取合適資料來源的途徑。著重於探究技巧的教學計畫需要提供收集及應用資料的機會。擷取自這種探究的概念和通則可以應用在間接的主題中，在這些主題之中可能較少或沒有機會直接收集資料。

　　如果兒童對家庭的結構、角色及關係已有些許了解的話，則一個討論外國家庭的學習單元將變得更有意義。這樣的了解可能是藉由對目前環境中家庭的研習所得來。教師可以選擇和時間、空間、目前環境相關的題目，讓兒童們有機會在新的情境中應用概念及通則，並拓展他們已發展的概念基模。在這個學習之中，應提供較廣泛的資源，包括書籍、視聽媒材、人工製品及模擬教材的蒐集。

社會能力的教學

　　社會能力已被確立為幼兒教育的主要目標之一。社會能力包括了促進有效的人際關係之中的行為及思考歷程。曾有人研究與幼兒教學計畫有關的四個類型的技巧：特定情境的行為（例如：用以建構友誼的行為）、人際問題解決、角色擔任及以語言自我引導和衝動的控制（Price, 1982）。Shure和Spivack（1971, 1978）曾經藉由擬定選擇性的社會策略以解決既有的問題及藉由協助兒童思考他們行為的結果設計教學計畫來教導四歲和五歲兒童人際關係技巧。當教師注意到有特殊社會問題的兒童時，也可以應用同樣的策略。

　　幼兒教學計畫主要是經由戲劇表演活動來幫助兒童發展角色扮演及想像技巧。教育家相信當兒童學會這些角色擔任的技巧時，他們的社會能力也會增進，經由假想另一個角色，兒童可以了解並欣賞別人的觀點。

　　幼兒教育活動也可幫助兒童更能控制他們的衝動及攻擊性行為。讓兒童自言自語並將他們想要做的事用語言說出來可以幫助兒童控制對他們的衝動。藉由使用這種明白表達出的「個人演講」，兒童開始知道並了解他們的行為，並對它攻擊性的層面有所控制。教導幼兒前社會行為的這種策略，在幼稚園、低年級以及幼幼班之中皆同樣佔有一席之地（對兒童社會能力的深入探討，請見第七章）。

幼兒社會科中的資源利用

　　一旦決定了目標和主題之後，教師必須進行教學組織化。針對這一點，計畫應包含決定班級活動及確立、統合資源。

　　教師是班級中最重要的資源，因他們身為價值觀及行為的模範。教師所問問題的型態可能導致更進一步的探究，也可能導致刻板化的反應。除此之外，教師也要佈置教室及決定所包含的活

動和他們所能允許的行為範圍。他們更要應用關於兒童、可獲得的資源及研究兒童深入學習的主題之知識。在早期的學習之中，詢問是很重要的，然而說明解釋也同樣扮演一個重要的角色。教師身為說明者的角色──資訊的來源──是絕不可輕視低估的。

　　書籍也提供兒童非直接可使用的資訊。文筆流暢、易了解及主題正確的兒童非小說圖書是可利用的資源，而小說、故事類的書也反映出社會世界且比許多非小說類圖書包含更多洞察力學習。兒童必須學習去利用這些資訊。

　　口語傳統在社會學科中是很重要的，兒童及成人所提供的語言描述是有用的資源。團體討論有助於釐清觀念及讓老師了解兒童可能有的正確概念及錯誤概念的反饋。一個團體討論並不能斷定兒童陳述的真偽，然而，讓兒童檢查他們自己和別人不同的主張可以幫助他們減少自我中心並較注意評斷事物真偽的外在標準。

　　雖然語言是社會科之中最常使用的符號系統，非語文符號也同樣被用來當做對兒童有用的資料來源和紀錄以及傳達資料的方法。最常使用的非語文符號系統是地圖及地球儀。以簡單型式呈現出世界的地球儀應在早期即在學校中介紹給學童，地球儀所呈現出來的比平面的地圖更為精確。然而，地圖在社會科之中也很重要，兒童可以藉由設計他們戶外教學的地圖及其他經驗來學習認識地圖。兒童一開始可以利用積木呈現三度空間的地圖，而後使用圖片，最後使用純粹的符號表現。當他們進入較高層次的抽象概念時，他們甚至可以發明他們自己的符號系統 (Richards, 1976)。圖表及曲線圖是其它兒童必須學習使用的非文字符號。

利用具體的教材

　　社會科的具體教材是社會科學現象的具象表達，無論是我們須從中推論行為表現出來的手工藝品，例如工具或玩具，或者是符號式的表意。舉例來說，教師可以帶一張地圖或是一個三度空間的模型到教室中來，而幻燈片或影片則可以幫助兒童熟悉那些

他們無法參觀或探索的地理區域。

在社會科中最早發展出給幼兒使用的具體教材是由Maria Montessori所設計的，她設計了有觸感的地球儀及發明地圖拼圖。藉由玩這些地圖片，兒童們對於國名及國界開始感到熟悉。每一片拼圖上方有一個小突出物方便兒童拿取。類似的地理拼圖在今日也仍可看到。

在二十世紀的前三分之一的時間中，伴隨著美國幼稚園改革運動發展的是新教具的發明。其中一項最有用且最能靈活運用的是建構積木（Hirsch, 1984）它又發展出兩種基本的變化。Patty Smith Hill發明了一組大的地板積木；長的積木可以利用木栓固定於基柱上，創造出兒童戲劇表演所需的構造物。這些構造物大得足夠讓兒童在裡面玩，並且堅固得足以承受五歲兒童的不經意碰撞。今日還出現許多這類型積木的變形，包括中空積木、多樣化玩法的組合以及Sta-put積木。

差不多在同一時間，Caroline Pratt發展出「單位積木」。單位積木看來就像是2英吋乘4英吋長尺寸的木塊，它是依據一種特殊的測量單位所設計。每一塊積木若不是這種單位，就是它的倍數或分數，因此，有半單位、四分之一單位、兩倍單位及四倍單位的積木。同時也增加了許多種形狀，例如：圓柱體、V型、弧型、半圓形等以供組合，一組好的單位積木是由不會碎裂或過度磨損的硬木做成，而且每一塊積木的尺寸比例都相當精確。這種特性可以讓兒童建造複雜而且安全持久的建築物。

因為單位積木比地板積木小得多，他們無法用在戲劇表演方面。兒童利用這些單位積木將世界縮小並且進行遊戲。在積木遊戲的早期階段中，幼兒對於建構抽象的建築設計感到滿足。這種積木建築可建構個別建築，然後建造更大、更精密且內部相關的建築物。這些建築物可以呈現出幻想世界或是真實世界，這依兒童所接受到的指引或兒童目前的心緒或需要而定。如果有足夠的積木、表達意見的自由及充足的時間，則兒童可用積木建造一個家、一所學校、一個購物中心、鄰近地區、港口地區或是機場。

兒童可以將其他材料合併到積木建構之中。縮小的木頭人或橡膠人可以利用來代表不同的家庭或社區角色，其他如玩具車、卡車、船、飛機也可利用。交通號誌及街燈增加了建構的真實性，由老師或兒童所寫的標幟可以辨識地方的所在，而長紙條或是塑膠條可以代表街道或是河流，一球麻繩可以幫助兒童建造吊橋。對於日常生活中的材料加以想像利用可以增加建築物的真實感並且提供兒童表現想像力的機會。積木成為隨己意呈現這個世界的符號。利用積木來建造是一種具體表意的形式，它對於兒童在教室中學習使用地圖及其他形式的符號提供了一個很好的轉換期。

　　其他具體材料的形式也可用來做模型，硬紙板盒、混凝紙板或其他種類的材質皆可。其他可購得的商業性玩具組合如下：Kinder City、Blayskool Village, Lincoln Logs及Lego。

　　有道具的戲劇表演區可以鼓勵對家庭角色或關係的探索。道具服裝及玩具道具可以代表許多情況。例如：不同的帽子可以代

兒童可以單位積木重建熟悉的場所。

表不同的職業。階梯及一截長塑膠管可以引發兒童扮演消防隊員；一張桌子、一部收銀機、幾個紙袋及空的食物容器可以代表一個超級市場。有時候一件物品並不需要看來像是它在戲劇中所代表的東西，舉例來說，一個腳踏車灌風器可能代表加油站中的加油管或是消防用水管。如果老師能運用想像力來利用這些材料，兒童很快就能達到戲劇中的想像情況。

視聽媒材的運用

多樣化的視聽媒材也可以做為社會科教學的資源，同時照片也可激發討論及提供資訊。在討論中所用的圖片組合通常可在市面上購得，而圖片應該大到足夠讓一群兒童觀看並且內容應豐富而不雜亂，如此兒童才能專注於重要的事物之上。教師也可以在團體討論時拿圖片給兒童看或是將圖片張貼於佈告欄上。如果教師利用佈告欄，他們必須注意張貼位置以便讓兒童看出重要之物在哪兒，圖片也可以和其他展示的教材結合。磁鐵板和法蘭絨板讓兒童或教師可以去操作教具或改變排列方式，也因此使簡單的圖片展示變成主動的應用。法蘭絨板及磁鐵板教具可以增強教師所展現的教學內容。

市面上所生產出售的圖片可能沒有包含學習某一特定環境所需的特別元素，這些教具可以經由當地所發展或教師所發展的教具來輔助。幸運地是，視聽科技正是只要一個具備有少數科技技術的人就能製作良好教材的工具。拍立得相機讓老師在拍照之後，立刻就能拿到照片，許多能自動對焦的相機讓老師得以很容易地製造出高品質的彩色幻燈片，如此一來老師可以將它們投射於螢幕上或放置於幻燈機中給兒童觀看。甚至於現在也有可拋棄式相機，而錄影帶也可藉由錄影機拍攝而很容易地製作。

錄音也是一個學習的良好資源，市面上所販售的歌曲錄音帶或故事錄音帶都是眞實地反映出某種文化，而兒童可以藉由錄下他們自己的歌曲或故事來增強這些教材。如果教師在活動中有錄音或拍照的話，兒童們可以在教室中回想他們戶外教學的情形。

舉例來說，從參觀機場回來之後，兒童們可以聽聽機場廣播飛機抵達或起飛的聲音，或者是飛機在跑道上滑行或起飛時的噴射引擎聲。也可以在學有專長的人士來訪時或班級討論之中加以錄音。視聽資源可以非常有效地結合在一起。

教材的展示對傳遞資訊通常也是有用的。舉例而言，研究加油站的課程可以舉辦用品和商品展或是一個關於石油及石化產品的展覽。第一次的展示可能包含汽油的容器、汽車零件的收集、街道地圖及機械師所用的簡易工具。石油的展覽可能包括石油產品的圖表及其提煉過程的圖表。裝原油、潤滑油，柴油，家庭用燃料油、煤油、石油凝膠及松香油等的容器也可以帶到教室中做為展覽之用，但必須注意這些教具，因為它們是可燃性而且若吞嚥會發生危險。如果有必要的話，可以利用這些產品的圖片取代。教師通常獨自收集這些材料及安排展覽，可是兒童和家長可以積極參與其中，而有時候一些商業機構也會提供學校一些展示用的材料，教師應對社區中可獲得的資源做一番調查。然而，他們必須留意到市面上可購得的材料並沒有被廣告訊息所誇大、扭曲。在某些地區中，當地博物館可將其展示品借給學校做為社會科教材之用。小型實物模型或工藝品也許在市面上也可買得到。

利用社區資源

教師應於課堂外尋找更多學習的資源，支援人士通常也十分樂意來到學校，像是，社區工作人員的代表（例如垃圾收集者或是消防隊員）或是有特殊技巧或專門領域知識的人員（例如，織布的人或是人類學家）。一個收藏家、從外國來的訪客、某種課堂上正在研究的特別民族團體的成員或是年紀較長且擁有第一手歷史知識的人，可能都會引起兒童極大的興趣。在利用支援人士時，教師必須確定兒童及支援人士都了解訪問的目的並擬定參與的基本話題規則。兒童們樂於在班上當小主人。

在社區中的戶外教學必須要合宜地規劃。除了技術上的計畫之外，教師也應讓兒童了解戶外教學的目的及重點所在。雖然偶

然發生的機會可以增加戶外教學的趣味，但單單仰賴機會是不智的。戶外教學並不需要精心設計，通常最簡單的也就是最有意義的。走到街角去看交通號誌的運作或是參觀當地的一個超市都可以獲得豐富的經驗。即使兒童可能有過到校外的先前經驗，然而教師提供的事前準備可以啓發兒童對一些熟悉的情境產生一些新的學習機會，以新的角度看已熟悉的環境。

利用教科書及課程指引

幼稚園或低年級階段的社會科教科書現在都方便易得，通常這個階段的教科書是以有圖案的練習簿形式呈現給低年級的學生，中高年級時才提供他們社會科課本。雖然許多教科書遵循故事路線，但新的教科書採直接呈現社會科學教材給幼兒。

教科書只能提供有限數量的資訊，它們不該是唯一的資料來源。教科書可以提供一些常識並且將來自多種出處的知識集中在一起。一個好的教師手冊可能也可提供資源及教學流程的有效建議。兒童應該自己主動探索並發展概念，而非只是從書中閱讀獲得概念。教師也許不想爲整個班級訂購單獨一套教科書，而希望讓兒童採用許多不同的教科書。

課程指引可以幫助教師發展有意義的教學活動，而課程指引在範圍及組織方面也有所不同，有些提供與主題相關領域的一般架構而且是比較容易引起聯想的，而有些則是高度規範性的，它描述了該項活動的每一項細節。另外還有一些呈現資源單元形式的教學指引，它包含了學習的大綱及設計活動的資料。通常資源單元包含比老師任何時間能用到的資訊還多，也因此給予老師自由與彈性，免除尋找教具和教學理念的負擔。

在大多數州及大的地方學校系統中都發展了課程指引及資源，讓老師們可以加以運用。在沒有這些教材的地方，教師必須運用他們自己的資源。教學單元通常在市面上可以買得到，而且也可以在*Early Chidhood Education Today*、*Early Years*及*Instructor*這類的雜誌中找到。教師必須從它們目標的重要性、建議活動

的實用性、資源的可獲得性及某個特定班級的兒童的接納性等觀點來評估這些單元的價值。在幼稚園階段並沒有很多的資源單元，而通常教師必須靠他們自己的聰明才智來發展班級活動。

確保資源運用的意義

班級活動也可能無法引發學習或誤導兒童學習。收集資源、教材並提供活動給兒童並不能確保學習的有效性。雖然兒童的參與很重要，然而教學目標的達成是我們判斷成功的主要標準。教師應該從可獲得的資源中小心地做選擇，只運用那些可以幫助兒童達成重要而有價值目標的資源。

教師通常運用免費或較不昂貴的材料，因爲它們易於取得，然而他們必須同時判斷教材的益處及其價值。選擇資源的要點包括達成教學目標的教材之效用，和其他資源比較起來的效能及它對特定兒童成熟度及背景的合適性，除此之外，從最初的花費及教師和兒童所投注的時間與精力的角度來看，教師應該考慮到資源使用的簡易性及教材成本是否和收穫成正比。

社會科與其他課程領域之整合

通常社會科課程若和教學計畫中其他部份共同出現的話，則它們往往會喪失其獨特性。在托兒所及幼稚園之中，社會科課程這部分應該融入於一般活動時段。Rosalind Charlesworth 及 Nancy Miller (1985) 描述了基本技巧如何與社會科課程結合。這些基本技巧在本章較前面部份提到社會科學概念時就已經論及。Charlesworth (1988) 描述了幼稚園中的兒童如何在社會科單元中學到數學及科學。在學習社會科單元時，當有些兒童專心於其他課程領域的時候，其他兒童可以堆積木，演出社會中的角色及觀看圖片。甚至於低年級階段，社會科可以和大範圍的學習整合，如此一來學校生活就不是由個別的、分開的活動所組成。幼兒教育計畫的其他部分也可提供許多社會科學習的機會。

社會科課程通常包含建構模型或是小型實景模型。許多藝術和手工藝活動都與社會學科有關，它們提供兒童發展表達技巧的機會。同時，那些成品成為社會科教育中有用的工具。畫一張超級市場的圖、設計一張裝飾性的圖表或是做一個印第安的手工藝品都是能表現社會科學習活動的例子。兒童也可以利用水彩畫、鉛筆畫或建構物來說明他們學到什麼東西。

某個文化的音樂及文學是了解其符號系統及價值觀之鑰。民族音樂、歌曲、故事、詩集等在社會科課程中佔有重要的地位。好的兒童文學作品或成人文學作品不僅洞察人性、制度也描述不易直接表露的社會關係。兒童在智力上可以了解人類之前就可以藉由分享他們的感覺而對人們產生感情。

在第十四章中所討論到的位相幾何學基本概念是了解地理學以及地圖需要具備的概念，而指出地名及判斷接近或遠離更是閱讀地圖所需的常識。

語言提供社會學科一個絕佳的資源，兒童可以為社會科單元創作一個戲劇表演或是布偶戲。他們可以利用戲劇表演來演出角色及人際關係，並利用說故事或寫故事來表達出他們所習得的洞察力。他們也需要發展運用語言的技巧，這是為了能有效收集資訊以及傳達他們所學習到的成果。

多元文化教育

就如同Herbert Zimiles（1991）曾提醒過我們的，今日的教師急需了解他們所教兒童之間的差異性並且提供能回應這些差異的教育。教師漸漸地意識到他們所教的學童之間語言及文化的差異性，而學校的群體也漸漸地變得多元化，因為學校中有比從前更多來自不同語言或文化背景的兒童。

在為兒童設計一個合宜的教育時，兒童的文化及語言背景是很重要的。這些背景之所以重要不僅因為它們所形成的明顯行為及反應，而且也是因為來自兒童文化背景所隱含的價值觀、態度

及假設 (Garcia, 1991)。這些文化差異建議教師針對來自不同文化背景的兒童們做出不同的回應。

因為我們的社會愈來愈趨向多元文化，所有的兒童，包含那些來自不同團體的兒童都需要在較大的社會情境脈絡中學習關於他們自己民族的知識。他們也必須學著去尊敬和接受彼此不同的文化，並且有效地和廣大的群眾接觸，因此教師在幼兒教育課程中必須提供多元文化的觀點 (Ramsey, 1992)。

雖然本書在社會科的範疇中討論多元文化教育，但多元文化教育不應侷限於這個領域之中。取而代之者，教育學家應該藉由多元文化的指導方針、選擇書籍圖片及其他能反映出我們國家和我們的世界多元文化真相的教材來豐富整個課程。Louise Derman-Sparks及她的同事們 (1989) 曾建議教師在幼兒教育中提供一個無偏見的課程，也就是說在文化、班級、性別、年齡及個人身分等議題上採取平等的態度。他們主張兒童在早年即應注意到

參與巴西的「嘉年華會」有助於促進多元文化教育。

個體之間的差異及發展出面對這些差異的態度，他們相信幼兒教育學者應該率先起來幫助兒童形成對人和人之間差異的正向態度以及在兒童教育一開始時，實際討論刻板印象及偏見。

Christine E. Sleeter和Carl A. Grant (1988) 曾經確立五種多元文化教育的方法。第一個方法是將多元文化視為幫助兒童適應主流教育的方法，可惜這個方法沒有依既存的差異來輔助兒童和學校間的互相調適。第二個方法被標示為人類關係取向，它提供兒童確立及減低偏見和刻板化的人際關係技巧。這個方法沒有將我們社會結構的不平等考慮在內，並且假設如果人們可以學著彼此和睦相處，則社會不平等及利益衝突將會被剔除。

Sleeter和Grant所確立的第三種方法為單一團體研究法，包括在學年中的特定時間討論特定族群的課程單元。這種方式只是增加了現存課程中的單元，而沒有顯著改變兒童的學校經驗。第四種方式名為多元文化教育，整個課程的目的乃反映出一個廣闊的世界觀。這種方法如果沒有加以注意的話，可能變得相當膚淺，只會反映出如：食物、假日、民族服飾等文化團體間的顯著差異，它對基本的社會不平等並沒有投入足夠的注意力。

Sleeter和Grant所確立的第五個方式是專注於社會重建目標上的積極主動取向。它的目標在幫助兒童對抗歧視，並且企圖消除我們社會中的不平等。這種方式也許從學校的能力範圍、幼兒在學校中有能力學習及從事的活動看來是不切實際的。每一種關於多元文化教育的方法都有其優點及缺點，教師也許可以選出每一種方法中的要素，留心整個課程如何反映出一般人的觀點並且設計活動以幫助兒童學習對於來自不同文化的人們抱持正面態度。本章將舉出關於中國文化教材的例子以說明幼兒有能力學習的事物。

教師可在兒童周遭的事物之外，採用其他方法擴展兒童的文化知識。這些技巧之所以重要，不僅因為它促使兒童了解多元文化，也因為它讓兒童了解廣泛的社會活動及社會結構，不管對他們而言是可直接接觸或遙不可及的。教師可利用下列資源獲得多

元文化的資料：反偏見課程（*The Anti-Bias Curriculum*, Derman-Sparks, 1989）及了解幼兒教育中多元文化的經驗（*Understanding the Multicultural Experience in Early Childhood Eduction*, Saracho & Spodek, 1983），這兩本書都可在美國幼兒教育協會取得。他們也可以利用其他機構中的資源，例如兒童種族書籍評議會（The Council on Interracial Books for Children, 1841 Broadway, New York, NY 10023）中就有許多關於正面陳述不同種族及文化團體，適合幼兒程度的圖書資源。

單元：中國節日及慶典

〔注意：本單元可完整進行，亦可在學年中適當的時機採部分運用。〕

中國新年

在中國文化中，中國新年或春節是最重要的慶典，它是慶祝新的一年誕生、人們從過去一年存活下來，生命得以延續的時刻。

很久很久以前，有一隻叫「年」的怪獸住在深山裡，牠在每年年底的時候會來到村子中吃人。村人在這一天會躲在家中或其他安全的地方，隔天早上年獸離開以後人們才出來互道「恭喜」，因為他們並沒有被年獸吃掉，得以存活。

有一次，當年獸又來到村中的時候，剛好有一個人將乾的竹棍放入爐灶中，知道年獸來了，他沒有把火撲滅就逃走，沒有想到年獸被燃燒中的竹子爆裂時所發出的霹啪聲嚇跑。

從此之後，每年人們都用相似的方法來趕走年獸，這是中國新年起源及燃放鞭炮的一種說法。

中國新年的慶祝活動始於農曆十二月的第三十天——除夕。在這一天晚上，家族成員回到家中團圓並吃豐富的一頓「年夜飯」。如果那一天吃魚的話，也不能全部吃完，因為它表示年年有餘（魚）。因此，魚被保留下來，意即這一家每一年都會存餘財富。在晚餐之後，孩子們向家中的長輩鞠躬表示敬意，然後大人們會發給他們裝有錢的紅包。

因為中國新年表示一個全新的開始，所以它的氣氛是喜慶的。家中徹底地被打掃乾淨，在新年當天是不做掃地工作的，因為家中的好運會隨著灰塵而被掃出門外。在新年當天什麼事都不用做，食物在前一天就已經準備好了，所以事實上人們吃的是去年的食物。這是一個好的預兆，表示人們沒有窮困到必須吃馬上獲得的食物。表達好願望的春聯及門神都被貼在門上。

在農業時代的中國，人們幾乎將他們所有的時間花在耕地上，中國新年期間是他們拜訪親戚朋友的唯一時間。在幾天的休息之後，新年的第四天或第五天，鞭炮的聲音宣告了商家的恢復營業。

活動

1.種植水仙花

　　在中國新年期間開花的水仙花是一種傳統的中國新年花卉。對兒童而言，它很容易種植，因為兒童所要做的只是將球莖放於舖滿石頭，可以固定它的水盆之中。種植水仙花可以做為一堂很有趣的科學課，兒童們可以將它的屬性和教室中種植的其他植物做比較。

中國版的水仙花故事

　　很久很久以前，在中國南方的一個小村子中住著一個寡婦及她唯一的兒子——阿龍。除了種田以外，阿龍也靠打獵來維持生計。

　　有一天，阿龍一大早就出門打獵，而他的母親發現米缸已經快空了。在傍晚的時候，寡婦洗了剩下的一點點米並將它煮好，然後等著她的兒子回家。她愈來愈擔心她兒子的安全，並且想著她兒子在打了一天獵之後一定很餓。

　　天愈來愈暗，寡婦豎起耳朵等待她兒子的腳步聲。一會兒之後，腳步聲愈來愈重而且愈來愈近。打開門之後，她看到的不是阿龍，而是一個穿著破爛衣物的老乞丐。他看起來非常虛弱，並以微小的聲音向寡婦說：「我好餓，妳可不可以給我一點飯或是剩菜？」

　　那個寡婦很想幫助他，但是她只剩一碗飯，她該怎麼辦呢？她心想也許阿龍今天會獵到一頭大野豬，於是她決定將那一碗飯給乞丐。

　　那一碗飯香噴噴地冒著蒸氣，而那個乞丐彷彿餓了很長一段時間似的，幾秒鐘就把飯吃光了。擦了擦嘴以後，他說：「我可不可以再吃一些？我還是好餓。」想到阿龍還沒有回來，而且沒有飯可以吃，寡婦不禁流下了眼淚。那個老乞丐覺得奇怪為什麼她要哭，在寡婦告訴他事件原委之後，他對他自己吃光他們所有食物感到抱歉。他離開寡婦的房子並站在一個池塘旁邊，他彎下腰並將他剛吃的米飯全部吐到池塘之中，然後他突然消失了。

　　一會兒之後，阿龍手裡抓著一隻大而肥的野兔回到家，寡婦告訴他那個老乞丐的事，阿龍心中覺得剛才發生的事非常奇怪。

　　隔天早上，當阿龍準備好要去打獵時，他走過那個池塘並對池塘旁

的東西感到震驚。那片貧瘠的土地現在長滿白色、有香味的美麗花朵，寡婦走近看並喃喃自語說道：「難道那個老乞丐是神仙所假扮的？這些花是由他口中吐出的飯變成的嗎？」

他們將那些花取名爲水仙。阿龍不再去打獵，他種植水仙、賣水仙花並過著比從前好很多的生活。

2.製作年糕

參見本專欄最後提供的食譜。

3.剪窗花

教師及兒童可以從紅紙上剪下圖樣並將它們貼在窗戶上。教師也許可以找到傳統的中國新年版畫及裝飾用的窗花，給兒童們看眞正的窗花形式並用來裝飾教室。這些也可以在中國書籍與期刊中心 (China Books and Periodicals) 買到。(Mail Order Departiment, 2929 24th St., San Francisco, CA 94110)。

4.春節的春聯

教師也可以利用春聯來佈置敎室，他們可以自己做，也可以請家長提供一些眞的春聯。

在新年期間，春聯不僅被貼在室內的牆上，也被貼在戶外。

最常見的春聯是一塊正方形的紅紙，寫著代表好運或春天的中國字。通常這一類的春聯被倒著貼，因爲「倒」和「到」同音。這種倒貼的春聯表示出希望來年好運到及春到了。

元宵節

農曆第一個月的第十五天是元宵節。

活動

1.煮元宵

元宵是元宵節煮來吃的一種小湯圓。

食譜

材料：紅豆沙或芝蔴糊、糯米粉（這些可以在中國食品市場中購得）

做法：

①拿出一小撮紅豆沙或芝蔴糊，將它們搓成小球。

②在淺盤上倒一些糯米粉並鋪勻。

③將小紅豆沙球沾水。

④將它放入淺盤中，搖動淺盤，直到它們均勻沾上糯米粉為止。

⑤煮沸一鍋水並將元宵放入。

⑥等到它們浮起來就可以吃了。

2.製作燈籠

傳統的中國燈籠是由紙和細竹棍做成，這裡所提到的是台灣兒童製作的燈籠。

①拿一個罐子，洗乾淨，在罐子的兩邊各打一個洞。基於安全考量，注意兒童的動作。

②將鐵絲穿過那兩個洞。

③將鐵絲絞緊於一支筷子上，並且在罐子中放一根蠟燭。

（豎立罐中的蠟燭是問題解決討論中一個很好的主題。）

（兒童也可以用美術紙來做燈籠，但這種燈籠不可使用蠟燭，而應以小燈炮取代。）

兒童可以比較中國燈籠及南瓜燈。

清明節或掃墓節

這個節日通常是在四月五日或六日。在這一天，中國人到他們祖先的墳墓上去表達他們的追思。

四月四日——台灣的兒童節

通常學校以各種特別的活動來慶祝兒童節，例如：才藝表演或與兒童相關主題的競賽。父母親通常會在這一天買禮物給他們的孩子。

端午節

這個節慶是在農曆的五月五日。相傳這個節日是用來紀念屈原，他是楚國的宰相，因為他的勸諫不被重視而投汨羅江自殺。

在這一天，人們吃粽子（主要是由糯米及肉類做成）、做香包（參考**圖15-1**）以及舉行龍舟競賽。

活動：

1.製作香包

香包是裡面裝有香料的小袋子。在端午節這天，兒童們戴香包來防止惡靈。（參考**圖15-1**）

2.龍舟競賽

小規模的龍舟競賽可以在教室中的玩水桌進行。

①如果可能的話，讓兒童看台灣或香港所舉行的龍舟競賽的照片。

②兒童可以利用摺紙或用保麗龍餐具做成龍舟。

③利用繩索分隔水道。

④讓兒童討論他們如何能讓船移動。

⑤兒童們可以利用吸管對著船吹氣使其移動，看看哪一艘船首先抵達終點。

（這個活動可以運用於風、船或水的主題活動之中。）

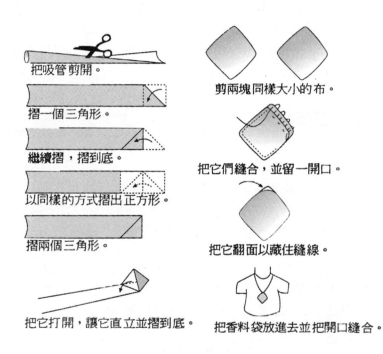

把吸管剪開。

摺一個三角形。

繼續摺，摺到底。

以同樣的方式摺出正方形。

摺兩個三角形。

把它打開，讓它直立並摺到底。

剪兩塊同樣大小的布。

把它們縫合，並留一開口。

把它翻面以藏住縫線。

把香料袋放進去並把開口縫合。

圖15-1　製作香包

教師節

孔子被視爲一位偉大人物，因爲他建立道德價值體系，指引數千年前到今日台灣的中國人。出自於對他身爲教師典範的尊敬，他的生日，也就是九月二十八日，被訂爲教師節。

其他可在教室中做的中國事物

除了將中國節日及慶典融合於幼兒教育課程之中，下列的教材也可應用於教室之中。

點心：中國餅乾及點心，例如：鳳梨酥、發糕紅龜粿、豆腐糕、麻花捲、芝麻餅或花生餅（這些東西都可以在中國食品市場中買到）。

積木區：現代或古典的中國建築物海報可以掛在附近的牆壁上。

戲劇表演區：捏麵人娃娃、中國布偶、紙偶、平劇的道具等，例如鞭子或國劇臉譜。

黏土：中國的捏麵人麵糰。

藝術區：中國的毛筆及中國書法、繪畫的作品。

語文區：以中國人爲主角的書籍，例如：Ian Wallace, *Ching Chiang And The Dragon's Dance* （New York: Atheneum, 1984）；Diane Wolkstein, *White Wave* （New York: Crowell, 1979）；Jane Yolen, *The Seeing Stick* （New York: Crowell, 1977）及 Jane Yolen, *The Emperor and The Kite* （New York: World Publishing, 1967），遺憾的是描寫現代中國人的英文書並不多。

樂器：中國的鈴、鼓、笛子。（這些可以在芝加哥，洛杉磯、紐約、舊金山的中國城商店中買到，也可能於一些當地的中國食品商店中買到。）

〔注意：這些教材不只是用來展示，它們可以用於適合的單元主題或相關的、合宜的活動之中。舉例來說，中國毛筆可用來讓兒童體驗它和其他筆不同的感覺。如果教師碰巧談到不同文化中的書寫文字，可以邀請學有專長的人士來班上示範寫書法。〕

中國的遊戲及活動

中國兒童玩的遊戲可以被倂入幼兒教育課程之中，它們與各處的幼兒生活經驗相近，對兒童相當具有吸引力而且合於適性發展原則。除此之外，

它們也增強兒童大小的動作技能、創造力、想像力及合作性的發展，十分具有教育價值。接下來的活動及遊戲可以分配於學期中或融入於任何教學計畫之中，只要它們和課程主題相符。

摺紙

中國人喜愛並擅長於運用各種不同的紙。一張小小的紙可以被摺成一艘小船、不同的帽子、噴射機、紙鶴、青蛙及其他的小動物（參見**圖15-2**）。這個活動可以增強細部的動作技能並培養兒童的耐性，而摺紙的成品可以成為戲劇表演區的道具或是用來裝飾教室。

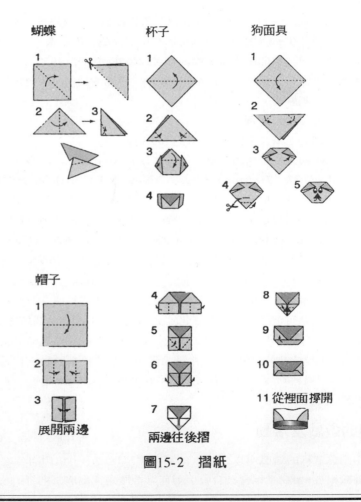

圖15-2 摺紙

玩橡皮筋

　　利用一條或數條橡皮筋，兒童們可以「拉出」許多圖案來娛樂自己。這個活動提高兒童手指細部動作的發展並激發他們的想像力。它也適合於單獨遊戲。兒童可以藉由玩橡皮筋來感覺其彈性，而使用橡皮筋時也須小心注意兒童不會傷到自己或其他人。

　　許多橡皮筋可以串連在一起成為一條長的跳繩，兩人分持一端，第三個兒童可試著跳過橡皮筋而不碰觸到它。拉橡皮筋的兒童可以逐漸提高橡皮筋繩的高度，從膝蓋、腰部、肩膀、嘴巴、鼻子、耳朵到頭頂上（參見圖15-3）。

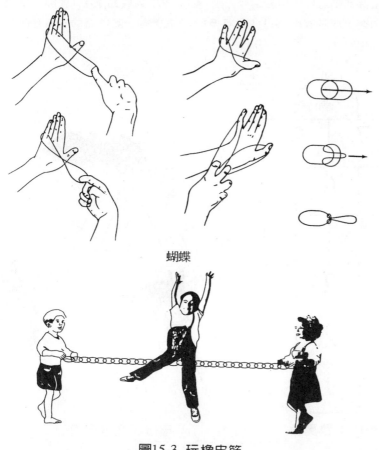

蝴蝶

圖15-3　玩橡皮筋

中國的跳房子

　①在地上畫如**圖15-4**所示的圖案。

　②一開始的時候，在第一格丟一個標示物（小石頭、鵝卵石或瓶蓋）。

　③玩的人用單腳跳，並將標示物踢到第二格。踏到線或跌倒的人就輸了
　　這一回，而且必須從頭開始玩。

　④首先到達第十格的人就贏了。

　⑤贏家選一格當做他的房子並加以標示。除了擁有那個房子的人以外，
　　任何人都不准停留在那個房子上。擁有最多房子的人就贏了。

影子遊戲

　　這個活動可以應用於關於光線、影子或手的活動之中。教師可以設計手
影來做圖示或說故事（參見**圖15-5**）。教室應有一面空白的牆壁且教室內的
光線應轉暗。

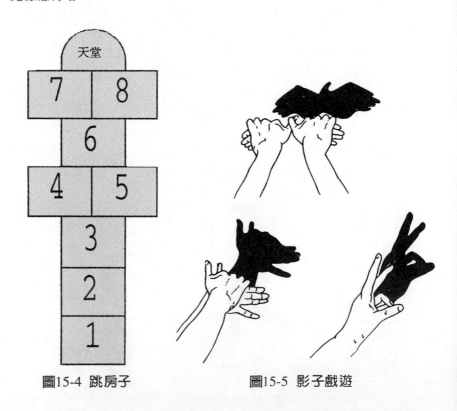

圖15-4 跳房子　　　　　　　　　圖15-5 影子戲遊

製作面具

　　中國人的日常生活和大自然有密切的關聯，許多兒童遊戲的素材都取自大自然。

　　①利用大的葉子和花來做面具（這可引致孩子在田野中自發性的戲劇表演）。

　　②教師可以介紹不同植物的名稱及其屬性。

　　③當兒童發現某些花或葉子會黏於他們的衣服上，但有些不會時，回到教室之後也許就是討論衣服質地差異的好時機。

老鷹抓小雞

　　這是在戶外空地或遊戲場玩的團體遊戲。

　　①請一個志願者當老鷹。

　　②請一個兒童當母雞而其他兒童當小雞。小雞在母雞後面排成一直線手緊緊地扶在前一個人的肩膀或腰上。

　　③遊戲始於一隻到處飛的飢餓老鷹要抓小雞。母雞展開他的雙手充當翅膀來保護他的孩子，小雞要依母雞的姿勢向左跑或向右跑，同時，他們必須緊緊地抓住彼此。如果小雞跑出線外，就可能會被抓。這個活動反映出母親會用各種可能的方法來保護她的孩子，而孩子們必須合作來對抗敵人的主題。這個遊戲增強全身動作的發展並促進合作性的學習。

烹飪

烤番薯：

　　烤番薯是許多在台灣長大的人的甜蜜童年回憶。既然食物是兒童最喜歡的主題，也許烤番薯的滋味可以提供一個學習文化差異絕佳的開始。

製作年糕

食譜

材料：六杯糯米粉、二杯糖（白糖或紅糖皆可）、二杯水、玻璃紙、直徑十二英吋的竹製蒸籠

　　　　（這些可以在中國食品市場中購得）

做法：①將糖溶於水中，攪拌直到完全溶解爲止。

②將糯米粉倒入糖水之中，並攪拌均勻。

③將玻璃紙鋪在竹蒸籠上。

④將糖水與糯米粉的混合物倒入蒸籠中並蒸二小時。

許多中國用具都是自然材料做的，例如：竹子。許多中國點心都是在竹蒸籠中蒸熟，如此食物將會滲入竹子的美好氣味。

教師可以介紹中國人製作蛋糕的方法，和西方的方法是不同的（蒸與烤）。

中國人在新年慶典時吃年糕，吃年糕表示好運，因為它的發音表示年年高升。

資料來源：M. L. Tsai, "Integrating Multicultural Perspectives into Early Childhood Education," in B. Spodek (Ed.), *Educationally Appropriate Kindergarten Practices* (Washington, DC: National Education Association, 1991), pp.74-96.

Barbara Hatcher, Diane Pape及R. Tim Nicosia（1988）建議利用團體遊戲來發展文化覺醒。例如：倫敦鐵橋跨下來、龍尾巴、窗內窗外都起源於不同的國家。Cynthia Sunal（1988）提議透過兒童遊戲來學習其他國家的文化，並提供了幾個奈及利亞兒童遊戲的例子。其他兒童遊戲的來源可參考：

Arnold, A. (1972). *The world book of children's games.* New York: World Publishing.

Gunfield, F. V. (1975). *Games of the world.* New York: Holt, Rinehart & Winston.

Prieto, M. (1973). *Play in Spanish: Spanish games and folksongs for children.* New York: John Day.

Schmidt, N. J., Twerefour, G. O., Kamanda, D. S. M., & Kennedy, J. (1975). *African children's games for American children.* Urbana: University of Illinois.

United Nations International Children's Fund (1981). *Games around the world.* New York: UNICEF.

研究班上兒童的家庭（謹慎進行並經過事先允許）可以幫助兒童了解社區之中的社會結構範疇及家庭單位功能的相同性和相異性。而研究社區工作人員則可以幫助兒童了解人們做些什麼工

觀賞日本的圖畫故事讓孩子對另一種文化有所認識。

作，例如：他們是生產貨物或提供服務。這個研究可以幫助兒童
了解在社區中工作者所做的事與人們供需之間的關係。在家庭和
社區的範圍內反映出多元文化的特質，這些資源是最有用的。然
而如果無法得到這些資源，則教師必須尋找其他的資源。

在每個主題中，教師必須將社會科視為探究的方法，而非傳
達給兒童的整體資訊。額外的主題也可加以運用，例如在人類學
的架構中教導美籍墨西哥裔或美籍非裔的單元，均為呈現社會科
學及人類關係觀點的重要學習。一個研究黑人的課程曾被設計成
社會科的單元，而語文、藝術及音樂也同樣可以容易地整合於社
會科教學計畫之中（Spodek, 1976）。其他關於民族團體的研究也
有納入幼兒教育課程的價值。美國是一個多元文化的國家，雖然
社會科教學計畫必須涉及主流文化的要素，但其他影響少數和多
數民族兒童的文化因素亦不容忽視。這些要素提供兒童應付多元
文化存在的機會，並使他們能從這種多元化之中獲得益處。

結語

　　幼兒的社會科教學計畫也許無法幫助兒童學習歷任總統的名字或全世界各國家的首都名稱，然而它應該幫助他們開始了解社會的歷程及發展社會探究的技巧，同時也應該幫助幼兒了解他們自己和他們居住的社會環境之間的關係。除此之外，它也讓兒童認識及欣賞來自不同背景、文化的人們。若能結合對物質世界的了解，則這種知識有助於兒童開始對發生在他們周遭的事物做出合理的決定。

參考書目

Brandwein, P. F., et al. (1970). *Principles and practices in the teaching of social sciences: Concepts and values*. New York: Harcourt Brace Jovanich.

Charlesworth, R. (1988). Integrating math with science and social studies: A unit example. *Day Care and Early Education, 15*(4), 28–31.

Charlesworth, R., & Miller, N. L. (1985). Social studies and basic skills in the early childhood classroom. *Social Studies, 76*(1), 34–37.

Derman-Sparks, L. and the A.B.C. Task Force (1989). *The Anti-bias curriculum: Tools for empowering young children*. Washington, DC: National Association for the Education of Young Children.

Fox, K. F. A. (1978). What children bring to school: The beginnings of economic education. *Social Education, 42*, 478–481.

Garcia, R. L. (1991). *Teaching in a pluralistic society* (2nd ed.). New York: Harper Collins.

Hatcher, B. (1983). Putting young cartographers "on the map." *Childhood Education, 59*, 311–315.

Hatcher, B., Pape, D., & Nicosia, R. T. (1988). Group games for global awareness. *Childhood Education, 65*(1), 8–13.

Hirsch, E. S. (Ed.). (1984). *The block book*. Washington, DC: National Association for the Education of Young Children.

Kamii, C. (1973). A sketch of a Piaget-derived preschool developed by the Ypsilanti early education program. In B. Spodek (Ed.), *Early childhood education*. Englewood Cliffs, NJ: Prentice Hall.

Kohlberg, L., & Tureil, E. (1971). Moral development and moral education. In G. Lesser (Ed.), *Psychology and educational practice* (pp. 410–465). Chicago: Scott, Foresman.

Mitchell, L. S. (1971). *Young geographers*. New York: Bank Street College of Education. (Originally published in 1934).

National Council for the Social Studies (1983). *Definition of the social studies*. Washington, DC: Author.

Price, G. G. (1982). Cognitive learning in early childhood education: Mathematics, science, and social studies. In B. Spodek (Ed.), *Handbook of research in early childhood education* (pp. 264–294). New York: Free Press.

Ramsey, P. G. (1992). Caring for children in a diverse world. In B. Spodek & O. N. Saracho (Eds.), *Issues in child care: Yearbook in early childhood education, Vol. 3*. New York: Teachers College Press.

Richards, B. (1976). Mapping: An introduction to symbols. *Young Children, 31*, 145–56.

Saracho, O. N., & Spodek, B. (Eds.). (1983). *Understanding the multicultural experience in early childhood education*. Washington, DC: National Association for the Education of Young Children.

Shure, M. B., & Spivack, G. (1971). *Solving interpersonal problems: A program for four-year-old nursery children*. Philadelphia: Department of Mental Health Sciences.

Shure, M. B., & Spivack, G. (1978). *A mental health program for kindergarten children*. Philadelphia: Department of Mental Health Sciences.

Sleeter, C. E., & Grant, C. A. (1988). *Making choices for multicultural education: Five approaches to race, class, and gender*. Columbus, OH: Merrill.

Spodek, B. (1974). Social studies for young children: Identifying intellectual goals. *Social Education, 38*, 40–45.

Spodek, B. (Ed.). (1991). *Educationally appropriate kindergarten practices*. Washington, DC: National Education Association.

Spodek, B., Andrews, P., Lee, M., Morris, J., Riley, J., & White, D. (1976). *A black studies curriculum for early childhood education* (rev. ed.). Urbana, IL: ERIC/EECE.

Sunal, C. S. (1988). Studying another culture through group games: Examples from Nigeria. *Social Studies, 79*, 232–238.

Sunal, C. S. (1990). *Early childhood social studies*. Columbus, OH: Merrill.

Sunal, C. S. (1993). Social studies in early childhood education. In B. Spodek (Ed.), *Handbook of research on the education of young children* (pp. 176–190). New York: Macmillan.

Sunal., C. S., Warash, B. G., & Strong, M. (1988). Buy! Sell! Produce! Economic education activities. *Day Care and Early Education, 15*(4), 12–15.

Taba, H. (1967). *Teachers' handbook for elementary social studies*. Reading, MA: Addison-Wesley.

Thornberg, K. R. (1983). Young children's understanding of familial concepts with implications for social studies units. *Social Education, 47*, 138–141.

Tsai, M. L. (1991). Integrating multicultural perspectives into early childhood education. In B. Spodek (Ed.), *Educationally appropriate kinder-*

garten practices (pp. 74–96). Washington, DC: National Education Association.

Turiel, E. (1973). Stage transition in moral development. In R. Travers (Ed.), *Second handbook of research on teaching* (pp. 732–758). Skokie, IL: Rand McNally.

Wolfson, B. J. (1967). Values and the primary school teacher. *Social Education, 31,* 37–38.

Zimiles, H. (1991). Diversity and change in young children: Some educational implications. In B. Spodek & O. N. Saracho (Eds.), *Issues in early childhood curriculum: Yearbook in early childhood education, Vol. 2.* New York: Teachers College Press.

16

幼兒的表現藝術

本章綱要

◇ 創造力的概念
◇ 藝術的發展階段
◇ 幼兒教育中的美術與工藝教育
◇ 幼兒教育中的音樂教育
◇ 幼兒教育中的運動教育

導論

　　傳統上，表現藝術在幼兒教育中占有舉足輕重的地位。早期的 Froebel 幼稚園中在工藝（Occupations）以及童謠與遊戲（Mothers Songs and Plays）裡即包括了音樂和藝術活動。這兩者都依據明確的方針做謹慎規劃並讓孩童有機會主動參與動手製作，雖然並非是創作。

　　藝術傳達著我們每個人心中的人類情感。因為它碰觸到真實的內心感受所以能喚起學習，那是非肉體自我的觀感、是超越科學範疇的部分——靈魂，那是夢想、關懷、勇敢及奉獻的領域。藝術，就像科學般，是傳達萬物意義的符號系統（Fowler, 1989）。

　　在許多現代的幼兒課程中，個人表達可在藝術活動中被發現。在課堂上如果每個孩子都做完全相同的紙上做答，那麼孩子便沒有解釋現實生活的空間或將自己的想法和感覺流瀉出來。如果使用得當的話，音樂、運動及藝術可做為創造性表達的媒介並提昇個人特質及創造力。

　　有人相信唯有當兒童可隨意運用教材時，他們的想像力才會豐富，而且對於其活動的任何要求都是不必要的且會造成他們沈重的負擔。也有人認為放縱兒童無法發展創造性活動所需的內在自律和自省。事實上，兒童可從不同結構和不同程度的成人參與中獲益。老師和兒童之間的正式關係，不見得會導致刻板化的活

動。包含在Froebel幼稚園中及指定使用練習的積木——Froebel的恩物之一，對美國最具創意的建築師之一——Frank Lloyd Wright具有重大的發展影響（Kanfman, 1989）。Froebel（1782-1852）推崇積木在建築活動的重要性並在其課程中善用它們做為學習工具。他提出了一系列的玩具或教具，即有名的「恩物」，並依程度排序。從第二到第六級的恩物都有使用積木。從Froebel在此領域中最初的教學和著作開始，積木固有的優點和價值一直不斷地受到教育家們的重視（Gelfer & Perkins, 1987）。

藝術在學校中受到重視是因為它是一種運用感覺、敏感度及理解力的方法，它要求非理性的表達方式（常常是一種非線性的思考模式）。把兒童的表達設計成二度或三度空間的結構、聲音的形式或運動形式的循序發展在某種程度上能增廣他們理解世界的方法，但這不可能透過科學或傳統的文字敘述達成。藝術表達了個人方式的體驗，但卻能和他人分享。

根據Nancy R. Smith（1983）的理論，兒童透過他們的經驗建立物質世界及其如何運轉的基本概念，以及他們自己在這個世界的實在性。物質世界適於具象表達。透過具象表達，兒童便創造了意義。在四、五歲時這種練習已成熟至概念的初始時期。兒童為了確認自己的判斷為真，便開始對喜愛的主題感興趣。在這個階段兒童開始對自己所認定的外在世界有了反應並能予以描述。一般浮現的主題包括家庭（動物、人類）、房子（房間、家具）、空間、學校、城市生活（巴士、汽車、街燈）、自然現象（花、火山、山洞、隧道）、朋友和寵物、食物（餅乾、披薩）以及這些主題的美妙結合（Neubert, 1991）。藝術的表現有敘述性質（故事的構想）、情緒性質（情感的溝通）以及結構性質（透過構成要素的布局創造趣味和統一性）。藝術作品的美感特質根源於意義的優劣以及每一種要素和整體的組織結構。

創造力

創造力是發展原創性、高品質、有真實意義產物的過程。在教導幼兒時，重點應放在發展及引發原創構思上，即創造潛力的本源上。老師對於多重的概念不予評估而能欣然接受的話將鼓勵兒童產生更多的概念並晉升至自我評估的更高階段。隨著兒童自我評估能力的發展，他們對於產品品質及創造的關切變得更有意義。雖然大部分幼教老師知道創造性藝術是課程中正式且重要的部分，但很多老師仍依賴成果取向的活動而較不重視兒童的創作過程（Edwards & Nabors, 1993）。須知，只強調成果是無法引導出創造性成品的。Moran, Sawyers 及 Moore（1988）發現使用結構化教材的明確教學會減低四歲兒童的自由發揮度。

創造力是解決問題的基本要素。它常被用來解決特殊的問題，通常是較複雜的問題。一般普通或因循傳統的反應無益於解決這類問題。創造力需要彈性修正自我思考。卡內基報告（1986）指出學生都必須擁有這些批判思考的能力。

Mary L. Marksberry（1963）區分三種創造性產物的形式：獨特的溝通；計畫或有計畫的實行步驟以及抽象關係的組合。音樂、運動和藝術活動通常會產生第一類的創造性產物：繪畫、雕刻、音樂類別或各類的運動。其他的課程領域，例如語言藝術——包括兒童自己的故事、詩、或特別的描述性字句都是獨特的溝通方式。個人對他人作品的解釋也可視為一種獨特的溝通。其他二類創造性的產物也能在幼兒課程中被發現。學習科學及社會科的技巧讓孩子們動腦設想計畫及有計畫的實行步驟，這常常導致了抽象關係組合的產生。

音樂、運動以藝術的教學不能僅以創造力來涵蓋，因為在討論這些表達時，我們也必須涉及美感的概念。幼兒周遭必須環繞美的事物，才會開始欣賞和了解美。他們也必須學習建設性地批評自己和他人的作品以發展藝術欣賞的標準。此種批評無須負面

或太過學術化。當孩子們親自體會了創作的過程並與他人分享其表現時，還有，當孩子能成熟到把自己和自己的作品區別時，他們更能學著成為評論家並接受批評。Elwyn Richardson（1969）指出，兒童發展出對美感構成要素的敏感度來自於對他們藝術作品的批評，這種評論提昇了他們對其他個體的欣賞並幫助他們發展以更具藝術感的方式來操作教材。

創作過程

Gladys Andrews（1954）提出創作過程包含三個階段：(1)兒童及其創作能力、感情與想像力；(2)其經驗之作用或交互影響；以及(3)其表達的外在形式（p.21）。運用文字、繪畫、音樂韻律或透過空間的運動，將一個人的情感表達具體呈現的經驗是一連串事件最精采的部分。課堂上創作過程的每一個層面都應被鼓勵。兒童必須有機會自由發揮其想像力，帶有想像色彩的作品也應被接受和珍視。兒童必須感覺某種程度的被接受，在那種氣氛下，他們被視為是有能力的個體，重要且有價值。

教師也應提供大範圍的經驗給學生。能看、聽、嚐、聞和摸許多不同事物的兒童便能自由使用創造性表達的素材。Jeannette F. Lacy（n.d.）建議訓練兒童的視覺辨識能力，讓他們能注意、了解、選擇、評估、記錄、修正並重述其經驗。同時，也要讓兒童在自然環境和他們個人所幻想和感受的世界中察覺美的例子。Lacy建議透過這種視覺辨識能力的訓練，幫助孩童學習藝術結構的要素——線、形狀、顏色、明暗度和肌理描繪。也許這種觀點也可擴及個人情感的其他領域，提供兒童創造性表達更寬廣的根基。

但是，若提供的活動是獨立進行的，感覺作用就變得毫無意義。給兒童一組顏色卡、一組有濃淡色調的積木、或一塊覆蓋不同紋理材質的板子可以幫助他們了解感覺經驗或學習它們的名稱和種類，但如果這些單獨的感官探索變成教育的主旨，那麼創作過程可能便不會發生。創造力源自於體驗感官意象的豐富結構，它是由真實生活的複雜性交織而成。帶孩子到海港參觀船塢不只可

讓他們察覺船、貨物和機械的視覺意象，還可把此經驗提昇爲嗅出鹹海水的氣味，感覺皮膚上潮溼的空氣及聆聽海鷗的歌聲。然後他們可以透過藝術把這段經驗中個人覺得有意義的部分表現出來。同樣地，讓兒童在空地上長時間坐著觀察一隻昆蟲的行動——看它如何移動、如何吃東西及蒐集食物——所觀察到的自然世界比書本上所描述的要豐富地多。體驗世界的眞實面是創作過程中很重要的一部分。

對兒童而言，與環境互動的機會和觀察環境的機會一樣重要。這種互動可能是有形的，如跟人交談或觸摸事物，它也可以是智力上的，一種讓他們爲了深入學習而反映在經驗上和抽象有意義的層面上之內在過程。他們可以比較最近和較早的經驗，也可以比較自己和他人的感覺能力及互動。當表達的行爲足以做爲將這些意義整合成心智結構的方法時，從周遭世界中所形成具個人意義的抽象概念便提供了創造性表達的素材。

當兒童發展出表達的外在形式時，他們便要學著熟悉媒介物，如此他們的表達才能深思熟慮而不是臨時偶發的。這意指敎孩子們善用自我——做運動的身軀、繪畫和做模型的雙手等——來掌控媒介物。顏料和色筆成爲人體的延伸，樂器、文字以及所有我們用來創造藝術作品的素材亦同。

在幼兒課堂上所提供之敎材和工具的品質也很重要。敎材必須能活用，限制不能太多。如果允許讓兒童較無拘束地表現的話，一支堅固耐用的水彩筆會比一塊海綿來得理想；可塑性高的模型黏土比油性代用黏土好用，因爲孩子較易掌控。最後成品的魅力不是成功的標準。作品的程度——繪畫、陶壺、運動型式或音樂的主旋律——是兒童意向緩慢自然發展的結果而且擴展他們表達自我的能力，才是決定活動的成功及價值之所在。

幼兒在某種程度上是刺激的反彈。表達媒介物的運用變成重要的經驗，事實上，是其自身的變化。當顏料在圖畫上滴流在一起時可能變成新的形式和新的顏色，即使不是第一次出現，這些都是激發的機會。這類的探索應被鼓勵，因爲透過個人對媒介物的

探索，兒童才能發展控制力。

兒童的藝術發展階段

促進藝術表現不只是關於教兒童控制的問題，人類發展的階段影響兒童的創造力和其他方面一樣多。存在於成人與兒童之間本質上的差異不能只以經驗來解釋。每個人在發展中都經歷一連串的蛻變，以致於每一階段和前後階段都有些許差異。觀察兒童的繪畫發展是很引人入勝的。兒童畫從充滿活力的塗鴉至欣喜地、戲劇化地表現形式和形體都是瞬間展露出來。在一項四歲兒童縱向學前研究中，Clare（1988）發現塗鴉形式是偶發的機械性動作之反映，一塊寬廣的繪畫面積會讓兒童更仔細地表現他們的繪畫，因為他們可以更有效率地運用較遲鈍的機械性動作。Clare還發現有些孩子喜歡畫有等級系列的圖形，從小到大或從大到小。有些孩子在畫人物時不加軀幹，並不表示他們不會，而是選擇不這麼做或沒想到要這麼做。

藝術發展的階段和智力發展相似（見**表 16-1**）。Victor Lowenfeld和W. Lambert Brittain（1987）描述兒童藝術發展階段的架構：在幼兒時期的發展階段包括塗鴉期（2至4歲）、前圖示期（4至7歲），以及圖示期（7至9歲）。

在2至4歲期間，處於塗鴉階段的兒童透過繪畫將獲得動態美學的經驗。他們從直線動作發展至畫圖動作，當他們大一點時會顯得更協調。孩童先以教材做實驗，然後會發現他們的畫和真實世界的物體相類似，因而為自己的畫「命名」。

在4至7歲期間，處於前圖示期的兒童將發現繪畫、思想和現實之間的關係。雖然在兒童持續的繪畫過程中，他們所創造的符號不斷在改變，但他們卻已顯示他們想表達事物的想法。他們開始發展具象表意的形式，雖然這些形式在圖畫中和在現實生活中可能毫無關聯。在圖畫中的物體可能佈滿一整頁，而且跟實際所在的位置不相關。兒童也正在發展形式和形狀的概念。

表16-1 兒童的藝術發展階段

階　段	年　齡	發　　展　　特　　徵
塗鴉期	2至4歲	・缺乏對機械化活動的控制力 ・連結動作和符號 ・開始複合的動作 ・把動作和創造性經驗相連結
前圖示期	4至7歲	・將實際繪畫與表意混爲一談 ・開始對表意感興趣
圖示期	7至9歲	・社會獨立性的完成 ・對人及環境產生個人感受 ・兒童對環境的知識有限 ・描述意想不到的經驗（Lowenfeld & Brittain, 1987）

　　當兒童進展至圖示階段，即在七至九歲之間，他們便開始創造人和事物的眞實表象。他們學習使用逼眞的顏色和空間並描繪圖畫中的運動感。之後兒童才跨進藝術發展中更成熟的階段。

　　Lowenfeld和Brittain在藝術發展的階段區分和Jean Piaget的智力發展階段相類似。藝術表達和兒童的認知概念、肌肉控制及協調性的程度相關的說法相當可信。兒童的藝術發展在某種程度上是一般智力及生理發展的產物。

　　Geraldine Dimondstein (1974) 指出用階段來解釋兒童藝術作品的變化容易阻礙老師對藝術作品特質的重新認知。老師應任兒童自然經歷這些階段還是幫他們一階步向一階也是長久以來的迷思。這些疑慮和成熟度一樣源自於發展的概念。階段的觀念有助於老師設定對兒童暫時性的期望，它還可以幫老師解釋兒童的作品並決定下一步對兒童而言最佳的步驟，以及如何協助兒童進階。因此，相互作用論者認爲藝術發展的階段可以對日後愈益增加的學習加強評估和做計畫。

　　兒童做什麼或他們如何發展並非預定了他們應如何被教或教

學內容應是什麼。但是，它的確建立了一套架構，在架構中目標和期望都可以被確定。兒童的藝術發展知識也指出了教育的方向，因此老師可幫孩童從現階段推向更成熟的階段。例如，在托兒所的兒童不應被期望創作具象的繪畫。幼稚園的孩子也不應被期望畫一間房間而裡頭所有的物體大小、相互之間的空間關係都合宜。

藝術發展階段的觀念本身並不贊成老師應等待兒童發展成熟。老師的角色是引導兒童習得掌控媒介物和創造表達更成熟的方法。發展階段的知識提供一系列的基準，讓老師用來指導學生學習。但是，Patricia Tarr（1991）提出藝術教育家太過於把焦點放在五歲以上兒童的教師訓練和研究上，而忽略了學齡前兒童。成人重視學齡兒童的具象作品多於兒童在前圖示期所創造的記號。Tarr指出用來描述這段藝術符號時期的負面言論反映出人們對兒童前圖示期之藝術的態度。太過著重作品使教育家們遺忘了創作過程，因此他們看到的兒童繪畫只是在他們的感覺——運動神經發展階段所塑造的不規則記號或形式而已。

藝術做為一種學術訓練

Jessica Davis和Howard Gardner（1993）認為兒童是藝術家。做為藝術家，幼兒必須發展視覺藝術中識別能力的符號工具。他們也必須能夠「讀」自己文化中的美學符號。這種發展美學符號辨識力的需要反映在為較大兒童所設計之「以訓練為基礎的藝術教育（Discipline-Based Art Education, DBAE）」中。這種方法意味著應教導兒童藝術作品、藝術史、藝術批評和美學（Smith, 1989）。這種藝術訓練的觀念做為幼兒教學計畫的基礎是較新的方法。一般而言，藝術的實作部分已被整合在幼兒教學計畫中，但幫助兒童學習藝術辨識力的符號工具以及能夠讀他們文化中的美學符號則是一個有趣的想法。

若以兒童的直覺理解為基礎，老師可協助幼兒留意他們藝術作品的特質。老師也可以在兒童周遭佈置成熟的藝術作品，尤其

是和兒童作品相類似者。老師還可提供兒童創作藝術的工具並幫他們更加熟練這些工具。這些構成要素可以在適性發展的架構中找到。

以訓練為基礎的藝術教育由以下四部分組成：藝術作品、藝術史、藝術批評和美學。藝術作品將在本章稍後討論。這節先探討關於藝術批評、藝術史及美學的觀點。

藝術批評

幼兒在成人認定其視覺反應之前即開始藝術的批評。從幼稚園開始，老師的發問可以將兒童對於藝術天馬行空的發言加以系統化。老師可以協助兒童明白地表達他們對藝術作品的印象。兒童可以學習解釋線條、形狀以及一串記號，如此他們便能開始讀藝術作品中的視覺意象。為了產生有效的批評，必須先有傳播者（藝術家）、媒介物（藝術品）以及接受、解釋並把訊息組合的收訊者（觀賞者），還有一位促進者（老師）引領兒童和藝術作品相遇 (Cole & Schaefer, 1990)。

在評論的過程中，激發式的對話可幫助觀賞者詳看藝術作品，即使他們不喜歡這件作品，他們也會檢視關於此藝術品的每一細節。目前已區分出一般藝術批評的四個階段 (Feldman, 1970)，我們可以採用這些階段中鼓勵孩子評論藝術的方法。(Cole & Schaefer, 1990)。

當今的藝術博物館都會引導幼兒享受及回應藝術品的喜悅。他們和兒童討論特定的藝術作品並鼓勵這些年幼的觀賞者以言辭來回應這些藝術作品。

在智力上，評論是邏輯和創造性思考過程的開端。這個過程有助於孩童組織他們的思想。兒童領略了結合享受藝術的樂趣、好奇心、訴諸情感的興趣以及批判式的反應是無比珍貴的經驗。兒童會期望討論藝術作品如同期盼解開一道新謎語一般。這種藝術的討論超越了傳統的藝術欣賞經驗。(Cole & Schaefer, 1990)

表16-2 幼兒藝術批評的階段及相關激勵

階　　　　段	激勵的範例
1.描述：拿一張清單，列出所有在藝術品中所能看見的表面特質。	「假裝你正在電話中和我說話。你能說出畫中事物的名稱嗎?這樣我才能認得出它。」
2.分析：判斷一件藝術品中其特質之間的關連性（線條形狀、空間、顏色、紋路及平衡感）。	「顏色搭配得如何？它們是安靜還是吵鬧的？像在吵架還是親切友善的？」
3.解釋：回答問題。重點在於兒童對藝術品所傳達的概念、感覺或心境的注意。	「在這一幕之前或之後發生了什麼事？」
4.評論：運用上述各階段的訊息做出結論。	「你最喜歡哪個：藝術品中所說的故事，畫中的形狀、顏色和設計，或是你在看畫時它給你的感覺？」(Feldman, 1970; Cole & Schaefer, 1990）

藝術史

　　研究指出低年級以下的兒童無法理解洞察正式的歷史，是因為缺乏時間的概念。但是，也有證據顯示，這些孩子可以學習一些以具體方式呈現的歷史（Sunal, 1993）。因此，如果教育家要教導幼兒任何關於藝術史的事物，他們必須以具體形式呈現之。這種具體表達的好例子可在多利多藝術博物館（Box 1013, Toledo, OH 43697）中的「幼兒發現寶盒」裡找到。這家博物館設計了一套以不同藝術主題為主且內容完備的活動寶盒。這些寶盒中有二個與藝術史有關——一個討論古埃及藝術，另一個則討論中古世紀歐洲的藝術。

　　每一個發現寶盒中都包含了教師手冊、一套和主題有關的藝術複製品、一套戲服和道具、一套書、一卷錄音帶以及其它資源。

活動／發展藝術史觀念的步驟

1. **相同圖畫配對**。將三幅相同成雙且呈現簡單主題的圖畫配對,對幼兒而言是簡單的工作。(例如,兩張杜勒的野兔、梵谷的椅子以及米羅類似拼裝玩具的抽象畫)。一旦孩子們能夠將這些相同的圖畫配對,便再增加數量,一次一幅。(例如,雷諾瓦的「拿灑水壺的女孩」,接著是馬蒂斯的「種天竺葵的花瓶」。) 當兒童能掌控每一次活動時再增加難度。

2. **同一畫家相似圖畫的配對**。一旦兒童能將相同圖畫配對後,他們可以學著將同一作者成套的圖畫配成一對。這項工作是要求孩子認出一個畫家兩幅作品中主題及風格的相似性。例如,孩子可以將竇加的兩幅芭蕾舞者配成一對,還有奧杜本有關鳥的圖畫以及蒙德里安的幾何圖形設計。難度可逐漸增加。

3. **同一畫家圖畫的分類**。兒童可把三位不同畫家的各四張圖畫加以分類。一開始以高度對比的主題進行,例如四張塞尚的靜物、四張康丁斯基的抽象畫以及四張哥雅的人物畫。如果兒童成功地完成這項工作,老師可在圖畫的下方標上畫家的名字,如此兒童便能把視覺印象與每個畫家的風格串聯起來。

4. **瞭解畫家及其時代背景**。此出發點並非以兒童的年齡爲基礎而是以經驗程度爲基礎。剛開始會閱讀的兒童可以學習認出重要畫家的名字以及一些他們最著名的畫作名稱。更進一步的經驗有助於他們以一些有名的藝術學派之特徵來將畫作分類。最後,他們可以照時間順序連續排列明信片大小的複製品,獲得一種跨越世紀的藝術發展之視覺重現 (Wolf, 1990)。

透過這些資源，兒童可以學習關於藝術作品的時間和文化背景。孩童可以穿戴這段時期的服飾並演出當時的活動，例如，寫古埃及象形文字、建墓碑或製做當時人穿戴的珠寶。然後他們才學習此時期的藝術作品，以博物館的複製品為實例。此法乃提供與事件相關的資料和戲劇表演的道具讓兒童以適性發展的方式獲得有關藝術史的知識。

像明信片大小的藝術複製品可用來教學。這種複製品的尺寸剛好符合兒童的小手而且它短小輕薄適用於不同的活動中，像是配對、分類以及依時間順序排列。

美學

美學
美的研究。

從Froebel到Montessori的幼兒教育家都認同幼兒深奧的美學欣賞。美學是愉悅的感官經驗之察覺和欣賞，特別是，它是批判性評定藝術作品的能力，以文化社會所定義的標準為基礎。Feeney和Moravcik（1987）將美學定義為對美的喜愛，以及衡量美和個人品味的標準。美學的認知包括了對獨特性的反應能力，即從特有物體的完整性中去感受美並排除陳腔濫調和刻板印象。

Feeney和Moravcik（1987）相信幼兒能夠習得美學經驗並發展終身享受藝術的基礎。當幼兒有機會創造和欣賞美的時候，他們便能發展他們的美感。Gilliat（1983）強調老師必須提供藝術欣賞的直接機會，進行這種學習形態。在觀察教室以評定它們對於輔助幼兒發展美學欣賞的功能時，Feeney和Moravcik（1987）發現教室通常充斥或裝飾著「可愛的」商業產品；許多市面上的商品既不吸引人品質又低劣。很明顯地，老師無法藉此激發兒童的美感。Feeney和Maravcki建議應多留意色彩、家具設備、儲物櫃、裝飾品以及戶外環境以創造一個具有美感的愉悅環境。

許多幼兒教育家已察覺到美在幼兒生活中的重要性。在日本，美術欣賞已被納入幼稚園教育新編課程中。老師可以參考日本的幼稚園課程讓孩子們對周遭的美感覺更敏銳，並幫助他們了解自己文化中美學的構成要素。日本的幼稚園常會在整面牆上佈

提昇教室內美學特質的構想

1. **色彩**。強烈、艷麗的色彩會使一間教室黯然失色且可能降低藝術和自然的美感。牆壁和天花板應選擇柔和、淡雅、中性的顏色。各學習中心的色調應調和，以便讓孩子覺得它們是一體的而不是零散的部分。任一場所過多的花樣都會導致兒童分心而應避免之。

2. **家具設備**。相似的家具應放置一起。顏色必須自然、中性以集中孩子們的注意力於書架的學習教材上。

3. **儲物櫃**。架上的資料應常更換，每次只有一些用得上的資料而不讓許多資料堆在一塊兒。教材應放在吸引人的容器內。例如，儲物筒應一齊放在同一個架上，厚紙板盒應著上顏色或包上素色的色紙。

4. **裝飾**。兒童的作品在展示前應先裱褙。教室內應展示精緻藝術家的作品而不是張貼一些俗麗、老套的海報。兒童及藝術家的作品展示時應和兒童的視線同高。雕像、植物以及其他具自然美感的物體（像貝殼、石頭、水族箱），若非老師要用的教材則展示於架子的頂端。如果老師缺乏儲物空間，他們可以闢個儲物小天地，擺放一個有蓋的盒子或儲物筒。

5. **戶外環境**。遊戲架構應加以設計和組織，它是大自然的延伸而不是負擔。自然的教材，像是木頭、麻之類的材料便可取代上色的金屬、塑膠或玻璃纖維。只要教材被適當儲放便得以長久保存。兒童、家長和教職員可以協助維持一個乾淨、沒有垃圾的戶外環境。一座花園、石頭擺設、或其他適度的安排，都能傳達出戶外環境是值得我們留意和關心的觀念（Feeney and Moravcik, 1987）。

置一大片的壁飾。這個壁飾由老師製做且包含了許多材料，如圖畫、拼貼等。壁飾可以表達四季或其他主題。壁飾常包含了許多的日本色紙，反映出日本造紙的悠久傳統。雖然在美國並沒有類似的壁飾傳統，但這種壁飾可以納入幼兒課堂中。

另一個可從日本擷取的構想是裝飾壁櫥，它是在傳統日式房舍和小酒館的和室裡所開鑿的小壁龕。房間本身除了地板舖上草蓆或榻榻米，幾乎沒有家具擺設。通常在一面牆上有個小壁龕，它是專門用來展示一些美的物件──例如，一幅卷軸、一盆插花或一件陶藝品。這種展示增添了環境的美感。幼稚園或托兒所老師可以建立自己的裝飾壁櫥，或是美景區，就像教室裡的科學或自然展示區一樣。一幅藝術複製品或一盆花可以很優雅地被展示在此區內。兒童可以自己欣賞這些展示品，而老師可以參與他們一起討論展示品，談談為什麼它被認為是美的。英國的幼兒學校在非正式的教育運動極盛時期也採用了相似的展示及討論，當時兒童的表達及美學在英國的學校裡極受重視。

美術與工藝

在托兒所及幼稚園中，美術和工藝活動常被認為比在低年級裡來得重要。這段時期的美術和工藝品常常是單一的設計，以確保成品能夠被呈現出來且每個孩子都能帶些東西回家。這種練習建立了很好的公共關係，因為父母親可以看見他們的孩子在課堂上所做的事。有時候讓孩子為家裡做一些作品是很恰當的，例如耶誕節或母親節的禮物。但是，注重學校的形象不應優於兒童的學習，因為學校的目標不是作品而是孩子發展對素材的熟練度。只有在老師可以從中了解兒童所學和兒童仍須克服的困難時，他們的完成品才有重要意義。

對幼兒而言，最大量的美術媒材是那些各年齡層皆適用的用品。例如，顏料、黏土、素描用具、美術拼貼物等，從三歲兒童到成熟的藝術家皆可使用。為提昇兒童美術的創作過程，老師們應

提供種類豐富的媒材以增進兒童美術作品的變化。Naomi　Pile（1973）把基本的美術媒材分成油畫、黏土、素描用具和拼貼材料。這些媒材基本上是無形的且提供變化、熟練度、驚喜和自省等無窮的可能性。若是小的圖畫紙，老師應提供彩色的麥克筆和鉛筆給孩童。當使用無鋒的工具，像蠟筆和水彩畫筆時，老師應供應大張的圖畫紙（Clare, 1988）。老師不應限制某個年齡層要用何種媒材。兒童先前操作媒材的經驗也不應影響老師，因為在他們發展能力時，幼兒將不斷地在這些媒材中看見新的可能性，那代表了熟練度及成熟的藝術發展之增進。然而，的確須花上幾年的時間以新的方式將媒材介紹給兒童認識。

二度空間的美術作品

兒童在幼兒課程中所做的多數美術作品都是在平面上使用媒材。顏料、蠟筆和拼貼素材被用在單一平面上，雖然拼貼作品因為不同的教材和紋理而造成立體感，但孩童的注意力基本上是放在線條、形狀和色彩上。

繪畫　是幼兒課程中的主題之一。在許多教室中，接觸畫板是孩子一天中最快樂的事。在桌面或是地板的一點小空間即可置放。事實上，在繪畫過程中，一塊平坦的表面能減少顏料滴落的數量。老師應畫分出繪畫區，如此清理起來會較容易，讓孩子們在圖畫紙下墊些紙，並準備方便取用的海綿和紙巾。孩子們應把顏料保存在有蓋子的容器中。

老師的角色不是提供一個模式給兒童複製，而是要鼓勵他們探索媒材並觀察和引導其過程，配合兒童的發展和需要提供新的技術。

指畫　雖然對兒童而言，指畫很難控制，但它提供給兒童一種其他媒材所沒有的解放感。兒童和這種媒材產生直接接觸。指畫所用的紙須光滑且無吸水性，它在學校用品店可買到。有時候指畫可在桌上的塑膠表面上進行。當兒童完成畫後，可以小心地放一張紙在上面，每個地方都重重地壓一壓，再把它小心地拿起

來，便完成了一張指畫拓印。

　　蛋彩畫　蛋彩畫的技法分成粉末和液體兩種。如果是用粉末，它們應調得夠厚，這樣顏色才會飽滿且畫的色調才會厚實。對幼兒而言，三原色（紅、藍、黃）和黑白就夠用了；中間色在往後

指畫可以在桌上的塑膠表面上進行。

專欄 16-3

活動／指畫設計

　　兒童可以創造一幅指畫，完成後把他們的畫吊起來晾乾一晚。第二天，讓孩子在桌上找出自己的畫並剪開來，然後貼在圖畫紙上。剪的時候不須完全按照原畫的設計；因此，這項活動適合兒童發展某一範圍的身體技能。

可以增加。調顏色時，以一張餅乾紙做調色盤，可以導致新發現。兒童可試驗形式和顏色，施展他們的手臂在紙上塑造形狀。這些嘗試常帶有韻律、平衡感和趣味。許多兒童似乎具有天生的美感，他們的抽象畫有時和藝術作品極相像。

雖然幼兒應被鼓勵要去探索和試驗，但老師可示範控制這種媒材的簡單技巧：把刷子擦乾這樣它才不會沾上過多的顏料，在使用其他顏色前要先清潔刷子，以特定的比例混合顏色以達到期望的結果，並把刷子放在正確的顏料瓶中。但是，將刷子擺錯位置或偶然的滴落所造成的顏色混和卻能激發兒童的學習。

刷子應該要大且用較硬的材質做成，如此兒童才容易操作。應提供給兒童多種的尺寸。大部分課堂上的畫是畫於白報紙上，標準尺寸是18×24吋；不同尺寸、形狀，或甚至紋理的紙張都會激發新的繪畫方式。報紙分類過的部分和一張包裝紙若帶有一些設計感也可用來做畫。

蛋彩通常是個別的活動。即使當兩個孩子一起在一塊畫板上做畫，他們也很少有互動，因為他們的工作是分開的。但是，兒童喜歡肩並肩或一大群一同畫畫。雙人畫板或地板可使繪畫變成團

專欄 16-4

活動／雜誌與蛋彩畫

仔細地用肥皂和水清洗放菜肉的保麗龍淺盤（如超市的生鮮食品包裝盒），以去除任何肉類殘留物。等盤子完全乾後，孩子可以蛋彩塗在盤子上（如果必要可上第二層）。讓上完彩的盤子晾乾至少一天。第二天，讓孩子們把雜誌上的圖畫剪下來並貼在上彩的盤子上。黏一條線在盤面上便可懸掛起來。

體活動，就像壁畫一般。

壁畫　兒童可以在一大張咖啡色的包裝紙上畫壁畫，這種紙很多學校都有。起初，幼兒的壁畫實際上是個人繪畫的集合。通常很少有團體的計畫，老師常發現簡單地分配一張紙的空間給各個孩子是很有用的。當孩子大一點並獲得經驗後，他們可以開始計畫完成一幅統一的作品。

專欄 16-5

活動／玻璃紙壁畫

以膠帶把彩色玻璃紙貼在兒童可以摸到的窗框上。讓兒童以不同顏色的蛋彩和刷子畫一個故事、鄰近地區、動物園或任何他們感覺有趣的壁畫。把壁畫留在窗上。當陽光照進窗戶時兒童便能欣賞他們的壁畫。

蠟筆　幼兒教室中幾乎都會有蠟筆。使用蠟筆不需老師太多的準備，它們很少弄得一團糟而且它們很容易買到。大的六角形或半圓形的蠟筆可以勾勒大膽而好控制的筆觸，且不會滾落桌面。可以給兒童每人一盒自己的蠟筆或把蠟筆共同放在一個大盒子中。大張的馬尼拉紙很適合以蠟筆上色，其他種類的紙也適用。

當兒童學習使用蠟筆時，也可以鼓勵他們混合其他媒材使用。例如在油性蠟筆的繪畫的表面無法沾上蛋彩，所以在蠟筆畫上塗上一層蛋彩顏料可以讓蠟筆畫呈現一種有趣的浮現。

彩色麥克筆　兒童使用彩色麥克筆畫圖的機會可以和用蠟筆一樣多。多種的顏色選擇可激發兒童的繪畫。兒童必須學習保護色筆，用完後蓋上蓋子以免乾掉。老師應該提供水性麥克筆就好，油性的麥克筆會弄髒衣服不易清洗。

粉筆　兒童可以在黑板上使用彩色或白色粉筆。粉筆也可以畫在紙上；用水或乳酪奶水把紙打濕會使顏色顯得更亮麗，在粉筆畫上噴上固定膠可防止顏色被擦掉。

　　剪、貼和撕紙　利用紙張來創造有趣的設計長久以來即為學校的活動。日本的摺紙藝術便是以一張紙創造三度空間的形式。兒童也可以創造有趣的三度空間設計。對幼兒而言，老師可以把色紙剪成不同形狀，讓兒童貼在底紙上。當兒童發展出使用剪刀的能力時，他們更能創造自己的圖案。

　　拼貼　使用紙以外的材料可以增加拼貼紋理、顏色和形狀的多樣性。老師可以撿拾許多廢棄素材而不須到用品店訂購，把不同的素材分類後，這樣老師和孩子可以容易地選擇使用，有助於

專欄 16-6

教學小故事：托兒所的美術課

　　兒童圍成一個小圈圈，老師告訴他們，大家將要做一個非常特別的美術活動。她要小朋友想想他們上教堂或看過教堂的次數。「教堂有時候會有哪種特別的窗戶呀？」她問，學生們回答了許多答案。

　　「我的教堂有大窗戶」Todd回答。

　　「我的有黃色窗戶，它可以讓陽光照在我們身上，也讓我覺得好刺眼」Mary說。

　　老師聆聽兒童所給的答案，然後又問是否有人見過有圖畫或不同顏色的窗戶。一個小女孩舉手說她覺得那個叫做有色窗戶。

　　老師微笑著說：「沒錯，Amy。許多的教堂，尤其是較古老的教堂都有所謂的有色玻璃窗，因為玻璃面都是不同的顏色。有時也會畫圖畫在窗戶上。而且有時候你可以用不同的角度看這扇窗戶而看到不同的圖畫。」

　　Mark打斷老師的話，他說「對，我的教堂就有那樣的窗戶，而且我看到有鳥和花在裡面。」

美術課的進行。多種的特殊紙張和厚紙板、不同大小、形狀、顏色和紋路的碎布、數段繩索和紗線、羽毛、鈕扣、彩色鋸屑、金屬箔紙，以及幾乎其他任何的素材都可以被修改形狀，並剪、貼在拼貼中。每一次提供給兒童以上材料的某幾種即可，但也可鼓勵他們想想新的素材。使用不同的素材也要配合不同的黏貼方式：橡膠接著劑、白膠、訂書機或玻璃紙膠帶。

印染設計　印染設計的方式有許多種。把一個帶有趣味紋路或形狀的物體浸泡在盛著蛋彩的淺盤中，然後把它重重地壓在一張紙上即完成。海綿、木板的木紋末端以及蔬菜，像胡蘿蔔、馬鈴薯等都是可用的材料。一幅設計可以同時使用這些材料使印染更豐富。對於年幼的兒童，老師可以先設計好圖案再讓兒童拓印。運

老師解釋學生們將要用棉紙製做他們自己的彩繪玻璃窗。每一扇都要不同。學生們圍著她坐成一圈，老師開始示範如何做彩繪玻璃窗。

「首先，你拿一張棉紙把它摺成一半。摺好後，再把它打開，並確定你可以看見摺痕。然後拿一條長紗線並把它浸在膠水中。我加了一些水在膠水裡，這樣使用起來較方便。把線放在膠水裡並確定它全部都沾到膠水了。現在，這是最巧妙的部分。你要把線從膠水中取出來卻不會弄得亂糟糟。把線從膠水中拉出來時先滑過你的指間以抹去多餘的膠水。看我怎麼做。一旦線從膠水中抽出來，你可以用它在你的棉紙上設計成任何東西，注意線只放在綿紙的一個面上。然後很快地按照原摺痕把棉紙摺一半。現在我可以把我的棉紙拿到有陽光的地方，然後我們可以看看我創造了什麼形狀和形象。」

老師站起來走到窗邊。她拿起她的彩繪玻璃成品貼著窗戶，指出紗線所形成的線條。「你看見了什麼，孩子們？」她問。

Tiffany回答：「我喜歡它的樣子。它看起來像隻鴨子。」

Rodney不以為然：「把它倒轉過來，現在它看起來像一架飛機。」

「好，」老師宣布「我要讓我的彩繪玻璃晾乾一個晚上，明天當我們進教室後，我們就能把我的和你們等一下做的彩繪玻璃吊在窗戶上。」

然後她帶著學生安靜地走到美術桌旁並等候兩位助教幫她著手進行他們的彩繪玻璃作品。

拼貼可運用多種素材。

用不同的顏色和圖案可使印染成爲有趣的媒材。

三度空間的美術作品

在幼兒時期，三度空間的美術作品包括木工、揑黏土、做紙板
盒以及動態和靜態的創作。

木工

兒童從木工活動中可以獲得許多的樂趣——簡單的鎚打和鋸
木的活動就能讓幼兒很滿足。可惜，很多老師都會猶豫是否要進
行木工活動，因爲他們缺乏木工經驗及工具，而且榔頭、鋸子以及
其他工具，若使用不當，會使孩子受傷，但相對地，幼兒能夠發展
出對工具的注意並學習如何安全地使用它們。

接著劑可用來把木片接在一塊兒或與其他物質黏合。如果兒
童選擇材料的空間很大，他們便能用一大塊木頭輕鬆地造一艘
船，以正確的角度黏上兩條細長木片，再放上一艘小船做爲船艙
或飛機，在船尾、馬達等處也可再黏一些小零件上去。其他不用任

何工具，兒童只用木頭和接著劑即可做成的東西包括洋娃娃用的小桌子和長板凳、小寶物盒以及其他無數的東西。即使教室裡的設備不像真正的木匠屋那麼齊全，但還是可以使用這種結合木頭、黏膠及美麗的廢棄物的方式增添美術活動的變化性。

當兒童了解木片可以結合在一起製成物件且有一些選擇木頭形狀和大小的經驗後，他們可以學習一些使用工具的技巧：把一根釘子鑽進交叉的木塊中做成一架飛機，或鑿個洞插入一根榫當做船的煙囪或桅杆，或是用鋸子把船的兩旁削薄以做成船首的尖端。

碎木塊幾乎在任何的木材堆置場、建築材料店、木工店、高級家具木工店裡都可以輕易找到。處理這些碎木塊通常是他們的問題之一。他們通常樂意把碎木塊放一旁給老師或是讓老師到碎木塊堆中去找適用的部分。老師們可留意木材堆置場何時處理這些碎屑，並在那之前前去挑選，這樣選擇性比較高。老師可挑選各種尺寸、大小的木塊，並確定它是無節瘤、加工完成或鉋平的，如此才無尖片。如果孩子要做鎚和鋸的工作，最理想的木塊通常是一吋的無節已加工松木。雖然加工過的一吋木板實際上只有¾吋厚，但它們仍稱為一吋木材。其他有用的體積是一吋厚乘二吋寬、一乘四、一乘六、二乘四及二乘二的大小。它們的長度可隨需要而定。在訂購木材時，我們必須告知店家所有的三度空間尺寸，順序是：厚度、寬度和長度 (Pitcher, Feinberg, & Alexander, 1989)。

木工區應鼓勵實際的活動並避免危險；它必須在某種程度上和其他活動分開。工具及用品應收好，這樣才能方便取用，並把它排列好且做適當的維修，例如隨時注意鋸片及榔頭的槌頭是否緊緊和把手嵌合。當兒童使用木頭和工具的能力成熟些時，他們可以使用更多種類的器材。例如應給他們輕巧但品質好的榔頭以及能橫切的鋸子。砂紙、小鉋刀、粗銼刀以及木用銼刀有助於兒童把他們的木製品修飾平滑。曲柄鑽刀和手鑽都很有用。在孩子學習使用螺絲釘和釘子來把木板固定住時，螺絲起子便派上用場。虎

兒童在做木工之初可做些簡單的構造物。

頭鉗、工作枱或鋸馬及C型夾鉗也都是有用的工具。

　　孩子通常一開始只建造簡單的構造物，常常要用到釘子和接著劑。當課程程度提昇時，老師可以加上暗榫、空紙捲、線軸以及其他任何老師和學生發現有用的東西。木工製品可以蛋彩著色，然後塗上充漆或防蟲漆，這樣顏色就不會褪去；亮光漆比較難塗且不易清理。

捏黏土

　　黏土對幼兒而言是很棒的素材。它強化了細微運動肌肉控制的發展並提昇自我表達。陶土是軟的且可塑性高，並能重複使用。黏土可以塑膠袋包起來永久保存並維持其適當柔軟度。如果它乾掉了，加些水進去；如果太溼，可以放著風乾它。黏土應夠軟才能用且要夠厚這樣它才不會黏在手指上。像顆葡萄柚大小的黏土塊是較適合兒童操作的份量。

　　幼兒喜歡玩黏土。他們揉它、搥它、搓它、滾平它、拔斷它、然後又把它揉在一起。玩黏土常早於創作。操作黏土可讓兒童以

非平常的方式使用手指和肌肉。幼兒無目的地敲擊和搥打黏土。這種遊戲和兒童的塗鴉很相似。之後兒童會做小捲捲和球體，類似於控制塗鴉的階段。甚至之後，兒童會拿起一塊黏土，唱作俱佳地說他的黏土是一架飛機或說：「這是一部車子。」於此，兒童的思想已經成熟到包含了想像思考（Neubert, 1991）。

兩三歲的孩子可以逐漸使用木製黏土工具以及嵌在黏土上的小東西，如貝殼、豆莢和珠子之類。應避免使用塑膠和大部分的金屬工具。塑膠會折斷且插入黏土中卻不易發覺，結果割傷孩子的手；而金屬的小西點切花模雖然可以讓孩子做出形狀卻限制了他們的創造力（Neubert, 1991）。之後兒童可以學習做捏陶，亦即把黏土捏成一些形狀且分成一塊塊。他們可以創造人和動物的形體，把一塊塊的黏土——頭、手和腳接到圓筒狀的軀體上。再往後，他們甚至可以學做陶壺，用盤繞法或石板法製作。

當兒童盡情地玩過黏土後，他們常會很滿足地把它放回陶罐中。但是，當他們希望保留他們的作品時，也可以把黏土慢慢風乾然後上色。如果學校有磚窯，讓兒童看看黏土如何遇熱變形，他們會很興奮。但是，老師應確定在磚窯裡所燒的作品夠堅固且不會爆開或裂開。如果兒童已揉了黏土好一會兒，它也許就不須要用到楔子（挖掉和切掉因高溫浮起的氣泡）。黏土不可太厚，附屬物件應牢固地黏合。老師可以幫一些兒童的作品上釉。

在某些班上，有時候會以其他的塑形材料來取代黏土例如代用黏土、油性黏土等。雖然代用黏土不像陶土那麼容易塑形，而且兒童的作品無法保存，但它可以被重複使用且不會乾掉。有些老師也會用塑型麵糰，它可以在市面上購得或用簡單的材料做成——鹽、麵粉和水。

雕塑

簡單的結構——房屋、收銀機、火箭船或汽車，可以用厚紙板盒和瓦楞紙板做成，把它裁剪、黏合、以色紙裝飾並著色。兒童在二度空間的課程中所發展的技能可以被提昇並用在無數的美術作品中。

活動　雕塑經驗

牙籤雕塑

給孩子們牙籤，以相互接合的方式創作一個雕塑品。讓兒童用泡軟的豌豆、麵糰、軟木塞、保麗龍或樹脂把牙籤接合在一起。盒蓋、保麗龍餐盤或圖畫紙可以充做底座。

鐵絲雕塑

給兒童任何可以自由彎曲的鐵絲。為求變化，也可用不同顏色的電話線。兒童可以依照他們想要的方式彎曲和扭轉鐵絲並把一端黏在保麗龍塊上，就像被裝箱的音響或微波爐一樣。

保麗龍雕塑

給兒童不同的小東西，像是寶石、羽毛、釘子、花朵等等，讓孩子把它們黏在包裝用的保麗龍塊上。

動態和靜態的創作

動態和靜態創作皆是三度空間的設計。動態設計會移動；靜態設計則維持靜止不動。兩種設計都以有趣的形式結合多種材料——暗樺、壓舌板、衣架、清煙斗用的鐵絲、金屬箔紙、紗線、球、海綿、橡皮筋等等。靜態設計的底座可以很容易地以黏土或保麗龍做成，動態設計可以懸掛且不需底座。

編織

幼兒在學校生涯的早期便能以簡單的織布機做編織。一開始可用線圈，它是用棉線和簡單的金屬織布機做成。老師可用方形瓦楞紙自製簡單的線圈軸。在瓦楞紙兩端開半吋深的小孔讓兒童繞著線圈軸把線穿過去；然後紗線可以來回交織，直到整個正方

形都織滿，簡單的織布機還可以用釘子釘在木箱或木架上的方式做成。

縫紉

　　兒童可以用織錦畫針在一片粗麻布上開始縫紉的設計。這些設計也可以結合織好的一片毛氈或類似的織物以創造有趣的圖案。

　　教室應該是一個兒童可以探索教材的地方。老師可以觀察成就並給予評論，但是以引導的精神並讓兒童的成就更上層樓。這個工作是兒童表達自己的方式而且也是對他們個人很重要的工作。

音樂

　　就像美術一樣，兒童也會經歷音樂的發展階段。Frances Aronoff (1979) 利用Jerome Bruner三段式學習模式的概念——行動的、圖像的、符號的在她的音樂教育概念架構中：(1)透過動作和操作的行動期；(2)透過感官組合及探索——聽覺的、動態藝術的和視覺的圖像期；及(3)透過文字和符號的符號期 (P.7)。她提出行動和圖像模式是兒童認識音樂的方式。他們透過運動和遊戲快速地反應了音樂的構成因素。不用符號，他們也能統合對音樂的感受並反應之，形成理解、記憶和創造音樂的心智結構。這種利用Bruner式的架構也暗示了音樂概念的發展是一種一般智力發展的作用。其他的音樂發展概念亦存在（見Peery, 1993）。

　　Aronoff把音樂訓練定義為包括音樂概論、關於音樂的概念，主旋律、型態及音質，以及音樂的技能。技能包括聆聽、歌唱、演奏、節拍以及讀寫音樂。因此，幼兒教育中的音樂課程應給予兒童聆聽音樂、學習理解音樂元素、透過歌唱及彈奏樂器複製這些元素以及把身體韻動和音樂的感情表現相結合的機會。也應包括樂曲或節奏的創作。音樂課程必須和教學計畫中其他部分相連結，特別是語言藝術和社會學科，以幫助兒童學習關於在不同文化中

音樂的運用。這種課程給兒童批判性面對音樂的機會,他們學著去複製它並學習透過音樂表達自己。當老師在課程中為兒童提供了豐富的音樂經驗,則兒童除了學習音樂之外,也學到語言藝術和其他的科目 (Wolf, 1992)。歌曲的歌詞包含幫助兒童連結口語和印刷文字的特質 (Barclay & Walwer, 1992)。

Pilsbury基金會1937-1938年的研究 (Zimmerman, 1985) 提出了四項計畫以整合幼兒和音樂的關係:

1.音樂基本上是聲音的探索。

2.音樂必須包含有目的的動作或影響。

3.音樂需要考慮社會、環境和程序上的條件。

4.音樂應該是自發性的。

這些計畫在選擇和創造幼兒音樂活動時可提供有效方針。

雖然動作常是兒童對音樂最初的反應,但它通常不被視為是一個分享各種經驗的機會 (Stamp, 1992)。然而,兒童便是透過動作開始了解音樂的。他們以快或慢、大或小、連續或間斷的動作來反應聽到的音樂。他們也會以身體反應音調的變化。創造性的音樂和動作是喧嘩的活動──當旁邊有閱讀課在進行時,老師不能讓兒童試驗鼓聲。老師應另外安排特定的時間,並控制音樂的喧囂和動作,如此才能獲得真正的學習。

許多的音樂和體能練習都被界定為大團體的活動;其實兒童也需要單獨或小組活動的時間。在活動期間,教室的一部分空間可以劃歸給體能活動。樂器可以提供給一些兒童使用;其他人可以聽錄音帶或唱機,儘可能戴上耳機。兒童在他們進行的活動中所創造的音樂可由老師錄音或播放出來。多功能教室、遊樂場、禮堂或體育館是適合這些活動進行的場所。

學校的幼兒音樂課一般由歌唱、彈奏簡單的樂器、聆聽以及創造性動作所組成。創造性動作意指兒童在默劇及創作戲劇的演出。即使有音樂老師負責音樂活動,級任老師仍有些職責。在學校生活中有許多輔助音樂教育的機會以及許多整合音樂與兒童學習的方法。

歌唱

　　幾乎所有的兒童都喜歡唱歌。他們大聲地唱，常常活力多於技巧。幼兒自然學會他們聽過的歌曲並儘其所能重複之，有時會一再重複某節樂曲，常常發錯音或未把字完整地學起來。有時曲調結束了，但幼兒很少會覺得掃興並繼續唱下去。老師應該利用這種熱忱。對旋律和韻文的喜好伴隨著經驗和復唱而來。幼兒有不同的歌唱精確程度，亦即不須協助即清楚地模仿旋律的能力。精確程度指從完全不能模仿旋律到無須協助即能唱歌且沒有任何旋律上的錯誤 (Raut, 1985)。兒童要到大約八歲時才學會很精準地唱出曲調 (McDonald, 1979)。

　　老師必須了解自己是參與者以便能夠放鬆並專注於音樂活動上而不是把焦點放在自己身上 (Jalongo & Collins 1985)。因而，老師不應是唯一的表演者而應和孩子一起歌唱。

兒童喜歡成群地歌唱。

Robert Smith (1970) 曾設計了一個歌唱課程以發展和改善兒童的發聲準確度、音域及音質。根據Smith的理論，被選來幫助此種發展的歌曲在許多次複唱後應持續引起兒童興趣；它們應包括旋律複唱、重複字句以及適合兒童聲樂發展階段的音域。

　　鋼琴以及其他樂器，像是豎琴或吉他，可以用來為兒童的歌唱伴奏。但是有些音樂教育家認為歌唱未必需要樂器伴奏，即使是對幼兒而言。Kodaly法指出人類聲音的和聲可以做為低年級兒童無伴奏歌唱及簡單二部重唱的課程。Kodaly法提供了一系列邊看邊唱的系統，引導兒童認識樂譜。

　　Carl Orff，一位德國作曲家，發展出一套從幼兒開始的音樂教育法。課程的基本前提是感覺發展早於智能理解力。特定的音樂歌詞得以使兒童連接想像力和喜悅。幼兒常會背誦精編的且有押韻的歌詞，像〝I Know an Old Lady Who Swallowed a Fly〞和〝Supercalifragilisticexpialidocious〞。早期的注意力是在韻律上，透過講話和動作的律動，有利於激發兒童探索音樂。Lawrence Wheeler和Lois Raebeck (1977) 描述Kodaly及Orff法如何用在小學學童身上。其實它們也能用在幼兒身上，然而，對這些音樂教育法感興趣的老師應了解在對兒童實行這些方法前特殊訓練是必要的。

　　把重點放在韻律和節拍上的確是幼兒音樂教學中一個可行的方法，在過去就曾有幼兒教育家提出。想要採用和修改Orff及Kodaly法的老師可能需要在樂理、表演及音樂教育上接受特殊訓練。但是，所有的老師都能幫助學童發展對韻律的覺察。聆聽自然的演說、詩、韻文以及聲調鏗鏘的詩句，兒童便能學習辨認韻律形態。他們可以隨著所聽見的韻律拍手並即興舞動身軀。樂器也可以做為輔助。

　　在這些簡單的技術之外需要協助的老師可以尋找資源。許多的音樂課本及兒童歌謠集都不難取得，不會看樂譜的老師可以利用錄音帶學兒童歌曲；有些音樂課本也附有錄音帶。

活動　萬聖節的歌曲和美勞

歌曲

曲目：「Did You Ever See a Lassie?」

Once I had a pumpkin, A pumpkin, a pumpkin,
Oh, once I had a pumpkin, With no face at all,
With no eyes, With no nose,
And no mouth, And no teeth.
Oh, once I had a pumpkin, With no face at all.

So I made a Jack-o'-lantern, Jack-o'-lantern, Jack-o'-lantern,
So I made a Jack-o'-lantern, With a big funny face,
With big eyes, And big nose,
And big mouth, And big teeth.
So I made a Jack-o'-lantern, With a big funny face.

美勞

後續的美勞活動

1. 兒童可以畫一個南瓜和做一個空心南瓜燈。提供黑、黃、橘色的圖畫紙、剪刀、漿糊和蠟筆。兒童畫好南瓜後，剪下來，再把它貼在黑色圖畫紙上。

2. 以法蘭絨板上不同顏色的法蘭絨剪成一組南瓜和空心南瓜燈的外形。在唱上述歌曲時利用這個道具來表演。

給幼兒的歌謠集

Adams, P. (Illustrator). (1973). *There was an old lady*. Child's Play International.

Adams, P. (1975). *This old man*. Child's Play International.

Barbaresi, N. (Illustrator). (1985). *Frog went a-courtin'*. New York: Scholastic.

Brett, J. (Illustrator). (1990). *The twelve days of Christmas*. New York: Putnam.

Child, L. (1987). *Over the river and through the woods*. New York: Scholastic.

Dietz, B. W., & Parks, T. C. (1964). *Folk songs of China, Japan, and Korea*. New York: Harper & Row.

Fowke, E. (1969). *Sally go round the sun*. New York: Doubleday.

Glazer, T. (1973). Eye winker Tom tinker chin chopper: Fifty musical fingerplays. New York: Doubleday.

Griego, F. M. (1980). *Tortillas para mama*. New York: Holt, Rinehart & Winston.

Hazden, B. (1973). *Frere Jacques*. With illustrations by L. Obligado. Philadelphia: Lippincott.

Hoermann, D., & Bridges, D. (1988). *Catch a song*. Nashville, TN: Incentive Publications.

Jenkins, E. (1969). *The Ella Jenkins song book for children*. New York: Oak Publications.

Kennedy, J. (1983). *Teddy bear's picnic*. With illustrations by A. Day. San Marcos, CA: Green Tiger Press.

Kovalski, M. (1987). *The wheels on the bus*. Boston: Little, Brown.

Landeck, B. (1950). *Songs to grow on*. New York: Morrow.

Landeck, B. (1954). *More songs to grow on*. New York: Morrow.

Langstaff, N., & Langstaff, J. (1970). *Jim along, Josie*. New York: Harcourt Brace Jovanovich.

Palmer, H. (1971). *The Hap Palmer songbook*. Baldwin, NY: Educational Activities.

Raffi. (n. d.). *The Raffi singable songbook*. Toronto: Chappell.

Raffi. (1986). *The second Raffi songbook*. Toronto: Chappell.

Richards, M. H. (1985). *Let's do it again!* Portola Valley, CA: Richards Institute of Music Education and Research.

Rounds, G. (Illustrator). (1989). *Old MacDonald had a farm*. New York: Holiday House.

Seeger, R. C. (1948). *American folk songs for children*. New York: Doubleday.

Seeger, R. C. (1950). *Animal folk songs for children*. New York: Doubleday.

Sendak, M. (1975). *Maurice Sendak's Really Rosie: Starring the Nutshell Kids*. New York: Harper & Row.

Sharon, Lois, & Bram. (1985). *Mother Goose*. Boston: Atlantic Monthly Press.

Spier, P. (Illustrator). (1967). *London Bridge is falling down*. New York: Doubleday.

Westcott, N. (Illustrator). (1989). *The lady with the alligator purse*. Boston: Little, Brown.

Winn, M. (1966). *The fireside book of children's songs*. New York: Simon & Schuster.

Winn, M. (1970). *What shall we do and allee galloo!* New York: Harper & Row.

Wolcott, P. (1980). *Double-decker, double-decker, double-decker bus*. Reading, MA: Addison Wesley.

給幼兒的唱片和錄音帶

Fred Koch	(1989) *Did You Feed My Cow?* Lake Fluff, IL: Red Rover Records.
Hap Palmer	(1976) *Witches Brew.*
	(1978) *Seagulls.*
	(1982) *Walter Waltzing Worm.* Freeport, NY: Educational Activities.
Kathy Poelker	(1983) *Looking at My World.*
	(1985) *Amazing Musical Movements.* Wheeling, IL: Look at Me Productions.
Raffi	(1976) *Singable Songs.*
	(1979) *More Singable Songs.*
	(1980) *Baby Beluga.*
	(1982) *Corner Grocery Store.*
	(1985) *One Light, One Sun.* Ontario, Canada: Troubadour.
Sharon, Lois, and Bram	(1984) *Mainly Mother Goose.* Toronto, Ontario, Canada: Elephant Records.
Tonja Evetts Weimer	(1986) *Fingerplays and Action Chants.* Pittsburgh: Pearce-Evetts Productions. Volume 1, Animals; Volume 2, Family and Friends.

　　兒童歌曲變化多端（Wolf, 1992）。當然，很多是專為兒童寫的。流行歌曲也可以在課堂上演唱。兒童歌曲有很豐富的民俗傳統。許多的民歌都是很簡單，包含不少的樂曲和歌詞的複唱，兒童很容易學習。兒童應有探索多種兒歌的機會。許多當代的音樂在歌詞、和音及意義上都很豐富。爵士樂、民歌及搖滾樂也應包括在歌唱和聆聽活動中。許多結合美國文化的種族傳統也提供了音樂資源；例如非裔美國人、講西班牙文的人、當地美國人以及不同歐洲血統的人都應被囊括在教室的表演節目中。老師應挑選他們喜歡而符合Smith的理論中複唱和音域標準的歌曲，之前已略述，也可以挑選配合課程特殊學習領域的歌曲，例如在介紹非洲——美洲文化的課程中放非洲歌曲或在一年中適當的時機播放節慶歌曲。

雖然大部分的歌唱課程都重視音樂經驗的娛樂性，但歌唱也有創造性的層面。兒童可以組合自己的韻文成一首熟悉的歌以及寫新歌。老師可以用記譜法寫下這些歌，再唱給孩子聽或是用錄音機捕捉兒童的創作。

樂器演奏

幼兒課堂上應給予兒童演奏多種樂器的機會。團體演奏有時候是很好的，但兒童也必須獨自去探索樂器的使用。他們不應被要求跟著特定的節拍演奏，而應給他們自由地試驗。鼓、鈴鼓、節拍棒、響葫蘆以及樂音積木都是幼兒可使用的簡單樂器。

有些市面上賣的樂器也應做為教材，因為許多自製的樂器音質並不佳，但兒童也可以創造自己的樂器。這些樂器相當簡易，例如用牛奶盒或塑膠盒裝些豆子或沙子做成的振動器；盒中不同的物體搖動時會發出不同的音調。把砂紙綁在木製積木上互相摩擦也是合適的樂器。許多在家裡周圍或廢物利用的物品也都可以改造成樂器——例如，壺蓋和汽車煞車鼓可做成打擊樂器。所有的樂器，無論是購買或自製的，都應予以重視。

除了節奏樂器外，簡單的音調樂器也應涵蓋在內，然而老師應避免那些必須放在口中演奏的樂器。一小組的樂音積木、木琴、馬林巴（木琴的一種）以及有音調的鈴鐺都可以給兒童使用。這些樂器激發兒童去探索音調和節奏的關係並常開始自己演奏簡單的曲調。

樂器可用來伴奏兒童的歌唱或動作，複製韻律或旋律形式，或創造新的歌曲，同時它們也提供了一個自由探索音樂的途徑。有時候只是放一具樂器在桌上便足以刺激孩子「玩弄」聲音。老師可以指導、幫助兒童擴展這種簡單的探索。有時兒童可以從周遭世界中節錄聲音的形式：跑步聲、影印機的噪音以及街頭活動的聲音。人名、物名或故事中的字詞押韻的形式也可以用打擊樂器重現。兒童也可以聽音樂，節錄韻律或加重拍並複製它。他們應感覺並複製節奏。個人的探索可進展成團體演奏，孩子們聯合或甚

打擊樂器可用來伴唱。

至輪流演奏，就像對話般。

　　當孩子們演奏樂器時，他們應留意每種樂器可以達到的音域。以手擊鼓和以棍棒擊鼓發出的聲音就不同。敲在鼓中央，它們發出的音調便不同於敲在邊緣的音調。兒童可以學習用同樣的樂器製造不同的效果出來。

　　當孩子進入低年級時，他們即可開始學習樂譜的相關知識。他們可以隨著不同長度的音符拍手或跟著不同的韻律跑步、走路和跳躍。他們甚至可以學習當音樂的音高起伏變化時，他們也能跟上歌曲旋律的樂音。老師可以用手上下揮動或在黑板上做記號來解釋音高的變化。

　　兒童不應被強迫遵行樂曲的嚴格形式。以樂器進行的活動其功能應是讓兒童有興趣並願意嘗試聲音的新構想。老師應透過樂器的使用幫幼兒探索和發現音樂的豐饒。

聆聽音樂

聆聽是基本的音樂技巧。兒童聽著周遭世界的聲音，以節錄聲音做為了解世界的方式。他們也可以聆聽音樂的構成要素，如音高、強度和韻律以及形式和主題。用心聆聽有助於兒童了解音樂的特性並決定其情境。此外，聆聽是歌唱或發展創造性動作的必要過程。

當兒童聆聽音樂時，他們很快地注意到其不同的特質。有些音樂大聲，有些柔和；有些節奏快，有些慢；音調有起也有落。老師可以協助兒童注意並記述音樂的構成因素、設計和音樂性的特徵。兒童也可以學習區別不同的樂器並辨認其聲音。老師可先解說明樂器類別的差異性──銅管樂器，木管樂器、絃樂器和打擊樂器──之後再解釋每個類別中各種樂器的差異性。強調不同樂器的音樂唱片是很有用的，樂器的圖片和照片亦然。老師也可以邀請音樂家到課堂上為兒童演奏。

兒童在早年常會積極地聆聽音樂，以身體的動作隨著韻律和旋律或藉著使用樂器或自己的聲音起舞。積極參與的聆聽可以擴及創造性表達。不過在其他時候，兒童被期望較被動地聽音樂，就像他們專心聽故事一樣。

老師可以設計加強專心聆聽的討論並導入批判性的聆聽。兒童可以談論由音樂所引發的感覺以及可以喚起感情的活動種類。他們也可以討論音樂的用途：放鬆心情、伴隨舞蹈、促進工作、營造氣氛或為故事伴奏。老師應協助兒童發掘他們的音樂偏好並協助他們發現最吸引他們的音樂構成要素。幾乎音樂課的每一方面均以聆聽技巧的發展為基礎。如果兒童要正確地學唱歌，他們必須準確地複製歌曲的音調和韻律形式；因此，他們必須聆聽並回想歌曲。在兒童反應音樂的創造性動作活動中便需要他們專心聆聽。

雖然兒童的音樂帶琳瑯滿目，兒童也應有機會聽現場音樂。有些多才多藝的老師能為班上學生演奏；家長或較大的兒童也可

能願意並能在班上表演。在某些社區裡，當地的樂團或合唱團會在學校裡表演。有時幼兒被認為太稚嫩而不被包含在聽眾群中，但事實上他們卻能從此類經驗中獲益。問題在於幼兒有時不會表現「適當的」聽眾行為。聽眾行為是可以學習的，雖然兒童會隨著音樂自然擺動，但他們可以學習什麼時間適合安靜地坐著。

運動

運動教育有助於兒童了解動作的結構並改善他們的體能技巧及協調。兒童學習依不同場地、不同節奏和速度、不同難度、不同人數、力量和強度的變化以及不同的大小物體的形狀來調整動作。舞蹈、體操和遊戲在幼年時便應讓兒童熟悉以達到這些目標（Schurr, 1980）。基本的運動教育應是整合這三大領域的學習之活動。

運動課程應適合幼兒。根據Eastman（1992）的理論，下列標準為選擇運動活動時應注意之事項：

1. 必須提供多樣的運動形態。
2. 必須是創造性的。
3. 應該要有趣。
4. 應鼓勵孩子做決定並解決問題。
5. 必須強調安全和管理。
6. 必須適合特定年齡的孩子。

這部分課程的目標在於兒童探索身體的功用以及擴大兒童以身體和用具表達感情和想法的能力。兒童在幼年時並無準備要成為音樂家或藝術家甚至科學家和數學家。學習表達自己以及欣賞他人的表達，尋找自身以及環境周遭的美，才是伴隨他們終其一生的探索。

基本的運動教育最好以發展架構呈現出。David L. Gallahue（1989）曾描述兒童運動神經的發展是經歷了一連串的時期，每一時期又分成二至三個階段。這些階段和其他發展學家的理論相

活動／運動課計畫

這堂課的主題是空間和方向。它將幫助兒童在空間裡活動，以身體四肢做各種的動作。

以歌曲開始這堂課。動作歌（例如〝Hokey Pokey〞）可引起兒童的興趣，同時也是讓幼兒進入更有活力、更複雜的運動的工具。

這堂課第二個構成要素是加強空間和方向主題的動態活動。應挑選能鼓勵解決問題的活動。一個放置呼拉圈、長板凳、椅子以及射擊遊戲的障礙跑道將凸顯主題。障礙跑道很受幼兒及老師的喜愛，因為它組合了許多運動形態且讓兒童在趣味中參與問題解決的經驗。

運動課的第三要素是遊戲。所選擇的遊戲也應強化主題。遊戲在本質和範圍上應簡單且無競爭性；重點應放在個人挑戰上。老師可以設計自己的遊戲，如此發展出的運動經驗才會適合他們特定的情境。

課程的最後階段以休息為主。兒童玩得很累；因此，休息時間是很重要的。休息活動在生理和身體上都有所助益。這個活動的設計是要讓兒童冷靜下來。模仿慢動作的動物是適宜的（Eastman, 1992）。

似。第一期，反射動作期，從在子宮內開始一直到大約一歲為止。此期第一部分是由訊息轉譯階段組成，在此階段裡，嬰兒透過反射動作獲得訊息、營養及保護。第二階段，訊息解譯階段，嬰兒發展骨骼動作的自發控制及了解從感官刺激所獲得的過程訊息。

第二期，動作形成期，它涵蓋了第一期並從出生擴大至二歲，它也分成兩階段。第一階段，反射抑制階段，反射動作被自發行為所取代，雖然是有目的的，但這些動作卻出現未加控制、不精確的情況。約1歲時，開始前控制階段。於此兒童表現出較精確並較能控制的動作。他們學習保持平衡、操作物體並在環境中到處

幼兒運動的重要性

1. 對幼兒而言，運動意指生活。他們不只在自己的動作中體驗生活，也把生活歸屬於所有移動的物體。
2. 對幼兒而言，運動是自我發現的重要因素。自我概念的浮現即自我提昇，就像兒童以特技和把戲引人注意一般。
3. 運動意指對環境的發現。運動有助於幼兒達成及維持他們對空間的適應。在他們的發展中，時間、空間和方向的概念是很重要的因素。
4. 運動對幼兒的意義為何？它是指自由——從狹隘的身體限制中解放出來以及透過創造性的身體表達自由地擴展自己。
5. 運動意即安全。在基本觀念中，它具有求生價值。
6. 對幼兒而言，運動是一種建立接觸及溝通的方法。
7. 全然的歡樂及感官滿足並非運動中最不具意義的部分。他們興奮地跑著叫著，就像是表達生命的喜悅一般。

(American Association for Health, Physical Education, and Recreation and National Association for the Education of Young Children, 1988)。

走動。

　　第三期，基本動作期，範圍從約兩歲到七歲，即本書所討論之教育計畫所涵蓋的年齡層。這段時期分成三個階段。第一階段，即最初階段，兒童探索及試驗他們自己的動作能力，包括運動性、穩定性及操作性動作。動作形態的整合在此時期仍很弱。較多的控制及較好的協調在第二階段才出現，即基本階段。第三階段，成熟階段的特徵是更有效率、能控制、更協調的機械性動作。

　　動作發展的第四期，運動相關期，從七歲到十四歲以後。此時期也由三階段組成：一般或過渡階段、特定階段及特殊化階段。在這發展的最後時期，基本的運動性、操作性及穩定性技巧

都能精確、結合及複雜化。它們也應用在遊戲、運動、舞蹈及其他休閒活動中。運動神經發展的初始基本上是被成熟度影響，然而，Gallahue審視後二時期的發展時發現它尤其受機會、動機和指導的影響。

運動教育課程應適性發展、有趣、激勵及有利於幼兒完全的運動神經發育。動作經驗應包括有無器材的活動以及運動性活動、操作性律動及遊戲，例如，像假日或運輸的主題可以富有想像力、激勵性及趣味性。要在有氧運動中摻入適性發展的經驗，幼兒可以遵循成人相同的流程：暖身、練習及緩和運動。但兒童的生理機能和專注時間只適合本質上較短、較有活力且只需最少的指導即能實行的活動 (Fish, Fish, & Golding, 1989)。

體育取向的運動

體育活動應包括發展性的運動、翻滾、雜要以及利用小型和大型器材的動作。在托兒所或幼稚園階段，這些活動通常都非正式地被提供。室內室外跑步、跳躍、行走和爬行以及其他伸展肌肉活動的充分空間是必要的。跳躍、抓握以及爬梯子、繩索的設備應俱全。平衡木、滾輪、吊環、繩索、腳踏車、踏板車以及手推車都屬於這個階段伸展肌肉的技能工具。當兒童進入低年級後，可以加入較正式的活動。在低年級中使用體操探索法是很明智的做法。

在托兒所裡，玩遊戲必須很彈性，因為兒童通常無法遵守遊戲規則或任何時間長度的目標。在低年級時，可以增加教導基本技能的遊戲。幼兒教育中遊戲的應用在第十章中已有討論。

運動教育課程通常強調發展及改進基礎運動形態。Gallahue (1989) 認為幼稚園及低年級階段的運動課程著重於三大運動領域：穩定性、運動性及操作性。在穩定性的範圍中，課程應協助兒童發展軸狀運動以及靜態與動態的平衡，亦即移動和立正時的平衡。在運動性的範圍中，運動應著重於行走、跑步、跳躍、滑行以及攀爬的活動。操作性範圍則包括關於捉、捕、擲、踢等技巧的活

動。

　　Robert Pancrazi和Victor Dauer（1981）指出幼幼班的運動課程重點在於：(1)讓兒童有效支配肢體的整體運動神經經驗；(2)透過掌握一些遊戲器材如球和沙包以學習操作性技巧；以及(3)利用地板器材如跳箱、木板、梯子讓兒童滑下、跳下、穿越洞孔以及彈跳。在幼稚園和低年級階段，Pancrazi和Dauer認為課程應偏重運動經驗和人體力學以及韻律活動。當兒童成熟時，可以逐漸增加器材、特技、翻滾以及簡單的遊戲，在低年級的後期可以介紹合宜的機械性操作及運動技能。

運動探索對幼兒的發展很重要。

活動／加強四至五歲兒童的運動性、操作性和穩定性的技巧

音樂滾輪

（這和音樂椅、大風吹相似）

技巧：跑步、滾輪及跳躍

器材：15-18個滾輪、音樂

編組：兒童站在滾輪中央，1～2個兒童分配1個滾輪

過程：當音樂開始時，兒童自由地在滾輪邊跳進跳出。當音樂停止時，兒童必須在滾輪內。每一次新的開始都抽掉1-2個滾輪直到遊戲最後兒童必須共分數個滾輪。

黏黏的爆米花球

技巧：跳躍

器材：無

編組：分散

過程：兒童開始「活蹦亂跳」並嘗試和另一人相黏。當孩子和另一人接觸時，兩個人必須黏著跳。然後爆米花球愈來愈大。

氣球排球

技巧：拍擊

器材：7或8吋的汽球數個、線

編組：二組人數相同的隊伍分散於線的兩邊，線約拉至3-4呎高。

過程：兒童把氣球往上拍並使其越過線。強調兒童應團隊合作使氣球儘可能地飄在上空。

音樂足球

技巧：踢、捕捉

器材：每個孩子一個球、音樂

編組：兒童分散站著，每人的腳邊都有一個球在地上。

過程：當音樂開始時，兒童練習踢球。當音樂停止時，他們應捉住球。若問孩子們以何種方式把球止住，答案會有很多種。例如，他們可以只用腳，或者他們可以改變踢球的方向和速度。

沙包與滾輪

技巧：丟擲

器材：每組6-8個兒童、6個呼拉圈、4個沙包、膠帶

編組：用膠帶把6個呼拉圈黏在地上排成一列，在呼拉圈內照1-6的順序編號。兒童站離第一個呼拉圈數呎遠。

過程：兒童站離第一個呼拉圈數呎遠並嘗試把四個沙包全丟進去。最遠的呼拉圈，即6號，應該是最難丟中的。其他孩子可以幫忙撿回沙包。大家輪流進行。

發展性的特技：動物的動作

熊走路：兒童往前彎並把手放在地上約12吋遠，膝蓋打直。如果可能，他們可以試著往前走。

袋鼠跳：兒童以半蹲、手臂抱胸的姿勢，跳到空中再回到膝蓋彎曲的蹲踞姿勢。

鴨子走路：兒童坐在自己的腳跟上，把手放在膝蓋上並搖搖晃晃地慢步向前行。

單人特技

蛋捲：以蹲姿用手臂抱腿，兒童滾向一邊再滾回來，再滾向另一邊。然後他們再試著滾回起點。

鸛立：兒童單腳站立並反抓另一腳。然後換腳做做看。

磨豆機：兒童以坐臥的姿勢滾向一邊，重量放在一隻手和一隻腳上，身體打直。旋轉速度慢慢增加。以另一邊重複同樣的動作。

雙人特技

獨輪手推車：一個孩子彎腰並把雙手放地上。同伴站在第一名兒童的兩腳中間並抓住其腳踝。同伴舉起第一個兒童的腳往前走。交換姿勢。

青蛙跳：每個孩子都蹲下，各距離4至6呎遠。小「青蛙」輪流把雙手放在每個孩子背後並張開雙腿跳向另一名孩童。一列完畢後，扮「青蛙」的小孩回到隊伍，另一名小孩開始做。（青蛙跳可以和一個同伴或一組人一起做）。

擦抹布：找大約同高同重的兩個孩子面對面站著。他們握著手，藉著手臂上轉並超過頭而完全轉過身。當兒童轉身後手應該還握在一起。(Madsen, 1987)

專欄 16-14

教學小故事：幼稚園的體育課

學生們走進體育館，每個孩子走到地板的紅色記號上。老師開始演奏一些活潑輕快的音樂，並說：「我希望你們每個人在自己的紅色記號處慢跑。慢跑是快還是慢呀？」

學生們回答老師：「慢。」並開始在原地慢跑幾分鐘。老師稱讚孩子們遵守指示並要求他們把膝蓋提向天花板。「現在慢跑到任何你想去的地方。」他說。學生們開始興奮地在體育館裡到處亂跑。「現在，當我音樂停的時候，我希望你們找到一個紅色記號並站在上面。」

幾秒鐘後，他停下音樂，學生們匆忙尋找紅色記號。

老師繼續上課，他投給每個學生一個沙包。「今天我們要在課堂上使用沙包。我希望你們站在紅色記號處並用沙包做任何你們想做的事。」

一個小女孩把沙包放在她頭上然後慢慢地以身體轉圈圈。一個小男孩把沙包丟向空中超過他的頭並試著接住它。

「現在我希望你們都試著做相同的事，」老師解釋：「拿起沙包高過你的頭並看看你是否能讓它落在紅色記號上，像這樣——」他解釋。

學生們很興奮地開始拋下沙包。老師要大家注意一位名叫Christina的小女孩。「我希望你們都看著Christina。她正做一件很棒的事。」全班靜下來並看著。

然後老師要求學生試著丟沙包到空中並接住它。學生花了幾分鐘在這個活動上，然後才進行一些其他的沙包活動。

舞蹈取向的運動

Gallahue以及Prancrazi和Dauer的運動教育法基本上反映了一種體能教育的取向。其他的教育家則強調一種更富創造力、舞蹈取向的幼兒運動教育法。這種較新的方法深受Rudolph Laban

（1975）的理論影響，他在英國分析和敍述了基本的身體運動並發展出一套運動教育法。

Bonnie Gilliom（1970）應用了Laban及其門生的研究，分析了運動教育的架構。她說透過運動教育，兒童應可憑經驗學到下列各點：

1. 運動的構成要素：時間、空間、力量和流動感
2. 運動的物理法則以及支配人類身體運作的人體運動原理
3. 創造性及有效能運動的廣大多樣性，這是人體能經由運動變化的操作而產生的。

Gilliom曾發展出一系列著重運動問題的單元。老師設定問題並引導學生發展創造性的方法來解決它們。教學中許多部分是間接的，例如採用口頭指導及示範。但級任老師可創造各種的活動讓兒童能探索自己的身體以及他們在空間移動的能力，並利用時間、律動、力量及流動感來創造運動的後繼發展。

然而運動教育本身就是有價值的課程範圍，它也曾因對其它課程領域有貢獻而受到重視。Lydia Gerhardt（1973）的報告中指出幼兒如何在空間中求得適應並用運動來了解空間、時間、長度、形狀和方向的概念。她也提出以透過運動的方式加強幼兒教育課程的建議。位相幾何學、地理學的觀念以及時間、空間和重量的測量全都與運動探索有所關連。諸如此類運動的應用意指一種有系統的方式，依此方式兒童所衍生的運動神經模式可以被整合成認知架構。Betty Rowen論述運動教育的書中（1982）便列舉了利用運動做為學習語言、科學、社會科以及數字概念的策略。

運動也可幫助兒童探索音樂的架構，從一開始運動和音樂就不分家（Ludowise, 1985）。受音樂感動的傾向可以做為一種激發兒童藉由聽和做來學習音樂的方法。

由Aronoff（1979）所發展的音樂課程是以Emile Jaques Dalcroze的優美韻律學為基礎，之前已提過。這種方法是透過運動活動將正式的音樂概念介紹給兒童。雖然大部分老師缺乏做一位Dalcroze老師或舞蹈老師的特殊訓練，但他們仍有許多方法鼓勵

活動／結合運動—音樂的活動

身體語言

目的：當發展一組身體各部分的運動項目時要維持運動的穩定節奏

教材：手鼓或穩定的音樂帶，甚至敲擊聲，例如Hap Palmer的「Mod Marches」。

指引：兒童就定位，確定相互間距夠寬不會互撞。當音樂演奏時，讓兒童隨著節奏移動一個之前選好的身體部位，像手臂。時候差不多時，說「換」，這是暗示兒童找一個新方式移動手臂。鼓勵孩童找三到四種方法移動身體各部位，包括手臂、手肘、肩膀、頭、眼、腿、腳、軀體及臀部。

打鼓運動

目的：介紹配合加重節拍的運動

教材：手鼓和鼓槌

指引：當你在打鼓時，兒童可以隨著節奏行進。節奏應平穩和平均，雖然第一拍應大聲些。在加重的節拍上，兒童應在行進中微微彎曲膝蓋。當你打四拍（「強、弱、弱、弱」）、三拍（「強，弱，弱」）、二拍（「強、弱」）的形式時，反覆地唸誦「強」、「弱」，幫兒童了解何時會有重音節拍產生（Ludowise, 1986）。

學生去探索運動。這種以及促使兒童感動和探索的驅動力讓兒童熱衷於創造性舞蹈中。兒童的學習經驗特質決定了他們在舞蹈中所得到的樂趣。老師應教導兒童運動的基本構成要素以及舞蹈的適齡要素（身體、關節、時間、空間、精力及動作）。他們必須學習適性發展的運動技巧以及進程，使之成為漸進式學習經驗的一部分，此經驗在創造性運動中提供合適的挑戰。

活動／運用照片或繪畫的運動

照片

雪景

　　視覺印象：冷，光滑，白色，人或其他物體在雪中造成的痕跡。

　　運動聯想：顫抖、滑倒、表現雪花和雪中痕跡的模樣。

繪畫

文生・梵谷的星空

　　視覺印象：沈睡的村莊，尖銳的教堂尖塔，高聳的柏樹、漩渦狀的天空、
　　　　　　　　金色的月亮，星星的起伏。

　　運動聯想：斜躺的姿勢，塔上尖銳的形狀，由二個或更多的孩子一起做
　　　　　　　　個塔，起伏的動作、漩渦狀的動作（Nicholes, 1991）。

　　　老師可幫助兒童利用運動以表達觀念和情感。Joan Russell
（1987）集合了運動的特質以說明下列四大項目：身體，表達的工
具；力氣，身體如何運作；空間，身體運作的地點；以及關係，身
體各部位的關係、舞者間的關係，以及團體間的關係。Russell以
Rudolph Laban的理論為基礎發展了一套創造性舞蹈的課程，目
標在於透過一連串基本主題幫兒童發展運動能力。

　　　適合幼兒的舞蹈通常是指創造性舞蹈或創造性運動，它是以
自然運動為基礎的藝術形式，不過並非所有的自然運動都是舞
蹈。Stinson（1991）相信只要我們注重舞蹈的話，它就會變成很
重要的自然運動。把運動變成舞蹈需要兒童去創造形式。日常運
動是自發的，但舞蹈需要我們感覺自己完全像個正要跨出試探性
第一步的嬰兒。

活動／空間地圖

讓孩子從雜誌上找五張圖片，上面有有趣的形狀和兒童能夠做到的動作，並把圖片剪下來。讓兒童安排他們的圖片並把它黏在圖畫紙上。這張紙象徵了教室裡的舞蹈空間；因此，每張圖片的位置決定兒童在那裡要表演圖片裡的動作和形態。兒童畫一種地面圖案來連接每張圖片（例如，直線、扇形，或Z字形）。然後兒童做出與圖片相關的舞蹈動作。讓兒童順著他們的地面圖案移位。必要時提供協助。兒童可以互相展示他們的地圖，然後一次一個或兩個孩子同時表演地圖舞（Nicholes, 1991）。

舞蹈有助於兒童發現一個感官覺醒的新世界，它透過動態美學觀而成為可能。做為創造性藝術的舞蹈包括了身體及心靈層面（自我的另一領域）。它需要的不只是身體運動，也需要動作的內在覺醒（Stinson, 1991）。相信兒童應超越運動而舞蹈的老師必須促進此種轉變。Stinson（1991）提出了下列各點：

1. 如果老師帶領他們練習發出聲音和保持沈默的對比時，兒童可以感覺自己是運動和靜止狀態。
2. 兒童必須回應老師以聲音或身體所做的信號，像是完全安靜或發出聲音（如重踏地板或拍大腿）。
3. 兒童必須藉由使用他們的動態美學觀欣賞及注意靜止的感覺。
4. 兒童可以聆聽帶有魔法特質的音樂以引導其運動。

以錄音機播放或以鋼琴演奏音樂常刺激兒童舞動，改變音調、強度及韻律也會引致他們以不同方式起舞。打鼓的節拍也會激勵他們。也可以不用任何樂器伴奏而激發運動，以敘述性文句，或要求學生表演一個柔軟動作、一個猛烈的動作、大跨步或接近

活動／實物意象

香蕉背

目標：改善彎腰駝背的姿勢

意象：香蕉背

步驟：讓兒童挺胸並減少「香蕉背」的姿勢。

逗人喜愛的泰迪熊

目標：手臂放置

意象：抱一隻泰迪熊

步驟：讓孩子抱一隻巨大的泰迪熊，它大到令他們無法以手臂全抱。

(Overby, 1991)

地面的運動──這些全部讓他們在老師所建立的架構裡自由發揮。

此類經驗常常以簡單的道具來輔助。鐵環或精絲領巾會影響兒童的動作，常常讓他們能夠做出更具流動感的動作。要求他們以表現特定物體的方式來做動作也可以擴展其運動。兒童可以變成一架噴射機、一條滑溜溜的蛇、一艘船或一朵生長中的花。每種物體都會引起兒童某些聯想，他們應能夠以自己的方式解釋。比起鼓勵創造性表達，讓孩子們全部以同樣的老套方式做動作只會抑制他們的想像力。事實上，個人詮釋在這些韻律活動中很重要。幼教老師的角色即刺激運動並鼓勵使用身體的新方法，而不光是教特定的形式和技術。

然而，也應要有其他舞蹈活動的機會。帶有歌曲或唸誦的韻律遊戲是很好玩且幼兒易學的。這種遊戲容易教導且充滿複唱，

兒童可以輕鬆地熟悉它們，例如 "LoobyLoo" 或 "Bluebird, Fly Through My Window"。這許多的活動都取自於民俗傳統，老師有時會發現兒童知道的版本與老師所用的有些微差異。這種差異當老師介紹民歌時可能會發生。這些變異是很有趣的研究，因為它們代表了美國社會民俗傳統的一部分。但是，對老師而言學習當地的版本比學習外國版本來得容易。

遊戲以及聚會活動可以介紹民族舞蹈，包括美國的、歐洲的或其他種族的。兒童可以學習民族舞蹈簡單的基本舞步或方塊舞，然後按照老師的指示變換舞步。介紹簡單的舞蹈音樂及指引的錄音帶和書籍都方便易得。較正式的舞蹈可能應延至之後兒童的學校生涯中。

結語

美術、音樂及運動在幼兒課程中都佔有重要的地位。這些領域讓兒童以多種方式創造性地表達他們自己。它們也讓兒童除了語言之外也以不同的方法來了解世界。為了使兒童在這些領域中能發揮創造力，他們必須發展自制力以及了解每種媒材的用途。因此老師必須主動地幫助兒童獲得較佳的技巧並在這些領域中得到較多的知識。在訓練中亦給予兒童自由發揮的空間是學習表現藝術的基礎。

參考書目

American Association for Health, Physical Education, and Recreation & National Association for the Education of Young Children (1988). *The significance of the young child's motor development*. Proceedings of a conference sponsored by the American Association for Health, Physical Education, and Recreation and National Association for the Education of Young Children.

Andrews, G. (1954). *Creative rhythmic movement for children*. Englewood Cliffs, NJ: Prentice Hall

Aronoff, F. W. (1979). *Music and young children* (expanded ed.). New York: Turning Wheel Press.

Barclay, K. D., & Walwer, L. (1992). Linking lyrics and literacy through song picture books. *Young Children, 47*(4), 76–85.

Burns, S. F. (1975). Children's Art: A vehicle for learning. *Young Children. 30*(3), 193–204 .

Carnegie Forum on Education and the Economy (1986). *A nation prepared: Teachers for the 21st century*. Washington, DC: Carnegie Forum on Education and the Economy.

Clare, S. M. (1988). The drawings of preschool children: A longitudinal case study and four experiments. *Studies in Art Education: A Journal of Issues and Research, 29*(4), 211–221.

Cole, E., & Schaefer, C. (1990). Can young children be art critics? *Young Children, 45*(2), 33–38.

Davis, J., & Gardner, H. (1993). The arts and early childhood education: A cognitive developmental portrait of the young child as artist. In B. Spodek (Ed.), *Handbook of research on the education of young children* (pp. 191–206). New York: Macmillan.

Day, B. (1988). *Early childhood education*. New York: Macmillan.

Dimondstein, G. (1974). *Exploring the arts with children*. New York: Macmillan.

Eastman, W. (1992). The values and purposes of human movement. *Day Care and Early Education, 19*(4), 21–24.

Edwards, L. C., & Nabors, M. L. (1993). The creative arts process: What it is and what it is not. *Young Children, 48*(3), 77–81.

Feeney, S., & Moravcik, E. (1987). A thing of beauty: Aesthetic development in young children. *Young Children, 42*(6), 7–13.

Feldman, E. (1970). *Becoming human through art*. Englewood Cliffs, NJ: Prentice Hall.

Fish, H. T., Fish, R. B., & Golding, L. A. (1989). *Starting out well*. Champaign, IL: Leisure Press.

Fowler, C. (1989). The arts are essential to education. *Educational Leadership, 47*(2), 60–63.

Gallahue, D. L. (1989). *Understanding motor development in children*. New York: Wiley.

Gelfer, J. I., & Perkins, P. G. (1987). Young children's acquisition of selected art concepts using the medium of blocks with teacher guidance. *Early Child Development and Care, 27*, 19–20.

Gerhardt, L. A. (1973). *Moving and knowing: The young child orients himself in space*. Englewood Cliffs, NJ: Prentice Hall.

Gilliat, M. T. (1983). Art appreciation: A guide for the classroom teacher. *Educational Horizons, 61*(2), 79–82.

Gilliom, B. C. (1970). *Basic movement for children*. Reading, MA: Addison-Wesley.

Kaufman, E. (1989). *Nine commentaries on Frank Lloyd Wright*. Cambridge, MA: MIT Press.

Jalongo, M. R., & Collins, M. (1985). Singing with young children. *Young Children, 40*(2), 17–22.

Joan, B., Haines, E., & Gerber, L. (1984). *Leading young children to music*. Columbus, OH: Merrill.

Laban, R. (1963). *Modern educational dance*. London: McDonald and Evans.

Lacy, J. F. (n.d.). *Young art: Nature and seeing*. New York: Van Nostrand Reinhold.

Lowenfeld, V., & Brittain, W. L. (1987). *Creative and mental growth* (8th ed.). New York: Macmillan.

Ludowise, K. D. (1986). Movement to music: Ten activities that foster creativity. *Childhood Education, 62*, 40–43.

Madsen, K. (1987, February). Children in motion. Paper presented at the Illinois State Kindergarten Conference. Oak Brook, IL.

Marksberry, M. L.(1963). *Foundation of creativity*. New York: Harper & Row.

McDonald, D. (1979). *Music in our lives: The early*

years. Washington, DC: National Association for the Education of Young Children.

Moomaw, S. (1987). *Discovering music in early childhood*. Boston: Allyn and Bacon.

Moran, J. D., Sawyers, J. K., & Moore, A. J. (1988). The effects of structure in instructions and materials on preschoolers' creativity. *Home Economics Research Journal, 17*, 148–152.

Neubert, K. (1991). The care and feeding of clay. In L. Y. Overby, A. Richardson, & L. S. Hasko (Eds.), *Early childhood creative arts* (pp. 121–127). Reston, VA: American Alliance for Health, Physical Education, Recreation and Dance.

Nicholes, V. F. (1991). Creative dance for the primary child: A progressive approach. In L. Y. Overby, A. Richardson, & L. S. Hasko (Eds.), *Early childhood creative arts* (pp. 144–159). Reston, VA: American Alliance for Health, Physical Education, Recreation and Dance.

Overby, L. Y. (1991). Imagery use in children's dance. In L. Y. Overby, A. Richardson, & L. S. Hasko (Eds.), *Early childhood creative arts* (pp. 160–166). Reston, VA: American Alliance for Health, Physical Education, Recreation and Dance.

Pancrazi, R. P., & Dauer, V. P. (1981). *Movement in early childhood and primary education*. Minneapolis: Burgess.

Papalia, D. E., & Olds, S. W. (1987). *A child's word*. New York: McGraw-Hill.

Peery, J. C. (1993). Music in early childhood education. In B. Spodek (Ed.), *Handbook of research on the education of young children* (pp. 207–224). New York: Macmillan.

Pile, N. F. (1973). *Art experiences for young children*. New York: Macmillan.

Pitcher, E. G., Feinburg, S. G., & Alexander, D. A. (1989). *Helping young children learn*. Columbus, OH: Merrill.

Raut, S. (1985). Identifying the inaccurate singer in your classroom. *OMEA General Music Journal, 3*(2), 28–30.

Richardson, E. S. (1969). *In the early world*. Wellington, New Zealand: Council of Educational Research.

Rowen, B. (1982). *Learning through movement* (2nd ed.). New York: Teachers College Press.

Russell, J. (1987). *Creative dance in the primary school*. London: Macdonald and Evans.

Saracho, O. N. (1992). Preschool children's cognitive style and play and implications for creativity. *Creativity Research Journal, 5*(1), 35–47.

Schurr, E. L. (1980). *Movement experiences for children* (2nd ed.). Englewood Cliffs, NJ: Prentice Hall.

Smith, N. R. (1983). *Experience and art: Teaching children to paint*. New York: Teachers College Press.

Smith, R. A. (1989). *Discipline -Based Art Education: Origins, meanings, and development*. Urbana: University of Illinois Press.

Smith, R. B. (1970). *Music in the child's education*. New York: Ronald Press.

Stamp, L. N. (1992). Music time? All the time? *Day Care and Early Education, 19*(4), 4–6.

Stinson, S. W. (1991). Transforming movement into dance for young children. In L. Y. Overby, A. Richardson, & L. S. Hasko (Eds.), *Early childhood creative arts* (pp. 134–139). Reston, VA: American Alliance for Health, Physical Education, Recreation and Dance.

Sunal, S. S. (1993). Social studies in early childhood education. In B. Spodek (Ed.), *Handbook of research on the education of young children* (pp. 176–190). New York: Macmillan.

Swann, A. (1985). A naturalistic study of art making process in a preschool setting. Unpublished doctoral dissertation, Indiana University.

Tarr, P. (1991). More than movement: Scribbling reassessed. In L. Y. Overby, A. Richardson, & L. S. Hasko (Eds.), *Early childhood creative arts* (pp. 112–120). Reston, VA: American Alliance for Health, Physical Education, Recreation and Dance.

Wheeler, L., & Raebeck, L. (1977). *Orff and Kodaly adapted for the elementary school*. Dubuque, IA: William C. Brown.

Wolf, A. D. (1990). Art postcards–Another aspect of your aesthetics program? *Young Children, 45*(2), 39–43.

Wolf, J. (1992). Let's sing it again: Creating music with young children. *Young Children, 47*(2), 56–61.

Zimmerman, M. (1985). The state of the art in early childhood music and research. In J. Boswell (Ed.), *The young child and music: Contemporary principles in child development and music education* (pp. 65–78). Reston, VA: Music Educators National Conference.

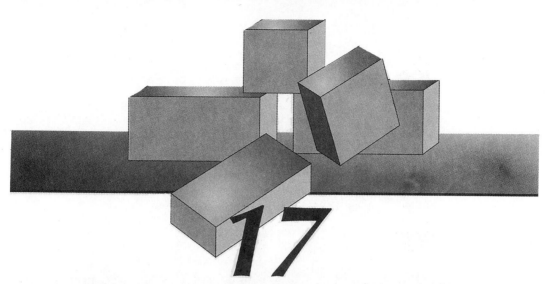

17

教師專業發展的資源

本章綱要

◎教師追求專業發展的方法
◎在職進修計畫的類型
◎幼兒教育專業組織與出版物的資訊
◎幼兒教育中不同主題的資源及資訊

導論

近幾年來，幼兒教育的專業化已漸受到關切，我們從幼教從業人員的資格標準提升以及強調其持續的專業發展中可得到佐證(Spodek, Saracho, & Peters, 1988)。

對於專業特質的一個主要定義即：要求新進人員必須經過長時間的養成與訓練。儘管目前對於此項訓練的時間並無固定標準，但是Katz和Raths在1985年已指出專業培訓過程的數個特性：

1. 這種培訓必須是專業化的，以確保能習得綜合的知識與技術。

2. 培訓乃是認識教學本質和困難；其中有一項篩選過程，而有不少人會在此過程中放棄。訓練乃由最適當的壓力與犧牲所構成，結果將使受訓者產生對專業的奉獻與堅守信念。

3. 受訓者被要求除了可能用上的知識以及自己覺得必要的知識外，他們還要學會更多的知識。在所有的專業領域中，受訓者都會抱怨他們所須精熟的知識太多且與專業明顯無關。

4. 負責專業訓練的機構必須合格或持有執照，這些機構在專業人員的監督下頒發證書、執照或是學位給受訓者。

5. 所有專業的訓練機構，皆一致地提供成員有系統、定期的持續性教育 (Katz & Raths, 1985)。

要做一位有效能的幼教老師必須要具備哪些條件呢？爲了找出答案，此領域的研究者，數十年來一直在研究教師以及他們的教學。我們對教學知道的愈多，也就愈能改進老師的效能，並進而對幼兒教育的過程產生影響，所以，教師不僅須學習更多與教學有關的事物，還必須更加了解教學的本質。

教員發展

在本書的第一章中陳述了關於欲成爲幼兒教育教師應該知道的一些理念，這些基本知識只是一個起點。不論教師任教於哪一年級，專業發展都是終生的職涯規劃。新任教職的老師常常會發現一些額外的知識有助於他們在課堂上的表現，他們時常表達對於一些主題的關注，像是紀律、課程理念、學習中心，早期讀寫訓練、語言發展和學習過渡期。

教師爲了跟上最新的幼教資訊，必須將專業訓練當做終生往前邁進的動力。許多幼教計畫的進度表中也安排了在職進修訓練。在學年開始時應該爲所有教師及助理教師設立一個研討會，同時應該在各個領域如課程、營養、健康教育、心理衛生及父母參與等方面持續地舉辦當地研習會 （Beatty, 1992）。但只有在學年開始時提供教師一個研討會是不夠的，某些種類的在職進修計畫應該在學年之中推動施行。

好的教員發展——是爲解決實務上的問題並配合各類教師的需求而設計的——它之所以重要，因素有二：對教學品質有所貢獻以及提昇專業的滿意度。

大部分的幼兒學校裡，教師在教室中彷若被孤立的一群人，且不知道其他人在做些什麼，他們甚少與人分享理念與資源，然而，在一些學校中，則發現一些有創意的方法鼓勵教職人員參加會議和研討會，安排時間讓教師接觸其他教學計畫、專科院校補修課程，以及補充圖書館中各種專業期刊和課程指導的書籍（Jorde-Bloom, 1988）。學習與反思的機會以及伴隨的個人成

長，也可視為專業傾向的一項特質表徵。

　　教員發展計畫可以使教師評估自己的教學實務與精熟新的技能，這些計畫為教職員提供了一個增廣知識及拓展能力範圍的機會。同時，這類計畫創造了一不具脅迫性的氣氛來鼓勵學員們相互幫忙。

　　鼓勵專業成長風氣的學校除了將在職進修訓練活動和個人的經驗串聯起來，並且也將專業發展的機會與明確的職涯進階緊密結合 (Association of Teacher Educators, 1985)。這些計畫鼓勵教職員開發及發展他們的潛能。

　　教師必須要先肯定自己才能在教室中表現出色。有一項非正式的評量可以協助教師判斷教學是否出了差錯及如何改進教學。教師自己就是最好的資料來源，因為他們反映出了他們所了解的

教師＿＿＿＿＿＿＿＿＿＿＿＿　日期＿＿＿＿＿＿＿＿＿＿＿＿＿

1.優點：

＿＿＿＿＿＿＿＿＿＿＿＿＿＿＿＿＿＿＿＿＿＿＿＿＿＿＿＿＿＿＿
＿＿＿＿＿＿＿＿＿＿＿＿＿＿＿＿＿＿＿＿＿＿＿＿＿＿＿＿＿＿＿
＿＿＿＿＿＿＿＿＿＿＿＿＿＿＿＿＿＿＿＿＿＿＿＿＿＿＿＿＿＿＿

2.需求：

＿＿＿＿＿＿＿＿＿＿＿＿＿＿＿＿＿＿＿＿＿＿＿＿＿＿＿＿＿＿＿
＿＿＿＿＿＿＿＿＿＿＿＿＿＿＿＿＿＿＿＿＿＿＿＿＿＿＿＿＿＿＿
＿＿＿＿＿＿＿＿＿＿＿＿＿＿＿＿＿＿＿＿＿＿＿＿＿＿＿＿＿＿＿

3.專業計畫：

＿＿＿＿＿＿＿＿＿＿＿＿＿＿＿＿＿＿＿＿＿＿＿＿＿＿＿＿＿＿＿
＿＿＿＿＿＿＿＿＿＿＿＿＿＿＿＿＿＿＿＿＿＿＿＿＿＿＿＿＿＿＿
＿＿＿＿＿＿＿＿＿＿＿＿＿＿＿＿＿＿＿＿＿＿＿＿＿＿＿＿＿＿＿

圖17-1　教師的自我評量表

現實世界，也因為他們依據其認知行事，所以來自他們經驗中的認知是十分重要的。可以要求老師做一項自我評量並為自己的專業發展做一計畫。

Paula Jorde-Bloom（1988）認為有一用以測量教職員對於學校組織氣氛了解程度的系統化方法，具有下列的好處：

1. 明白教職員對於工作的感覺。
2. 評估個人與組織的效率與效能。
3. 有助於解釋事情進行順利的原因和發生地點。
4. 確認須改變的地方。
5. 提昇教職員的參與程度。
6. 指引計畫的優先順序。
7. 鎖定教員發展的範圍。
8. 改善全體士氣與教職員的表現。
9. 協助確保中心支柱（學校）的健全。

基於人們的社會性需求，使得人們感覺別人對他們投以關懷以及關心他們的福利是十分重要的。情緒上的支持乃是一種有助於提昇正面工作氣氛的有效力量。教職員在教育情境中相互支持和信任，可以發展出團隊精神（esprit de corps），開放式的溝通是需要的，因為可以避免誤解的產生。

一個環境若能提升友善的、相互支持的同事關係，則個體將可獲得工作上的滿足與自我實現的感覺，教育情境應有一團隊的精神、強烈的同舟共濟感、一種集團的效能感，並避免分派系的小圈圈產生。個體間的互動應是愉快的，如此同事間才能自由地、開放地表達自己的想法。同事合作的模式，會因為其所根據的正式或非正式的情境結構及其需求、期望而有所變化，此一模式乃是有效的幼兒教育計畫之特性。

學校通常會提供如下的教職員發展機會：

1. 他們組織了一個在職進修訓練計畫；
2. 他們借重專業組織，透過會議或出版物來提供知識；
3. 他們派教師參加大學或是社區中的相關課程；

4.他們允許教師尋求取得自己的資料來源。

改進自身的專業知識是教師最基本的責任，他們可以參與在職訓練計畫、到進修機構上課或參與專業組織以及利用各種現有的教育資源。教師可透過各種不同的**在職進修計畫（in-service programs）**來增進專業化的發展，如在職進修會議、教師研習營、觀摩其他教師、求教資深教師並建立聯絡網以及補修大學或學院的課程等（Spodek, Saracho, & Davis, 1991）。研討會中進行影片或幻燈片觀賞、聽演講、參加課程或研習營，或觀摩及記錄其他教師的上課情況。為了確認自己在職進修活動的主題，教師們可先確定自己的優點和需求，再去取得他們覺得需要的資訊，專家也可以協助鑑定符合教師需求的資源。

某些教師能以成熟的態度開放地討論問題，並對於一些有利於提昇教師專業能力的活動予以建設性的反饋。這些教師可以依興趣而結合成團體，透過鼓勵其他教師加入在職進修活動以促進專業能力的發展。由這類活動中受益的教師將是最佳的宣傳人員，他們可以推動其他人參加這類的在職進修活動。除了彼此學習、交換意見並測試各種不同的教學技術之外，這個團體也給予教師鼓勵與支持。

教師研習營

一些簡單、易處理的問題（如短期的計畫）可以在教師研習營中獲得解決。此一團體應該定出研習領域，並評估參與者在此領域的長處與需求，做出明確的學習計畫並擬定策略累積反饋，以協助每一位成員成為好教師。教師研習營的成員透過討論、交換意見、影片欣賞、提出他們質疑的教學技術或如何擬定討論的進度或觀察其他教師的教學等而達到共同學習。

對教師的觀察

教師在觀察其他教師時會比評量自己的行為時更客觀。當他們自己從事教學活動時，可能會疏於注意某些教室中的事件和行

爲，但身爲一位中立的旁觀者時，則較能發現。

　　來自相同學校或不同學校的教師可以互相觀摩。觀察者可以學習到一些新的教學規則並擴展自己的教學技能。某些教師可能會擔心與觀察者的意見相左，或感覺自己與觀察者之間存在教育理念上的衝突，而導致觀察報告出現負面評價。因此，教師應選擇能共同分享一致觀點與教育取向的觀察者。

　　在同一教室合作上課的教師與助理也可以彼此觀察對方。助理的資歷（教育與經驗）通常略遜於教師，此意謂著這種組合兩人地位並不平等，儘管二人是一合作性的團隊（夥伴），同樣瞭解教室的情況，並且有相同的教育理念，不過，他們彼此之間的相互反饋卻是很有價值的。當其中一人沒有教學任務時則可偶爾短暫性的觀察（也許15分鐘或20分鐘）另一人的教學。觀察可以深入洞察班級狀況，提供有關教室事件的重要資訊與兒童個別的資料，如此的合作才能配合孩子們個別發展上的需求。

　　教師及其助理須瞭解其合作關係的表現會如何影響兒童。此組合對兒童的期望及其教學模式會影響到每一成員的信念，觀察者的知識亦會對另一成員的偏好有所抑制。

教師顧問和網絡

　　顧問與網絡的支援可以加強溝通，且提供一個論壇，讓教師分享有關於課程之實務知識、統合物理與社會資源的方法，以及如何評估教學計畫並與家長合作。

　　資歷較深的教師可以成爲新進人員的顧問，帶領新進教師成長。通常面對感覺不安和必須確認教學工作的新教師，顧問會與他們分享實務經驗和支援他們。顧問也要說明學校的標準程序、協助整合教室，和提供一些新老師所關心的人事、兒童、家長與社區的資訊。顧問制有助於新老師成爲專業人員並提升新老師與資深教師的專業發展。顧問須先具有人格成熟的特性才能協助他人的專業化，他們須在人格的發展上達到Erik Erikson所謂的支持性生產力階段（參閱第三章）。

由教師培訓計畫中畢業的學生投入教學行列以後，往往會與同學失去聯繫，特別是從事另一行業或是分派調任其他地方的同學。許多畢業生成立了網絡組織以維繫關係，相互聯絡、交換意見理念並在需要時提供情緒上的支持。網絡系統可以協助教師的專業發展，教師們也可以擴充或發展新網絡來協助面對新的挑戰與扮演各種不同的角色。

學院與大學的課程

進修機構往往會設計規劃一系列的課程以使教師獲得額外的證書或是資格認可（如專業證照，進階證書、閱讀專家的教學證明書或專教語言障礙及學習障礙兒童的教學證書），或是更高的學位（如藝術碩士或教育碩士）。有些幼教計畫要求教師須完成規定的學院課程，計畫中可能會調整教師的工作時間以便他們能抽空上課，此類計畫也可能會支付教師的學費或是依照他們的進階教育來決定薪資。

科技

教師的專業發展可藉由科技來提昇，幼教專家的錄影帶、教學示範以及其他的教學實況都可做為資訊的來源。教師教學紀錄帶也可用來評量教師或為研究目的收集資料，教師可利用攝影機及錄影帶的記錄來觀察、評估及改善自己的教學。有些教師可能會拒絕被拍攝，因為他們認為這種方式將會抑制他們的自然的表現或他們的權利受到了侵犯。之所以有此顧慮乃在於教師擔心此一原為協助其成為優良老師的錄影帶會被視為他們表現的評量，不過，一開始老師們都會欣然接受錄影。在拍攝或他人要使用錄影帶之前，事先取得教師的書面同意是必要的。教師有權決定由誰來觀看影帶以及何時將影帶洗掉；通常，在教師的權利受到保障後，才有可能利用錄影帶來分析老師的課堂教學。

電腦也可以用來支援教師的專業發展；電子郵件（E－mail）讓教師們透過電子網路來傳遞訊息；免費教育郵件（FRED-

MAIL）則提供教師免費的電子通訊服務。他們可以整晚在網路上與許許多多的教師溝通聯絡，在電子佈告欄上提出問題，並由網路上其他教師那兒獲得答案或參加其他教師所籌畫的方案。一部電腦和一台數據機是上電子網路必備的要件，這些都是許多學校及老師家中已有的設備。當地的教育學院和教育服務中心可提供此一服務的相關資料，並做為當地的網路中繼站。

資訊來源

　　幼兒教育的相關資訊對於教師的發展是十分重要的。豐富的理念與教學要靠教師隨時留意最新的研究實務、成果和來源以及專業文獻和資訊，另外重要的組織與機構以及他們公佈的措施也應注意。許多的機關會發佈各種有用的訊息資料，如助教的聘用、資料檢索（包括一些參考書籍）、電腦化的資料搜尋系統、專業出版物的摘要與特殊專業領域的博學人士等。

　　教師須知道哪些可獲得的資源符合他們課堂所需，通常隨手可取得有用資源的教師也較具效能，根據Peterson（1987）的說法，「一個人或許無法熟知所有問題的解答，或將所需資料完整存放於腦中，但是，當我們每一個人都知道如何去找到我們所需要的資料以及如何去檢索時，那麼，我們在工作上所表現的效能與成功的能力將會提高十倍。」（p.495）

　　教師應該知道如何取得現有的資源，因為這些資源對他們來說可能是十分有用的。教師們應該知道下列一些有關幼兒教育的資源：

　　1.專業組織。
　　2.專業文獻，包括雜誌、期刊、政府文件及研究報告。
　　3.參考資料與參考書目的書單。
　　4.資訊的貯存與檢索系統。

專業組織

　　教師可由下列主要的幼兒教育專業組織中獲得有用的資源，這些組織的會員往往是幼教期刊的忠實讀者，期刊的內容包括了一些相關領域最新的理念、發現與議題等文章。

　　1.**美國幼教協會** (National Association for the Education of Young Children, NAEYC) （地址：1509 16th Street, NW, Washington, DC, 20036, USA）。NAEYC乃是幼教界最強大的組織之一，現有七萬名以上的會員，近300個分支機構，它的主要工作是照顧八歲以下兒童的教育和福祉。NAEYC提供專業發展機會以協助幼教人員提升其服務品質。NAEYC出版了二份幼教期刊：*Young Children*是針對從業人員而提供的專業期刊；*Early Childhood Research Quarterly*則以研究人員爲對象，另外還有一些其他的出版品並組織一場年度會議（年會），分支機構也會舉辦各種會議與研討會並出版各種的資料。

　　2.**國際兒童協會** (Association for Childhood International, ACEI) （地址：11501 Georgia Avenue, Suite 315, Wheaton, MD 20902, USA）。ACEI爲學齡（小學）兒童提倡適切的教育環境，教學計畫與實務。其目標在於提升教師的專業成長及發佈有關學校教學計畫的資訊。ACEI的組織成員包括了個人、地方分支團體與州及省的協會；ACEI亦出版二份期刊，以相關從業人員爲主的*Childhood Education*及以研究人員爲主的*Journal of Research in Childhood Education*和其他出版物，同時也舉辦年度會議。

　　3.**世界幼教組織** (World Organization for Early Educa-tion/ Organisation Mondial pour l'Education Presolaire, OMEP) OMEP提倡幼兒的研究和教育，並協助幼教從業人員了解幼兒的需求，它傳佈全世界有關幼兒教育、發展、健康和營養、遊戲場和玩具等資訊。OMEP和UNESCO共同致力於彼此關切的教育方案；OMEP出版了一份期刊*The International Jonrnal of Early Childhood Education*，並舉辦雙年的國際會議，目前有一活躍的

OMEP委員會設在美國。(地址:OMEP National Committee, 1718 Connecticut Ave, NW, Washington, DC 20009, USA.)。

　　NAEYC主辦了一大型的國際性會議,每年在全美一主要城市舉行,這個會議為幼教專業人員提供了相當不同的研討會及演講,討論範圍從最新的幼教研究到最有效的課程教材皆涵蓋其中。此會議提供了一個空前的機會,會合了其他專業人士、幼教教科書作者及此一領域中其他可敬的人士共襄盛舉。

　　ACEI也在每年春季主辦全國性的研究會議。每隔幾年,OMEP會在全世界不同的城市舉辦國際性的會議,它在美國的委員會每年都會與NAEYC一併舉行年度會議。

　　專業性的協會提供了一些方法來協助幼教人員,專業組織的會員可收到幼教刊物和資源資料,同時可以參加會議、研討會及會晤相關人士,以期在幼教領域中與時精進。

專欄 17-1

其他的專業協會

American Montessori Society, Inc., 150 Fifth Avenue, New York, NY 10010

Child Welfare League of America, Inc., 67 Irving Place, New York, NY 10010

Division of Early Childhood, Council for Exceptional Children, 1920 Association Drive, Reston, VA 22091

National Committee on Education of Migrant Children, 1501 Broadway, New York, NY 10016

Parent Cooperative Preschool International, 9111 Alton Parkway, Silver Springs, MD 20910

Southern Early Childhood Association (SECA), formerly Southern Association for Children Under Six (SACUS), Box 5403, Brady Station, Little Rock, AR 72205

專業文獻和資訊

專業文獻和資訊的來源有期刊、政府文件與報告、參考資料和書目等，可以協助尋找各種不同的教材與資訊。

專業雜誌及期刊 (Professional Journals and Periodicals)

各種專業雜誌提供讀者有關評估與教導兒童時實用的方法、理論性與哲學性的議題、實驗性的研究或是研究的評論等，這類有關兒童發展與幼兒教育一般性領域的雜誌，是由學術性組織及營利性出版公司所出版。

與幼兒教育相關之雜誌是由下列之組織與機構所發行，這些機構與組織同時也發行與幼教議題有關的非期刊性出版品：

American Education. Superintendent of Documents, U.S. Government Printing Office, Washington, DC 20402.

Child Development, Child Development Abstracts, and *Child Development Monographs.* Society for Research and Child Development, University of Chicago Press, Chicago, IL 60637.

Child Welfare. Child Welfare League of America, Inc., 44 East 23rd Street, New York, NY 10010.

專欄 17-2

專業雜誌

Advances in Child Development and Behavior
Child Care Information Exchange
Child Care Quarterly
Developmental Psychology
Directive Teacher
Early Child Development and Care
Early Childhood Research Quarterly
Early Education and Development
Early Years (now published as *Teaching Pre-K–8*)
Education and Treatment of Children
Focus on Early Childhood

Infant Behavior Development
Infants and Young Children
Instructor
Journal of Experimental Child Psychology
Journal of Research in Childhood Education
Merrill Palmer Quarterly
Monographs of the Society for Research in Child Development
Early Childhood Education Today
Teaching Pre-K–8 (formerly *Early Years*)

Childhood Education. Association for Childhood Education International, 11501 Georgia Avenue, Suite 315, Wheaton, MD 20902. ACEI also publishes bulletins, leaflets, and books.

Children Today. Office of Human Development Services, Department of Health and Human Services, Room 356–G, 200 Independence Avenue, SW, Washington, DC 20201.

Day Care and Early Education. Human Sciences Press, 72 Fifth Avenue, New York, NY 10011.

Dimensions. Southern Early Childhood Association, Box 5403, Brady Station, Little Rock, AR 72215.

Journal of Home Economics. American Economics Associations, 2010 Massachusetts Avenue, NW, Washington, DC 20036.

National Parent-Teacher. National Congress of Teachers and Parents, 700 North Rush Street, Chicago, IL 60511. Study guides are also available.

Young Children. National Association for the Education of Young Children, 1509 16th St., NW, Washington, DC 20036.

政府文件及報告 (Government Documents and Reports)

美國政府出版了一些相關主題的文件（如兒童發展、育兒、特殊教育與失能兒童、早期介入及兒童虐待）。透過專業的公報、計畫的年度報告、人口資料報告、調查研究叢刊、專題論著、期刊、手冊、聯邦計畫與服務的條例、國會相關的報告以及聯邦法案的副本等公開發布。欲參考政府文件可至華盛頓特區的文件管理局購得，或至各地圖書館閱覽，它們既經濟又能提供充裕的資料來源。

社府出版部將政府出版品的出處分為二大類：(1)《美國政府出版品月目錄》，此為一系列的參考書卷，包括了現有的教材索引表單並附有摘要；(2)主題性的參考書目索引。

美國政府出版品月目錄，可以在多數的大學圖書館及一些大型的公立圖書館找到，月目錄也集結成冊做成半年或年度的索引，目前亦已發行增刊，只列出期刊類出版物。資料的歸類方式包括每一卷（冊）後面的(1)作者索引及(2)主題索引。這些索引標示出每個出版品在月目錄中的登錄號碼並包含每個出版品的摘要。摘要部分通常包括了：(1)原始文件的圖書編碼；(2)作者；(3)標題（主題）；(4)政府出版機構；(5)價格；(6)訂閱資訊。出版品可直

接向華盛頓特區的政府出版部訂購。主題性參考書目索引可以根據單一主題範圍（如兒童福利、兒童、日間托育及失能人士）將政府出版品分類，其以字母順序編排，附有聯邦書碼及價格。

參考資料

參考資料乃是呈現精要主題的綜合摘要。綜合摘要可能是研究的評論或是幼教和兒童發展理論的回顧。這方面的來源可以在下列書籍及特別的出版刊物中找到：

1. Carmichael的兒童心理學手冊（*Carmichael's Manual of Child Psychology*）（1983）由John Wiley & Sons.出版社發行，編輯為P.H. Mussen。此書分為兩大冊，收錄了現代哲學及理論思想的綜合摘要以及人類發展心理學的研究評論，包括了發展的生物性基礎、嬰兒及早期經驗、認知發展和幼兒的社會化等。綜合摘要提供的現代知識皆與篩選過的主題相關並提供文獻的批判分析。

2. 兒童發展的回顧（*Review of Child Development*）乃是由兒童發展研究學會（Society for Research in Child Development，SRCD）所贊助，此一叢刊提供了關於兒童發展文獻的整合性回顧，例如，包括了兒童發展的歷史（第五卷）、聾童的發展（第五卷）、兒童虐待（第五卷）、環境介入計畫的效能（第三卷）、為劣勢地位家長設計之計畫（第三卷）、兒童的心理學測驗（第二卷）和智力的遺傳與發展（第四卷）；第一、第二卷由Russell Sage Foundation of New York出版，三至六卷則由University of Chicago Press所出版。

3. 幼兒教育研究手冊（*Handbook of Research on the Education of Young Children*），由Macmillam出版。這本手冊於1993年由Bernard Spodek所編輯，為研究人員、從業人員與學生提供幼教理論與實驗性研究一個綜合性、批判性的回顧。它針對發展領域的研究、幼教主要的課程範圍、

與公共政策有關的主題和研究方法等，予以有見地的評論。

4. **幼教年鑑（**_The Yearbook of Early Childhood Education_**），此一叢刊由**Teachers College Press**所出版，由**Bernard Spodek 和Olivia N. Saracho**以卷冊的方式編輯而成。每本年鑑呈現了現行實驗性和理論性的研究，這些研究有的已衍生為幼教界的實務。關鍵性的議題，包括了教育均等、多元文化主義、不同類型兒童與家庭群體的需求及此領域的倫理層面皆納入年鑑之中。這系列年鑑囊括了幼教相關的主題如：幼稚園教育、課程模式、讀寫能力、雙語以及特殊教育、物理環境、遊戲、托育、和其他學術性但普遍的主題。

特定主題的參考書目 (Bibliographies of Resources on Specific Topics)

專業文獻在特定的主題上提供教師參考書目或是資源一覽表。參考指南乃是依據主題類別的字母順序將出版資料分類，目的是介紹資訊的主要來源或是關於精要主題代表性的文獻例子給教師。

- 參考書目索引 (bibliographical indexes)
  依據按字母順序排列的主題表列出期刊及其他出版文獻，也有可能提供作者的一覽表。
- 參考書目摘要 (bibliographical abstracts)
  針對特定專業領域中的限定主題，如心理學或兒童發展提供出版刊物的參考。
- 服務通訊錄 (service directories)
  列出可提供資料或是某些特別服務的機構。

參考書目索引與參考書目摘要可以在大專院校的圖書館中找到。在社區圖書館中收藏並不多。

參考書目所整理出來的文獻大綱，如普通教育、兒童發展與幼教、心理學以及其他相關領域等，專業人士可以藉由瀏覽這些

參考書目的來源

Child Development Abstracts and Bibliography
Current Index to Journals in Education (CIJE)
Dissertation Abstracts
Education Index
Psychology Abstracts
Research in Education (RIE)
Research Relating to Children

資料來得知它們的內容與組織。每一篇摘要都可以協助讀者去確認與特定主題有關的文章。

　　由州政府或聯邦機構以及地方性社區組織所出版的服務通訊錄，象徵性地列出某一特定地理區域中提供兒童、家庭特殊服務的機構，此類資料並未廣泛流通，通常在圖書館中也沒有陳列，但提供服務或基金的主要州立及聯邦機構會擁有這些通訊錄，例如州政府教育部門或兒童發展的區域性辦事處。教育資源資料中心 (The Educational Resources Information Center, ERIC) 可以提供一種方法以確保現有通訊錄的資料。

資料貯存與檢索系統

　　特定主題的專業文獻與資料可以在搜尋及檢索系統中找到。此一系統彙集資訊，然後提供給在教育與心理界需要的人。資料檢索系統提供研究文獻、政府與計畫的報告、教材與輔助器材和其他媒介素材等之通路。使用者在操作時，鍵入描述或是精確定義的主題，而由電腦資料庫中讀取資料，此系統會指出正確資料的位置，以節省使用者的時間。以電腦為主的資料檢索系統包括：教育資源資料中心 (ERIC)、國立教育媒體資料中心

（NICEM）以及特殊網際通訊網路（Special Net Communication Network）。此外，亦可利用其他資源。ERIC乃是由美國教育部所成立，提供了最廣泛的教育性主題的出版資源。

ERIC是一易使用的系統，它收集了各種有關教育方面的印刷品及多媒體資訊，它是由十六個交換所組成的網路，每一個網路都有一個精確主題範圍，而每一範圍的資料都可以在適當的ERIC參考文件中被讀取；ERIC交換所已獲得主要的專業性協會、政府和私人機構及訓練中心認可，以協助ERIC收集最新的教育資訊。

ERIC交換所熟諳教育領域中精要的主題範圍（如諮商與就業服務、科學與數學、各階段的教育——學齡前、小學、中學及高中教育）。有關小學與幼教的交換所，位於University of Illinois College of Education，專研幼兒教育的資料。

在美國國內有十六個專業的交換所，各就其專攻範圍收集並管理資料，有一部中央處理機接收所有收集來的資料文件，輸入及編製索引再送入ERIC系統中；電腦化的處理方式，使ERIC收錄了大量與此領域密切相關的文件與雜誌文章。而ERIC的文件複

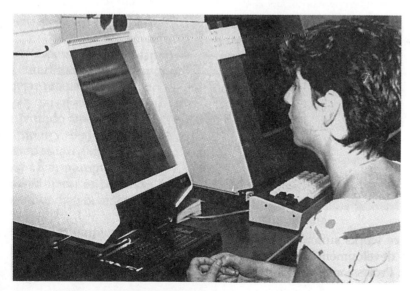

教師可透過電腦和顯微膠片讀取機獲得ERIC文件及其他資源。

ERIC的交換所

Adult, Career, and Vocational Education, Center for Vocational Education, Ohio State University, 1960 Kenny Road, Columbus, OH 43210–1090.

Counseling and Personnel Services, 2108 School of Education Building, East University and South University Streets, Ann Arbor, MI 48109–1259.

Early Childhood and Elementary Education (ERIC/EECE), University of Illinois, 804 West Pennsylvania Avenue, Urbana, IL 61801–4897.

Educational Management, University of Oregon, Eugene, OR 97403–5207.

Handicapped and Gifted Children, Council for Exceptional Children, 1920 Association Drive, Reston, VA 22091–1589.

Higher Education, George Washington University, One Dupont Circle, NW, Suite 630, Washington, DC 10036–1183.

Information Resources, School of Education, Syracuse University, 150 Marshall Avenue, Syracuse, NY 13244–2340.

Junior Colleges, University of California at Los Angeles, 405 Hilgard Avenue, Los Angeles, CA 90024–1564.

Language and Linguistics, Center for Applied Linguistics, 1118 22nd Street, NW, Washington, DC 20037–0037

Reading and Communication Skills, Indiana University, 2805 East 10th Street, Bloomington, IN 47408–2698.

Rural Education and Small Schools, Appalachia Educational Laboratory, 1031 Quarrier Street, P. O. Box 1348, Charleston, WV 25325–1348.

Science, Mathematics, and Environmental Education, Ohio State University, 1800 Cannon Drive, 1200 Chalmers Road, Columbus, OH 43212–1782.

Social Studies/Social Science Education, Indiana University, 2805 East 10th Street, Bloomington, IN 47408–2373

Teacher Education, American Association of Colleges of Teacher Education, One Dupont Circle, NW, Suite 610, Washington, DC 20036–2412.

Tests, Measurement, and Evaluation, American Institute for Research, 3333 K Street, NW, Washington, DC 20007.

Urban Education, Teachers College, Columbia University, Box 40, 525 West 120th Street, New York, NY 10027–9998.

製服務（THE ERIC Document Reproduction Service, EDRS）則將文件壓縮成顯微膠片版出售。現行教育雜誌索引（Current Index to Journals in Education，CIJE）則每月出版一廣泛的註解版參考書目，包括七百多種主要的教育雜誌。由美國政府出版處所出版的教育資源（Resources in Education, RIE），將16個ERIC交換所的資料做成大綱式的摘要，這些資料可以透過ERIC的硬碟複製與微片中取得，主要的ERIC管理小組位於國家教育機構，它負責訂定ERIC的政策並監管ERIC系統的操作。

此外，ERIC還針對使用者提供如下的服務：

在專業會議中舉行研討會以教導專業人士使用ERIC的資
源系統。

- 製作電腦搜尋的抽印本，通常是目前最熱門及引人注意的
  文件。

- 透過特殊的電腦化搜尋系統來回應使用者的需求，如ERIC
  電腦服務通訊網，當電腦搜尋系統在特定主題來回尋找
  時，它會指出正確的位置。能夠接納與認同使用ERIC的機
  構大學及學院會在其電腦設備中，將ERIC的資源載入CD-
  ROM當中。

資料可以由適當的ERIC交換所中取得，而它的資料則來自於
國家電腦資料庫。

結語

幼兒教育不斷地在改變，幼教老師必須跟得上時代，在其職
涯中持續不斷地自我教育。教師可以學習更多關於他們自己及其
教學的知識，以各種不同的方法來跟上潮流。教職人員的會談、邀
請演講者、觀賞影片或是開研討會，都可以協助教師提昇他們的
教學品質。某些幼兒教育計畫透過資助教師參加社區研討會、當
地區域性和國家級的會議、大專院校課程等而促進了專業發展，
教育人士也可以交流工藝活動、歌唱、動態表演等，從自己的經驗
中或同業的經驗中學習。

真正的專業人員會努力地改善他們的表現，他們藉由閱讀有
關兒童的新書和期刊文章、觀看影片、參加研討會、會議、在職進
修訓練及大學課程來尋求成長與學習的機會；他們可加入一些專
業化的組織，如美國幼兒教育協會（NAEYC）的當地分會，或其
他幼兒教育組織，並參與他們所籌畫的活動。

參考書目

Association of Teacher Educators. (1985). *Developing career ladders in teaching*. Reston, VA: Author.

Beatty, J. J. (1992). *Skills for preschool teachers*. Columbus, OH: Merrill.

Clark, C. M., & Peterson, P. L. (1986). Teachers' thought processes. In M. C. Wittrock (Ed.), *Handbook of research on teaching* (3rd ed.) (pp. 255–296). New York: Macmillan.

Jorde-Bloom, P. (1987, September). Keeping a finger on the pulse beat: The director's role in assessing organizational climate. *Child Care Information Exchange*, 31–36.

Jorde-Bloom, P. (1988). *A great place to work: Improving conditions for staff in young children's programs*. Washington, DC: National Association for the Education of Young Children.

Katz, L. G. (1984). The education of preprimary teachers. In L. G. Katz, P. J. Wagemaker, & K. Steiner (Eds.), *Current topics in early childhood education*, Vol. 5 (pp. 1–26). Norwood, NJ: Ablex.

Katz, L. G. (1988). Where is early childhood education as a profession? In B. Spodek, O. N. Saracho, & D. L. Peters (Eds.), *Professionalism and the early childhood practitioner* (pp. 75–83). New York: Teachers College Press.

Katz, L. G., & Raths, J. D. (1985, November-December). A framework for research on teacher education programs. *Journal of Teacher Education*, *36*(6), 9–15.

Katz, L. G., & Ward, E. H. (1978). *Initial code of ethics for early childhood education*. Washington, DC: National Association for the Education of Young Children.

Peterson, N. L. (1987). *Early intervention for handicapped and at-risk children: An introduction to early childhood special education*. Denver: Love Publishing Company.

Saracho, O. N. (1984). Perception of the teaching process in early childhood education through role analysis. *Journal of the Association for the Study of Perception, 19*(1), 26–39.

Saracho, O. N., & Spodek, B. (1983). Preparing teachers for multicultural classrooms. In O. N. Saracho & B. Spodek (Eds.), *Understanding the multicultural experience in early childhood education* (pp. 125–146). Washington, DC: National Association for the Education of Young Children.

Spodek, B. (1987). Thought processes underlying preschool teachers' classroom decisions. *Early Child Development and Care, 28*, 197–208.

Spodek, B. (1988). Implicit theories of early childhood teachers: Foundations for professional behavior. In B. Spodek, O. N. Saracho, & D. L. Peters (Eds.), *Professionalism and the early childhood practitioner* (pp. 161–172). New York: Teachers College Press.

Spodek, B., & Saracho, O. N. (1988). Professionalism in early childhood education. In B. Spodek, O. N. Saracho, & D. L. Peters (Eds.), *Professionalism and the early childhood practitioner* (pp. 59–74). New York: Teachers College Press.

Spodek, B., Saracho, O. N., & Davis, M. D. (in press). Professionalism and the preparation of early childhood practitioners. In S. Kilmer (Ed.), *Advances in early education and day care*. Greenwich, CT: JAI Press.

Spodek, B., Saracho, O. N., & Davis, M. D. (1991). *Foundations of early childhood education: Teaching three-, four-, and five-year-old children* (2nd ed). Needham Heights, MA: Allyn and Bacon.

Spodek, B., Saracho, O. N., & Peters, D. L. (1988). Professionalism, semiprofessionalism, and craftsmanship. In B. Spodek, O. N. Saracho, & D. L. Peters (Eds.), *Professionalism and the early childhood practitioner* (pp. 3–9). New York: Teachers College Press.

幼兒教育

愛彌兒叢書 8

原　　著／ *Bernard Spodek* & *Olivia N. Saracho*

譯　　者／ 郭靜晃 陳正乾

出　版　者／ 揚智文化事業股份有限公司

發　行　人／ 葉忠賢

總　編　輯／ 閻富萍

執行編輯／ 黃美雯

地　　址／ 台北縣深坑鄉北深路 3 段 260 號 8 樓

電　　話／ (02)2664-7780

傳　　真／ (02)2664-7633

登　記　證／ 局版北市業字第 1117 號

印　　刷／ 偉勵彩色印刷股份有限公司

初版二刷／ 1999 年 1 月

定　　價／ 600 元

本書如有缺頁、破損、裝訂錯誤、請寄回更換。

✉ E-mail：yangchih@ycrc.com.tw

網　　址：http://www.ycrc.com.tw

I S B N： 957-8446-55-1

國家圖書館出版品預行編目資料

幼兒教育/ Bernard　Spodek, Olivia N. Saracho 著；
郭靜晃、陳正乾譯.---初版. --- 臺北市. 揚智文化，
1998〔民 87〕
面；　公分.---（愛彌兒叢書；8）
譯自； Right from the start:teaching children ages
　　　　　three to eight
ISBN 957-8446-55-1（平裝）
1 學前教育　2.學前教育-課程

523.2　　　　　　　　　　　　　　86015747